# 핵심 요해 교회사 가이드

심창섭·박상봉 지음

아가페문화사

# A Guide to the Church History

*by*
Chang-sub Shim. Th. D.
Sang-bong Park. D. Min.

2016
Agape Culture Publishing Company
Seoul, KOREA

핵심요해 **교회사 가이드**

□ 머 리 말 □

하나님은 교회를 통하여 역사하시고, 하나님의 나라를 이 땅 위에 확장해 오셨고 지금도 이루어 가고 계신다. 그러기에 우리는 교회를 하나님의 구원의 기관이라고 말한다. 주님의 승천으로 시작된 교회는 수많은 사건과 인물과 사상을 통하여 발전과 퇴보를 거듭해 왔다. 교회사를 공부한다는 것은 역사를 공부하는 것만이 아니라 하나님의 하신 일을 연구하는 것이다. 그래서 신학을 공부함에 있어 교회사를 연구하는 것은 필수가 되었다.

역사는 우리에게 더 나은 미래를 설계할 수 있도록 해 주는 것이다. 왜냐하면 하나님은 지금도 침묵하지 않으시고 역사의 거대한 수레바퀴를 돌리고 계심을 교회사를 연구하면서 더욱 강하게 느낄 수 있기 때문이다. 교회사를 연구하는 이유는 역사를 통하여 과거에 하나님의 역사하심을 연구하고, 미래에 하나님의 하실 일을 생각하여 우리의 더 나은 미래를 설계하면서 미래를 향한 지혜를 배우고자 하는 것일 것이다.

그동안 교단에서 교회사를 가르치면서 절감했던 문제가 있었는데 그것은 2000년에 달하는 방대한 역사를 효과적으로 접근할 수 있는 책자가 없었다는 것이었다. 그래서 교회사를 공부하려는 사람들이 도대체 어디서 시작해서 무엇을 공부해야 할지를 알지 못하고 당황할 수밖에 없는 실정이었다. 서양에서 출간된 교회사 연구를 위한 가이드로서 소책자들이 있지만 역사의 큰 줄기만 잡아서 대강 서술하였기에 역사의 기본을 모르는 초보자에게는 여전히 만족스럽지 못했다. 한눈으로 교회사 전체를 볼 수 있는 자료가 요원했던 것이다. 그리하여 이 책을 집필하게 되었던 것이다.

이 책의 특징은 이러한 욕구를 만족시킬 수 있도록 서양 교회사는 물론이고 한국 교회사 전반에 걸쳐 알아야 할 내용들을 넓고 깊게 총망라하여 알기 쉽게 정리한 것이다. 그래서 미력하나마 교회사를 연구함에 있어서 핵심적인 사건과 인물과 사상들을 정리해 놓았으며, 사건과 사상들의 배경과 경과와 결과를 평가하면서 교회사에서 맛볼 수 있는 핵심들을 일목요연하게 파악해 놓았다. 그리고 더 깊은 이해와 연구를 위해 지금까지 시도하지 않았던 교회사 전반에 걸친 주요 참고문헌을 각 시대별로 총망라하여 제시하였다. 따라서 명실공히 이 책이 교회사를 연구하려는 사람에게 기본적으로 필요한 가이드가 될 줄로 안다.

아무쪼록 이 책이 교회사를 사랑하는 계기가 되고, 깊이 있는 교회사 연구에 있어 예비적인 책이 되며, 수많은 수험준비에 있어서는 필수적인 책이 되기를 바라는 마음이 간절하다.

1994. 8. 24
사당동 연구실에서
심창섭 · 박상봉

□ 목 차 □

・머리말 / 4

**서론 · 9**
    … ■ 교회사 전반 연구를 위한 참고문헌 목록 - 10

**제1부 초대교회사 · 13**
    제1장 사도시대 / 15
    제2장 사도후시대 / 23
    제3장 니케아전시대 / 32
    제4장 니케아후시대 / 63
    … ■ 초대교회사 전반 연구를 위한 참고문헌 목록 - 97

**제2부 중세교회사 · 101**
    제1장 과도시대 / 105
    제2장 로마교회 성장시대 / 118
    제3장 로마교회 전성시대 / 133
    제4장 로마교회 쇠퇴시대 / 170
    … ■ 중세교회사 전반 연구를 위한 참고문헌 목록 - 186

**제3부 중세이후교회사 · 189**
    제1장 종교개혁사 / 193
    … ■ 종교개혁사 전반 연구를 위한 참고문헌 목록 - 259
    제2장 근대교회사 / 265
    … ■ 근대교회사 전반 연구를 위한 참고문헌 목록 - 290
    제3장 현대교회사 / 292
    … ■ 현대교회사 전반 연구를 위한 참고문헌 목록 - 367

## 제4부 장로교회사 · 373

제1장 장로교회의 조직 / 375
제2장 종교개혁과 장로교회 / 379
제3장 미국장로교회 / 397
··· ■ 장로교회사 전반 연구를 위한 참고문헌 목록 - 417

## 제5부 한국교회사 · 419

제1장 가톨릭교회 / 421
제2장 개신교회 / 426
제3장 한국 장로교회사 / 461
제4장 한국 감리교회사 / 481
제5장 한국 성결교회사 / 491
제6장 한국 침례교회사 / 502
제7장 기타 교단들의 역사 / 511
··· ■ 한국교회사 전반 연구를 위한 참고문헌 목록 - 512

# 교회사

# 서론

## 1. 교회사의 정의

기독교의 기원과 발달, 성장, 쇠퇴 등의 역사를 연구하며 그것의 역사적 교훈을 터득해 보는 학문적 활동이다.

## 2. 교회사의 시대 구분

| 구 분 | | 연 도 | 범 위 | 특 징 |
|---|---|---|---|---|
| 고대사 (1-590) | 사도시대 | 1-100 | 사도들의 활동 종료시까지 | 교회 정초기 |
| | 사도후시대 | 100-170 | 교부등장까지 | 교회 핍박기 |
| | 니케아전시대 | 170-325 | 니케아회의까지 | 교회조직과 이단발생 |
| | 니케아후시대 | 313-590 | 초대 교황 그레고리 1세 즉위까지 | 신학 조성기 |
| 준세사 (590-1517) | 과도시대 | 590-800 | 신성로마 제국 탄생까지 | 선교 발달기 |
| | 로마교회 성장시대 | 800-1073 | 그레고리 7세 즉위까지 | 동서교회 분리기 |
| | 로마교회 전성시대 | 1073-1303 | 보니페이스 8세 사망까지 | 기독교 실생활기 |
| | 로마교회 쇠퇴시대 | 1303-1517 | 루터의 종교개혁까지 | 개혁 전초기 |
| 근세사 (1517-현재) | 종교개혁 시대 | 1517-1648 | 웨스트팔리아 조약까지 | 신교 발생기 |
| | 근세시대 | 1648-1800 | 프랑스혁명까지 | 신교 확장기 |
| | 최근세 시대 | 1800-현재 | 현재까지 | 세계기독교화기 |

† 통상 1800년으로 사용하나 그 기준은 1789년 프랑스 혁명이다.

## 교회사 전반 연구를 위한 참고문헌 목록

Allison, W. H. *Guide to Historical Literature*. New York, 1931.
Ashworth, Robert A. *An Outline of Christianity The Story of Our Civilization*. 5Vol. New York : Bethlehem Publishers Inc., 1926.
Bainton, R. Christendom. *A Short History of Christianity and Its Impact on Western Civilization*. 2vols. New York : Harper & Row, 1966.
Berkhof, L. 「기독교 교리사」. 김진홍, 김정덕역. 서울 : 세종문화사, 1980.
Brandon, S. G. F. Ed. *A Dictionary of Comparative Religion*. New York, 1951.
Bromily, G. W. 「역사신학개론(상,중,하)」. 김해연역, 서울 : 은성, 1987.
Bromily, G. W. 「역사신학」. 서원모역, 서울 : 크리스챤다이제스트, 1992.
Brown, Colin. *Christianty & Western Thought : A History of Philospher, Ideas & Movement*. Leicester : Apollos, 1990.
Chadwick, Owen. *The Victorian Church*. London : SCM Press, 1972.
Coln, Norman. *The Pursuit of the Millennium*. Oxford : Oxford University Press, 1961.
Cross, F. L. ed. *The Oxford Dictionary of the Christian Church*. 3rd ed. London and New York : Oxford University Press, 1977.
Cunningham, W. *Historical Theology*. 2vols. London : The Banner of Truth Trust, 1862.
Douglas, J. D. ed. *New International Dictionary of the Christian Church*. 2nd ed. Grand Rapids : Zondervan, 1979.
Dowley, Tim. ed. *Eerdmans' Handbook to the History of Christianity*. Grand Rapids :Wm. B. Eerdmans Pub. Co., 1977.
Gonzalez, J. L. 「기독교 사상사(상,중,하)」. 이형기,차종순역, 서울 : 대한예수교장로회총회출판국, 1988.
Hagglund, Bengt. 「신학사」. 박희석역. 서울 : 성광문화사, 1989.
Harnack, Adolph von. *History of Dogma*. 7Vols. New York : Russell and Russell, 1958.

Hagglund, B. 「신학사」. 박희석역, 서울 : 성광문화사, 1989.
Houghton, Sidney M. 「복음적 개혁신앙의 관점에서 본 기독교 교회사」. 정중은역. 서울 : 나침반, 1988.
Jay, E. G. 「교회론의 역사」. 주재용역. 서울 : 대한기독교출판사, 1986.
Kelly, J. N. D. 「고대 기독교 교리사」. 김광식역, 서울 : 맥밀란, 1987.
Kidner, H. & W. Hilgemann. *The Anchor Atlas and World History*. Trans. by E. A. Menzw. Garden City, N.Y : Anchor Books, 1974.
Kuiper, B. K. *The Church in History*. Grand Rapids : Wm. B. Eerdmans Pub. Co., 1978.
Lane, Tony. 「기독교 사상사」. 김응국역. 서울 : 나침반, 1987.
Latourette, Kenneth. 「기독교사(상,중,하)」. 윤두혁역. 서울 : 생명의 말씀사, 1983.
Livingstone, James C. 「현대 기독교 사상사」. 김귀탁역. 서울 : 은성, 1993.
Lohse, Bernhard. 「기독교 교리의 역사」. 차종순역, 서울 : 목양사, 1986.
MacDonald, W. J. et al., ed. *New Catholic Encyclopedia*. 15vols. New York : McGraw-Hill, 1967.
Manschreck, Clyde L. 「세계교회사」. 최은수역. 서울 : 총신대학출판부, 1991.
Marty, Martin. 「기독교 신학자 핸드북사」. 신경수역. 서울 : 크리스챤다이제스트, 1993.
Neuner, J. & Dupuis, J. Ed. *The Chriistian Faith in the Doctrinal Documents of the Catholic Church*. New York : Alba House, 1981.
Neve, J. L. 「기독교 교리사」. 서남동역, 서울 : 대한기독교서회, 1965.
Neve, J. L & O. W. Hcick. 「기독교 신학사」. 서남동역, 서울 : 대한기독교서회, 1967.
Petry, Ray C. Ed., *A History of Christianity : Reading in the History of the Church*. 2vols. Grand Rapids : Baker Book House, 1962.
Pranz, A. 「교회사」. 최석우역. 서울 : 분도출판사, 1982.
Qualben, Lars P. *A History of the Christian Church*. New York : Thomas Nelson And Sons, 1936.
Renwick, A. M. & A. M. Haman. 「간추린 교회사」. 오창윤역. 서울 : 생

명의 말씀사, 1987.
Robin Keeleyl Ed. *A Lion Handbook Christianity : A World Faith.* Hert : Lion Pub. 1985.
Shelley, Bruce L. *Church History in Plain Language.* Dallas : Word Publishing, 1982.
Schaff, Philp. *Creed of Christendom.* New York : Baker, 1884.
──────. *History of the Christian Church.* 8Vols. Grand Rapids: Wm. B. Eerdmans Pub. Co., 1979.
Seeberg, Reinhold. *The History of Doctrines.* 2Vols. Grand Rapids : Wm. B. Eerdmans Pub. Co., 1977.
Scott, William. 「개신교 신학사상사」. 김쾌상역. 서울 : 대한기독교출판사, 1987.
Walker, Williston. 「세계기독교회사」. 강근원 외 3인역. 서울 : 대한기독교서회, 1975.
Walton, Robert C. *Chronological and Background Charts of Church History.*
김기홍. 「천국의 기둥」. 서울 : 두란노, 1989.
──────. 「이야기 교회사」. 서울 : 두란노, 1992.
김광수. 「동방기독교사」. 서울 : 기독교문사, 1971.
김의환. 「기독교회사」. 서울 : 성광문화사, 1982.
미국연합장로교 대한선교회 편. 「신앙고백집」. 서울 : 대한예수교장로회총회교육부, 1968.
박영관. 「역사신학 강의」. 서울 : 예수교문서선교회, 1978.
박해경. 「성경과 신조」. 서울 : 아가페문화사, 1991.
신학교재 편찬위원회. 「간추린 교회사」. 서울 : 세종문화사, 1991.
심재원. 「교파의 유래」. 서울 : 대한기독교서회, 1979.
엄도성. 「강도사고시 역대 출제 문제집」. 서울 : 엠마오, 1988.
──────. 「강도사, 목사 고시 문제집」. 서울 : 엠마오, 1989.
이장식. 「기독교 사상사」. 2vols. 서울 : 대한기독교서회, 1963.
장수영. 「신약교회사관에 의한 새교회사」. 서울 : 규장문화사, 1991.

# 제 1 부 · 초대교회사

# 제 1 장
# 사도시대(1-100)

### 1. 사도시대의 개요

(1) 오순절과 전도폭발
(2) 기독교의 이방 문화권 확장과 갈등(소아시아, 헬라, 로마, 북아프리카)
(3) 바울의 개종 및 활동(기독교의 세계 종교화)
(4) 예루살렘, 안디옥, 에베소 교회의 선교와 초대교회의 설립
(5) 신약 성경 기록

### 2. 초대교회의 배경

(1) 정치적 배경 : 로마제국의 전성기
   1) 로마의 세력 확장 : 지중해 중심의 전 지역
   2) 교통의 편리 : 전도여행과 교류에 용이
   3) 언어의 통일 : 헬라어와 라틴어로 통일되어 전도에 용이
   4) 군제(軍制)의 통일 : 백성의 안녕과 질서를 보장
   5) 법률의 발달 : 구원의 도리 설명에 용이
   6) 유대인의 분산(디아스포라) : 상업과 박해 등으로 가는 곳마다 회당 건설
   7) 로마의 도덕적 타락 : 노예매매, 잔인한 풍속, 성적타락 등 기독교 동경의 요인
   8) 종교의 혼란 : 다신 및 잡신, 황제 숭배 강요로 기독교를 동경

    9) 철학의 발달 : 기독교 진리를 변증하는데 용이
    10) 로마의 평화 정책(Pax Romana)으로 안정
(2) 사상적 배경 : 헬라 철학의 전성기
    1) 플라톤 : 이데아론(그노스티시즘, 아리아니즘의 영향) - 기독교에 쓴 뿌리
    2) 스토익 : 물질적 범신론(마르크스 아우렐리우스의 영향) - 후대 기독교에 부정적 영향
    3) 필로 : 로고스 개념(신약성경과 다른 이질적인 개념) - 신약의 로고스 설명에 용이
(3) 종교적 배경 : 유대의 역사를 배경으로 함(요:22)
    1) 바벨론 포로시대
      ① 회당제도의 발달(후에 기독교회의 전도의 도구와 교회의 원형으로서 작용)
      ② 유일신 개념의 재정립
    2) 헬라 통치시대
      ① 헬리포리스 성전으로 유대인의 성전에 대한 개념의 자유화
      ② 70인역본의 등장 : 구약계시의 소개와 신약성경의 번역의 길잡이
      ③ 외경의 기록 : 신약배경의 연구에 약간의 도움은 되지만 많은 문제를 안고 있다.
    3) 마카비 시대
      ① 주전 2세기 시리아와 팔레스타인의 통치자인 안티오커스 4세(에피파네스)의 유대의 헬라화 정책에 항거한 독립운동
      ② 유다 마카비(Judas Maccabees)에 의해 주도되어 141년 독립을 쟁취 - 다윗왕국을 회복했다고 선언
      ③ 하스모니안 통치시대를 엶(마카비가문의 통치시대)
    4) 로마통치 시대
      ① 하스모니안 통치시대에 주전63년 내분으로 로마 침략
      ② 그후 60년간 로마가 임명한 통치자가 이스라엘을 통치(헤롯가와 로마 총독에 의해)
      ③ 이 때에 쿰란동굴에 있던 사람들은 메시야 사상을 크게 발전시킴

## 3. 초대교회 당시의 종교적 당파

(1) 바리새파
(2) 사두개파
(3) 서기관과 랍비들
(4) 열심당원
(5) 쿰란공동체
(6) 엣센파

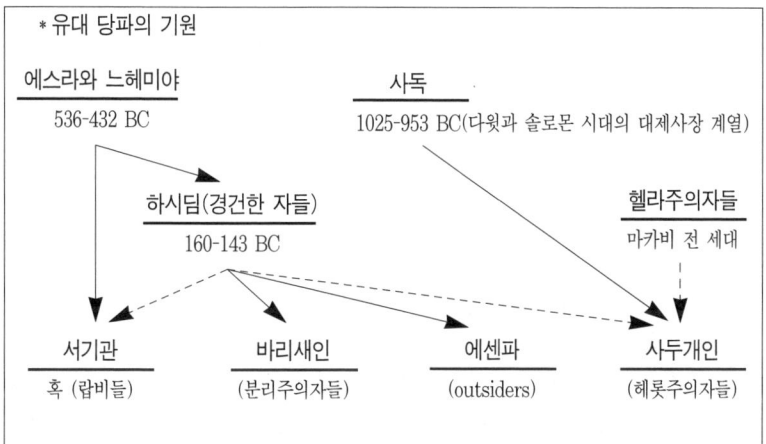

출처 : Lars P. Qualben, *A History of the Christian Church*, p.26.


## 4. 교회의 시작

(1) 예수 그리스도의 성육신
(2) 예수 그리스도의 사역
   1) 공생애　　　　　　2) 12제자의 양육
   3) 십자가의 죽음　　　4) 부활과 승천
(3) 오순절 사건: 성전 중심의 제사에서 말씀 중심의 예배로 전환되면서, 기독교의 구원이 이스라엘뿐만 아니라 영적 이스라엘의 신앙적 선민 축복으로 바뀜
   1) 사도적 교회사의 첫 장임과 동시에 교회사의 시작

        2) 예루살렘교회의 탄생
        3) 교회의 세계화의 시작
    (4) 사도들의 활발한 전도운동
    (5) 예루살렘 교회의 시작 : 베드로를 비롯한 사도와 일곱 집사의 사역
    (6) 바울의 개종과 선교 : 안디옥교회의 설립과 세계 선교
    (7) 로마 교회의 탄생

    ## 5. 예루살렘의 멸망 원인과 결과

    (1) 원인
        1) 로마의 악정 : 벨릭스와 알비누스 등의 지나친 탐욕과 뇌물 만능
        2) 백성의 강포 : 감람산에 4천여 명의 폭도가 집합
        3) 제사장들의 부패 : 사리사욕에 눈이 어둡고, 로마관리에게 아첨 등 지도 역량 부족
        4) 가이사랴 유대인 반란사건
    (2) 과정
        1) 가이사랴에서 유대인 2만명 살륙
        2) 수리아 총독 갈루스(Gallus)가 3만 군사로 예루살렘 공격이 실패
        3) 베스파시안(Vespasianus)장군이 6만 군사로 재공격하려다가 네로(Nero)의 자살(68. 6. 9)로 귀환
        4) 70. 4월 디도(Titus)의 출정 : 장기간의 포위로 고립화, 외부와 단절, 식량결핍
        5) 70. 8. 10 성전화재, 9. 26 성 함락으로 110만명 사망, 97,000명 포로
    (3) 결과 : 기독교에 끼친 영향
        1) 유대교 몰락의 결정적 요인이 됨으로 기독교의 자유 획득
        2) 전도에 있어 판도 확대 : 신자들이 흩어짐
        3) 정경 형성 촉진
        4) 기독교 조직화의 가속

## 6. 예수님 사후의 12사도의 전승

| 이 름 | 주 요 행 적 | 최 후 |
|---|---|---|
| 시몬 베드로 | • 오순절날 설교<br>• 성문 곁의 앉은뱅이 고침<br>• 산헤드린의 박해를 이기며 이적으로 감옥에서 풀려나옴<br>• 아나니아와 삽비라와 시몬 마구스를 꾸짖음<br>• 죽은 도르가를 살림<br>• 안디옥에서 바울의 책망을 받음<br>• 두 개의 신약성경을 기록함 | 네로 황제 박해 때(64-68년) 로마에서 십자가에 거꾸로 달려 처형당함 |
| 안드레 | • 스구디아, 소아시아, 헬라에서 설교한 것으로 추정 | 아가야의 파트라에서 십자가형을 받음 |
| 마태 | • 활동 지역이 이디오피아, 파르티아, 페르샤 또는 마게도냐 등이었을 가능성<br>• 복음서 기록 | 알려지지 않음 |
| 도마 | • 바벨론에서 설교했다고 함<br>• 초기의 전승에 의하면 수리아에서 복음을 전함<br>• 인도에서 교회를 세웠다고 전해짐 | 인도에서 순교당했다고 함 |
| 바돌로매 | • 빌립과 함께 히에라폴리스로 갔다고 함 | 아르메니아 지방 사역 후 가죽이 벗기워 순교당함 |
| 알패오의 아들 야고보 | • 초기 전승에는 예수님의 동생 야고보와 계속 혼동되었음<br>• 아마도 시리아에서 사역하였음 | 알려지지 않음 |
| 열심당원 시몬 | • 페르시아, 애굽, 카르타고, 브리튼 등지에서 활동 | 인도에서 전도하다가 십자가에 못박혀 죽음 |
| 요한 | • 성전에서 앉은뱅이 치료시 베드로와 함께 사역<br>• 사마리아에서 행한 빌립의 사역을 이용<br>• 에베소에서 사역<br>• 초기 영지주의 케린투스를 비난<br>• 밧모섬으로 유배당함<br>• 복음서, 세 개의 서신, 계시록을 기록 | 100년경 늙어서 죽음 |

| 이 름 | 주 요 행 적 | 최 후 |
|---|---|---|
| 세베대의 아들 야고보 | | 예루살렘에서 아그립바 1세에게 피살당함 |
| 빌립 | | 소아시아 히에라폴리스에서 십자가형을 받아서 순교함 |
| 다대오 | • 에뎃사에서 사역했다고 함 | 알려지지 않음 |
| 가롯 유다 | • 예수님을 배반 | 목매어 자살 |
| 주의 동생 야고보 | • 예루살렘교회의 지도자<br>• 예루살렘 종교회의 주관 | 62년 예루살렘에서 순교 |

\* 출처 : Robert C. Walton, *Chronological and Background Chart of Church History* (이하 *CBC*로 함)

## 7. 70인역본의 중요성

(1) 당시 유대인들과 초대교회 성도들에게는 구약경전으로서
(2) 이방인들에게는 구약 계시의 소개로서
(3) 신약성경 기록자들에게는 언어선택의 길잡이로서

## 8. 사도시대의 예배와 예전

(1) 조직
  1) 사도직 : 그리스도의 직계 제자 및 맛디아와 바울(행 12장)
  2) 장로직 : 조직 교회에 세워 양들을 돌보도록 함(행 6장)
  3) 집사직 : 예루살렘교회 7집사를 시작으로 봉사의 일을 담당(행 6장)
(2) 예배
  1) 장소
    ① 초기에는 성전, 회당, 개인집, 셋집에서
    ② 200년 후에는 특별한 건물에서 예배, 강단을 갖추고 있었음
  2) 때
    ① 처음엔 매일 모임
    ② 안식일과 주일에 모이다가 점차로 주일로 정착

③ 주로 오전예배와 밤에 축제의 예배를 드리다가
　　주후 100년 이후엔 밤 축제예배가 없어짐
④ 성례식이 오전 예배로 옮겨져 정착
3) 순서
　① 찬송 : 시편과 사 6장; 눅 1:46-2:29; 마 21:9 등을 노래함
　② 성경낭독 : 선지자의 글과 사도가 쓴 예수의 언행록
　③ 설교 및 권면 : 즉석에서의 설교, 점차로 준비된 설교
　④ 기도 : 모두 일어서서 힘에 지나도록
　⑤ 성찬식 : 떡, 포도주, 물을 가지고 회장이 나누어 줌. 결석자는
　　　집사가 가지고 가서 준다.
　⑥ 헌금 : 회장이 보관했다가 구제했다.
(3) 예전
　1) 세례
　　① 수세 전 : 자주 금식하고 기도함(2년간)
　　② 문답시 : 사죄의 원천을 알게하고 사죄를 기도하게 함
　　③ 세례식 : 3번의 침례(병자나 물이 없으면 머리에 물로 함)
　　④ 수세 후 : 1주일간 목욕을 하지 않음─성령강림을 바라는 안수도 행함
　　⑤ 축일과 부활절 등에는 흰옷을 입음
　2) 유아세례
　　　　라틴교회는 전반적으로 시행했으나 이레니우스, 키프리안은 찬성
　　　　하고, 터툴리안은 반대함
　3) 성찬
　　① 수세자만이 참석한다.
　　② 기도로 떡과 잔을 받는다.
　　③ 매주일 실시

## 9. 초대교회 신자의 신앙과 생활

(1) 신앙
　1) 영적 감화가 많이 일어남
　　① 직접 하나님과 교통하여 능력을 받은 자가 많이 능력을 행함
　　② 신유와 축사의 능력이 일반에게도 임함

③ 전도를 열심히 함
　　2) 재림의 확신 속에 사는 삶으로 박해를 이겨낼 수 있었음
(2) 생활
　　1) 평등주의 : 주인이 종과 함께 예배를 드리고 노예를 해방, 부인의 지위를 향상시킴
　　2) 자선 사업 : 고아, 과부, 가난한 자를 돌보아 줌
　　3) 봉사생활 : 손님에 대한 세족 및 전염병 발병시 간호 자원
　　4) 순결의 덕을 장려함 : 일부일처 및 금욕생활(음주, 음란 금지 및 독신 장려)
(3) 범죄자에 대한 징계 방법
　　1) 개인적으로 충고
　　2) 공중 앞에서 징계
　　3) 교회에서 추방
　　4) 범죄자와는 교제의 단절
(4) 순교자와 수절자를 숭배함
(5) 장례식
　　1) 화장을 하지 않음
　　2) 과도히 슬퍼하지 않음
　　3) 상복은 일반과 같이 입음
　　4) 죽은 자의 일용가구, 장식품은 묘문에 장식함

# 제 2 장
# 사도 후 시대(100-170)

## 1. 사도 후 시대의 개요

(1) 시기 : 사도들의 활동 종료로부터 속사도교부의 활동 종료까지의 기간
(2) 박해와 순교
   1) 네로 황제 이후 약 250년간 박해가 지속적으로 일어났다.
   2) 박해로 인하여 기독교는 통일된 교리를 가지게 되었고, 조직이 더욱 든든하게 되었다.
   3) 수많은 순교자가 발생하였다.
(3) 가톨릭 교회의 탄생
   1) 가톨릭이란 '공동', '보편'의 뜻을 지님
   2) 후세의 가톨릭 교회와 구별하기 위하여 '고(古) 가톨릭 교회'라고 부른다.
   3) 사도신경과 신약의 정경이 이 때에 형성이 되었다.
(4) 사상의 발달
   1) 온갖 박해 중에도 기독교의 생명력을 입증할 전도 활동의 왕성
   2) 사상의 발효 시대로 많은 기독교적인 사상이 정립되기 시작하였다.
   3) 헬라철학, 동방종교, 유대 율법주의 등의 유입으로 사상적인 혼란 가중
   4) 영지주의(Gnostism), 신플라톤주의(Neo Platonism) 등의 사상으로 조화절충 사상이 형성되었다.

## 2. 기독교의 확장과 그 원인

(1) 교회 확장의 중심지
    1) 예루살렘 - 유대 각지로 전파
    2) 안디옥 - 수리아와 메소포타미아로 전파
    3) 에베소 - 소아시아 각지로 전파
    4) 빌립보와 데살로니가 - 마게도냐 지방으로 전파
    5) 알렉산드리아 - 신학교 설립
    6) 고린도와 아덴 - 헬라 지방으로 전도
    7) 로마 - 각국으로 전도하는 종교의 중심지로 발전

(2) 확장 원인
    1) 성령의 충만한 역사
    2) 신자들의 열렬한 전도열
    3) 왕과 상류 계급의 입신
    4) 가난한 자와 어려운 자에게 구제
    5) 봉사 정신과 상부상조의 정신
    6) 박해에도 불구하고 인내와 끈기로 신앙을 지킴
    7) 엄격한 도덕 생활로 신앙의 순결을 지킴

## 3. 로마의 기독교 박해 원인과 그 결과

(1) 황제 숭배 사상
    1) 발단 : 헬라 세계로부터 유입되어 로마에서 적용
    2) 원인 : 은혜를 입은 세계에 대한 참된 보답의 시작으로 지배자에 대한 예배 시작
    3) 결과 : 지배계급의 유지정책으로 선호되어 기독교 박해의 동기가 되었다.

(2) 원인
    1) 우연한 원인
      ① 오해
        가. 기독교인을 부도덕한 자로 보았다(음행과 식인으로 오해).
        나. 기독교인을 불의한 자로 보았다(근친상간 등으로 오해).
      ② 미신 : 기독교인 때문에 천재지변이 자주 일어난다고 믿었다(당시

의 기근, 재난, 화재 등).
　2) 진정한 원인
　　① 사상의 부조화 : 국가 지상주의 대 신본주의
　　② 사회 생활의 부조화 : 그들이 하는 사치와 오락을 거절
　　③ 종교상의 부조화 : 황제 숭배를 강요함에 따른 거절
　　④ 로마의 반 비밀 단체령 : 기독교를 비밀 단체로 규정, 믿는 자체가 죄가 됨
(3) 과정
　1) 사회에서 추방 : 재산 및 직업 몰수
　2) 맹수와 사투를 시킴
　3) 기독교와 절연의 증거로 성경과 기물을 파괴토록 강요
　4) 교리상의 박해
(4) 결과
　1) 기독교도들은 서로 협력하게 됨
　2) 기독교가 생명의 종교임을 입증
　3) 교회와 국가의 구별이 명확해 짐
　4) 교회의 변증이 발달되기 시작함
(5) 네로의 박해
　1) 원인 : 로마 시내의 대화재 사건(64. 6. 18)
　2) 죄명 : 방화의 책임이 기독교인에게 있음
　3) 처형 : 맹수와의 사투, 십자가 처형
　4) 순교자 : 바울, 베드로
(6) 디오클레티안의 박해
　1) 원인 : 기독교의 강력한 조직체를 혐오
　2) 죄명 : 불신자로서 로마의 법률을 위반한 것임
　3) 반기독교적 칙령 반포
　　① 제사하는 날에 제사를 강요하여 순응시 석방, 불응시 고문, 모든 국민은 다 신들 앞에 제사하도록 강요
　　② 모든 교회가 무너지고 성경이 불태워짐
　　③ 전 성직자는 체포 투옥
　　④ 기독교인은 공직을 박탈
　　⑤ 모든 기독교인의 권리 정지

4) 결과
   ① 기독교인은 이교신의 희생제물로 드려짐
   ② 마우리티우스, 알반이 순교
   ③ 도나투스파가 생김
5) 평가 : 기독교 박해 중 가장 최악의 박해

* 로마의 기독교 박해 정리

| 황제(년대) | 원 인 | 죄 명 | 처형방법 | 결 과 |
|---|---|---|---|---|
| 네로<br>Nero<br>(54-68) | • 로마시 대화재 사건(로마와 그 변두리에서만 발생) | • 방화 책임을 기독교인에게 씌움 | • 맹견과 사자밥<br>• 십자가 처형 및 화형 | • 베드로와 바울 순교<br>• 네로는 신망잃고 69년 자살 |
| 도미티안<br>Domitianus<br>(81-96) | • 황제 숭배 불복(주로 로마와 소아시아 지방에서 발생) | • 제국 내에 다른 국가 건설기도<br>• 기독교로 모든 신이 노했다. | • 재산몰수 및 추방<br>• 맹수와 결투 | • 황제의 사촌 동생 등 신자<br>• 카타콤에 피신 |
| 트라얀<br>Trajanus<br>(98-117) | • 사회생활 부조화 황제 숭배 강요<br>• 비밀결사로 오해 (기독교인들이 발각되기만 하면 처형) | • 정치적 음모 꾀한다.<br>• 황제 숭배 불복 | • 맹수와 결투 | • 로마의 클레멘트 요한 밧모섬으로 유배<br>• Ignatius, 시므온, 소시므스, 루푸스 등 순교<br>• Pliny의 편지로 적당히 대할 것을 지시<br>• 예배를 금지시킴 |
| 하드리안<br>Hadrianus<br>(117-138) | • 우상제사의 강요<br>• 황제 신성 거부 | • 크리스챤을 증오함으로 죄인 취급 |  | • 텔레스포루스 순교<br>• 최초의 변증법 생김 (Quadratus에 의해) |
| 마르쿠스<br>아우렐리우스<br>Marcus<br>Aurelius<br>(161-180) | • 기독교인에 대해 거짓 증거하는 자도 처형<br>• 질병, 흉년 등 자연재해가 기독교 | • 질병, 흉년의 원인 | • 시장과 거리에서 심문 굴복시 용서<br>• 단두 후 짐승의 밥 | • Justinus 태형과 단두<br>• Potinus의 순교<br>• 노예 소녀 Blandina 순교 |

| 황제(년대) | 원 인 | 죄 명 | 처형방법 | 결 과 |
|---|---|---|---|---|
| | 인 때문이라고 단정<br>• 황제 자신이 스토아 철학자로 기독교를 반대함 | | • 옥사한 시체를 개에게 | |
| 셉티미우스<br>Septimius<br>Severius<br>(193-211) | • 아내 Donna로 인함<br>• 타고난 포악무도한 성격<br>• 기독교에로의 개종을 금지 | • 입교 금지령 위반 | • 투옥 및 처형 | • Irenaeus 순교<br>• Origenes의 부친 Leonidas의 순교<br>• 우르슬라, 히폴리투스 순교 |
| 막시미누스<br>Maximinus<br>(235-238) | • 정치적 계책<br>• 기독교 성직자 처형을 명령<br>• 기독교인들이 암살당한 전임 황제를 지지했다는 이유 | • 지진 사고의 원인 | • 유형 및 투옥<br>• 지도자 제거 | • Pontianus가 사르디니아 금광에 유배를 갔다가 순교 |
| 데키우스<br>Decius<br>(249-251) | • 기독교 때문에 고트, 페르시아족의 침입받았다고 함<br>• 제국 내 한 종교만 인정 국가가 약해진다고 반대.<br>• 황제신 외 다른 신에게 경배를 금지<br>• 이교주의에로 복귀 열망으로 기독교를 박멸코자 함 | • 나라가 쇠퇴한 원인<br>• 외부 침입 원인 | • 가장 혹독한 무력진압 또형, 감금, 공갈 | • 로마 Pabianus감독 순교<br>• 안디옥 Babylas 감독 순교<br>• 예루살렘의 알렉산더 순교<br>• Origenes중형<br>• Cyprianus 도피 은둔<br>• Novatian 분파 형성 |
| 발레리우스<br>Valerius<br>(253-260) | • 병과 흉년은 신의 분노 | • 질병 흉년의 원인 | • 집회 금지 및 지도자 처형<br>• 고위층과 교회 재산 몰수 | • Origenes, Cyprianus, Sixtus2세, Laurentius, Fructuosus 순교 |

| 황제(년대) | 원 인 | 죄 명 | 처형방법 | 결 과 |
|---|---|---|---|---|
| 디오클레티안<br>Diocletianus<br>(284-305) | • Galerius의 참소<br>강력한 조직체를<br>혐오 | • 기독교 통제<br>불가 | • 303.2 칙령으로<br>예배당 파괴,<br>• 성경 압수, 교직<br>자 투옥<br>• Decius 칙령 반<br>복 가장 극심한<br>박해 | • 마우리티우스,<br>알반 순교<br>• 니고메디아 회당<br>파괴<br>• 이중적 신분자<br>(배교자) 생김<br>• Donatus 분파<br>형성 |

## 3. 사도후 시대의 예배와 예전

(1) 주일
　1) 주일
　　① '일요일'이라 불리우는 날에 성도들이 한데 모여 예배드렸다.
　　② 이날은 기쁨의 날로서 꿇어 엎드리지 않고 서서 기도하고 금식도 하지 않았다.
　　③ 동방교회에서는 안식일(토요일)과 더불어 일요일(주일)을 지키기도 했다.
　　④ 일요일은 안식일은 아니지만 안식일과 동일하게 지키기 시작 (200년경 터툴리안 시대에)
　2) 주일예배
　　① 찬송
　　② 낭독(낭독자가 사도들의 글과 선지서를 읽음)
　　③ 회장의 교훈과 권면
　　④ 기립 기도
　　⑤ 성찬
　　⑥ 헌금
　3) 찬송
　　① 예배의 일부로서 주로 시편을 찬송함
　　② 성경의 어떤 부분을 따로 떼어서 노래하기도 함

4) 설교
      ① 처음에는 즉석에서 감동적인 설교를 하다가 후에는 치밀하게 준비
      ② 설교자는 감독이나 장로(혹은 감독의 명에 의해 집사나 신자 중 유력한 자가 하기도 함)
(2) 예전
   1) 세례
      ① 수세자는 금식, 기도, 사죄, 간구하게 하고 다른 성도도 함께 기도하고 금식함
      ② 물있는 곳에 가서 세례
      ③ 마귀를 버리고 주님을 영접한다는 손짓을 함
      ④ 감독이 주로 축일에 베풀었다.
      ⑤ 새로 세례받은 사람은 부활절부터 오순절까지 흰옷을 입고 집회에 참석
      ⑥ 부모의 책임하에 유아세례도 실시
   2) 성찬
      ① 신자들은 각각 떡과 포도주를 가지고 와 하나님께 바치고
      ② 집례자는 그것을 받아 성령으로 그리스도의 살과 피가 되게 해달라고 기도
      ③ 성찬은 비유와 상징, 혹은 하나님의 능력이 머무르는 것으로 믿기도 함
(3) 축절
      ① 부활절
      ② 승천 기념일
      ③ 성령 강림 기념일

### 4. 사도후 시대의 교회상

(1) 교회의 정치제도의 발달
      ① 감독과 장로가 구별되기 시작하였으나 아직은 일반신자와 구별 사상은 분명치 않음
      ② 필요에 따라서 감독권이 강화되어 나타나기 시작하여 교회를 대

　　　　표하고 가르침과 예전을 집전하게 된다.
　　　③ 감독의 선출이 공식적 선거에 의해서 이루어지기 시작
　　　④ 장로는 감독이 회중의 동의를 얻어 임명하는 제도가 정착
　　　⑤ 집사 이외의 여러가지 직분이 생기기 시작(부집사, 악령쫓는 사
　　　　람, 성경낭독사, 회당지기, 성가대원 등 대부분 감독이 임명하였
　　　　다)
　　　⑥ 감독권이 강화되어 가자 이단과 분파의 대항이 점증하였다(몬타누스 등)
　　　⑦ 세계적 대회는 없었으나 3세기에 이르러서는 각 지방에서 종교회
　　　　의가 종종 열리곤 했다(카르타고, 로마, 알렉산드리아, 안디옥
　　　　등).
　(2) 교회의 규율
　　1) 2세기초에는 엄격한 규율
　　　① 살인, 간음, 배교자는 교회에서 추방
　　　② 회개하더라도 교회에서 다시 받아들이지 않는 것이 관례
　　　③ 혹 허용되더라도 회복하는데 매우 까다로운 절차를 따라야 했다.
　　　　수년 동안 네 단계를 거치고나서 합격하면 감독의 안수와 입맞춤
　　　　으로 완전히 회복되었다.
　　2) 3세기에 들어서서는 관대하게 처리
　　　① 데키우스 박해로 변절한 수많은 사람들이 교회로 들어오기를
　　　　열망하게 되었으며 더구나 거기에는 다수의 감독들도 있었던 것이다.
　　　② 이들에게 사면을 주어야 한다는 의견이 지배적이었다.
　　　③ 이 논쟁과 권력암투가 겹쳐서 교회는 그야말로 만신창이가 되기
　　　　시작함
　　　④ 이 결과 노바티안과 도나티안이 나타나게 되었다.

## 5. 사도후 시대 신자의 신앙과 생활
　1) 신앙
　　　① 일요일에는 예배드리고, 수요일과 금요일에는 금식
　　　② 신앙적 열심에서 혹은 박해를 피하려고 은둔생활자가 많았음
　　　③ 순교자와 순교자의 유물을 존경
　2) 생활

①  박애와 자선, 정결의 삶
②  독신을 선호(특히 교직자)
③  군인이나 공직 취임을 기피함
④  카타콤 생활(지하동굴)
⑤  죽음시에는 카타콤에 장사하고 화장을 하지 않고 과도한 슬픔을 피하고 시편을 노래했다

* 카타콤 무덤의 기독교 상징물들
  1) 비둘기(성령 혹은 노아의 비둘기 상징)
  2) 배(구원의 방주)
  3) 닻(희망)
  4) 거문고(그리스도의 사랑)
  5) 물고기(그리스도의 상징)
  6) 종려(종려주일)
  7) 어린양(예수 그리스도)
  8) 포도(그리스도와 신자의 관계)
  9) 선한 목자로서의 그리스도를 그린 벽화

# 제 3 장
# 니케아 전 시대(170-325)

## 1. 니케아 전 시대의 개요

(1) 시기 : 교부들의 등장에서 니케아 회의까지의 기간
(2) 박해와 교회 내 분파의 발생
    1) 네로 이후 콘스탄틴의 회심까지 극심한 박해가 지속됨
    2) 박해로 인한 교회 내 분파의 발생
(3) 교부들의 활동과 신학사상 발전
(4) 초대교회 이단들의 등장
(5) 정경의 형성과 결정
(6) 사도신경의 발전

## 2. 기독교에 대한 사상적인 공격

(1) 루시안(120-200 ; Lucianus of Samosada)
    1) 기독교인의 생활과 풍습을 비방
    2) 에피쿠로스 학파에 속한 자
    3) 180년경 "페레그리누스의 죽음"(De Morte Peregrinus) 출간
        ① 165년 올림피아 경기 때 키니크 학자 페레그리누스(Peregrinus)가 불속에 투신 자살한 상황을 알리는 편지의 형식

② 내용
　　　가. 페레그리누스는 부모를 죽이고 간음한 자로 후에 예수를 믿어 목사까지 되었다.
　　　나. 악행이 탄로되어 투옥되었으나 성도들의 기도로 출옥. 명성을 내려고 투신 자살
　　③ 견고하여 오히려 예수를 더 잘 믿고 사랑하게 되었다.
(2) 켈서스(2세기 후반의 사람 ; Celsus)
　1) 플라톤 학파이면서 에피쿠로스에 기울어짐
　2) 저서 "참말"로 기독교를 공격
　3) 오리겐이 이를 반박("켈수스를 반박함" : 오리겐의 이 글만이 전해지고 있다)
　4) 내용
　　① 그리스도의 신성을 부인(동정녀 탄생을 부인)
　　② 천지 창조는 헬라 신화보다 약간 우월한 신화이다.
　　③ 신의 계시가 있다면 신의 존엄성을 저하시키는 것이다.
　　④ 그리스도의 신성은 변화를 의미한다.
　　⑤ 세상을 독수리나 사자를 위해서 만들지 않은 것과 같이 인간을 위해 만든 것이 아님
　　⑥ 부활의 신앙은 "벌레의 희망"과 같은 것으로 이성적인 인간에게는 어울리지 않는다.
(3) 포르피리우스(D.304 ; Porphyrius)
　1) 다신교의 옹호자로서 15권의 저서로 기독교를 공격
　2) 주장
　　① 신구약의 모순을 들춰 내어서 성경의 불일치 공격
　　② 사도끼리는 분쟁을 하였고 예수는 거짓말장이이다.
　　③ 제자들의 사상이 일치되지 않음을 볼 때에 그리스도의 신성을 부인
　　④ 제자들은 기독교를 곡해시킨 자들이다.
(4) 신플라톤 학파(Neo Platonism)
　1) 파생 원인
　　① 기독교의 급속적인 확산으로 재래 종교의 소멸을 우려하게 되어 발생
　　② 재래의 철학사상이 종교적 요소를 가미하여 신비 철학 구성에 성공

2) 시조 : 암모니우스 삭카스(D.243 ; Ammonius Saccas)
3) 플로티누스 (208-269 ; Plotinus)
   ① 사카스의 제자로 페르시아 원정에 종군할 때 동방 학문을 배움
   ② 주장
      가. 내 안의 하나님과 우주에 계신 하나님과의 조화에 도달하려는 흔적
      나. 우주만상이 하나님으로부터 출발하여, 3단계로 이루어진다 (마음-영-물질).
      다. 행정덕(德)과 에로스($\acute{\epsilon}\rho o \varsigma$)로 엑스타시 현상에 이르러 하나님과 합일이 된다.
4) 신플라톤 학파의 실패
   ① 철학으로 종교를 대신하려 했던 그들은 실패하고 말았다.
   ② 아우구스티누스(Augustinus)는 실패 원인을 3가지로 지적한다.
      가. 교조(敎祖)가 없다.
      나. 축복과 평화의 영원한 유지에 해답을 주지 못했다.
      다. 사색하는 힘이 없는 자들을 인도할 방법이 없다.
(5) 기독교에 대한 사상적 공격 요약

| 이름 | Lucianus | Celsus | Plotinus | Porphyrius |
|---|---|---|---|---|
| 소속 | 에피쿠로스 학파 | 플라톤 주의 | 신플라톤주의 | 신플라톤주의 |
| 저서 | • 페레그리누스의 죽음 | • 참말 | | • 15권 |
| 원인 | • 기독교인의 생활과 풍습의 비방 | | • 동방 학문과 플라톤 사상의 비교 | • 다신교의 옹호자 |
| 주장 | • 165년 올림피아 경기 때 학자인 페레그리누스의 불 속에 뛰어든 사건을 기록<br>• 부모를 살해하고 간음한 자 | • 그리스도의 신성 부인(동정녀 탄생 부인)<br>• 창조 기사는 신학보다 약간 우월할 따름이다.<br>• 계시는 신의 존엄성을 저하시킨다 | • 내 안의 하나님과 우주 안의 하나님을 조화하려는 시도<br>• 만물은 하나님으로 출발(혼, 영, 몸 등으로 출발한다) | • 신구약의 모순을 들어 성경의 불일치를 공격<br>• 사도는 분쟁을 했고 예수님은 거짓말쟁이다<br>• 그리스도의 신성 부인 |

| 이름 | Lucianus | Calsus | Plotinus | Porphyrius |
|---|---|---|---|---|
| 주장 | • 목사가 되어 악행이 탄로<br>• 교인들의 기도로 출옥 후<br>• 명성을 내려고 투신자살 기도 | • 세상은 인간을 위해 만들어진 것이다.<br>• 부활 신앙은 벌레들의 희망 | • 행정덕과 에로스로 엑스타시 현상에 이르러 합일된다. | • 제자들은 기독교를 곡해시킨 자들이다. |
| 결과 | 견고하여 오히려 예수를 더 잘 믿고 서로 사랑하게 되었다. | | 철학으로 종교를 대신하려 했기 때문에 실패했다. | |

### 3. 교부들과 그 사상

(1) 교부에 대한 정의와 구분
　1) 정의
　　① 사도들의 직계 제자
　　② 교리에 정통성을 가진 자
　　③ 교리를 건설하는 자
　2) 구분
　　① 속사도 교부 : 이그나티우스, 헤르마스, 로마의 클레멘트, 폴리캅
　　② 변증가(교부)
　　　가. 동방 교부 : 순교자 져스틴(Justinus Martyr),
　　　　　　　　　　타티안(Tatianus)
　　　나. 헬라 교부
　　　　　1. 소아시아 : 이레니우스(Ireneaus), 힙폴리투스(Hippollytus)
　　　　　2. 알렉산드리아 : 클레멘트(Clement), 오리겐(Origenes)
　　　　　3. 라틴 교부 : 터툴리안(Tertuianus), 키프리안(Cyprianus)
　　　　　4. 서방 교부 : 제롬(Jerome), 암부로스(Ambrosius),
　　　　　　　　　　　　힐라리우스(Hyllarius)
(2) 속사도 교부의 신학
　1) 로마의 클레멘트(Clement of Rome)
　　① 1세기 말의 로마의 유명한 장로였음

② 아마 사도 요한이 밧모섬에 유배 당시 로마교회 감독이었을 것이다.
③ 아마도 빌4:3에서 언급된 인물로 추정
④ 고린도 교회에 보내는 편지
　가. 고린도 교회의 분쟁을 해결하기 위하여 신구약성경을 인용하여 기록
　나. 도미티안 황제의 박해를 기록한 것으로 보여진다.
　다. 그의 서신은 사도적 전승을 강조함
　라. 구약을 1/4이나 인용하고 바울 서신을 알고 있는 듯한 내용도 포함되어 있다.
　마. 바울의 사상과 함께 야고보의 사상이 더 많이 기록되고 있다.
　바. 내용
　　1. 부활을 확신하라
　　2. 감독, 집사 선거에 유의하라
　　3. 서로 사랑하라
⑤ 클레멘트의 제 2 서신이 있는데 이는 설교로서 다른 이가 쓴 것으로 보여진다.
⑥ 가톨릭교회에서는 제4대 교황으로 간주
⑦ 도미티안 황제 박해 때 순교당함
2) 안디옥 교회의 감독 이그나티우스(Ignatinus of Antioch)
① 시리아나 안디옥에서 사역함(감독)
② 트라얀 황제 박해 때 맹수의 밥이 되어 순교
③ 주요 사상
　가. 교회의 통일
　나. 감독의 권위 : 주교와 장로를 구분
　다. 순교자의 영광
　라. 이단에 대한 경계
④ 가톨릭 교회(Cathoric Church)라는 말을 최초로 사용함 : 교회의 조직을 강조
⑤ 로마로 순교하러 압송 도중 7통의 서신을 집필(A.D.110년경) : 그의 서신에서는 대속의 문제, 성육신의 문제, 유대주의자들의 문제, 감독직의 권위 등을 거론

가. 서머나에서 집필한 것 : 에베소인들에게, 마그네시아
　　　　　(Magnesia) 인들에게, 트랄리아인들에게, 로마인에게
　　　나. 드로아에서 집필한 것 : 필라델피아인들에게, 서머나인들에
　　　　　게, 폴리캅에게
　3) 폴리캅(Polycarpus ; A.D. 155, 혹 166, 177)
　　　① 사도 요한의 제자이며 서머나 교회의 감독
　　　② 이그나티우스의 친구이자 이레니우스의 스승
　　　③ 황제 숭배를 거절함으로 무신론자라는 죄목으로 안토니우스 파이
　　　　우스 (Anthonius Paius) 황제 때(155년, 혹은 166년, 혹은
　　　　177년) 화형으로 순교(이 감동적인 순교의 이야기는 「폴리캅의
　　　　순교에 관한 서머나인들의 편지」가 있음)
　　　④ 사랑의 감독이었지만 이단에 대하여는 단호했다 : 말시온
　　　　(Marcion)에 대하여서는 '사단의 맏아들'이라 맹공격
　　　⑤ 이그나티우스처럼 교회의 조직과 권징은 별로 언급하지 않는다.
　　　⑥ 저서로 「빌립보 서신」이 전해지는데
　　　　가. 교회 조직과 권징에 대하여 언급이 거의 없고
　　　　나. 구약보다는 신약을 많이 인용함 : 특히 바울의 많은 서신을
　　　　　　베드로서, 요한1서가 인용되고 있다.
　　　　다. 정경사에 있어서 사본비평의 귀중한 자료가 되고 있다.
　　　　라. 이그나티우스를 칭찬하고 있다.
　4) 파피아스(Papias ; D.150)
　　　① 히에라폴리스에서 감독으로 사역함
　　　② 사도 요한의 제자인 듯하다
　　　③ 브루기아 감독으로 150년에 순교
　　　④ '주의 가르침의 설명' 5권이 전해진다.
　　　　가. 사도와 사도들의 제자들에게 듣고 본 바를 기록
　　　　나. 유세비어스 교회사에 단편이 인용
　　　　다. 전천년설의 입장에서 천년왕국론 주장
　　　　라. 마가복음서가 "베드로의 어록"에서 기초했다고 주장
　　　　5. 마태복음서가 원래 아람어로 기록되어진 것이라고 주장
　　　⑤ 열렬한 천년왕국론자로 2세기의 천년왕국론을 엿볼 수 있다.

5) 기타 저서만 전해지는 교부
  ① 헤르마스의 목자(Shepherd of Hermas)
    가. 클레멘트와 동시대인으로서 노예 출신으로 추정되며 유대인으로도 추정됨
    나. 롬 16:14이 헤르마스인 듯하다
    다. "목자"는 미래 문학으로 천로역정과 비슷함
    라. 이신득구(以信得救)보다 도덕과 의무를 강조(야고보적인 성격이 강함)
    마. 공로의 신학을 제창
    바. 환상과 비유에 대한 책을 저술함
  ② 바나바서(Barnabas of Alexandria)
    가. 알렉산드리아에서 사역한 알렉산드리아 출신 유대인으로 추정
    나. 필로의 알레고리 해석방법에 익숙
    다. 히브리서와 비슷한 점이 많다
    라. 성전 예배에 무식한 유대교를 반대하는 입장
  ③ 디오그네투스에게 보낸 편지
    가. 수신자와 발신자를 모른다.
    나. 황제를 양해시키려는 변증서
    다. 기독교 예배와 생활의 참 뜻을 설명하고 비국민적인 사람이 아니라고 해명
    라. 박해는 신자가 두려워하는 것이 아니라 오히려 기뻐하는 것이다.
    마. 사상과 내용이 사도적 교부의 저서 중 가장 풍부하고 가장 힘이 있다.
  ④ 12사도의 교훈(Teaching of the Twelve Apostles ; Didache)
    가. 「열 두 사도를 통한 이방인에 대한 주님의 가르침」 (Teaching of the Lord to the Gentiles through the Twelve Apostles)
    나. 교회 의식에 대하여 가르쳐 주고 있는 가장 오래된 문서
    다. 신자들의 생활과 습관을 가르치는 것으로 세례를 받으려는 자와 받은 자에게 실제상의 교훈을 위한 것임
    라. 대단히 존중되던 책으로 유세비우스는 신약 정경에 포함시킴

마. 1878년 콘스탄티노플 성내의 살렘수도원에서 발견되어 1883년 출판됨

* 속사도 교부정리

| 이 름 | 주 요 사 상 | 저 서 |
|---|---|---|
| 로마의 클레멘트 | • 그의 서신은 사도적 전승을 강조함<br>• 구약을 1/4이나 인용, 바울 서신 내용도 포함<br>• 바울 사상과 함께 야고보의 사상이 더 많음<br>• 부활 확신<br>• 서로 사랑하라<br>• 감독, 집사 선거에 유의하라 | • 고린도 교회에 보내는 편지<br>• 클레멘트 2서 |
| 이그나티우스 | • 교회의 통일<br>• 감독의 권위 : 주교와 장로를 구분<br>• 순교자의 영광<br>• 이단에 대한 경계<br>• 가톨릭 교회라는 말을 최초로 사용<br>• 그의 서신에서는 대속의 문제, 성육신의 문제, 유대주의자들의 문제, 감독직의 권위 등을 거론 | • 서머나에서 집필한 것 : 에베소인들에게, 마그네시아인들에게, 트라리아인들에게, 로마인에게<br>• 드로아에서 집필한 것 : 필라델피아인들에게, 서머나인들에게, 폴리캅에게 |
| 폴리캅 | • 이단에 대하여 단호(말시온을 사단의 맏아들)<br>• 교회의 조직과 권징은 별로 언급 없음<br>• 전천년설의 입장에서 천년왕국론 주장<br>• 마가복음서가 '베드로의 어록'에서 기초했다고 주장 | • 빌립보 서신(구약보다는 신약을 많이 인용함) |
| 파피아스 | • 마태복음서가 원래 아람어로 기록되어진 것이라고 주장 | • 주의 가르침의 설명 |

(3) 2세기의 교부들과 그 사상
   1) 콰드라투스(Quadratus)
      ① 2세기초 아테네의 감독으로 사역
      ② 하드리안 황제에게 자신의 변증서(현재는 분실)를 헌정
      ③ 기독교를 유대교와 이방종교와 비교
   2) 아리스티데스(Aristides)
      ① 2세기초 아테네에서 활동
      ② 하드리안 황제에게 자신의 변증서(현재는 분실)를 헌정
      ③ 매우 강한 바울적 특성을 가짐
   3) 순교자 져스틴(Justinus Martyr) : 신앙의 수호자
      ① 생애
         가. 약100-165년 사이에 사역
         나. 팔레스타인. 에베소, 로마 등지에서 사역함
         다. 철학수업을 받은 자로 순회하는 평신도 교사였다(스토아철학, 아리스토텔레스, 피타고라스학파, 플라톤학파를 섭렵하고 성경을 통해 기독교로 전향)
         라. 로마에서 참수형을 당함(로마의 사령관 Rusticus에게)
      ② 사상
         가. 개인적으로 말시온(Marcion)을 반대함
         나. 기독교의 교훈과 실천의 진리와 합리성을 지지
         다. 로고스 기독론 개념을 발전시킴
         라. 예언과 이적과 윤리에 기초하여 기독교를 변증
         마. 과거의 헬라 사상과 그리스도인의 신앙 사이의 연속성을 보이고자 시도(클레멘트와 오리겐에 의해 계속되었으나 터툴리안은 이를 맹렬히 반박)
         바. 기독교를 모든 철학, 특히 플라톤주의의 완성으로 보았다.
      ③ 저서
         가. 제1변증서(Aplogia Prima) : 대변증서
            안토니우스 피이우스 황제에게 보내는 글로서 기독교 신앙에 대한 변증서
         나. 제2변증서(Apologia Secunda) : 소변증서
            로마의 원로원에 보내는 편지로서 제1변증서를 짧막하게

            보충한 변증서
        다. 유대인 트리포와의 대화(Dialogus cum Tryphone)
        라. 이단에 대항하여
        마. 말시온에 대항하여
  4) 타티안(Tatianus)
    ① 생애
        가. 110-172년 사이 앗수르, 시리아, 로마에서 사역함
        나. 져스틴의 제자로 보임
        다. 후에 영지주의로 전향
    ② 사상
        가. 타종교에 비해서 기독교의 우월성을 설명하려 함
        나. 최초로 복음서들 간의 상호조화성을 강조
        다. 그의 추종자들은 후에 엥크라트파(Encratites)로 불리움
    ③ 저서
        가. 사복음서를 하나로 조화시키고자 시도한「디아테싸론」
        나. 희랍인들에게
  5) 아테나고라스(Athenagoras) : 아테네의 크리스챤 철학자
    ① 생애
        가. 2세기 아테네의 신학자
        나. 플라톤의 추종자였다.
    ② 저술 : 고전적 문체로 저술 활동
        가. 변증서 : 그리스도를 위한 변증서
            기독교를 비판하는 무신론, 카니발, 성적 문란이 사실과 다름
            을 해명히고 기독교의 높은 도적 수준을 제시함
        나. 죽은 자의 부활에 관하여
  6) 데오필루스(Theophilus)
    ① 181년 안디옥의 감독으로 사역함
    ② 이교철학에 대하여 철저한 논쟁
    ③「아우쿨리투스에게」를 저술
  7) 멜리토(Melito)
    ① 190년경의 사르디스의 감독
    ②「십사일교도」(Quartodecimans)의 옹호자

③ 구약에 관한 초기 기독교 저술 목록을 작성
④ 저술이 약 20여 편이 있다고 전해지나 분실되고 현재는 없음
8) 헤게시푸스(Hegesippus)
① 유대인 출신으로 시리아, 그리스, 로마 등지에서 사역
② 초대교회의 순수성과 사도적 계승을 입증하기 위하여 초대교회에 관한 자료를 수집
③ 모든 이단들의 책임을 유대교로 돌림

2세기 변증가들 요약 정리

| 이 름 | 주 요 사 상 | 저 서 |
| --- | --- | --- |
| 콰드라투스 | 기독교를 유대교와 이방종교와 비교 | 변증서 |
| 아리스티데스 | 매우 강한 바울적 특성을 가짐 | 변증서 |
| 져스틴 | • 개인적으로 말시온을 반대<br>• 로고스 기독론 개념을 발전시킴<br>• 예언, 이적과 윤리에 기초로 기독교를 변호<br>• 헬라 사상과 기독교 사이의 연속성 모색 | • 제1변증서<br>• 제2변증서<br>• 트리포와의 대화<br>• 이단에 대항하여<br>• 말시온에 대항하여 |
| 타티안 | • 기독교의 우월성을 설명<br>• 최초로 복음서들 간의 상호조화성을 강조<br>• 추종자들은 후에 엥크라트파로 불리움 | • 디아테싸론<br>• 희랍인들에게 |
| 아데나고라스 | 플라톤의 추종자 | • 변증서<br>• 죽은 자의 부활에 관하여 |
| 데오필루스 | 이교철학에 대하여 철저한 논쟁 | 아우쿨리투스에게 |
| 멜리토 | • '십사일교도'의 옹호자<br>• 구약에 관한 초기 기독교 저술 목록 작성 | 약 20여편이 있다고 전해지나 현재는 없음 |
| 헤게시푸스 | • 초대교회의 순수성과 사도적 계승을 입증하기 위해 초대교회에 관한 자료 수집<br>• 모든 이단들의 책임을 유대교로 돌림 | |

(4) 헬라 교부의 신학
　1) 소아시아의 이레니우스(Ireneaus ; 2세기 말) : 이단에 대한 논박자
　　① 생애
　　　가. 소아시아 출신의 신학자로서 폴리캅의 제자
　　　나. 선교사겸 변증가겸 감독
　　　다. 서머나에서 사역하다가 고올 지방 감독
　　　라. 리용시에 전도하여 전 시민을 믿게 함
　　　마. 온유하며 준수하였고, 박학자로 헬라 고전과 신구약에 정통
　　　바. 리용에서 순교
　　② 근본사상
　　　가. 헬라와 라틴 신학의 교량 역할을 한 분임
　　　나. 영지주의 반대 : 정통 기독교가 영지주의에 승리할 수 있는 원동력
　　　다. 사도 이래의 전설을 중요시하며 신앙의 표준을 준수
　　　라. 구약성경과 신약성경을 동등한 비중으로 논한 최초의 인물
　　③ 신관
　　　가. 신은 자유의지로 창조된 유일신이다.
　　　나. 신의 피조물인 우주는 선하다.
　　④ 기독론
　　　가. 구속적 성육신 : 로고스이신 하나님이 사람이 되셨다.
　　　나. 그리스도는 영원한 아버지와 함께 계신다.
　　　다. 그리스도는 교사가 아니라 구주이시다.
　　　라. 사람의 경험을 체휼하시고 사람이 하나님께 드릴 충성을 대신지셨다.
　　⑤ 성령론
　　　가. 성령은 성자와 같이 아버지께 속한다 - 종속설
　　　나. 성자에게 복속의 지위가 있다.
　　⑥ 구원론
　　　가. 총괄갱신(recopytulation)교리 : 그리스도는 모든 인류를 대표한다.
　　　나. 정의 강조: 죄지은 우리가 살기 위해서는 하나님의 정의가 있어야 한다(터툴리안의 만족설과 비슷).
　　　다. 성육신은 구속의 기초가 된다.

라. 구속은 영혼과 육체를 망라하는 것.
⑦ 종말론 : 전천년설 주장
⑧ 전통·유전 강조
    가. 이는 라틴 신학 요소인데 이를 사용하고 있다.
    나. 영지주의자들이 신약성경을 인정하려 하지 않았기 때문에 전통을 강조
⑨ 저서 :「소위 거짓된 지식에 대한 논박과 타도」(Refutation & Overthrow of the Knowledge Falsely Scrolled) - 일반적으로 「이단을 배격하는 5권」(Five Books against the Heresies)로 알려짐.
2) 힙폴리투스(Hippolytus ; 약170-236년경)
    ① 이레니우스의 제자로 학문이 넓은 자
    ② 감독이라고는 하지만 어느 지역의 감독인지가 명확하지 않음
    ③ 동시대의 로마주교를 반대함
    ④ 알레고리 해석방법을 사용
    ⑤ 「필로소퓨메나」(유명한 주석으로 분실됨)를 저술
    ⑥ 「모든 이단을 배척함」이란 글을 남김
    ⑦ 사르지니아 섬에 추방당하여 순교당한 것 같음
3) 알렉산드리아의 판테누스(Pantenus)
    ① 알렉산드리아 학파는 판테누스의 지도를 받음
    ② 스토익 철학을 교육받은 자로 후일에 개종함
    ③ 말씀에 대한 대단한 열심으로 인도까지 전도여행을 함
    ④ 클레멘트는 그의 제자인 듯함
4) 알렉산드리아의 클레멘트(Clement of Alexandria ; 약150-215년경)
    ① 생애(본명 : Titus Flavius Clement)
        가. 약150-215년 사이에 이교도 헬라인 부모에게서 출생
        나. 성인이 되었을 때에 회심
        다. 판테누스 문하에서 수학한 후 189년 부터 12년간 신학 교수
        라. 알렉산드리아, 안디옥, 예루살렘에서 사역
        마. 202년 셉티미스 세베루스의 박해를 피해 안디옥으로 도망하여 저술과 설교에 종사
    ② 사상

가. 신학의 기초는 무감각의 관념
나. 영지주의에 대한 대안으로 정통주의 추구
다. 철학과 기독교의 관계는 모순이 없을 뿐만 아니라 오히려 철학을 유용하게 활용하리라고 믿었다.
라. 플라톤주의와 스토아 사상의 최선을 모아서 크리스챤 영지주의(Christian Gnostism)를 낳았다.
마. 기독교를 헬라 철학으로 해석하려 했다. 하나님의 말씀, 즉 그리스도로 화육했다고 주장하였다.
바. 로고스를 강조하였다.
사. 성경을 알레고리 해석방법으로 접근하였다.

③ 저서
가. 그리이스인에게 주는 권면(Exhortation to the Greeks) : 다른 종교의 헛점을 지적하고 개종하도록
나. 교육자(Paedagogue) : 기독교인의 생활론
다. 여행가방(Carpet Bags) 또는 잡설(Miscellanies) : 순서없이 모든 철학, 종교, 신학의 비망록
라. 가장 오래된 찬송시인 "선한 목자"를 작시
마. 후견인(Tutor) : 초신자를 위한 교육용 소책자

5) 오리겐(Origenes of Alexandria ; 185-254) : 일반 대중을 위한 플라톤주의
① 생애
가. 알렉산드리아 출생
나. 모태신앙으로 초대교회 저자들 중 누구보다 성경에 박식한 자
다. 202년 셉티미우스 세베루스의 박해 때(18세) 부친(레오니다스)을 따라 순교하려 했으나 어머니의 충고로 미수
라. 클레멘트의 제자
마. 18세 때인 203년에 클레멘트의 뒤를 이어 신학 교수가 됨
바. 명성이 높아지자 경호 문하생 7명이 죽음
사. 211년부터 로마, 아라비아, 팔레스티나, 그리이스 등지로 전도 여행
아. 그가 받은 안수가 불법적이었다 하여 성직을 박탈당하고 추방되었으나 가이사랴에서 신학교 교장이 됨
자. 데키우스 박해시(249-251)투옥되어 신앙 포기를 강요하며 지독한 고문을 당했으나 거절하다가 석방

차. 로마인의 고문 후유증으로 몇 년 후 사망함
② 신학
   가. 클레멘트의 사상을 발전시킴
   나. 기독교의 진리를 철학으로 해석하며 조화시켰다.
   다. 성결과 금욕적인 생활 강조 : 철저한 고행과 고자까지 되는 일을 함(극단적인 금욕주의자)
   라. 영혼선재설과 자유의지 주장
   마. 종속주의(성부-성자-성령은 종속 관계, 성자의 성령 영원출생설 주장
   바. 만물의 회복으로 만인을 구원한다는 만인 구원설
   사. 3분설을 기초로 성경 해석(육, 혼, 영-문학, 도덕, 영적 요소)
   아. 우주는 이데아와 물질 세계가 있다고 한다 : 플라톤의 영향
   자. 연옥설 주장, 지옥 유한설 주장 : 존재 이전의 타락설 주장
③ 저서
   가. 저서는 약 6,000권이라고 전해진다.
   나. 헥사플라(6개의 헬라어 번역본의 구약성경들을 히브리 원문과 음역과 함께 편집한 작품으로 최초의 사본비평이라고 볼 수 있음)
   다. 켈수스에 반대하여(Against Celsus) : 켈수스의 「참된말씀」(True Word)에 대한 답변으로, 사회로부터 이익을 받아 누리면서 사회의 유지를 위한 책임은 나누려 하지 않는다는 비난에 대한 답변
   라. 원리들
   마. 스콜리아(Scholia) : 특별한 구절에 대한 주석
   바. 제일원리들(First Principles) : 초기 기독교에 있어서 최초의 조직신학을 제시한 책으로 하나님, 세계, 자유, 성경 등 4권으로 됨
   사. 「기도」, 「순교에 대한 가르침」 등이 전해진다.
6) 율리우스 아프리카누스(Julius Africanus;160-240)
   ① 팔레스틴에서 사역한 오리게네스의 제자
   ② 자신의 역사적 해석 방법으로부터 당대 221년까지를 설명한 "연대기"를 저술

\* 헬라교부 신학의 정리

| 이 름 | 주요 행적 | 저 서 |
|---|---|---|
| 이레니우스 | • 이단에 대한 논박자<br>• 헬라와 라틴 신학의 교량 역할<br>• 영지주의를 강력하게 반대함<br>• 구약성경을 동등한 비중으로 논한 최초의 인물<br>• 구속적 성육신<br>• 종속설<br>• 총괄갱신교리<br>• 전천년설 주장<br>• 정의 강조(터툴리안의 만족설과 비슷) | • 이단을 배격하는 5권 |
| 힙폴리투스 | • 동시대의 로마주교를 반대함<br>• 알레고리 해석방법을 사용 | • 필로소퓨메나<br>• 모든 이단을 배척함 |
| 판테누스 | • 알렉산드리아 학파는 판테누스의 지도를 받음<br>• 스토익철학을 교육받은 자로 후에 개종함<br>• 말씀에 대한 열심으로 인도까지 전도여행<br>• 클레멘트는 그의 제자인 듯함<br>• 철학과 기독교는 모순이 없음 | |
| 클레멘트 | • 크리스챤 영지주의를 낳음<br>• 기독교를 헬라 철학으로 해석 시도<br>• 로고스를 강조<br>• 성경을 알레고리 해석방법으로 접근<br>• 일반 대중을 위한 플라톤주의 | • 그리이스인에게 주는 권면<br>• 교육자<br>• 잡설<br>• "선한 목자"를 작시<br>• 후견인 |
| 오리겐 | • 클레멘트의 사상을 발전시킴<br>• 기독교의 진리를 철학으로 해석하며 조화<br>• 성결과 금욕적인 생활 강조<br>• 영혼 선재설과 자유의지 주장<br>• 종속주의(성부-성자-성령은 종속관계)<br>• 성자의 성령 영원출생설 주장<br>• 만인구원설<br>• 인간의 3분설을 기초로 성경을 해석<br>• 연옥설 주장, 지옥유한설 주장 | • 헥사플라<br>• 켈수스에 반대하여<br>• 원리들<br>• 스콜리아<br>• 제일원리들<br>• 기도<br>• 순교에 대한 가르침 |

(5) 라틴 교부와 그들의 신학
   1) 터툴리안(Quintus Septimius Florens Tertullianus ; ca.160-ca.220) : 라틴신학의 교부
      ① 생애
         가. 160년 카르타고(지금의 튀니지)에서 출생, 40세에 신자됨
         나. 아버지는 백부장, 어머니는 이교도였음
         다. 수사학과 법률을 공부한 최초의 라틴 신학자이자 대표자임
         라. 2-3세기의 기독교 주요 저술가 중의 한 사람(오리겐과 함께)
         마. 말년에 몬타누스파의 열심에 감동하여 가입, 자신의 분파 조직(이 분파는 A.D.4세기까지 잔존)
      ② 주요 사상
         가. 신인불화론으로 원죄를 해명
         나. 영혼유전설 주장 - 죄까지도 유전 받음으로 죄가 육체 안에 있지 않음
         다. 삼위일체란 말을 처음으로 사용함(한 본질, 실재, 능력)
            - 하나님은 삼위 안에 한 본체(one substance in three persons)
         라. 만족설 주장 - 십자가의 죽음은 공의의 만족이다.
         마. 진리의 판단의 기준은 역사와 전통이다라고 주장
         바. 성삼위의 관계는 경세적 관계이다.
         사. 취득시효를 주장(Prescription)
         아. 유아 세례 반대
         자. 그리스도의 사역은 십자가의 죽음으로 포괄
      ③ 저술
         가. 변증(Apology) - 신자들에게 단지 기독교인이라는 이유로 사형을 선고하는 불법에 대해 법률적 논박
         나. 이단에 대한 규정(Prescription of Heretics) - 헬라철학을 이단의 근원으로 보고 비판
         다. 말시온에 대항하여(Against Marcion) 5권
         라. 프락세아스에 대항하여(Against Praxeas)
         마. 회개(Repentance) : 제2차적인 회개의 여지를 남겨두었다.
         바. 겸손(Modesty) : 처벌보다 용서를 강조함

사. 병사의 화관(The Soldier's Chaplet) : 군 복무를 복음의 이름으로 정죄하고, 양심적인 참전 반대를 절대적인 명령으로 주장한 최초의 글
2) 키프리안(Thascius Caecilius Cyprianus;200-258)
① 생애
  가. 수사학 학자 출신으로 지방 통치자와 같은 높은 직위에 있었음
  나. 터툴리안의 영향으로 245-246년 사이에 기독교인이 됨
  다. 248-249년에 카르타고의 주교가 됨
  라. 발레리안 황제 치하(258년)에서 순교
② 사상
  가. 주교의 권위를 강조
  나. 박해로 신앙이 흔들리는 자들에 대항하여 단호하게 대처
③ 교회관
  가. 교회 안에만 구원이 있다.
  나. 교회를 버린 자는 외인이요, 속인이요, 적이다.
  다. 교회를 어머니라 하지 않은 자는 하나님을 아버지라 할 수 없다.
  라. 교회는 노아의 방주와 같아서 교회 밖에 있는 자는 멸망 당한다.
  마. 교회는 단일한 교회, 즉 가톨릭 교회 외에는 다른 교회는 없다.
  바. 교회는 감독에 의하여 세워진 것으로 감독이 없는 교회가 아니다.
  사. 분리한 교회나 이단자의 세례는 무효이다.
  아. 최초로 가톨릭 교회의 성직 계급제도를 실시
  자. 교회 통일을 주장한 가톨릭 교회의 시조
  차. 비판
    1. 당시 노스틱과 몬다니즘 등의 분파주의 이단에 대해 신출됨
    2. 감독중심의 교회를 중생하고 영적인 교회를 무시한다.
    3. 이러한 현상은 로마의 법과 제도로 부터 영향을 받은 것이다.
    4. 감독 위주, 교회 통일은 장차 교회의 온상을 이루었다.
  † 가톨릭 교회(Catholic Church)라는 용어를 최초로 사용한 사람은 이그나티우스이며 시조는 키프리안이다.
④ 저서
  가. 교회의 통일성(On The Unity of the Catholic Church)
  나. "배교"(The Lapsed) - 교회의 순결성을 강조

(6) 헬라 교부와 라틴 교부의 신학적 차이점

| 구 분 | 헬 라 교 부 | 라 틴 교 부 |
|---|---|---|
| 중심지 | 알렉산드리아 | 카르타고, 로마 |
| 강조점 | 로고스의 성육신 | 전통의 확립 |
| 성향 | 철학적 성격이 강함 | 법률적 성격이 강함 |
| 철학 | 적극적 수용 | 비판적이며 신앙이 우위 |
| 신관 | 삼위일체의 종족적 이해 | 삼위일체적인 이해 |
| 신학 | 성경중심의 신학 | 조직적인 신학 |
| 기타 | 영혼선재설, 다방면적인 구원, 만인구원설, 연옥설 | 원죄설, 체계적인 교회론(교회 안에만 구원 주장) |
| 주요인물 | 클레멘트, 오리겐, 후에 아다나시우스, 키릴루스 등 | 테르툴리아누스, 키프리아누스, 암부로시우스, 레오 등 |

† 기타 자세한 차이점은 각 교부의 신학을 점검 비교할 것.

(7) 각 교부들의 신학과 사상 비교

| 이 름 | | 활동지 | 저 서 | 주요사상 | 순 교 |
|---|---|---|---|---|---|
| 속사도 교부 | 클레멘트 92-101 | 로마 감독으로 여러 교회 화합에 힘씀 | • 클레멘트 2서<br>• 고린도교회에 보내는 편지 | • 구약1/4, 바울서신의 다수를 인용 • 부활 확신 • 선거에 유의하라 • 사랑강조 | |
| | 이그나티우스 (D.125) | 안디옥 감독 | 로마로 호송 도중 7통의 편지 | • 교회의 통일, 감독의 영광, 순교의 영광 • 카톨릭 교회란 말을 최초로 사용 | 트라얀 박해로 맹수의 밥이 됨 |
| | 폴리캅 (D.155) | 서머나 감독 | 빌립보 서신 | • 말시온이단에 대해 공격 • 구약보다 신약을 많이 인용(바울, 베드로, 요한 1서) | 마르쿠스 아우렐리우스에 화형 |
| | 파피아스 (D.150) | 히에라폴리스 감독 | 주의 교훈의 설명 5권 | • 천년왕국론 주장 | 순교 |
| | 헤르마스 (D.140) | 로마 감독 비오 제자 | 목자 | • 미래문학으로 천로역정과 비슷<br>• 이신득구보다 도덕과 의무를 강조 | |
| 동방 교부 | 저스틴 (100-165) | | 대·소변증서 트리포와의 대화 | | |
| | 타티안 (110-72) | 로마 | 디아테싸론 | | |

| 이 름 | | 활동지 | 저 서 | 주요사상 | 순 교 |
|---|---|---|---|---|---|
| 헬라 교부 | 이레니우스 (115-202) | 폴리캅의 제자로 갈리아 전도 | 이단을 배척함 | • 교회 평화 주장, 라틴신학에 공헌 • 유일신, 총괄갱신, 구속적 성육신 • 정의 강조 | 셉티미우스 세베루스 박해 때 순교 |
| | 클레멘트 (D.213) | 안디옥 | • 그리이스인에게 • 교육자 • 잡설 • 찬송가 | • 철학을 유용하게 신학에 활용 • 크리스찬 영지주의 낳음 | 세베루스 박해 때 피신 |
| | 오리겐 (185-254) | 가이사랴 | 헥사폴라 약 6,000권 | • 철학적으로 진리를 해석하며 조화 • 영혼선재설과 자유의지주장 • 종속설, 만인구원설, 삼분설, 연옥설 등 | 데키우스 박해로 순교 |
| 라틴 교부 | 터툴리안 (169-240) | 카르타고 | • 변증론 • 이단의 문제 • 논문 등 | • 신인불화론, 영혼유전설, 삼위일체설, 만족설 • 역사와 전통, 경세적 삼위일체 취득시효 • 유아세례반대 • 십자가 사역으로 그리스도의 사역은 끝임 | |
| | 키프리안 (200-58) | 카르타고 | 교회론에 탁월 | • 교회 안에만 구원이 있다 • 최초로 카톨릭 교회 성직에 계급제 실시 • 감독의 권위를 강조 | 데키우스 박해 때 도피 후 끝내 잡혀서 사망 |

## 4. 초대교회의 이단

(1) 초대교회 이단의 종류
   1) 유대교적 이단
      ① 에비온파(Ebionites)
      ② 엘카사이파(Elkasites)
   2) 헬라주의적 이단
      ① 영지주의(Gnosticism)
      ② 말시온파(Marcionism)
      ③ 마니교(Manichaeism)
   3) 교리적 이단
      단일신론(Monarchianism)
(2) 초대교회의 유대교적인 이단

1) 에비온파(Ebionites ; 가난한 자)
   ① 주요사상
      가. 바울 교리를 배척(마태복음만 사용한 듯함)
      나. 율법 고수 : 율법을 문자적으로 해석
            할례, 안식일 준수, 금식, 등
      다. 예수의 인성만 믿음 : 동정녀 탄생 부인, 수세시 직분을 받았
            다고 주장, 죽음 전에 성령은 떠났으며, 십자가의 고난 받은
            사람은 평범한 인간이라고 주장
      라. 예수의 위격을 양자론적으로 주장
      마. 야고보를 위대한 제자로 평가
      바. 베드로는 특별히 높은 존경의 대상으로 평가
      사. 자기들이 예루살렘 파괴 후 진정한 후계자라고 주장
      아. 보편적 기독교와 유대교의 중간 다리 역할을 자임함
   ② 경전
      가. 12사도만 인정하고 바울의 사도직 및 교리 부정
      나. "히브리인들의 복음"을 통해 전파
      다. 베드로의 설교집을 사용
   ③ 대표자 : 심마쿠스(Symmachus; 히브리어 성경을 헬라어로 번역)
   ④ 생활
      가. 예루살렘 교회에게도, 정통파 유대교에게도 배신자로 정죄
      나. 빈한한 삶 추구
      다. 유대교의 율법을 지킴
2) 엘카이파(Elkasaites)
      가. 유대교와 기독교와 동방 철학 사상을 혼합
      나. 엘카이라는 유대인이 페르시아에서 천사로부터 받았다는 엘카
            이트서가 경전
      다. 엘카이가 최후 최대 예언자로 기독교와 유대교를 완성한 자라
            고 주장
      라. 예수는 아담이 다시 사람이 되어 나왔으며, 앞으로도 육신이
            다시 되어 올 수 있다.
      마. 할례, 안식일 준수, 금식
      바. 모세의 율법을 준수하지만 제사는 지내지 않음

사. 바울 서신은 버리고 신약의 일부만 믿음
아. 그들의 교리를 믿고 새로운 세례를 받으면 구원
자. 후일 모하메트교의 발생에 결정적인 영향
(3) 헬라주의적 이단
  1) 영지주의(Gnosticism)
    ① 영지주의란
      가. 헬라어의 '지식'($\gamma\nu\omega\sigma\iota\varsigma$)에서 나왔는데 이는 신비적인 초자연적인 지식을 뜻하는 것
      나. 당시 유행하던 점성술, 마술, 철학, 페르시아의 이원적 우주론을 혼합하여 종교철학(철학적 종교)을 구성하려 함
      다. 구약에서 유대교적인 요소를 거절
      라. 예수의 육체적 고난, 부활 등의 실재를 부인
      마. 인간의 구원은 물질계를 해탈하고 신에게 귀의하는 것인데 이는 '지식'에 의하여 가능하다
    ② 특징
      가. 이원론 : 모든 것을 이원론으로 파악한다(물질은 악하고 영혼은 선하다 ; 영계는 하나님이 다스리고 물질계는 조물주가 다스린다 등)
      나. 도케티안파(Docetianism)
        1. 예수의 육체 탄생을 부인
        2. 그리스도의 십자가는 환상에 불과하다고 주장
        3. 가현설을 주장(-인것 처럼 보인다)
        4. 사도 요한과 이그나티우스가 공격
      다. 유출설 : 세상은 창조된 것이 아니라 최고의 존재이신 하나님으로부터 유출된 것이다. 따라서 불완전하고 죄가 있다.
    ③ 영향
      가. 기독교에 가장 최대의 적으로 등장하여 정통신학의 발달의 계기가 되었다.
      나. 2-3세기에 완성된 후 5-6세기에 소멸되었다.
      다. 그러나 그 영향력은 오늘날까지 지배하고 있다고 보아야 한다
  2) 마니교(Manichaeism)
    ① 발단: 3세기에 동방에서 일어나 서방으로 흘러 들어와 기독교와

접촉한 후 기독교적인 요소를 취하게 된다.
② 마니(Mani ; 216-276)
　가. 페르시아의 귀족의 아들로 그는 19-24세 때 신의 계시를 받았다고 주장
　나. 인도와 중국을 여행하고 돌아와서 많은 신도를 얻음
　다. 페르시아 궁정에서는 우대를 함
　라. 그러나 반대자의 미움으로 십자가에 달려서 가죽이 벗겨져 죽음
③ 주장
　가. 페르시아의 이원론을 근거로 하여 세계는 광명과 흑암의 투쟁이라고 주장하면서 다음과 같은 교리를 주장한다.
　　1. 인류는 악마가 광명국에 침입함으로 생겼다.
　　2. 인류가 돌아갈 길은 해탈인데 이는 금욕생활을 통해서 가능하다.
　　　㉠ 입의 봉인 : 육신, 망언을 하지 말라
　　　㉡ 손의 봉인 : 모든 악한 일을 행치 말라
　　　㉢ 가슴 봉인 : 정욕과 악한 생각을 말라
　나. 배화교(조로아스터교), 불교, 기독교의 특색을 종합
　다. 스스로를 예수 그리스도의 제자라고 부름
　라. 자신이 보혜사라고 주장
　마. 모든 교리가 강한 이원론적인 체계다
④ 조직 : 엄격한 계층 조직(마니-12사도-70감독-교사-행자)
⑤ 소멸
　가. 계속적인 박해의 대상이었음
　나. 메소포타미아, 수리아, 팔레스티나, 이집트, 북아프리카, 스페인 등지에서 13세기까지 계속됨
⑥ 후기의 바울파, 보고밀파, 카타리파, 알비겐파와 유사함

## 초대 교회의 이단에 대한 정리

| 이 름 | | 기 원 | 교 리 |
|---|---|---|---|
| 유대교적 이단 | 에비온 | • 대체로 유대적 기독교인으로 구성됨 | • 바울 교리의 배척(히브리어로 된 마태복음만 믿음)<br>• 율법의 고수(할례, 안식일, 금식 등 시행)<br>• 예수의 신성만 믿음(예수는 수세시에 성령이 임했던 한 인간에 불과함) |
| | 엘카이 | | • 동정녀 탄생 부인<br>• 예수는 아담이 다시 사람되어 나왔다. 따라서 앞으로도 육신이 되어 다시 올 수 있다. |
| 헬라주의적 이단 | 영지주의 | • 헬라어 '지식'에서 파생<br>-신비적 초자연적 지식<br>• 이교철학 특히 플라톤 사상에 뿌리를 둠<br>• 동양신비주의의 영향을 받음(당시의 점성술, 마술, 철학 등을 혼합하여 철학 종교로 구성) | • 할례, 안식일, 금식 등 준수<br>• 구약에서 유대교적 요소 거절(구약과 유대주의 배격) 자신들을 높은 영적인 지혜의 소유자로 인식함<br>• 자신들은 영적인 존재이고 다른 이들은 육적인 존재로 인식<br>• 물질은 악하다고 가르침 매우 유치한 단계에서 매우 고상한 단계로 경배<br>• 예수의 육체적 고난, 부활의 실재 부인<br>• 그리스도의 몸은 실제가 아닌 환상임<br>• 창조는 신의 유출과정<br>• 구원은 물질계를 해탈하고 지식으로 가능하다.<br>• 감각주의나 혹은 금욕주의를 파생시킴<br>• 알레고리해석법 채택<br>• 이원론 |
| | 말시온 | • 대중적인 영향력보다는 교회 지도자들에게 큰 영향력을 행사<br>• 로마 제국 전국에서 나타남<br>• 교회로 하여금 신앙규 | • 환상설 주장(그리스도는 참된 육신을 소유하지 않음)<br>• 구약의 공의의 신을 배격하고 신약의 사랑의 신을 강조<br>• 철저한 금욕주의 |

| 이 름 | | 기 원 | 교 리 |
|---|---|---|---|
| 헬라주의 적 이단 | | 칙과 신약정경을 확정하게 하는 촉진제<br>• 교회에게 진리의 보고로서 사도적 계승을 강조하게 함 | |
| | 마니 | • 3세기에 페르시아에서 기원 마니에 의해 동방에서 창설<br>• 마니는 산 채로 껍질이 벗겨져 페르시아 성문에서 교수형당함<br>• 어거스틴도 초기에는 마니교도였음 | • 창조에 대한 이원론적인 사고(페르시아 이원론을 근거로 세계는 광명과 흑암의 투쟁, 인류는 악마가 광명국에 침입하므로 생겼다).<br>• 그리스도는 빛의 대표자<br>• 인류의 돌아갈 길이 해탈인데 금욕생활 통해서 가능<br>• 사도들이 그리스도를 왜곡한 반면 그는 순수한 정신을 계승했다고 주장 |

(4) 교리적 이단 : 단일신론(Monarchianism)
  1) 정의 : '하나의 우두머리'을 가진 단일신론으로서 2세기 그리스도에 관한 변론과 삼위일체의 대두에 대하여 삼위일체를 반대하고 하나님의 단일신임을 주장하는 파
  2) 동력적 단일신론(Dynamic Monarchianism)
    ① 정의 : 하나님은 한 분으로서 그리스도는 인간인데 그 안에 하나님의 능력이 역동적으로 머물러 계신다는 설
    ② 대표자
      가. 데오도투스(Theodotus) : 양자설(예수는 수세시에 성령이 강림하셨고, 신의 속성이 임했다)
      나. 사모사타의 바울(Paul of Samosata) : 하나님의 단일 인성 (Unipersonality)을 주장
  3) 양태론적 단일신론(Modalistic Monarchianism)
    ① 정의 : 하나님은 한 분으로서 그리스도는 하나님과 동일 인격이시나 모양만 다르게 나타난다는 설
    ② 대표자
      가. 동방 : 노에투스, 프락세아스(성부고난설 - Patripassianism)
      나. 서방 : 사벨리우스

## 5. 초대교회의 분파

(1) 몬타누스파(Montanism : 터툴리안의 일파)
　1) 기원
　　① 156년 프리기아의 몬타누스
　　② 몬타누스는 동방의 신비종교인 사이벨(Sybele)의 사제였으나 기독교로 전향한 인물임
　　③ 그는 성령을 자처하고 성령의 체험적 은사를 강조하고 시작함
　2) 목적 : 원시 기독교의 부흥
　3) 교리 : 구교와 일치함(성경은 전부 정경)
　　① 신앙보다 지식을 강조하는 것을 반대(영지주의에 반대)
　　② 엄격한 규율 실시: 극단적인 금욕주의 실시(금식, 고행장려, 재혼 금지 등)
　　③ 교회의 계급제도 반대(만인 제사주의)
　　④ 재림에 대한 열망 : 천년왕국 주장
　4) 사상
　　① 예언, 방언 고조(사도적 계시의 계속성을 주장)
　　② 현세교회 이탈(영적 선민주의 - 성령과 직접 교통한다는 영적인 엘리트 의식)
　　③ 독신생활 찬양(재혼 금지, 순교 권장)
　　④ 극단적 말세 사상 강조(천년왕국 주장)
　5) 소멸 : 160년 소아시아 교회 감독회의가 이단으로 정죄
　6) 의의
　　① 합리주의를 배격하고 신앙 중심을 강조
　　② 종말론의 강조로 신자의 삶을 통제
　　③ 이 운동을 두려워한 소아시아 감독들의 모임을 형성케 함(감독교회의 발단)
　　④ 방언, 예언을 중시하자 이에 대한 반동으로 정경형성을 촉진
　　⑤ 후의 수도원 운동의 모체가 됨(금욕, 분파, 비타협주의 등의 영향)
　　⑥ 독단주의의 마지막은 패망임을 보여 주었다.
(2) 노바티안파(Novatianism)

1) 분파 원인
   ① 데키우스 황제 때(249-251) 박해로 변절자가 많이 발생함에 따라 박해 후 변절자들에 대한 교회의 처리 문제로 인하여 분파
   ② 대부분의 지도자들을 관대한 처분을 하여 교회에 이들을 받아들이고. 더구나 관용론자들이 감독 선거에서 승리하였다.
   ③ 노바투스는 이에 불만을 품고 엄중한 규율을 내세워 이를 거절하고 분파운동을 일으킴
   ④ 그러자 로마교회는 노바투스를 파문하고 변절자를 교회에 받아들이기 위하여 절당한 회개를 하도록 하여 받아 들였다.
2) 주장
   ① 신앙을 배반한 중죄인은 교회에서 받아들일 수 없다.
   ② 그 외의 우상숭배, 살인, 음란 등은 용서받을 수 없는 죄이다.
   ③ 이들이 교회에 들어오려고 하면 재세례를 받아야 한다.
3) 이들에 대한 처리
   ① 분파주의자로 간주하고 교회질서를 문란케 한다는 이유로 파문함
   ② 이단으로 규정하여 내어 쫓음
   ④ 소멸 : 7세기에 가서 서서히 자취를 감춤

(3) 도나투스파(Donatianism)
   1) 분파 원인
      ① 4세기초 디오클레티안 박해시 변절의 증거로 성경을 밟고 훼손하도록 하였다.
      ② 이때에도 많은 변절자가 발생하여 박해 후 교회가 이를 받아들이느냐 문제로 발생
      ③ 범죄한 자가 속한 교회는 하나님이 떠났으므로 그들을 제명하라
      ④ 범죄한 교사에게 받은 세례는 무효라고 주장
   2) 과정
      ① 카르타고에서는 두 감독이 세워지고 북아프리카는 분란 계속
      ② 콘스탄틴 대제는 처음의 이단 규정을 330년 신앙과 예배의 자유 법률을 공포하고는 가톨릭교회에는 관용하도록 권유함
      ③ 330년 이 파에 속한 감독은 270명에 달하였다.
   3) 주장
      ① 세속적 교직자 배격

② 정부와 교회의 상호 분리 주장
③ 감독정치 채택
④ 세례를 받아야 구원을 얻는다.
⑤ 엄격한 교회의 규칙과 교인의 순결을 강조
4) 영향 : 이로 인해 카르타고교회는 100년간 분열을 거듭하는 진통을 겪게 된다.
5) 소멸 : 개인주의로 편협, 완고, 광신의 상태로 가서 결국은 소멸

* 초대교회의 분파들에 대한 정리

| 구분 | 몬타니즘<br>(Montanism) | 노바티안<br>(Novatianism) | 도나티안<br>(Donatianism) |
|---|---|---|---|
| 주창자 | 프리기아의<br>몬타누스(Montanus) | 노바투스(Novatus) | 도나투스(Donatus) |
| 원인 | 신앙보다 지식을 강조함에 따라 원시 기독교를 부흥시킬 목적으로 | 데키우스(Decius;349-251) 황제의 박해를 못이긴 변절자 처리 | 디오클레티안(Diocletian : 284-305) 황제 박해서 변절자의 처리 |
| 주장 | 1. 신앙보다 지식 강조 반대<br>2. 금욕주의적(엄격한 규율실시)<br>3. 교회의 계급제도 반대 (만인제사주의)<br>4. 재림 열망(천년왕국 임박성 강조)<br>5. 방언구사<br>6. 교리면에서 다소 정통주의직임<br>7. 선지자적 계시가 계속된다고 주장<br>8. 어떤 종류이건 간에 예술을 반대<br>9. 순교를 추구하고 강조 | 1. 신앙을 배척한 중죄인은 교회에서 받을 수 없다<br>2. 그 외 중죄인은 우상숭배 살인, 음란이다 | 1. 세속적 교직자 배격<br>2. 정부와 상호분리를 주장<br>3. 감독정치 채택<br>4. 세례받아야 구원받는다<br>5. 범죄한 교사에게 받은 세례는 무효이다 |
| 처리 | 1. 합리주의 배격 신앙중심 종말론으로 신자들의 생활을 통제 | 1. 분파주의로 간주하고 교회질서 문란죄를 파문 | 1. 콘스탄틴 대제가 처음엔 이단으로 규정<br>2. 330년에 관용토록 조치 |

| 구분 | 몬타니즘<br>(Montanism) | 노바티안<br>(Novatianism) | 도나티안<br>(Donatianism) |
|---|---|---|---|
| | 2. 정경 형성 촉진<br>3. 수도원 운동에 영향 | 2. 이단으로 규정하여 추방시킴 | |
| 소멸 | 극단주의의 마지막은 패망의 교훈을 알려줌 | 7세기에 가서 서서히 자취를 감춤 | 개인주의로 편협, 완고, 광신으로 서서히 소멸 |

## 6. 정경론

(1) 정경이란
   1) 정경의 '카논'(Canon)은 "곧은 장대", "지팡이"라는 뜻이다.
   2) 성경에는 "규례", "분량"이라는 뜻으로 사용(갈 6:13,15,16; 고전 10:13,15,16)
   3) 교회가 '캐논'을 정경이란 뜻으로 사용하기 시작한 것은 이 말이 원래 사람의 신앙과 행위를 규정하는 원리라는 관념을 갖고 사용하기 시작함
   4) 따라서 '캐논'은 "표준", "근본원리", "근본원리를 기록한 책의 목록"을 뜻했다.

(2) 신약 정경의 형성
   1) 초기 일요일 예배시에 '예수의 언행록'(오늘날 복음서)를 읽었다는 기록이 있다(저스틴의 문장 제 29장)
   2) 져스틴의 제자 타티안은 160년경 4복음서를 종합한 '디아테사론(Diathessaron)을 만듬
   3) 말시온은 구약을 배격하고 복음서(자신이 편집한 누가복음만)와 바울서신(구약적인 요소를 제거하여 편집한 10개만)을 정경으로 주장
   4) 터툴리안 시대에 이미 정경이 완성된 것으로 보여진다.

(3) 무라토리안(Muratorian) 단편
   1) 이태리 사가(史家) 무라토리가 1740년 밀라노 도서관에서 발견했다 해서 붙여진 이름
   2) 2세기 중반경의 것으로 추정된다.
   3) 내용 : 4복음서, 사도행전, 13개의 바울 서신, 유다, 요한2서, 계시

록 포함(히브리서, 야고보서, 요한의 기타 서신은 제외됨)
(4) 페시토(Pheshito)
   1) 2세기 중엽 이전에 에뎃사에서 만들어진 시리아어역
   2) 내용 : 4복음서, 사도행전, 13개의 바울서신, 히브리서, 야고보서, 베드로전서, 요한1서 유다, 베드로후서, 요한2,3서가 추가
(5) 기타 교부들의 정경 인용
   1) 이레니우스: 야고보서, 유다서, 베드로후서, 요한3서를 인용하지 않음
   2) 알렉산드리아의 클레멘트 : 빌레몬, 요한2,3서, 베드로후서, 야고보서를 인용하지 않음
   3) 터툴리안 : 야고보서, 베드로후서, 요한2,3서를 인용하지 않음
(6) 정경의 완성
   1) 져스틴 시대 즉 150년경에는 복음서와 사도 서신을 합한 신약성경이라는 것이 교회에 일반적으로 존재하지 않음
   2) 그러나 이레니우스 시대에는 이미 이런 것이 있었다.
   3) 2세기 말에는 오늘날의 성경이 사용되고 있었던 것으로 보인다.
   4) 당시까지 정경으로 승인되지 않은 것은 야고보서, 유다서, 베드로후서, 요한2,3서, 히브리서, 계시록 등이었다.
(7) 결정 시기
   1) 동방교회
      367년 아다나시우스가 부활절에 자기 교구 교회들에게 보내는 편지에서 처음으로 우리가 현재 소유한 신약성경 27권을 정경으로 밝힌 바있다.
   2) 시방교회
      ① 382년 로마대회에서 현재의 27권 정경 목록 작성 - 서방교회 최종 채택
      ② 393년 히포대회(Hippo Regius)에서 현재의 27권 정경을 수납함
      ③ 395년 어거스틴 주도의 카르타고(Carthage)회의에서 현재의 27권의 정경 목록과 그 목차가 결정됨
(8) 결정 기준
   1) 역사적 기준 : 사도적 권위
   2) 공예배의 인정

3) 보편성
　　　4) 교리적 일관성
(9) 결론
　　　결정은 하나님께서, 교부, 사도가 인정, 콘스탄틴 대제의 명의로 교회사가 유세비우스가 집성

## 7. 사도신경

(1) 신경(Creed)
　　1) 라틴어 Credo에서 유행한 말로 '나는 믿는다' 라는 뜻이다.
　　2) 사도신경은 사도들의 신앙고백이라는 뜻이 아니라 사도들의 신앙을 의미하는 것으로 사도들의 교훈을 집약하여 하나의 신앙고백 형태로 신앙과 생활을 규범을 정해 놓은 것이다.
(2) 사도신경
　　1) 12사도가 예루살렘에서 신앙의 표준으로 작성하여 베드로가 로마에 가지고 갔다는 전설에 의하여 사도신경이라고 한다.
　　2) 200년경부터 세례시 수세자에게 성부와 성자와 성령에 관한 신앙을 묻고 고백하게 한데서 시작.
　　3) 신앙고백으로 사용되었고 아리우스 이단 등이 일어나 정통교리를 표시한 말.
　　4) 신경의 가장 오래된 형태는 이레니우스와 터툴리안의 책에 나타나고 있다.
　　5) 이것의 자세한 내용은 알 수 없으나 400년경의 Rufinus가 쓴 책에 전문이 나타나 있다.
　　6) 이 고백은 점점 일정한 형식으로 발전이 되었고, 노스틱 이단으로 정통교리를 표시할 필요가 있으므로 지금의 것이 되었다.
　　7) 381년 콘스탄티노플 회의에서 완전히 결정되었다.

## 제 4 장
# 니케아 후 시대(325-590)

### 1. 니케아 시대의 개요

(1) 시기 : 교부의 등장에서부터 초대 중세 교황 그레고리 1세의 즉위까지를 말한다.
(2) 교리논쟁의 본격화 : 박해를 받을 때에는 교리보다는 신앙을 어떻게 지키느냐가 중요하다. 박해가 끝나자 교리문제가 등장하고 많은 신학자들을 배출하였다. 대표적인 교부로서는 아다나시우스, 어거스틴 등이다.
(3) 종교회의 시대: 교리문제 해결을 위해 여러 차례 종교회의가 소집됨
(4) 교회의 조직화 및 교권의 증진
  1) 박해 후 교리가 확정되면서 점차로 교회가 제도로서 조직화
  2) 교회 지도자의 세력이 점차로 강해지고 특히 로마 교황의 지위 증진
  3) 기독교는 로마의 국교가 되고 교직자가 관직을 소유하기에 이름
(5) 수도원 운동의 발전
  제도화되는 교회와 속화되는 교회의 반작용으로 금욕주의, 둔세주의 등이 고개를 들고 이것이 성행하여 결국 수도원이 발생하기에 이른다.

### 2. 니케아 회의 시대의 특징

(1) 기독교가 로마의 국교가 됨(395년 데오도시우스 황제 이후)
(2) 신학 논쟁이 가속화됨(세계 종교회의를 통하여)

(3) 교황제도가 생기므로 로마 왕권이 약해짐
(4) 교회의 제도화로 수도원의 발생

### 3. 초대 기독교의 6대 중심지

(1) 예루살렘(확실치 않음)
(2) 안디옥
(3) 서머나
(4) 에베소
(5) 니케아
(6) 콘스탄티노플

### 4. 콘스탄틴 대제와 기독교(Constantinus the Great ; 288-337)

(1) 생애
　1) 288년 나이사스에서 서로마 황제 클로루스와 헬레나 사이에서 출생
　2) 부왕 사망 후 6명의 황제가 난립되어 치열한 패권 다툼
　3) 막센티누스와의 싸움에서 승리함으로 황제로 위치를 굳힘
　4) 이 싸움에서 밀비아다리 부근에서 태양 위의 십자가( ☧ )와 '이것으로 싸우라' 는 신비를 모든 군사와 함께 체험하고 그대로 하여 승리함으로 그는 기독교인이 됨
　5) 동방황제 리키니우스의 누이를 아내로 삼아 두 황제가 313년에 밀라노 칙령을 반포함으로 기독교를 공인
　6) 믿은 후에도 이방 종교의 대제사장직을 그대로 갖고 있으면서 죽을 때가 이르러서 65세 때에 유세비어스에 의하여 세례를 받음(337년)
　7) 323년 동서로마를 통일
　8) 기독교의 보호자 및 교회의 외부적 감독을 자처하고 궁중에서 기독교를 강연
　9) 325년 교리논쟁의 해결과 교회의 통일을 위해 니케아 회의 소집
　10) 330년 동방의 비잔티움으로 천도하고 콘스탄티노플이라고 명명함
(2) 업적
　1) 기독교 공인
　2) 교회를 보호

① 유세비우스를 궁중에 들여서 우대함
② 이단을 멸하고 교회 통일을 도모
3) 고대 풍속의 개정 : 십자가 형, 검투, 죄인 이마의 화인 제도 철폐 등
4) 교회의 법률을 국가가 공인
5) 기독교를 위한 특별법을 제정
① 주일을 제정(공휴일로)
② 교직자에 대한 세금과 병역의무를 면제
③ 박해시 몰수한 재산을 반환
④ 교회 재산관리법 제정, 기부금 제도 공인
⑤ 고위층이 성직자가 되는 것을 금지
⑥ 성직자 참관하에 노예자유 허용
⑦ 감독의 세속 법정 재판 판결
6) 타 종교의 잔인성과 불결한 행동 금지
① 낙인 금지
② 유아 유기 금지
③ 결혼 순결 보호법
④ 노예와 동물 보호법
7) 신앙의 자유 허락 : 이교도 금하지 않았으나 잔인한 풍속은 단속
8) 신약성경 50부를 양피지에 필사하여 콘스탄티노플 등 교회에 기증
9) 예루살렘 성지 등 곳곳에 교회당을 신축
(3) 부정적인 면
1) 기독교가 사람들에게 인기가 있는 종교로 전락
2) 지도자들이 특혜를 이용한 이익 추구
3) 세속 권력의 교회 간섭 자초
4) 정치권력 행사로 부패의 촉진
5) 그리스도인의 의무를 수행하지 못하는 자가 속출 : 명목상 그리스도인 양산
6) 교리를 배우고 세례는 받으나 생활은 이교적인 생활을 그대로 하는 자가 속출
7) 지위가 역전되자마자 반대자에 대하여 적대시하고 관용할 줄 모르는 태도로 돌변
8) 교리논쟁의 대중화 초래

(4) 최후
   1) 세 왕자에게 제국을 분할
      ① 장남 : 콘스탄티누스
      ② 차남 : 콘스탄스
      ③ 삼남 : 콘스탄티우스
      † 차남은 형을 죽이고, 차남은 10년 후 자객에게 암살 당한 후 삼남이 천하를 통일
(5) 콘스탄티노플(Constantinopolis)
   1) 원래 비잔티움이었는데 330년 콘스탄틴 대제가 이곳을 수도로 정하면서 자기의 이름을 붙여 기념하기로 했다.
   2) 동서로마 제국이 분리될 때에 동로마 제국의 수도였으나
      ① 통합 로마의 효과적인 통치를 위해서
      ② 유럽의 야인과 남방의 페르샤인을 제어할 목적으로
      ③ 기독교적인 새 수도 건설로 자기 이름을 영구히 전하려고 천도하였다.
   3) 395년 동서로마 분리 후 동로마 제국의 수도로 사용
   4) 제 2,5,6,8차 세계 종교회의 장소로 사용.
   5) 1054년 동서교회 분리 후 헬라교회의 중심지
   6) 1453년 동로마 제국이 멸망한 후 터어키의 영토가 되어 현재는 터어키의 수도 이스탄불이 되었다.
(6) 밀라노 칙령
   1) 년도 : 313년
   2) 발령자 : 콘스탄틴 대제
   3) 내용 : 밀라노에서 내린 기독교의 자유칙령
   4) 결과 : 로마가 기독교를 공인
(7) 요약
   1) 우상숭배 금지
   2) 이교전당 몰수하여 교회에 줌
   3) 관직은 기독교인이라야 줌
   4) 니케아 회의(제 1차 종교회의)소집
   5) 부패하기 전에 일대 반동이 일어남

## 5. 초대 교회에 있어서의 종교회의

(1) 제 1차 회의(니케아)
　1) 일시 : 325. 5-6월
　2) 소집자 : 콘스탄틴 대제(Constantinus the Great)
　3) 소집 방법
　　① 각지의 감독에게 안내장을 보냈다.
　　② 각 감독은 장로 2인, 수행원 3인을 대동하고 참석 허락
　4) 소집 동기
　　① 부활절 일자 문제(동방은 유월절을 지키고, 서방은 주일을 중시)
　　② 아리우스설(그리스도는 성부와 유사 본질 : Homoiousios)로 인하여 교회 분열 우려
　5) 사건의 발달
　　① 감독 알렉산드로스(Alexandros)가 삼일신의 현현을 가르칠 때 장로인 아리우스(Arius)가 이를 공격
　　② 320년 알렉산드리아 지방대회에서 아리우스와 그를 찬성하는 애굽 감독을 파면
　　③ 아리우스는 각지로 다니면서 반대 연설을 하여 많은 찬동자를 얻음 특히 니코메디아의 유세비우스(Eusebius of Nicomedia)를 포섭
　　④ 동방에서 아리우스가 우세함
　　⑤ 이에 콘스탄틴 대제는 기독교의 분열을 원치 않으므로 스페인 감독 호시우스(Hosius)로 조정케 하였지만 성공치 못하므로 회의 소집
　6) 회원의 구성 : 약 220명
　　① 아리우스파 : 니케아, 칼케돈, 에베소 감독이 이에 속함(아리우스도 장로로 참석)
　　② 중립파 : 가이샤라의 유세비우스(Eusebius of Caesar)
　　③ 정통파 : 알렉산더, 호시우스, 아다나시우스 등으로 소수이지만 유력함
　7) 과정
　　① 황제가 직접 참석하여 연설
　　② 의장은 유세비우스나 호시우스

③ 아리우스파의 초안이 기각되고 가이샤라 유세비어스가 신조 초안 제출

| 성 | 아리우스파의 주장 | 아다나시우스의 주장 |
|---|---|---|
| 신성 | • 하나님과 예수 그리스도는 유사본질이다(Homoiousios; like Subtance) | • 하나님과 예수 그리스도는 동일본질이다(Homoousios ; One Subtance) |
| 인성 | • 그리스도는 무로부터 창조된 피조물이다. 반신성을 특별히 주장 | • 예수 그리스도는 완전한 하나님이시며 완전한 인간이시다. |

† 초점은 하나님과 그리스도는 동일본질이라는 것을 아다나시우스가 구원 사상에 근거하여 주장

8) 결의 사항
 ① 유세비어스의 초안(아리우스설 부인)을 수정하여 결의 후 의장이 신앙고백을 낭독
 ② 출석 회원이 서명 : 그리스도는 하나님과 동일본질(Homoousios)로 완전하신 하나님이시다
 ③ 부활절은 주일에 지킨다 : 춘분 후 만월 지난 첫째 주일로 결정
 ④ 교회 정치에 관한 규정을 20조로 제정
 ⑤ 아리우스(Arius)와 기타 이단자 추방
9) 폐회: 325.7.29
10) 평가
 ① 최초의 일반적인(보편적인) 종교회의
 ② 예수 그리스도의 신성에 대한 논쟁이 종식된 것이라기 보다 오히려 시작
 ③ 교회를 크게 니케아파(서방교회)와 오리겐주의자 둘로 나눈 결과가 되었다.
(2) 제 2차 회의(콘스탄티노플)
 1) 일시 : 381.5-7
 2) 소집자 : 데오도시우스(Theodosius) 동방 황제
 3) 의장 : 나찌안주스의 그레고리

4) 의제
   ① 아폴리나리우스주의의 정죄를 위하여
      † 아폴리나리우스주의 : 인성제한설(그리스도는 사람의 영이 없고 신성만 있다)
   ② 아리우스주의에 대해 단호하게 처리하기 위하여
5) 결의 사항
   ① 갑바도기아 교부들(특히 갑바도기아의 그레고리)의 삼위일체 교리를 요약(필리오케의 문제 : 동방은 성부로부터 성자를 통하여)
   ② 성자의 신성을 믿으면서 성령의 피조설을 주장하는 마케도니아주의 정죄
   ③ 예수가 인간의 영혼을 가지고 있음을 부정하는 아폴리나리스주의를 정죄
   ④ 오늘날 니케아 신조라고 알려진 것을 작성했다.
      † 니케아 신조의 골자 : 그리스도는 완전한 하나님(아리우스 반대)이시며, 완전한 인간(아폴리나리스 반대)이심을 확증
      † 니케아 신조(성령의 출처 논쟁)
      가. 니케아 회의(325) : '성령을 믿나이다'
      나. 콘스탄티노플 회의(381) : 아버지로부터 나오는 줄로 고백
      다. 로마교회 : '아버지' 다음에 '및 아들로부터'를 삽입(세계 종교회의도 열지 않고 동방교회와 협의하지도 않음)
      라. 동방교회 : 성령은 '아들로 말미암아 아버지로부터' 나오신다고 주장
      마. 후일에 동서 교회가 분리되는 원인이 되었다.

(3) 제 3차 회의(에베소)
   1) 일시 : 431. 6. 안디옥파는 네스토리우스를 15일간 기다리다가 회의 시작
   2) 소집자 : 데오도시우스 2세(Theodosius Ⅱ)
   3) 의제
      ① 키릴루스와 네스토리우스의 문제를 해결을 위하여
         † 양성론: 그리스도는 신이 아니고 로고스가 임했으며 신성과 인성이 완전 독립되어 있다가 승천시에 양성이 합동했다는 신성과 인성의 완벽한 구별을 말한 설

② 이에 대하여 키릴루스는 그리스도의 신성과 인성은 나눌 수 없는 하나임을 주장
4) 결의 사항
① 네스토리우스파가 도착하지 않자 네스토리우스와 양성론을 정죄, 이에 네스토리우스파는 키릴루스 정죄
② 키릴루스의 정죄는 인정하지 않고 네스토리우스의 정죄만 인정함
③ 435년 네스토리우스를 아라비아로 유배보냄(433년 양측이 화해를 했음에도 불구하고)

(4) 에베소 도적회의
1) 일시 : 449.
2) 소집자 : 데오도시우스 2세(Theodosius Ⅱ)
3) 경과
① 키릴루스의 사망 후에 유티케스의 일성론
† 일성론 : 예수의 신성은 인성에 침범되고 성취되어 신성만 있게 되었다. 성육신 이전에는 두 본성이었으나 성육신 이후 일성이 되었다.
② 알렉산드리아의 디오스코루스는 자신의 세력 확보에 유리하다고 판단, 유티케스를 지원
③ 데오도시우스 2세를 권하여 에베소에서 회의를 소집
④ 자신이 의장이 되어 군병들을 회의장에 배치하여 강압적으로 결정
4) 결과
① 유티케스의 복직과 안디옥파의 수령들을 추방할 것을 결의
② 플라비아누스가 이단으로 정죄 당하고 유티케스의 정당성을 인정
③ 교황 레오 1세는 플라비아누스에 동조
5) 평가 : 이 회의는 정식 회의에 계산치 않고 도적회의라고 부른다.

(5) 제 4차 회의(칼케돈 회의)
1) 일시 : 451.10.
2) 소집자 : 마르키아안(Marcianus) 황제 : 600명 감독이 참석
3) 의제 : 이미 정죄된 유티케스의 일성론에 대한 수차례의 지방대회가 찬반 양론이 있은 후에 이 일을 결정하기 위하여
4) 결의사항
① 유티케스의 일성론 정죄

② 칼케돈 신조(Chalcedonian Definition) 제정
　† 예수 그리스도 안에는 참된 신성(아리우스 반대)과 완전한 인성(아폴리나리우스 반대)이 혼동됨 없이(유티케스에 반대하여) 나누어지지 않고 한 존재 안에(네스토리우스 반대) 통일되어 있다.
③ 예수 그리스도는 완전한 인간이며 완전한 신이다.
④ 예수의 신성은 성부와 같고, 인성은 우리와 같으나 죄는 없으시다.
⑤ 예수는 우리의 구원을 위해 동정녀에게서 완성
　† 이 신조는 니케아와 에베소회의의 신조를 재확인 및 설명하여 교회의 정통적 신조의 기틀을 놓은 것이다.
(6) 제 5차 회의(콘스탄티노플 회의)
　1) 일시 : 553.
　2) 소집자 : 유스티안(Justinianus) 황제(527-565)
　3) 의제 : 일성론자와 화해하려고 3장령(Three Chapter)을 발표했기 때문에
　4) 결의사항
　　① 일성론 배척
　　② 칼케돈 신조에 대한 재확인으로 정통 교리를 삼음
　　③ 세 안디옥파 신학자들의 일성론적 주장인 "제3장"을 이단문서로 정죄
(7) 제 6차 회의(콘스탄티 노플회의)
　1) 일시 : 680-681
　2) 소집자 : 콘스탄티누스 4세(Constantiuns Ⅳ)
　3) 의제 : 일의론(Monotheletism)과 이의론의 대립
　　① 일의론 : 그리스도는 양성을 가졌으나 신의(신적 의지)만 가졌다
　　　- 콘스탄티노플의 감독 세르기오와 로마 감독 호노리우스의 주장
　　② 이의론 : 그리스도에게는 두 가지 의지가 있으며, 인적 의지는 신적 의지에 복종함 - 교황 아가토(Agatho ; 670-681)의 주장
　4) 결의 사항
　　① 그리스도의 이의론 채택
　　② 신앙의 정의(Definition of Faith)채택 : 5개의 거룩한 종교회의를 인정
　† 그리스도의 인성에 대한 초기 교훈의 발전적 논쟁의 종결

(8) 제 7차 회의(니케아)
  1) 일시 : 787
  2) 소집자 : 콘스탄티누스 6세(Constantius Ⅵ)
  3) 의제 : 성상 숭배 문제
  4) 결의 사항 : 성상 숭배 결의
(9) 제 8차 회의(콘스탄티 노플)
  • 1차
  1) 일시 : 869
  2) 소집자 : 바실리우스
  3) 의제 : 로마의 이그나티우스와 알렉산드리아의 포티우스 사이의 논쟁
  4) 결과 : 포티우스 파면, 이그나티우스 복직
     † 이 회의는 헬라교회가 인정하지 않는 회의임
  • 2차
  1) 일시 : 879
  2) 의제 : 성령의 출처 문제
  3) 결의 사항
     ① 포이티우스 복직(이그나티우스 로마교회 신임 상실)
     ② 니케아 신조 확인(성령의 출처 "성령은 성부와 성자로 부터 발출"에 대한 로마 견해를 반대하는 헬라교회 주장에 로마교회가 양보)
     † 이 회의는 동방교회가 인정하지 않는 회의임

* 종교 회의 정리

| 일시 | 장소 | 소집자 | 의제 | 결의사항 |
|---|---|---|---|---|
| 325.5 -6 | 니케아 | 콘스탄틴 | • 부활절 일자 문제<br>• 아리우스설의 발단 | • 부활절은 주일에 지킨다<br>• 성자는 성부와 함께 동등하며 동일본질이며 영원한 분이시다<br>• 아리우스 이단을 정죄 |
| 381 | 콘스탄티노플 | 데오도시우스 | • 아폴리나리우스주의 해결 | • 니케아 신조 원본 제출<br>• 삼위일체 교리의 요약 |

| 일시 | 장소 | 소집자 | 의제 | 결의사항 |
|---|---|---|---|---|
| | | | | • 예수의 인간 영혼 소유 부정의 아폴리나리우스 정죄<br>• 삼위일체론쟁에 종지부를 찍음<br>• 니케아 신조 작성 |
| 431.6 | 에베소 | 데오도시우스 2세 | • 킬릴루스와 네스토리우스의 문제 해결 | • 네스토리우스 정죄<br>• 알렉산드리아 기독론들을 함축적으로 승인함<br>• 펠라기우스 정죄<br>• 네스토리우스는 키릴루스를 정죄 |
| 449 | 에베소 도적회의 | 데오도시우스 2세 | • 유티케스의 일성론과 플라비아누스의 문제 | • 플라비아누스가 이단으로 정죄<br>• 유티케스의 정당성 인정 |
| 451 | 칼케돈 | 마르키안 | • 유티케스의 문제 | • 유티케스의 일성론 정죄<br>• 칼케돈 신조 제정<br>• 예수 그리스도는 완전한 인간이시며 신이다.<br>• 예수는 동정녀 탄생을 했다. |
| 553 | 콘스탄티노플 | 유스티니안 | • 일성론자와 화해하려는 3장령을 발표 | • 칼케돈 신조에 대한 재확인으로 전통 교리화 |
| 680 | 콘스탄티노플 | 콘스탄틴 | • 일의론 논쟁 해결 | • 이의론 채택<br>• 난일신톤서부<br>• 호노리우스 교황을 이단으로 정죄 |
| 787 | 니케아 | 콘스탄틴 | • 성상 숭배 문제 | • 성상 숭배 결의 |
| 869 879 | 콘스탄티노플 | 바실리우스 | • 이그나티우스와 포티우스 논쟁<br>• 성령 출처 문제 해결 | • 포티우스 파면<br>• 성령의 출처가 성부와 성자라고 결정 |

(10) 기독론 논쟁에 대한 연대별 회의
 1) 1차 : 니케아 회의(325) - 삼위일체 논쟁
     그리스도는 동질로 완전한 하나님이시다
 2) 2차 : 콘스탄티노플 회의(381) - 그리스도의 양성설
     그리스도는 하나님과 동질이다. 삼위일체 확립
 3) 3차 : 에베소 회의(431) - 그리스도의 신인 양성 논쟁 그리스도의
     신성과 인성은 나뉠 수 없는 하나이다.
 4) 에베소 도적회의(449) - 플라비아누스의 이단 정죄로 유티케스 일성
     론이 승리
 5) 4차 : 칼케돈 회의(451) - 그리스도의 일성론 논쟁, 일성론 정죄,
     칼케돈 신조 제정
 6) 5차 : 콘스탄티노플 회의(553) - 그리스도의 일성론 재논쟁
     칼케돈 신조의 새로운 해석으로 정통교리로 삼음
 7) 6차 : 콘스탄티노플 회의(680) - 그리스도의 의지론 논쟁
     이의론 채택
 8) 7차 : 니케아 회의(787) - 성화 숭배 결의
 9) 8차 : 콘스탄티노플 회의(869 혹 879) - 성령의 출처문제로 논쟁

  * 기독론 논쟁의 주요회의

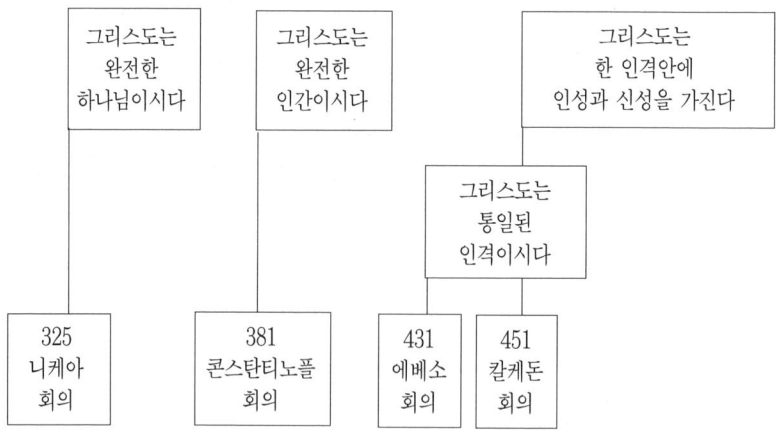

출처 : Bruce L. Shelly, *Church History in Plain Language*, p.129.

## 6. 세계 5대 신조들

(1) 사도신경
(2) 니케아 신조
(3) 콘스탄티노플 신조
(4) 칼케돈 신조
(5) 아다나시우스 신조

## 7. 니케아와 후기 시대의 동방의 교부들

(1) 락탄티우스(Lactantius ; 약240-320년경)
    1) 이태리 고올의 이교도 가정에서 출생
    2) 성인 때 회심
    3) 콘스탄틴 대제의 아들을 가르침
    4) 신학강요 저술
(2) 유세비우스(Eusebius of Caesarea ; 263-339) : 교회사의 아버지
    1) 생애
       ① 가이샤랴의 신학교에서 강의
       ② 313-314년경에 가이사랴 주교가 되나, 안디옥의 총감독은 사양함
       ③ 콘스탄틴 대제의 친구이자 조언자였음
       ④ 니케아 회의시 사회, 니케아 신조 원안 제출
       ⑤ 콘스탄틴에 의해 궁중 출입하면서 성경 50부를 증정
       ⑥ 339-340년 어간에 사망
    2) 사상
       ① 오리겐의 열렬한 지지자로 오리겐을 변호
       ② 비천년왕국적 견해
       ③ 아리안 논쟁에서는 325년 아리우스를 지지하여 일시적으로 파문을 당함
       ④ 니케아 종교회의에서 명예를 회복
       ⑤ 니케아 신경(Creed of Nicea)에 서명
    3) 평가 : 교회사의 아버지로 불리워짐
    4) 저술
       ① 교회사(History of the Church) : 가장 위대한 저술

② 역대기(Chronicle)
③ 콘스탄틴의 생애(Life of Constantinus )
④ 팔레스틴의 순교자들(The Martyrs of Palestine)
(3) 아다나시우스(Athanasius ; 약296-373)
  1) 생애
    ① 알렉산드리아의 알렉산더 감독의 비서로 근무
    ② 니케아회의 때 언권회원으로 참석, 아리우스설을 반박함
    ③ 328년 알렉산더의 사망 후 알렉산드리아 감독이 됨(45년간 재임)
    ④ 궁정의 방침 동요로 5번이나 유배당함
  2) 사상
    ① 삼위일체 정통교리의 가장 적극적인 수호자
    ② 금욕적 삶
  3) 저서
    ① 하나님의 말씀의 성육신에 관해(The Incarnation of the Word)
    ② 아리안주의에 대한 반박서(Orations against Arians)
    ③ 아폴리나리우스에 대항하여(Against the Appolinarians)
    ④ 희랍인들을 반대하여(Against the Greek)
    ⑤ 부활절 서신들(Easter Letters) ; 매년 부활절마다 이집트교회들에게
    ⑥ 안토니의 생애(Life of Antony)
(4) 갑바도기아의 교부들 : 삼위일체 교리의 정의를 내림

| 구분 | 바실<br>(Basilius) | 닛사의 그레고리<br>(Gregory of Nyssa) | 나지안주스의 그레고리<br>(Gregory of Nazianzus) |
|---|---|---|---|
| 연대 | 약 329-379년 | 약 330-394년 | 약 330-390년 |
| 생애 | • 부유한 그리스도인 가정에서 출생<br>• 기독교와 고전과 철학교육<br>• 고향으로 돌아와 수사학 교사와 수도원 생활<br>• 364년 가이사야장로 임명<br>• 370년 감독 | • 바실의 형제이자 제자<br>• 얼마동안 수사학자<br>• 결혼하고도 수도원생활<br>• 371년 바실의 권유로 닛사의 감독이 되어 평생봉직 | • 나지안주스 감독의 아들<br>• 아덴에서 공부하다 바실을 만남<br>• 나지안주스의 장로, 콘스탄티노플의 니케아파 감독<br>• 콘스탄티노플회의에서 지도적 역할 |

| 구분 | 바실<br>(Basilius) | 닛사의 그레고리<br>(Gregory of Nyssa) | 나지안주스의 그레고리<br>(Gregory of Nazianzus) |
|---|---|---|---|
| 주요<br>사상 | • 가난한 자를 위한 헌신<br>• 금욕적인 삶<br>• 아리안주의 반대 | • 가장 지적인 사람<br>• 오리겐주의자<br>• 알레고리한 성경해석<br>• 아리안주의 반대<br>• 삼위일체에서 본질과 위격의 구분을 최초로 강조 | • 금욕적 삶<br>• 아리안주의에 반대<br>• 유명한 설교가이자 시인 |
| 저서 | • 유노미우스에 대항하는 책 5권 | • 유노미우스에 대항하여<br>• 아폴리나리우스에 대항하여<br>• 성자와 성령의 신성성에 관하여 | • 신학적 설교 |

(5) 요한 크리소스톰(John Crysostom ; 374-407년경) : 성경을 전파한 황금의 입
  1) 생애
    ① 헬라 교부로 로마의 장교의 아들로 안디옥 출생
    ② 20세에 과부가 된 그리스도인 모친에 의해 양육됨
    ③ 수사학을 공부
    ③ 수세 후 수도원에서 은둔 생활을 하다가 6년후 집사직을 맡음
    ④ 장로로 안디옥 교회에서 12년간 재직하면서 명설교가로 활약
    ⑤ 본명은 요한이며 크리소스톰은 그의 호칭으로 그 의미는 "황금의 입을 가진"이란 뜻
    ⑥ 397년 콘스탄티노플 총감독이 됨. 그러나 유독시아 여황제에 의해 실각
    ⑦ 유배 중에 죽음.
  2) 사상
    ① 안디옥파의 영향으로 알레고리 해석을 배제하고 '문자 그대로'의 의미를 추구
    ② 설교에는 윤리적 적용을 강조
    ③ 수도원 생활을 더 흠모

④ 고대교회 최고의 설교가
3) 저서
① 성직에 대하여(The Priesthood)
② 조상(彫像)들에 대한 설교
(6) 시릴(Cyrilus ; 376-444) : 성육신하신 말씀이신 예수
1) 생애 : 412년 알렉산드리아의 총감독이 됨
2) 사상
① 예수 그리스도는 하나님이신 말씀이 거하는, 또는 하나님이신 말씀에 연합하는 인간이 아니라 그분이 하나님이신 말씀으로서 육신을 입으셨다.
② 인성과 신성의 두 본성은 예수 그리스도 안에서 하나의 실체로 형성하기 위하여 나누어짐이 없이 통일되었다.
③ 알렉산드리아 신학을 집대성한 알렉산드리아 신학의 아버지
④ 기독교도이건 이교도이건 그의 반대자들에 대하여는 강제력과 기만술을 사용함
⑤ 크리소스톰(Chrisostom), 데오도레(Theodore), 네스토리우스(Nestorius)를 반대
⑥ 마리아 숭배를 옹호
3) 저서
① 네스토리우스에 대항하여
② 배교자 줄리앙에 대항하여
③ 파문서

## 8. 니케아와 후기시대의 서방의 교부들

(1) 힐라리우스(Hilarius ; 약291-371)
1) 프랑스 포에티어스 출신으로 인생 말기에 회심
2) 350년에 포에티어스 감독이 됨
3) 아리안주의에 대한 서방 최대 저항자("아리우스파를 쳐부수는 방망이"란 별명을 얻음)
4) "삼위일체에 관하여", "신앙론"을 저술

(2) 암브로스(Ambrosius ;약340-397) : 황제 위에 있는 교회
    1) 생애
        ① 로마 총독의 아들로 트리에리에서 출생
        ② 정부행정관으로 근무
        ③ 북부 이태리의 집정관에 임명
        ④ 세례받기 전 374년 밀라노의 감독이 됨
    2) 사상
        ① 예수 그리스도의 신성의 진리에 확고한 기초를 교회에 세움
        ② 아리안주의에 반대하여 정통교회를 보호
        ③ 성찬식에 있어서 빵과 포도주의 변화에 대한 발전된 주장(이 주장은 1215년 제4차 라테란 종교회의에서 화체설의 근간이 됨)을 동방에서 도입
        ④ 밀란에서 설교를 통하여 어거스틴에게 감화를 주고 세례를 줌
        ⑤ 타락과 원죄에 관한 어거스틴의 가르침에 기초를 제공
        ⑥ 가장 중요한 공헌으로서 제국의 궁정에 대한 그의 처신으로 원로원에 있는 이교 제단과 승리의 상을 제거
        ⑦ 데살로니가 사람들의 대량학살에 대하여 데오도시우스 황제를 비난함
    3) 저서
        ① 기독교 신앙에 대하여
        ② 성령에 대하여
        ③ 성례에 대하여
        ④ 신비들
        ⑤ 발렌티니안에게 보내는 편지
        ⑥ 아욱센티우스를 반박하는 설교
(3) 몹수에스티아의 데오도레(Theodore of Mopsuestia ; 약 350-428년)
    1) 생애
        ① 크리소스톰의 친구
        ② 392년 몹수에스티아의 감독이 됨
        ③ 네스토리우스(Nestorius)의 스승
        ④ 제2차 콘스탄티노플 회의에서 파문당함
    2) 사상

① 안디옥 신학의 아버지
　　② 결혼을 위해 수도사적인 삶을 거부함
　　③ 성경해석에 있어서 문법적,역사적 문맥을 강조, 알레고리 성경해석을 거부함
　3) 저서
　　① 소선지서 주석
　　② 알레고리 해석에 대항하여
　　③ 원죄 옹호론자들에 대항하여

### 9. 제롬의 교회사적 의의

(1) 생애(Sopronius Eusebius Hieronimus Jerome ; 345-420년)
　1) 기독교 가정 출신
　2) 수사학을 공부하고 히브리어를 아는 몇 안되는 기독교인이 됨
　3) 사막수도자로 오랫동안 은둔생활
　4) 다마스커스에서 총감독의 비서가 됨
　5) 385년 동방 여행시 애굽의 수도원을 보고 수도원을 여러 개 설립
　6) 후기 35년을 안디옥과 베들레헴에서 성경 번역을 위하여 보냄
(2) 신·구약 성경의 라틴어 번역(Vulgate)
　1) 교황 다마수스(Damasus)의 "70인역을 참고하여 이탈라역을 개조하라"는 명령을 받고 시작
　2) 먼저 70인역을 참고하여 시편을 번역
　3) 후에 안디옥에 가서 헬라어를 배우고 베들레헴에 가서 히브리어를 배움
　4) 그리고 15년 동안(387-390년과 390-405년 사이)베들레헴 수도원에서 신구약을 번역
(3) 벌게이트의 의의
　1) 70인역이 아닌 히브리어 원본에서 번역
　2) 로마 가톨릭 교회의 공인된 성경으로 확고한 위치
　3) 구라파 성경번역의 기초 역할을 함
　4) 최초의 영역인 위클리프역(Wycliffe Version,1380-1382년)의 참고서

## 10. 초대교회의 주요 교리 논쟁과 이단

### (1)주요 교리 논쟁

| 논쟁 | 발단 | 이단의 지도자 | 정통의 지도자 | 결정된 종교회의 | 종교회의 결정내용 |
|---|---|---|---|---|---|
| 삼위일체 논쟁 | • 성부의 신성은 인정하나 그리스도와 성령의 신성으로 인하여<br>• 삼위 하나님의 관계에 대한 오해 | • 아리우스<br>• 니코메디아의 유세비우스 | • 아다나시우스<br>• 호시우스<br>• 대 바실<br>• 닛사의 그레고리<br>• 나찌안쭈스의 그레고리<br>• 어거스틴 | • 니케아 (325)<br>• 콘스탄티노플 (381) | • 그리스도는 성부와 "동일본질"<br>• 성부, 성자, 성령은 "영원하고 본질적으로 동일하며 동등" |
| 기독론 논쟁 | • 예수 그리스도의 양성 교리의 반대자들의 반대 주장<br>• 예수 그리스도의 인성 혹은 신성에 과도한 집중을 하는 자들의 발생 | • 아폴로나리우스<br>• 네스토리우스<br>• 유티케스 | • 알렉산드리아의 시릴<br>• 데오도레<br>• 레오 1세 | • 콘스탄티노플 (381)<br>• 에베소 (431)<br>• 에베소 도둑회의 (449)<br>• 칼케돈 (451) | • 그리스도는 혼합되지 않고 변하지 않으며 분리되지 않고 나뉠 수 없는 두 본질의 한 인격체이다<br>• 마리아는 "하나님의 성모"이다 |
| 도나티안 논쟁 | | • 도나투스 | • 캐킬리안<br>• 힙포의 어거스틴 | • 아를르 (314) | • "교회 밖에는 구원이 없다" |
| 펠라기안 논쟁 | | • 펠라기우스<br>• 코엘레스티우스<br>• 존 카시안<br>• 아를르의 캐사리우스 | • 힙포의 어거스틴<br>• 제롬 | • 에베소 (431)<br>• 오렌지 (529) | • 반(半) 어거스틴주의 즉 성례적 은총은 사람들로 하여금 그를 자신의 내면적인 죄성을 이기게 할 수 있다 |

## (2) 삼위일체론적 이단

| 구 분 | 주창자 | 주요내용 |
|---|---|---|
| 모나키안주의 단일신론<br>(양자설) | • 비잔틴의 데오도투스<br>• 사모사타의 바울 | • 예수는 세례시 그리스도가 되었고, 죽음 이후에 아버지에 의해 양자로 입양되었다 |
| 사벨리안주의(양태론, 성부수난설) | • 사벨리우스<br>• 프락세우스 | • 한 하나님이 세 가지 모양으로 자신을 계시하셨다 |
| 아리안주의 | • 아리우스<br>• 니코메디아의 유세비우스<br>• 유독시우스<br>• 유노미우스 | • 그리스도는 제일 먼저 피조된 존재이다 |
| 반(半) 아리안주의 | • 앙키라의 바실<br>• 라오디게아의 그레고리 | • 그리스도는 본질상 아버지와 유사하지만 아버지에게 종속되어 있다 |
| 마케도니안주의(성령 이단설) | • 마케도니우스 | • 성령은 피조된 존재이다 |

## (3) 기독론적 이단

| 구분 | 주창자 | 주요내용 | 정죄자 | 정죄된 내용 |
|---|---|---|---|---|
| 아리우스 주의 | 아리우스 | 그리스도는 성부와 유사하다 | 아다나시우스 | 그리스도는 완전한 신이요 완전한 인간이다 |
| 아폴리나리우스 주의 | 아폴리나리우스 | 인성한계론 | 갑바도기아의 그레고리 | 그리스도의 신인 양성 |
| 네스토리우스 주의 | 네스토리우스 | 신성과 인성의 완전한 독립의 양성론 | 키릴루스 | 그리스도의 인격적 통일성 |
| 유티케스주의 | 유티케스 | 그리스도의 일론 | | 그리스도의 이성론 |
| 단일육체론 | • 세베투스<br>• 헬리카나수스의 쥴리안<br>• 스테파누스의 니오베스 | 그리스도는 한 본성만 갖고 있다 | | |
| 단일신성론 | • 아라비아의 데오도르<br>• 세르기우스<br>• 알렉산드리아의 키루스 | 그리스도는 인간 의지가 없고 오직 신적의지만 있다 | | |

## 11. 초대교회에서 기독교의 국교화의 과정

(1) 콘스탄틴 대제
  1) 313년 밀라노 칙령으로 기독교 공인
  2) 기독교를 장려하기 위한 각종 법률의 정비
    ① 주일을 제정(공휴일로 제정)
    ② 교직자에 대한 세금과 병역의무를 면제
    ③ 박해시 몰수한 재산을 반환
    ④ 교회 재산관리법 제정, 기부금 제도 공인
    ⑤ 타 종교의 잔인성과 불결한 행동 금지
  3) 유세비어스를 궁중에 들여서 우대함
  4) 이단을 멸하고 교회 통일을 도모
  5) 고대 풍속의 개정 : 십자가 형, 검투, 죄인 이마의 화인 제도 철폐 등
  6) 교회의 법률을 국가가 공인
  7) 신앙의 자유 허락 : 이교도 금지하지 않았으나 잔인한 풍속은 단속
  8) 신약성경 50부를 양피지에 필사하여 콘스탄티노플 등 교회에 기증
  9) 예루살렘 성지 등 곳곳에 교회당을 신축
(2) 데오도시우스 황제
  1) 암브로우스에게서 감화를 받아 이교와 이단을 금지
  2) 기독교를 국교화하고 구종교로 돌아가는 것을 금지(390)
  3) 모든 우상 종교의 신사에 참배하는 것을 금지(391)
  4) 우상 제사를 처벌할 것을 법률로 제정(392)
  5) 올림피아 제전을 폐지(394)
  6) 우상종교의 사당과 재산 몰수 및 국고보조 금지
(3) 유스티니안 황제
  1) 로마법의 대성자
  2) 강압적인 방법으로 이교의 남은 자들을 멸절시킴
  3) 이교의 서적 소각 및 이교 사제들의 투옥 및 고문
  4) 900년간 존재하던 아테네의 철학학교 폐쇄

## 12. 수도원 운동

(1) 수도원 창설원인과 그 결과
    1) 원인
       ① 기독교의 세속화에 대한 반작용으로
       ② 금욕, 경건, 극기 생활을 위해서
       ③ 개인의 신앙생활을 위하여
       ④ 이원론 사상의 영향으로 물질없이 만족을 얻기 위해서
       ⑤ 동양의 이원론적인 사상의 영향으로
       ⑥ 신플라톤주의의 영향
    2) 수도원 운동가들
       ① 안토니 : 최초의 수도원 창설자(285), 은둔적 공동 수도생활
       ② 파코미어스 : 처음으로 수도원 규칙과 제복 제정
       ③ 시므온 : 고행적 수도생활,
          가. 기둥에서 생활함으로 기둥성자라고 불리움.
          나. 사회구원을 등지고 개인구원만 추구한다는 비판을 받음
       ④ 제롬 : 교부로서 수도원 예찬론가로 신학과 고행의 삶을 살면서 벌게이트 번역
       ⑤ 바실 : 수도원의 극단주의를 방지하기 위하여 수도원의 규칙을 정하고 교회와의 연계를 모색
       ⑥ 바울라 : 제롬이 이상을 따라 수도원과 수녀원을 세움
       ⑦ 베네딕트 : 서방의 수도원 개혁자로 민주적이며 비고행적 수도원 규칙으로 중세 유럽사회에 영향력 있게 확산됨

(2) 안토니와 은둔주의
    1) 안토니(Anthony : 250-351)
       ① 은둔주의의 창시자로 은둔주의 수도원 운동
       ② 이집트의 부자로 태어나 조실부모하고 누이와 같이 살았다.
       ③ '네 소유를 팔아 가난한 자에게 주라'는 말씀에 감동을 받아 유산으로 구제하고 금욕생활 시작(270년경부터) 15년 후 외딴 곳에 들어가 은자의 생활을 함(35세, 285년)
       ④ 박해시에 두번이나 알렉산드리아에 나타나 신자들을 격려
       ⑤ 아리우스 학대에 반대하여 정통주의 교리를 변호함으로로 아다나

시우스에게 영향을 미쳤다.
⑥ 아다나시우스는 그의 전기를 썼고, 콘스탄틴 대제는 그를 영적 아버지로 부르며 충고를 구함
2) 은둔주의
① 안토니의 감화를 받고 사모하여 모여든 사람들이 모여 초막을 짓고 은둔적 공동 생활을 시작하여 수도원 운동의 효시가 됨
② 은둔주의는 은둔적인 생활을 원함에 따라 생김
③ 은둔주의 파생 원인은 수도원 창설 원인과 같다.
(3) 파코미우스의 수도원 운동 시작
1) 파코미우스(Pachomius ; 285-346년경)
① 이집트에서 이교도 양친에 의해 출생
② 20세 때 황제의 군대에 잠시 복무
2) 수도원의 출발과 발전
① 군복무 중 그리스도인의 친절과 봉사에 감동
② 군대를 떠난 후 세례를 받고 관례처럼 은둔자 생활을 시작하여 자신의 수도원 설립
③ 계속적으로 숫자가 늘어나고, 몇개의 수도원을 가진 거대 집단으로 발전
④ 수도원마다 2-300명의 수도사가 있어서 파코미우스 사망 즈음 3,000여명이 됨
⑤ 후에 여자 수도원도 세움
3) 수도원의 규칙과 생활
① 극단적인 금욕주의 반대
② 4세기 말에 이르러서 일종의 수도원 규칙들이 발전됨
③ 매일 단체 기도회와 주 2회의 성찬식
④ 수도원의 경제적 자립 추구
⑤ 엄격히 규율을 준수하고 절대 복종 요구
⑥ 재산을 공공기금에 헌납
4) 결과
① 세속의무 기피자나 파산한 자, 범죄자, 동성연애자들이 머물 장소로 전락
② 고행을 통해 자신을 과시하고자 하는 이들이 찾음

(4) 대 바실과 동방 수도원
    1) 동방 수도원의 설립
        ① 누이 마크리나(Macrina)의 영향으로 수도원을 세울 결심
        ② 나지안주스의 그레고리의 도움으로 수도원 설립
        ③ 358년 파코미우스 수도원을 방문하여 깊은 감명
        ④ 370년 갑바도기아 가이사랴의 감독 취임 후에도 수도원운동 지속
    2) 수도원 규칙과 생활
        ① 지나친 개인적인 경건 반대
        ② 수도승도 30명 이내로 제안하고 내핍생활과 절제생활 강조
        ③ 하루에 7회 기도하는 규칙을 최초로 제정
        ④ 진정한 그리스도인의 삶은 나눔의 실천을 통해 구현될 수 있다고 생각하고 구제와 위로를 강조 - 빈민구제기관, 병원, 학교 등 설립
(5) 베네딕트 수도원
    1) 베네딕트(Benedictus ; 480-547년경)
        ① 이탈리아 출생으로 로마에 공부하러 갔으나 로마교회의 부패와 세속화를 보고 돌아와 동굴생활 결심, 3년간 산중 동굴에서 고행과 명상
        ② 단독 수양의 불편을 느끼고 집단적 수도원 건설(제자들과 함께 12개의 수도원 설립)
        ③ 베네딕트 수도원 설립(몬테카지노에 대표적인 수도원을 세워 이상적이고 규칙적인 수도원 구현)
        ④ 이 수도원 운동이 유럽에 확산
    2) 베네딕트 수도원의 원칙
        ① 순종 : 억지로 하거나 불평하지 않는 겸손의 시작
        ② 겸손 : 자존심과 자의식을 버리를 행위
        ③ 침묵 : 수다스럽거나 쓸데없는 농담을 즐기지 않는 것
    3) 베네딕트 수도원의 일과
        ① 기도 : 5-6시간
        ② 노동 : 5시간
        ③ 공부 : 4시간
    4) 베네딕트 수도원의 규칙

① 수도원장은 수도사의 선거에 의해서 선출
② 원장과 수도사는 구칙 앞에 평등. 중대사는 모두 상의하여 결정
③ 수도사의 제일 임무는 예배
④ 수도사는 한 가족으로서 다른 수도원에 이거 불가
⑤ 수도원 생활은 규칙적이나 고행이 필요없음
⑥ 각 수도원은 자립, 독립운동
⑦ 수도원의 중심 목적은 하나님의 사랑 안에서 자라는 것

5) 베네딕트 수도원의 겸손을 위한 12단계
　1단계 : 하나님을 경외하는 것
　2단계 : 자신의 욕망을 버리는 것
　3단계 : 순종하는 것
　4단계 : 순종 가운데 어려워도 참는 것
　5단계 : 악한 마음이나 자신의 죄를 고백하는 것
　6단계 : 어려운 가운데서도 만족할 줄 아는 것
　7단계 : 말로만 자신을 낮추지 않는 것
　8단계 : 자기에게 주어진 규칙을 지키는 것
　9단계 : 말을 자제하는 것
　10단계 : 경솔하게 웃지 않는 것
　11단계 : 말수를 줄이고 신중한 것
　12단계 : 말이 아닌 행동으로 겸손한 것

6) 영향
　① 개인 구원뿐만 아니라 민주적이며 고행성으로 높이 평가
　② 서유럽 수도원 운동의 전형이 됨

## 13. 어거스틴: 신앙을 위한 청사진을 제시함

(1) 생애와 사상
　1) 생애(Augustinus ; 354-430)
　　① 354년 북아프리카 타카스데에서 출생(이교도 아버지 파트라키우스와 기독교인 어머니 모니카 사이)
　　② 카르타고에서 철학을 공부함
　　③ 수사학자로 유명한데 8년간이나 마니교의 이원론을 신봉

④ 387년 밀라노에서 암부로스의 설교에 감동 후 회심, 암브로스에게서 수세
⑤ 395년 히포의 감독이 됨
⑥ 430년 게르만 족의 침입으로 죽음(76세)
2) 교리 및 사상
① 그리스도의 양성론 주장
② 신을 인격적 체험의 대상으로 믿음
③ 삼위일체 주장
④ 무형 교회(Invisible Church) 주장
⑤ 가톨릭교회의 신자가 되는 것은 구원의 필수 조건
⑥ 원죄 인정
⑦ 죄관 : 죄는 하나님이 만드신 것이 아니며 그와 영원히 공존하지 않으며 자유의지를 잘못 행사한데서 온 것이다.
⑧ 성례, 의식, 관례를 중시
⑨ 예정론 및 내세를 확신
⑩ 온건한 금욕주의를 추구
⑪ 최초의 기독교 역사 철학을 서술
⑫ 마니교, 도나투스파, 펠라기우스파를 반대함
3) 저작 : 그의 저작들은 중세 신학 논쟁시 양측 입장의 근거가 되었다.
① 독백(Soliloquies)
② 삼위일체론(On the Tritity)
③ 하나님의 도성(The City of God)
④ 참회록(Confessions)
⑤ 명상록(Retraction)
4) 평가
① 사도 바울 이후 가장 위대한 기독교 신자
② 신앙을 위한 위대한 청사진을 제공한 사람
③ 서방교회의 아버지로서 중세의 사상을 지배
(2) 어거스틴의 신학사상
1) 신론
① 삼위일체
② 예정론

③ 하나님을 인격적인 체험의 대상으로 믿음
2) 인간론
① 아담의 원죄를 믿음
② 인간 의지의 부패와 무능력 주장
③ 영혼의 유전설을 취함
3) 기독론
① 그리스도의 신인 양성 주장
② 그리스도의 대속적 죽음을 믿음
③ 그리스도의 유일한 중보자 사상
4) 구원론
① 행위 구원 거부 : 구원은 부패한 인간의 의지로 받을 수 없다
② 구원은 값없이 주시는 하나님의 선물이다.
③ 하나님의 은혜는 불가항력적이다.
5) 교회론
① 가견적 교회와 불가견적 교회로 구분
② 가톨릭교회의 신자가 되는 것은 구원의 조건
③ 교회의 권위 강조
6) 종말론
① 내세신앙
② 하나님의 나라는 현세에도 지속적으로 이루어지지만 그리스도의 재림으로 완성된다.
(3) 어거스틴의 하나님의 도성(The City of God)
1) 저술 동기와 영향
① 410년 고트족에 의한 로마의 함락
　가. 사회적, 신학적 문제를 야기
　나. 로마 시민은 기독교에 책임을 전가
　다. 신자들은 신앙의 도시의 훼파로 신앙적인 회의
② 이러한 문제를 변호하기 위하여 "하나님의 도성"을 저술
2) 하나님의 나라의 개념
① 땅의 도성은 멸망하나 하나님의 도성은 영원히 멸망하지 않음
② 하늘의 도성은 이미 지상교회에서 시작되었다. 그러나 지상의 도성은 불완전하므로 하나님의 도성이 자라는대로 물려주어야 한다.

③ 하나님의 나라는 역사적으로 실현되고 있다.
④ 하나님의 나라는 그리스도의 재림으로 완성된다.
⑤ 하나님의 나라는 양면성이 있다.
  가. 아직 완성되지 않은 종말론적인 실제이면서
  나. 현재 지상에서 역사적으로 그 구성원들 속에서 이루어지고 있는 인격적인 실제이다.
⑥ 하나님의 나라는 현실적으로 교회를 가르킨다.
3) 특징
  ① 변증법적 통일
  ② 양면적인 실제로서 종말론적인 실재이면서 인격적 실체
4) 영향
  가. 하나님의 나라가 교회라는 이론적인 근거를 제공하게 되어 교회의 중요성이 강조되었다.
  나. 교황권 확장의 이론적인 근거가 되었다.
(4) 어거스틴의 3대 명작
  1) 참회록(397)
  2) 신의 도성(413-426)
  3) 삼위일체론
(5) 어거스틴과 도나투스파의 논쟁
  1) 도나투스파(콘스탄틴 대제 때 발생한 분파)가 따로 교회를 세우고 재세례를 베풀었으나 교회가 이를 저지시키지 못함
  2) 어거스틴이 히포의 감독이 된 후 최초로 논쟁
  3) 411년 카르타고 회의에서 도나투스파와 논쟁
  4) 도나투스파의 집회를 금지시키고 교회당을 정통파 교회에 양도 결정

## 14. 펠라기우스주의 논쟁

(1) 펠라기우스주의(Pelagianism)
  1) 펠라기우스(Pelagius ; 360-420)
    ① 영국의 수도사로서 성품과 품행이 단정하여 많은 존경을 받음
    ② 이교와 기독교 구별없이 널리 공부하여 박학한 반면 자유스러움
    ③ 헬라적인 신학으로 어거스틴의 사상과 처음부터 달랐다.

2) 신학적 동기
   ① 교회가 은혜에만 매달리고 하나님과의 개인적인 만남을 등한시함
   ② 교회의 풍기가 문란해지고 분투정신의 해이
3) 신학적 이단성
   ① 인간의 자유의지와 선행능력을 강조
   ② 하나님 없이도 스스로 새로운 생활이 가능하다고 주장
4) 신학의 전개
   ① 그의 제자인 퀼레스티우스(Coellestius)에 의해 체계화
   ② 카르타고에서 유아세례 반대로부터 전개
   ③ 412-430년까지 어거스틴의 최후까지 논쟁을 함
5) 정죄
   ① 416년 카르타고 지방대회부터 매해 정죄당함
   ② 431년 3차 에베소 회의에서 정죄됨(네스토리우스설과 함께)
6) 영향
   ① 네스토리우스 사상에 영향을 끼침
   ② 현대의 자유주의 사상을 유발시킴

(2) 어거스틴과 펠라기우스의 교리적 비교

| 구 분 | | 펠라기우스 | 어거스틴 |
|---|---|---|---|
| 원죄 | | 아담의 죄는 자신에게만 국한되고 인류에게는 무관하다(원죄부인) | 아담의 범죄는 원죄로서 인류에게 유전된다 (원죄의 인정) |
| 죽음 | 아담 | 아담은 처음부터 죽을 사람으로 출생 | 자신의 범죄로 죽었음 |
| | 인간 | 인간은 죽을 존재로 창조되었기 때문에 자연적으로 죽음 | 아담의 죄를 이어받은 인간은 ㄱ 범죄로 인하여 죽음 |
| 유아의 원죄와 세례 | | 유아는 아담 타락 이전의 상태로 원죄가 없으므로 세례가 필요없음 | 인간은 출생시 원죄를 유전적으로 갖고 출생함으로 유아세례를 받아야 함 |
| 예정론 | | 인간의 자유의지적이며 가항적 | 예정론적인 절대 불가항력적 |
| 하나님의 은혜 | | • 은혜는 하나님의 의지를 계시함으로 돕는 것<br>• 은혜는 하나님이 주시지만 선택은 인간의 자유의지에 의해 결정<br>• 은혜는 가항적이다 | • 인간은 은혜로 인하여 구원을 받음<br>• 은혜는 택자에게만 주어진다(예정론)<br>• 은혜는 불가항력적이다 |

| 구 분 | 펠라기우스 | 어거스틴 |
|---|---|---|
| 구원관 | 인간의 자유의지와 노력으로 구원 | 오직 믿음으로 구원(구원은 선물) |
| 자유의지 | 자유의지의 선택 능력이 있다 | 구원에 관한 자유의지 선택 능력이 없다 |
| 율법관 | • 율법도 천국으로 인도한다<br>• 인간 중에는 죄없이 사는 사람도 많다 | • 인간은 모두 죄인이기에 율법으로는 구원 불가<br>• 하나님 없는 선행은 불가하다 |
| 평가 | • 인간 인성에 대하여 낙관적 견해<br>• 인간의 자유의지 및 선행 강조<br>• 구원, 속죄, 기독교의 절대성까지 부정 | • 하나님의 은총 강조<br>• 하나님의 예정에 의한 구원<br>• 믿음에 의한 구원 강조<br>• 정통적 교리 확립 |

(3) 반(半) 펠라기우스주의(Semi-Pelagian)
   1) 주장자 : 캇시우누스(435년 사망), 파우스투스(493년 사망)
   2) 학설
     ① 어거스틴과 동의
       가. 죄는 유전된다(펠라기우스와 반대)
       나. 은혜로 구원을 얻는다(이는 어거스틴과 같은 교리)
     ② 어거스틴과 반대
       가. 하나님의 은혜는 모든 사람에게 제시하였고
       나. 인간 의지에 의해 받거나 거절할 수 있다
         † 예정론 부정, 은총 교리 부정, 은혜 거절
   3) 정죄 : 529년 오렌지회의에서 정죄

## 15. 오렌지회의

(1) 일시 : 529. 7. 고올지방 오렌지
(2) 발단
   1) 은혜와 예정에 대한 어거스틴의 가르침에 반론
     ① 하나님의 은혜와 인간의 무능력을 강조하면 게으름뱅이를 조장한다
     ② 은혜도 필요하고 인간의 행위도 선행되어야 한다
   2) 반펠라기우스적인 주장
(3) 결의 사항 : 25법규(25 Canons) 발표
   1) 인간이 솔선하여 하나님께 돌아설 수 있다는 가능성을 부정하고, 하

하나님의 은혜가 '선행'되어야 할 필요성을 역설
　2) 성례제도라는 형식과 선행(善行)을 강조 - 카톨릭주의와 연결(중세의 지배적 사상)
　3) 펠라기우스적 자유의지론 거부
　4) 구원으로의 예정교리는 인정, 악으로의 예정사상은 정죄
　5) 세례받지 않은 유아의 지옥행을 부인

## 16. 이성과 신앙의 관계에 대한 터툴리안, 클레멘트, 어거스틴의 진술

(1) 터툴리안(Tertullianus) : 신앙 우위 주장
　1) 나는 모순되는 고로 믿는다.
　2) 철학은 기독교의 모든 이단의 근원이다.
　3) 단순한 신앙만이 요구된다.
(2) 클레멘트(Clement) : 이성 우위 주장
　1) 아는 것이 믿는 것보다 더 우위이다.
　2) 철학도 신적 기원을 가지는 것으로 복음의 준비이다.
(3) 어거스틴(Augustinus) : 조화 모색
　1) 신앙과 이성은 어깨를 나란히 하나 신앙이 우위이다.
　2) 나는 어머니로서 거룩한 교회를 통한 진리를 전달을 믿는다. 그리고 이해하며 알기를 원한다.
　3) 진리에 이르는 두 가지 길이 있는데 신앙은 찾고, 이성은 발견한다.

## 17. 초대교회에서 주요 인물들

(1) 대신학자 : 터툴리안(Terrtulianus), 어거스틴(Augustinus)
(2) 명설교가 : 크리소스톰, 암부로스
(3) 대저작가 : 유세비우스, 이레니우스

## 18. 니케아 시대의 교권 강화

(1) 감독권의 위치 강화
　1) 사도들의 죽음 이후에 속사도들의 사도 계승설
　2) 키프리안의 교회관의 영향

① 감독은 사도들의 후계
② 베드로가 세운 교회가 가톨릭교회의 모교회
3) 대감독 칭호 결과
① 니케아회의 : 로마, 알렉산드리아, 안디옥의 감독
② 콘스탄티노플회의 : 콘스탄티노플 감독
③ 칼케돈회의 : 예루살렘 감독
† 위의 5개 교회의 감독이 5대 도시 대감독이다.
4) 양대 감독의 구도로 정착
① 동방 : 콘스탄티노플 대감독(알렉산드리아, 안디옥, 예루살렘을 대표)
② 서방 : 로마
(2) 로마 감독권의 위치 강화
1) 외적 요인
① 제국의 수도에 위치
② 로마 황제의 후원
③ 베드로와 바울의 순교지
④ 콘스탄틴 대제의 콘스탄티노플로의 천도로 로마 감독 역할의 증대
⑤ 야만족의 침입으로 사람들이 교회를 더욱 의지하게 됨
⑥ 반달족의 침공시에 감독 레오가 외교적 수단으로 물리침
⑦ 선교사들이 곳곳에서 개종자들에게 로마 감독에게만 충성할 것을 가르침
⑧ '로마 감독은 서방교회의 원수이다. 따라서 그를 배반하는 것은 국가를 배반하는 것'이라는 서로마 황제 바렌시아 3세의 칙령
2) 교회적 요인
① 로마 감독 다마스 1세(364-384)가 처음으로 로마 감독의 '사도적 전승'을 공포
② 교리적 논쟁시마다 로마감독이 속한 편이 승리
③ 논쟁시 로마 감독에게 호소하여 재결을 바라던 서방교회 풍습이 동방교회에까지 미침
④ 지방대회에 불복하는 자가 로마에 상고하여 재심을 청구
⑤ 감독 레오 1세의 베드로 계승권 및 수위 사도권 주장

⑥ 로마 감독은 다른 감독보다 높은 지위에 있는 것으로 점차 받아들여짐
  † 이후에 교황제도로 발전하게 됨
(3) 로마 대감독 레오 1세(Leo the Great)
  1) 생애
    ① 재위 기간 중(440-461) 로마 감독권 확립에 큰 공헌
    ② 반달족 침입을 외교적으로 물리침
    ③ 황제 바렌시아 3세의 로마 감독 옹호 칙령을 이끌어 냄
  2) 주장
    ① 로마 감독의 권력은 사도의 머리요, 그리스도의 보좌인인 베드로로부터 시작된다.
    ② 사도 베드로에게 주어진 천국 열쇠를 로마 감독에게 전해졌다.
    ③ 신성 로마제국은 기독교를 위한 것이요, 이 제국의 수도에 수위 사도의 교위가 존재하는 것이며 로마 감독에게만 베드로 계승권이 있음을 주장
(4) 니케아 시대의 5대 총 대주교
  1) 로마(Rome)
  2) 콘스탄티노플(Constantinopolis)
  3) 알렉산드리아(Alexandria)
  4) 안디옥(Antioch)
  5) 예루살렘(Jerusalem)

## 19. 니케아 회의 시대의 예배와 예전

(1) 주일
  1) 콘스탄틴 대제가 일요일을 공휴일로 지정
  2) 그러나 동방에서는 여전히 토요일을 안식일로 지킴
(2) 예배
  1) 서방에서는 예배의 의식을 중시하고 동방에서는 말씀을 중시함
  2) 세례 받지 못한 자와 세례받은 자의 예배 참석 기준이 달랐다.
  3) 죽은 자를 위한 기도를 시행(죽은 자에게 영향을 미친다)
(3) 성찬 그리스도의 죽음을 기념하는 것이라기보다는 하나님께 바치는 제사

라는 개념이 강함
(4) 찬송
　　1) 크리소스톰, 힐라리우스, 암브로스 등이 교회음악 개량에 힘씀
　　2) 회중 일반이 찬송가를 부르는 것이 점점 일반화되어 흥왕
　　3) 동방교회에서는 주로 성가대가 찬양
(5) 절기
　　1) 부활절
　　2) 크리스마스(로마의 태양 축제인 12월 25일로 정함)

## 20. 니케아 회의 시대의 신앙과 생활

(1) 교회당의 건축
　　1) 로마국교로 보호받자 크고 웅장한 교회당이 건축됨
　　2) 서방교회는 바실리카 양식, 동방교회는 비잔틴 양식이 사용됨
(2) 교회 회화의 발전
　　1) 네스토리우스의 반대를 꺾고 키릴루스는 화상을 예배에 사용
　　2) 6세기에는 그리스도의 초상을 예배용으로 교회당에 설치
(3) 성자 및 성물 숭배사상 발전
　　1) 순교자 숭배 풍습에서 유래
　　2) 교회당을 세울 때에 제단 밑에 순교자 유골을 간직하는 풍습이 성행
　　3) 순교자의 유골과 유물을 숭배(신유의 능력이 있다고 믿음)
　　4) 기도할 때에도 순교자를 불러서 도움을 구하게 됨
(4) 성모숭배 사상의 발전
　　1) 마리아의 영구 동정녀설 확립
　　2) 경배하지 않더라고 기도시 불러서 도움을 청하는 풍습이 성행
　　3) 마리아에게 교회당을 지어 바치는 풍습
　　4) 마리아를 "하나님의 어머니"라고 부를 것을 결의
(5) 천사숭배 사상의 발전 : 성경에 금했기 때문에 주저하면서 점차로 숭배

## 초대교회사 연구를 위한 참고문헌 목록

Augustinus. *The City of God*. New York : The Mordern Library, 1950.
------. 「신국론 요약 신앙핸드북」. 심이석역. 서울 : 크리스챤 다이제스트, 1990.
------. 「어거스틴 하나님의 도성」. 정정숙역. 서울 : 정음출판사, 1983.
------. 「어거스틴의 자유의지론」. 박일민역. 서울 : 풍만, 1985.
Ayer, J. C. *A Source Book for Ancient Church History*. New York : Charles Scribner's Sons, 1933.
Barclay, William, Ed. *The Bible and History*. Nashville : Abingdon, 1968.
Baynes, Norman H. *Constantine the Great and the Christian Church*, 2nd Edition. London : Oxford University Press, 1972.
Betterson, Henry. *The Later Christian Fathers*. Oxford : Oxford University Press, 1970.
Bevan, Edwyn. *Christianity*. New York : Henry Holt and Co., 1932.
Bigg, C. *The Christianity Platonists of Alexandria*. Oxford : The Clarendon Press, 1913.
Blackman, E. C. *Marcion and His Inflyence*. London : S.P.CK., 1948.
Braudbent, E. H. 「순례하는 교회」. 편집부역. 서울 : 전도출판사, 1987.
Boer, Harry K. 「단편 초대교회사」. 백성호역. 서울 : 개혁주의신행협회, 1989.
Bouyer, Louis. *A History of Christian Spirituallity*. Vol. 1. The Spirituallity of the New Testament and the Father. New York : The Seabury Press, 1965.
Bruce. Frederick Fyvie. *New Testament History*. London : Nelson, 1969.
------. *The Spreading Flame : The Rise and Progress of Christianity*. Grand Rapids : Eerdmans, 1953.
------. 「초대교회 역사」. 서영일역. 서울 : CLC, 1986.
Burleigh, J. H. S. Ed. *Augustine : Earlier Writings*. Philadelphia :

The Wesminster Press.
Burnaby, John Ed. *Augustine : Later Works*. Philadelphia : The Wesminster Press. Camperhausen, H. F. 「라틴교부연구」. 김광일 역. 서울 : 대한기독교출판사, 1979.
Chadwick, Henry. 「초대교회사」. 서영일역. 서울 : 기독교문서선교회, 1987.
Chadwick, O. ed. *The Pelican History of the Church*. 6vols. Grand Rapids : Wm. B. Eerdmans Pub. Co., 1978.
Cochrane, Charles Norris. *Christianity and Classical Culture*. New York : Oxford, 1957.
Coleman, Christopher Bush. *Constantine the Great and Christianity*. New York : AMS Pree, 1968.
Colsen, F. H. & G. H. Whitaker. *Philo*. 10Vols. Cambridge : Havard University Press, 1961.
Cunningham, W. *Historical Theology*. 2vols. London : The Banner of Truth Trust, 1862.
Dalry, Brian E. *The Hope of the Early Church*. Cambridge : Cambridge University Press, 1991.
Davies, J. G. *The Early Christianity Church : A History of Its First Five Centuries*. Garden City : Doubleday, 1967.
Drane, John W. 「초대교회의 생활」. 이중수역. 서울 : 두란노, 1989.
Franzen, August. *A History of the Church*. Revised and edited by John P. Dolan, New York : Hereder and Herder, 1969.
Frend, W. H. C. *Martyrdom and Persecution in the Early Church*. New York : New York University press, 1967.
Gonzalez, Justo L. 「초대교회사」. 서영일역. 서울 : 은성, 1987.
------. 「기독교 사상사(상,중,하)」. 이형기, 차종순역, 서울 : 대한예수교장로회 총회출판국, 1988.
Greenslade, S. L. *Schism in the Early Church*. London : SCM, 1952.
Green, Michael. *Evangelism in the Early Church*. Crowborough : Highland Books, 1984.
Hardy, Edward R., Ed., *Christology of the Later Farhers*. Philadelphia : The Westminster Press, 1954.
Hall, Stuart G. *Doctrine and Practice in the Early Church*. Grand Rapids : Wm. B. Eerdmans Pub. Co., 1991.

Hansel, Robert R. *The Life od Saint Augustine*. New York : Franklin Watts, 1969.
Harnack, Adolf. *The Mission and Expansion Christianity*. New York : Harper, 1961.
Harrison, A. F. 「사도교회의 역사와 성장」. 신성수역. 서울 : 기독교문서선교회, 1990.
Holdcroft, J. Gordon. 「초대교회와 동방선교」. 홍치모역. 서울 : 바른신앙, 1991.
Jackson, Jeremy. *No Other Foundation : The Church Througt Twenty Centuries*. St. Louis : Cornerstone Bools, 1980.
Kelly, J. N. D. 「고대 기독교 교리사」. 김광식역, 서울 : 맥밀란, 1987.
------. *Early Christian Creeds*, 3rd Edition. New York : D. McKay, 1972.
Knox, John. *Marcion and the New Testament*. Chicago : University of Chicago Press, 1942.
Kuiper, B. K. *The Church in History*. Grand Rapids : Wm. B. Eerdmans Pub. Co., 1978.
Latourette, Kenneth. 「기독교사(상,중,하)」. 윤두혁역. 서울 : 생명의 말씀사, 1983.
Martin, Lalph. *Worship in the Early Church*. Grand Rapids : Eerdmans, 1964.
McNeill, J. T. et al. *Environmental Factors in Christian History*. Chicago : University of Chicago, 1939.
Meeks, Wayne A. *The Moral World of the First Christians*. Philadelphia : The Westminster Press, 1986.
Pampilius, Eusebius. 「유세비우스의 교회사」. 엄성옥역. 서울 : 은성, 1990.
Pergerson, E. *Background of Early Christianity*. Grand Rapids : Wm. B. Eerdmans Pub. Co., 1987.
Petry, Ray C. ed. *A History of Christianiny : Reading in the History of the Church*. Vol 1. Grand Rapids : Baker Book House Co., 1962.
Pranz, A. 「교회사」. 최석우역. 서울 : 분도출판사, 1982.
Prestige, G. L. *Fathers and Heretics*. London : S.P.C.K., 1963.
------. *God in Patristic Thought*. London : S.P.C.K., 1952.

Robets, Alexander & James Donaldson. Ed. *Anti- Nicene Fathers*. Grand Rapids : Wm. B. Eerdmans Pub. Co., 1986.
Schaff, Philip & Henry Wace ed. *Nicene and Post-Nicene Fathers*. Grand Rapids : Wm. B. Eerdmans Pub. Co., 1983.
Smith, Warren Thomas. 「어거스틴 : 그의 생애와 사상」. 박희석역. 서울 : 아가페문화사, 1994.
Walsh, Michael. *The Triumph of the Meek*. New York : Harper & Row Pub., 1986.
Wilken, Robert L. *John Crysostom and the Jews*. Los Angels : Unversity of California Press, 1983.
박용규.「초대교회사」. 서울 : 총신대학출판부, 1994.
손두환.「기독교회사」. 상하권. 서울 : 총신대학출판부, 1982.
이장식.「아시아 고대 기독교사」. 서울 : 기독교문사, 1990.
이형의 편.「초대교회의 신앙문서」. 서울 : 기독교문사, 1988.
탁명환.「기독교 이단연구」. 서울 : 국제종교문제연구소, 1989.
편찬위원회.「기독교대백과사전」. 서울 : 기독교문사, 1975.
------.「기독교대백과사전 : 기독교연대표」. 서울 : 기독교문사, 1975.
한철하.「고대기독교사상」. 서울 : 대한기독교서회, 1970.

# 제 2 부 · 중세교회사

## 1. 중세사의 개요

(1) 그레고리 1세의 등장과 교황권 강화
(2) 교회의 선교운동과 야만족들의 개종
(3) 이슬람의 등장
(4) 샤를마뉴의 등장과 교회의 개혁
(5) 교황권의 부패
(6) 동서교회의 분열
(7) 교권과 세속정권의 갈등 : 힐데브란트와 하인리히 4세의 충돌
(8) 교황권의 절정 : 인노센트 3세 및 보니페이스 8세
(9) 십자군 운동
(10) 수도원 운동의 활발
(11) 대학의 발달
(12) 스콜라 철학의 발달과 교리 및 신학논쟁
(13) 이단과 신비주의
(14) 교황의 바벨론 유수와 교황권 분열
(15) 각종 종교회의
(16) 문예부흥운동과 개혁사상의 발달

## 2. 중세 로마교회의 특성

(1) 교황제도의 확립 및 절대화
(2) 성자 및 성물의 숭배
(3) 성상 예배(성자, 마리아, 천사상)
(4) 연옥설 및 죽은 자를 위한 기도
(5) 화체설 확립(1215년 라테란 회의에서 공인)
(6) 칠성례 공인(비밀고해 강조)
(7) 완전한 교회법의 제정
(8) 교회국가(Church State)의 발달
(9) 기독교 문화의 발달
(10) 수도원의 발달
(11) 전통과 교권의 시대

# 제 1 장
# 과도기 시대(590-800)

### 1. 과도기 시대 개요
(1) 그레고리 1세의 등장과 교황권의 강화
(2) 서유럽의 선교
(3) 모하메드의 등장
(4) 화상예배 논쟁

### 2. 그레고리 1세(Gregorius the Great ; 540-604)
(1) 생애
  1) 540년 로마 부호의 아들로 출생
  2) 부친 사망시 전 재산으로 구제 및 수도원 헌납 후 성 앤드류 수도원 (베네딕트 수도원)에서 수도 생활
  3) 교황 특사(콘스탄티노플) 및 교황 비서가 됨
  4) 교회와 원로원이 교황되기를 원했으나 본인이 고사하다가 변복하고 도망다니다가 590.9월에 붙들려서 교황이 됨
  † 수도사 출신으로 최초의 로마 주교가 됨
  5) 롬바르드 족의 침공을 격퇴 및 협상하여 개종시킴
  6) 이탈리아, 남부 프랑스, 북부 아프리카까지 교황령화시킴
  7) 마지막 교부이자 첫 교황

(2) 업적
   1) 교황권의 확장 및 강화
   2) 교회 갱신
      ① 중요 직위에 수도사 채용
      ② 교직자가 된 후 결혼 금지 및 교직 매매 금지
   3) 중세교회에 영향을 끼칠 대중적인 신학을 만듦
   4) 영국의 전도(선교)를 위해 감독 수사 어거스틴을 파송
   5) 롬바르드 족의 침입으로부터 로마를 구출함
   6) 예배 순서 제정 및 교회 음악의 발전에 공이 큼
      * 중세 형성에 전반적인 기초 제공
(3) 사상
   1) 연옥설 주장
   2) 대. 소죄를 구분 : 소죄는 연옥에서 사함
   3) 성자, 성모 예배 주장
   4) 성만찬은 희생의 반복이며 산 자, 죽은 자 모두에게 효력이 있다.
   5) 세례 후 지은 죄는 보속(금전, 선행)해야 한다.
(4) 저서
   1) 서간집(The Letters) : 약 850개가 남아 있음
   2) 대화집(Dialogues)
   3) 도덕서(Book of Morals) : 욥기의 풍유적 주석
   4) 설교집(Homilies) : 에스겔과 복음서 설교
   5) 목회지침서(Pastoral Rule)

### 3. 가톨릭교회란?

(1) 가톨릭이란 명칭
   1) 원래 명칭은 '신성 공동 사도적 로마교회'(Holy Catholic Apostlic and Roman Church)
   2) 보편, 공동, 공동단체, 세계교회가 하나의 단일교회라는 뜻이다.
   3) 최초 사용자 : 이그나티우스(Ignatius)
   4) 시조 : 키프리안(Cyprianus)과 암부로시우스(Ambrosius)의 교권주의

(2) 가톨릭교회의 정치
   1) 교황정치로 교황이 전교회를 관장하고 관리하는 정치형태
   2) 교직제도로는 교황-추기경-대주교-주교-신부 등의 계급 제도
   3) 로마 교황청이 교황 사절을 통해 통치
   4) 현대에 와서 각국에 대사급 외교 관계를 맺는 정치적인 집단
(3) 가톨릭교회의 구분
   1) 교회는 본래는 가톨릭적이다. 머리되신 주님을 중심으로 세계교회가 단일교회라는 의미였으나 지금은 일반적으로 로마 가톨릭교회를 지칭하고 있다.
   2) 로마 가톨릭교회는 사도 이후의 고(古)가톨릭교회와 구분되며, 동방교회와 개신교와도 구분된다.
(4) 신조와 교리의 표준
   1) 사도신경
   2) 각종 세계 종교회의에서 결정된 교리
   3) 특히 트렌트와 바티칸 회의의 결정사항 및 신앙표준
   4) 교황의 교서
(5) 로마교회가 주장하는 교회적 특성
   1) 유일성   2) 신성성   3) 사도성   4) 공동성   5) 무오성
(6) 로마 가톨릭교회의 신학적 오류
   1) 성경의 절대권위를 인정하나 가경을 포함하여 유전을 성경과 동등시하며 말씀보다 교회에 우선한 권위를 둔다.
   2) 세례를 구원의 조건으로 말하면서 그리스도의 공로뿐만 아니라 인간의 선행과 공덕을 중요시한다.
   3) 만인 제사장직을 부인하고 사제의 중보기도를 강조하면서 고해성사를 고집하고 있다.
   4) 성례가 세례와 성찬 이외에 5가지의 성례를 더 주장하고 있다(칠성례 주장 - 세례, 견진, 성찬, 고해, 혼인, 임직, 종부)
   5) 교황권을 절대화하여 교황의 사도권의 계승을 주장하며, 교회의 머리로 보고 무오성과 사죄권을 인정한다.
   6) 연옥설을 주장함으로 그리스도의 속죄의 공로보다 인간의 공로를 중요시한다.
   7) 마리아의 숭배, 죽은 자를 위한 기도와 성물과 성자의 숭배 등을 주

장 한다.

### 4. 모하메드와 모하메드교

(1) 창시자 : 모하메드(Mohammed)
    처음에는 아라비아 종교의 혁신에 뜻을 두었으나 점차 세계 정복을
    목적으로 삼고 전도를 위해 칼을 사용하기 시작
(2) 생애
    1) 570년 아라비아 메카(Mecca)에서 유복자로 출생
    2) 6세 때 모친까지 사망하자 아저씨의 집에서 성장
    3) 25세 때 부자 과부와 결혼하여 장사를 위해 각지를 여행
    4) 40세에 신의 계시를 받았다고 일신교를 610년 창도함으로 메카에서
       추방되어 622년 메디나로 도망
    5) 622. 7.15 메카로부터 추방되어 메디나(Medina)로 도주
    6) 630년 메카를 점령하고 우상을 제거 신흥 종교의 중심지로 삼음
    7) 632년 63세로 죽음
(3) 모하메드교의 포교
    1) 당초 목표는 아라비아 종교의 혁신이었으나 점차 세계 종교화
    2) 초창기에는 다른 일신교와 제휴하려 했으나 기독교가 박해하므로 배
       타적인 태도를 취하고 이에 맞서서 칼을 사용하기 시작함
    3) 후계자 칼리파(혹은 칼리프)가 군대를 조직하고 무기를 들고 영토 정
       복에 나섰다.
    4) 637년 예루살렘을 점령
    5) 피정복자들을 설득하여 그들로 선봉이 되게 함
    6) 인도, 서아시아, 중앙아시아, 북아프리카, 연안, 스페인 반도, 콘스
       탄티노플, 로마까지 위협
    7) 페르시아와 바그다드 점령(스페인은 기독교가 탈환)
    8) 한때 기독교와 십자군 전쟁
(4) 교리
    1) 일신교로서 일체의 우상을 배격한다.
    2) 참신은 알라(Allah)로서 인생 구원을 위해서 천사, 아담, 아브라함,
       노아, 모세, 예수가 왔으나 그들은 대선지자에 불과하다

3) 모하메드는 그들보다 우위이며 최종 최대의 예언자이다.
4) 절대 복종만이 있을 뿐이며 교리를 위해 노력한 자만이 천국에 간다.
5) 코란경은 직접 받은 신적 계시로 믿는다.
6) 순교자 이외에는 모두 심판을 받고 타 종교인은 모두 지옥으로 간다 (부활과 심판을 믿음).

(5) 생활
1) 신자의 의무는 근행과 기도, 구제, 성지(Mecca)순례
2) "알라는 유일신, 그의 예언자는 모하메드"라는 신조를 암송해야 한다.
3) 매일 다섯번씩 메카 성전을 향해서 기도해야 한다.
4) 음주와 돼지고기 금함
5) 일부다처제와 노예제도 허락
6) 매년 소득의 1/4로 구제
7) 매년 1개월씩 금식(Ramadan)

(6) 코란경(Koran)
1) 114장으로된 모하메드의 언행록
2) 모하메드 사후 20년 후 그의 제자 아부베커와 서기 자이드가 편집

(7) 분파
1) 순니파 : 3대 후계자인 오트만 치하에서 코란 이외의 전설(순나)을 인정하고 정통파로 자처
2) 쉬데파 : 5대 알리를 중심으로 순니를 반대하는 파
3) 수피파 : 신비적인 종파로 성자가 많이 배출됨

## 5. 서유럽의 전도

(1) 영국
1) 전도 과정
① 350년경 로마 군인 중에 신자가 있어서 그들이 교회를 세움
② 400년경 펠라기우스가 전도
③ 파트리키우스가 첫 선교사로 활동
④ 어거스틴(Augustine)의 전도(베네딕트파 수도사)
2) 선교사들
① 콘라드의 피니언 : 수도원 제도 발전시킴

② 컬럽바 : 아일랜드의 여러 교회 세움
③ 아이단 : 아이오나 출신으로 신 아이오나 수도원 건립
④ 콜럼바누스(543-615) : 독일에서 선교하고 부루군디, 스위스 북방, 이탈리아 봅비오 등에 수도원 건립
(2) 프랑스
  1) 전도 : 이레니우스가 최초로 전도
  2) 마르틴(투르의 감독)은 군인이므로 군대식으로 강압적인 입교 및 우상의 전당을 헐어버리는 등 강경
  3) 공헌한 왕
    ① 클로레스(496) : 기독교 장려
    ② 샤를 마르델(715-740) : 독일과 화란에 선교사 파송
    ③ 마르텔 왕자는 수도사가 됨
    ④ 보니파키우스 주선으로 대회 소집
       가. 742년 프랑크 교회 대회의
           1. 규칙과 계율엄수
           2. 교직자의 부도덕 엄금
           3. 신부의 결혼 금지
           4. 금욕 생활 장려
       나. 747년 감독회의 소집 : 교황의 사법권 인정
(3) 독일 전도
  1) 윌리브로오드(Willibrord ; 657-739)
    ① 영국인으로 아일랜드 교회의 강화와 교육
    ② 화란과 선교 황무지에 선교
  2) 보니페이스(Boniface ; 본명 윈프리드)
    ① 영국의 귀족 출신으로 고등 교육 받음
    ② 윌리브로오드의 제자로 선교 활동을 협력
    ③ 교황 명령으로 독일 전도의 사명을 받음
    ④ 우뢰신이 있다는 쥬피터 신의 거대한 상수리 나무를 찍어내고 무사함으로 많은 사람이 믿게 됨
    ⑤ 20년간 10만여 명에게 세례를 베풀었다고 한다.
    ⑥ 독일에 최초의 본격적 교회조직
    ⑦ 독일인들의 초대 대주교로 독일 복음화에 가장 중요한 인물

⑧ 744년 폴다에 수도원 설립(베네딕트계)
⑨ 75세에 순교

## 6. 화상 예배

(1) 발단
   1) 반성경적인 화상숭배가 고대교회 말기에 성행하기 시작
   2) 교회 장식용이던 그리스도, 마리아, 순교자 상을 점차로 숭배
(2) 동로마 제국의 황제 레오가 2개의 칙령을 발표
   1) 726년 회당 안에 화상을 거는 것은 허락하나 입맞추는 것은 금지하기 위해 높은 곳에 걸었다.
   2) 회당에서 일체 화상을 제거하라
(3) 콘스탄티누스 5세가 대회를 소집하고 결정
   화상, 십자가, 휘장을 교회당에 거는 것을 금지
(4) 제 7차 니케아 회의(787)
   콘스탄티누스 6세 모친은 화상예배를 좋아하여 아들의 섭정으로 교황 하드리안과 협의하여 소집
   1) 예수, 천사, 성모, 성자 화상을 인정
   2) 예배는 화상에게가 아니라 신에게 드린다.
   3) 등을 화상에게 드리고 분향도 가하다.
   4) 화상 예배는 그 근원을 숭배하는 것이다.
(5) 동서교회의 분리의 한 요인이 됨(동로마교회 반대, 서로마교회 찬성)

## 7. 교황권의 강화 역사

(1) 교황이라는 명칭
   1) 어원 : 헬라어의 Papas(아버지), 라틴어의 Papa(교부)에서 나온 말이다.
   2) 최초의 사용 : 알렉산드리아 감독에게 붙여졌고 그 후 널리 감독들에게 사용되었으며, 500년까지는 서방교회의 모든 주교들에게 사용되었다.
   3) 공식적 사용 : 로마의 감독 시리키우스(Siricius ; 384-398)가 공문서에 직명으로 사용되었다.

    4) 최초의 교황 : 그레고리우스 1세(로마의 감독에게만 사용하기로 함)
(2) 경과
     1) 제1세기 : 각 교회의 감독과 집사들이 사도의 감독 아래 있었다 주장
     2) 2세기 초
       ① 이그나티우스에 의해서 주장
       ② 장로직과 감독직이 구분
       ③ 각 회중은 감독, 장로, 집사에 의해서 치리됨
     3) 2세기 말
       ① 이레니우스와 터툴리안에 의해 주장
       ② 교구 감독은 일정 지역 내 회중을 돌보는 감독
       ③ 자신들이 사도직의 계승자로 생각함
     4) 3세기 중엽
       ① 키프리안에 의해 강력하게 제기
       ② 장로들은 희생적 제사장들로 간주
       ③ 로마 감독의 우월성이 주장되기 시작
     5) 4세기초
       ① 니케아회의에서 의논
       ② 큰 도시 감독(총감독)들은 시골의 감독들보다 인구면에서 많다는 이유로 우월성을 주장
     6) 4세기말
       ① 콘스탄티노플회의에서 의논
       ② 특별한 명예로서 로마, 알렉산드리아, 안디옥, 콘스탄티노플, 예루살렘 감독에게 '대감독'이란 칭호가 주어짐
       ③ 로마 총감독 다음으로 콘스탄티노플 감독으로 결정
     7) 5세기 중엽
       ① 칼케돈 회의와 레오 1세에 의해
       ② 로마의 우위성 주장
       ③ 레오 1세는 베드로부터 계승되었다고 하여 모든 교회보다 로마교회가 더 권위가 있다고 주장

* 중세교회의 주요 지도자들

| 이름 | 연도 | 생애 | 주요 사상 | 저서 |
|---|---|---|---|---|
| 그레고리 대제 (Gregory the Great) | 540-604 | • 로마 부호의 아들로 출생<br>• 성 앤드류 수도원 생활<br>• 교황 특사 및 교황 비서<br>• 교황되기를 고사하며 변복하고 도망다니다가 590.9에 붙들려서 교황이 됨<br>• 수도사 출신으로 최초의 로마 주교가 됨 | • 연옥설 주장<br>• 대소죄를 구분 : 소죄는 연옥에서 사함<br>• 성자, 성모 예배 주장<br>• 성만찬은 희생의 반복이며 산 자, 죽은 자 모두에게 효력있음 주장<br>• 세례 후 지은 죄는 보속(금전, 선행) 주장 | • 윤리선언<br>• 대화 |
| 다마스커스의 요한 (John of Damascus) | 675-749 | • 기독교 가정에서 출생<br>• 이슬람 칼리프의 관원으로 봉사<br>• 수도원에 입단하기 위하여 이슬람의 관원을 포기 | • 성상숭배 지지<br>• 동방교회를 위한 규범신학을 만듦 | • 설교들<br>• 지식의 샘 |
| 알퀸 (Alcuin) | 735-804 | • 귀족출신<br>• 요오크의 대성당 학교 졸업<br>• 샤를마뉴 대제의 가정교사<br>• 대성당 학교 교장이 됨 | • 양자론에 반대함<br>• 제롬의 라틴어 역본을 재간행 | • 삼위일체론<br>• 성 윌리브로드의 생애 |
| 존 스코투스 에리게나 (John Scotus Erigena) | 810-877 | • 아일랜드 출신<br>• 프랑스 대머리 찰스의 왕궁에서 근무 | • 범신론적 경향의 신플라톤주의자<br>• 예정론과 성찬론논쟁에 참여 | • 예정론에 대하여<br>• 자연구분에 대하여 |

## 8. 네스토리우스 교회

(1) 발단
    1) 칼케돈 회의 이후 네스토리우스 정죄
    2) 그러나 그들은 자체의 교회조직이 상당히 오래 전부터 있었다.

3) 네스토리우스의 이집트 유배당하자 본격적인 활동
(2) 선교에 대한 열정
　1) 인디아의 말라바르 교회는 네스토리우스주의자들에 의해 설립된 것이 확실
　2) 경교라는 이름으로 중국과 동양에 선교
　3) 중국에 소개된 경교가 신라시대에 우리나라에도 소개되었을 가능성이 있음을 일부에서 주장
(3) 교리
　1) 신관 : 니케아 신조대로 삼위일체를 믿음
　2) 기독론 : 양자론으로 흘러갈 위험을 내포하고 있었는데 역사적 예수의 성격이 삼위일체의 제2위격의 성격을 표현하는데 사용
　3) 예배양식
　　① 세례 : 반드시 교회 안에서 베풀고 침수를 해야 한다.
　　② 성만찬 : 회중들이 모두 기립한 가운데 진행
　　③ 찬양 : 악기없이 불리워짐
　　④ 예복 : 특유의 문양이 있는 성직자의 예복을 입음
　　⑤ 교회당 건물 : 대부분 작았으며 많은 건물들이 암벽들 사이에 건축되어 입구까지 사다리로 올라가야 했다.

## 9. 중세 과도기의 동방교회

(1) 유스티니안 이전의 동방의 기독교
　1) 경건과 헌신의 수도원 운동은 교회가 제국 정부와 싸우는 효과적인 무기로 사용됨
　2) 바실리스쿠스(Basiliscus;475-476)가 은자 다니엘(Daniel;493년 사망)에게 축출됨
　3) 제노(Zeno;474-491)황제의 종교적 평화의 노력 - 482년 통합칙령(Edit of Union)인 헤노티콘(Henotikon)을 발표하여 일치 모색
(2) 칼케돈 회의 이전의 동방교회의 대표적인 교리들
　1) 에베소 도적회의(Robber Synod of Ephesus;449) - 유티케스주의(Eutychean)의 단성론 주장
　　* 단성론(Monophysite)이란 그리스도께서 성육신하기 전에는 신

성과 인성(the Divine and Human)의 두 가지 성질을 가지고 있었으나 탄생 이후에는 오직 한가지 신성(the Divine)만을 소유했다는 주장이다.
2) 칼케돈 회의(Council of Chalcedon;451) - 그리스도의 신성과 인성을 주장 : 그리스도께서 성육신을 통하여 한 위격 안에 각기 다른 특성들을 지닌 두 개의 구분할 수 있는 성질들, 곧 신성과 인성을 소유하셨다는 것이었다.
3) 네스토리우스 주의(Nestorianism) - 그리스도의 두 개의 위격들을 완전히 구분하여 나사렛 예수는 완전한 인간이었는데 그 가운데 삼위일체의 제2의 위격(the second person of the Trinity)이 마치 사람이 집안에 거하듯이 위 안에 거했다는 것으로 이 시기에는 별 문제가 되지 않았다.
(3) 칼케돈 회의에 대한 동방교회들의 교리적인 입장의 차이
  1) 이집트 : 네스토리우스 주의와 타협으로 간주
  2) 안디옥 : 단성론자 지지/피터 풀러(Peter the Fuller;476-477, 485-489)가 두 차례나 주교로 득세
  3) 예루살렘 : 양성론적 교리(two-nature doctrine) 거부
(4) 482년 통합칙령(Edit of Union)인 헤노티콘(Henotikon)
  1) 통합칙령인 헤노티콘의 내용
    ① 논쟁의 핵심을 피하고 모호와 불명료성을 통해 통일을 이루고자 함
    ② 기독론에 있어서 칼케돈 종교회의에 대하여 침묵하고 니케아와 콘스탄티노플 종교회의를 인정
  2) 통합칙령에 대한 반응
    ① 처음에는 동방교회는 찬성하여 교리적 논쟁이 일단정지
    ② 서방교회 펠릭스 3세(Felix III's;483-492)는 이 칙령에 서명한 주교들을 파문함
      가. 칼케돈회의에서 레오 1세(Leo I)의 사역을 무시했기 때문
      나. 신앙문제를 세속정부의 외교를 통해 정리하고자 했기 때문
    ③ 아카시우스도 펠릭스를 파문하였으나 동방교회에서도 헤노티콘은 실패하게 됨
(5) 아르메니아 교회(Church of Armenia)

1) 아르메니아 교회의 특수성
   ① 지리적으로 동방제국과 분리됨
   ② 정치적으로 페르시아 왕의 수하에 있음
   ③ 따라서 아르메니아 교인들은 동방교회와의 교리적 상이점을 특히 강조함으로써 자신들의 애국심을 표현하고자 했다.
2) 아르메니아 교회의 의식의 발전
   ① 세례, 결혼, 장례식 등은 가족 주관의 행사로 됨
      가. 세례 - 3번의 침수 후 성유를 바르고 세마포를 입힘
      나. 결혼 - 3살 이전에 약혼
      다. 장례 - 친지와 친척들이 등불을 가지고 와 1주일간 애도
   ② 5대의 축제일을 발전시킴
      가. 성탄(Chrismas), 부활절(Easter), 변화산 현성론(Trasfiguration), 성모몽소승천(Assumption), 십자가의 고양(Exaltation of Cross)
      나. 각 축일의 첫날은 교회에서, 마지막 날은 죽은 자들을 추모
      다. 이교도들의 의식이 기독교에 혼합되어 들어오게 됨
(6) 시리아 교회(Church of Syria)
   1) 초기에는 보편교회의 일원이 되고자 노력함
   2) 단성론자들과 싸움 - 칼케돈 회의 이후 100년 이상을 안디옥의 총대주교좌를 차지하기 위하여 단성론자들과 정통파들 간에 경쟁이 지속됨
   3) 시리아의 단성론자들이 져스틴의 재위 기간 동안 보편교회를 떠나 따로 독립함
   4) 쟈콥 잔잘루스(Jacob Zazanlus;578년 사망 - Baradaeus라고 알려짐)
      ① 생애
         가. 에데사 근처의 수도사 출신
         나. 540년 부터 콘스탄티노플 시내에서 공개적으로 단성론을 설교
         다. 555년에 투옥된 단성론 주교들로부터 성직임명을 받아 자기 당파 조직
      ② 자코바이트파(Jacobites)의 탄생

　　　　가. 죽기 전까지 두명의 총대주교, 89명의 주교 등을 임명
　　　　나. 지금까지도 자코바이트로 존속하면서 자신들은 사도 야고보로
　　　　　　부터 유래했다고 주장
　(7) 콥틱 교회(Coptic Church of Egypt)
　　　1) 단성론의 지속적인 주장
　　　　누미디아(Numidia)와 아비시니아(Abyssinia)에 까지 침투함
　　　2) 5개의 중요 금식기간 설정
　　　　① 니느웨(Nineveh；사순절 직전의 3일 밤낮)
　　　　② 사순절(Lent；오십 오일 간)
　　　　③ 성탄절(Nativity；크리스마스 이전 28일간)
　　　　④ 사도절(Apostles；승천절 직후)
　　　　⑤ 동정녀절(Virgin；성모몽소승천 축일 이전의 15일)
　　　3) 7개의 중요한 축일 지정 - 성탄일, 예수님의 세례일, 수태고지일, 성
　　　　지주일(Palm Sunday), 부활절, 승천일, 성령강림축일
　　　　(Whitesunday)
　(8) 이슬람에 의한 상실
　　　1) 622년 헤지라(Hegira)의 발생
　　　　① 모하메드와 그 추종자가 메카에서 메디나로 도주했던 사건
　　　　② 이 때부터 속칭 모하메드 시대가 시작되었다.
　　　2) 이스람교의 확산
　　　　① 모하메드가 살아있을 때에 기독교 정복이 시작(629년)
　　　　② 실제로는 이스람교가 모하메드의 죽은 후에 본격화
　　　　　　가. 635년 다마스커스(Damascus)를 함락시킴(635년)
　　　　　　나. 637년 예루살렘 함락
　　　　　　다. 638년 안디옥, 트리폴리, 두로, 가이사랴 등 함락
　　　　　　라. 639년 시리아 지방의 동방제국의 영토가 하나도 남지 않았으
　　　　　　　　며 메소포타미아도 함락
　　　　③ 이스람교의 정복
　　　　　　가. 채 10년이 지나기 전에 북아프리카는 모하멧의 수중에 넘어
　　　　　　　　감
　　　　　　나. 동쪽으로 옥수스, 서쪽으로는 카르타고까지 확장
　　　　　　다. 콘스탄티노플까지 공격

# 제 2 장
# 로마교회 성장시대(800-1073)

## 1. 로마교회 성장시대 개요

(1) 샤를마뉴 대제와 신성로마제국의 등장
(2) 교황권의 부패
(3) 야만족에 대한 전도
(4) 스콜라신학의 발전

## 2. 샤를마뉴 대제와 신성로마제국

(1) 샤를마뉴 대제(Charles) 혹은 챨스 대제
　1) 생애
　　① 프랑크 왕국 피핀의 아들로서 활동적 성격의 자선가
　　② 피핀이 죽은 후 768년 즉위하여 재위 기간 중 53회를 원정
　　③ 프랑스, 독일, 헝가리, 이탈리아, 스페인 등 광범위한 유럽지역을 정복하여 나라를 통일하고 이름을 챨스에서 샤를로 개명
　　④ 영토를 확장하고 제후의 반란을 평정한 후 교황을 도운 공로로
　　⑤ 800.2.2. 신성로마 제국이라는 황제의 칭호와 함께 관을 씀 성베드로 성당에서(성탄절 날에)
　2) 업적
　　① 교회를 적극적으로 보호하고 후원

② 영토를 확장하고 제국을 형성
③ 교세의 확장 : 군사원정과 함께 선교(세례가 아니면 칼을 받으라)
④ 교황을 최고의 성직자로 취급
⑤ 주일과 십일조 엄수, 전도 운동 전개, 성상 숭배 금지
⑥ 교육을 위해 궁정학교를 개설(영국의 알퀸을 초청)
⑦ 수도원 운동의 개혁 및 부흥을 시킴
(3) 샤를마뉴 대제가 신성로마제국의 황제가 된 의의
  1) 동로마 황제와의 단절
  2) 서로마 제국의 명목상 부활
  3) 서방제국의 교황의 신권정치를 확인하는 의미
  4) 중세사를 좌우하는 교권과 정권의 결합
(4) 샤를마뉴 대제 치하의 기독교권
  1) 교회의 관리와 치리의 개혁
    ① 신자들에게 과중한 재산을 교회에 헌납함을 금지
    ② 교회 수입은 주교, 사제들, 해당 교구의 빈민 사이에 균등 분할
    ③ 성직안수식, 장례식, 특별 미사의 경우 신자들이 자발적인 헌금을 허락하였으나 이를 위한 헌금의 규정화를 폐지
    ④ 유산을 기증받았을 경우, 교회는 해당 재산을 반드시 기증자의 뜻대로 사용할 것을 의무화
    ⑤ 십일조의 정액을 규정
    ⑥ 교회는 소속 재산이 궁극적으로 빈민들에게 속한 것임을 잊지 않도록 함
  2) 수도원의 개혁 및 부흥
    ① 크로데강(Chrodegang) 규율을 시행
    ② 베네딕트 수도원 규율로 체계화
  3) 각종 교회 건물과 관습, 예배의식의 개혁
    ① 성직자의 복장 제도 개선
    ② 침례통대신 성수반을 사용
    ③ 개인 미사가 유행하기 시작
  4) 교리적 개혁
    ① 미케티우스로 인해 사벨리우스주의가 발현하자 이를 퇴치하다가 네스토리우스주의에 빠짐

② 톨레도 종교회의를 통하여 필리오케(Philioque) 문제를 해결
        5) 교육개혁
            ① 교육의 체계화 : 초등교육-고등교육
            ② 교과목의 개편 : 문법, 수사학, 수학 등을 기본
            ③ 교수방법의 개편 : 사본의 복사와 낭독
            ④ 알퀸과 같은 유명한 학자가 등장
    (2) 신성로마제국
        1) 정의
            ① 샤를마뉴 대제로부터 프란츠 2세까지 쓰인 명칭(800-1806)
            ② 오토 1세(962. 2. 2. 황제계승)부터 - 프란츠 2세까지(1806. 8. 6.)
            ③ 기독교적 로마 제국을 의미
        2) 건국 과정
            ① 샤를마뉴 대제 사후에 아들 루이(피오의 루이: 경건한 루이)가 즉위하였으나 그는 호인으로 대국을 통치할 능력이 없다고 판단하여 교황 세력이 다시 일어나게 됨
            ② 루이가 죽자 3형제가 암투를 벌이다가 베르뎅 조약으로 국가를 3분할함
                가. 장남 로타아르 1세 : 이탈리아 남부, 중부 프랑크, 로마 황제
                나. 차남 루이 : 동프랑크 왕
                다. 삼남 샤를 2세 : 프랑크 왕
            ③ 노르만족이 북방에서 침입하여 노르만디 왕국을 세움(911)
            ④ 남쪽에는 사라센이 침입
            ⑤ 10세기에는 헝가리 족이 침입
            ⑥ 국내의 암담한 현실
                가. 삼형제는 완전 단절
                나. 국내의 봉건제도는 급속도로 발전하여 서로 다툼
                다. 고대 문명은 찾아 볼 수 없을 정도로 암흑의 시대가 되었다.
        3) 제국의 건설
            ① 오토 1세가 동프랑크 3대왕이 됨
                가. 그는 기독교 사상을 왕국 건설에 결부시킴
                나. 외적을 무찌르고 제후의 반란을 평정함
                다. 보헤미아, 폴란드를 항복시키고 이탈리아에 출병하여 교황

을 원조
② 교황 요한 12세는 그의 공적을 찬양하고 962. 2. 2.에 신성로마 제국황제라는 칭호를 주고 관을 씌움
③ 동로마 국왕이 이탈리아 왕을 겸하는 자격을 얻음
④ 오토 2,3세는 이탈리아 정책에만 관심을 가지므로 국내에서는 제후의 실력이 강화되어 분립 조장
⑤ 이는 1806년 나폴레옹의 정복 때까지 844년간(또는 106년간) 계속되었다.

### 3. 교황권의 부패

(1) 이시도르 문서
  1) 이시도르(Isidore;636년 사망)
    ① 세빌리의 대주교로 서품을 받음(600)
    ② 톨레도 종교회의 지도(633)
    ③ 가짜 이시도르 문서 작성에 연루
  2) 이시도르 문서
    ① 9세기 경에 '역대 교황의 교령집'이라는 것이 나왔다.
    ② 서반아의 학자 이시도르가 썼다고 하지만 사실은 아니다.
    ③ 이것은 교황의 세력을 증대시키기 위한 위조 문서로 '가짜 이시도르 전집'이라고 부른다.
  3) 이시도르 문서의 내용
    ① 콘스탄틴 기증서라는 것도 있는데 콘스탄틴 대제가 라테란 궁전과 이태리의 토지를 교황에게 기증한다.
    ② 교직은 신의 특정한 계급으로써 지상 재판을 받지 않는다.
    ③ 교황은 논쟁의 최고 재판자로 신 외에는 그 위에 설 자가 없다.
  4) 교황 니콜라스 1세는 재주가 있고 담력이 있어서 이를 최대로 이용을 하여 자기의 이상을 실현한 자임
  5) 평가
    ① 이것은 종교 개혁 이전까지 진짜 문서로 사용되었다.
    ② 이 문서가 위조 문서임을 밝혀 낸 사람은 1440년 로렌스 발라였다(로렌스 발라는 벌게이트와 헬라어 성경을 비교함으로 신약성경 연구에 공헌한 사람).

(2) 교황권의 부패상
    1) 교황권을 둘러 싸고 이탈리아당과 독일당이 계속하여 투쟁을 함
    2) 교황의 축첩정치(Pornocracy ; 桃色政治)
        ① 시기 : 세르기우스 3세(Sergius III ; 904)-존12세(John XII ; 964)
        ② 60여년 동안 교황의 직위가 여인의 치마품에서 이루어진 시대를 풍미하는 말
        ③ 로마의 부유한 과부 데오도라 일가의 난잡한 생활에 교황과 정치가들이 놀아난 현상이 있었다.
        ④ 데오도라와 그녀의 두 딸(소데오도라와 마로지아)은 요염한 미색과 창부적인 기질을 동원하여 서방교회 전체를 좌우
        ⑤ 데오도라의 장녀의 남첩은 교황이 되어 세르키우스 3세라는 교황(904-911)이 됨
        ⑥ 데오도라의 남첩인 요한 10세는 교황이 되어 15년간 (914-928) 제위
        ⑦ 장녀가 알베리크와 결혼하여 낳은 아들이 요한 11세로 즉위(931-936)
        ⑧ 그의 아우가 형을 죽이고 4명의 교황을 세우고 실권을 장악
        ⑨ 그후 형의 아들 옥타비안이 요한 12세라 칭하고 즉위(955-963)
        ⑩ 그는 오토 1세에게 대관을 함
    3) 교황의 살해 및 암살
        ① 요한 6세의 폐위(931)
        ② 베네딕트 7세의 암살(974)
        ③ 요한 4세 살해(984)
        ④ 그레고리 5세 폐위(999)
    4) 교황의 매매
        ① 베네딕트 8세(1012-1024)
        ② 요한 19세(1024-1032)
        ③ 실버스타 3세(1044-1045)
        ④ 그레고리 6세(1045-1046)
    5) 교황의 난폭으로 추방당함 : 베네딕트 9세(1033-1045)
    5) 교황권의 부패는 10세기 중엽까지 계속되었다.

## 4. 이방에 대한 전도

(1) 스칸디나비아의 전도
  1) 안스가르(801-865 : Ansgar)
    ① 프랑크 고르비에게 교육을 받은 독일 사람
    ② 827 덴마크 왕 헤롤드와 함께 덴마아크로 들어갔지만 반대자에게 축출당함
    ③ 스웨덴 왕의 초청으로 가서 전도
    ④ 1년 반 후 덴마아크, 스웨덴 감독으로 임명을 받으나 스웨덴은 가우쯔버트에게 맡기고 덴마아크만 담당
  2) 스웨덴
    1008년 스쿠트눙 왕이 세례를 받고 개종함으로 기독교 국가가 됨
  3) 덴마아크
    헤롤드 왕이 덴마아크 감독구를 세웠으나 박해로 추방 후 다시 교회를 보호함으로 전도
  4) 노르웨이
    ① 왕의 서자 하간이 영국에서 귀국하여 전도하다가 형 에리크파에게 전사 당함
    ② 왕의 증손 올라프가 영국에서 수세 후 귀국하여 전도하다가 전사
    ③ 올라프가 영국의 신부를 초청하여 전도
(2) 슬라브족에 대한 전도
  1) 모라비아 전도
    863년 키릴루스와 메도디우스 형제가 전도함
  2) 보헤미아 전도
    모라비아에 인접해 있으므로 전도에 용이. 라틴식 예배를 드림
  3) 불가리아
    864년 추장 보리스칸이 미가엘 3세에게 감독 파견을 요청하고 자신이 먼저 세례 받음
  4) 러시아
    건국 시조 루리크의 자부 올가가 어린 아들을 섭정하였는데 그는 콘 스탄티노플에서 수세 받은 신자 올가의 손자 불라디미르가 기독교를 믿고 국교로 정함

## 5. 화체설

(1) 다메섹의 요한이 최초로 이 설에 가까운 자이다.
(2) 성찬시 사회자가 기도후 떡과 포도주가 그리스도의 몸과 피로 화한다는 막연한 신앙이 계속되었다.
(3) 파스카시우스 라드베르투스(Paschasius Radbertus)가 '주님의 몸과 피의 예식'이라는 책을 써서 구체화(9세기)
(4) 주의 성만찬이 사제가 기도하는 순간 실제적인 주님의 살과 피로 변한다는 것임
(5) 힐데바트가 화체(Transubstaniation)란 말을 처음으로 사용함
(6) 1215년 라테란 회의에서 교리로 결정하고 오늘날까지 사용하고 있음
(7) 그후 신자들이 잔을 흘리는 일이 일어나자 주님의 피를 흘린다는 이유로 분잔을 금지
(8) 떡을 주기만 하여도 살 속에는 피가 흐르기 때문에 동시에 받는 것이라고 교리화함

## 6. 자유의지 논쟁

(1) 어거스틴과 펠라기우스 논쟁으로 일단락되었으나 반펠라기우스설을 취하는 자가 있었다.
(2) 고트쉬할크(Gottschalk)
　1) 불란서 수도사로 극단적인 예정론자
　2) 이중예정을 주장(구원자와 멸망자)
　3) 그리스도는 예정된 자를 위하여 죽었다고 주장
　4) 848년 마인쯔 대회에서, 자기 주장을 발표
　5) 이후 이단으로 정죄

## 7. 10세기 말의 종말론

(1) 1000년이 지나면 종말이 온다는 예언이 유럽에 유행
(2) 950년경부터 설교하는 자도 있었고, 결혼이나 노동을 하지 않음으로 사회 혼란 초래
(3) 1000년이 가까워오자 예루살렘은 순례자로 가득하고 참회기도로 요란함

(4) 999년 12월 31일 세계의 많은 사람들이 몰려들어 교황 실베스터 2세와 지상 최후의 미사를 드림
(5) 1000년이 되자 지금까지 종말을 주장하던 자들은 도피 생활
(6) 1000년이 지나자 그 주장은 시들해 지고 사라짐

### 7. 바울파의 교리

(1) 하나님은 그리스도를 통하여 최초로 스스로를 계시하였다. 따라서 구약의 하나님은 단지 조물주에 지나지 않으므로 인간은 이로부터 벗어나야 한다.
(2) 교회는 신약전서와 함께 그리스도안에서 계시된 진정한 하나님의 피조물이다.
(3) 마리아는 하나님의 어머니로 인정될 수 없다.
(4) 마찬가지로 성만찬 역시 구세주의 몸과 피로 볼 수 없다
(5) 그리스도 자신만이 영생으로 이끄는 정화수단이므로 세례는 인정될 수 없다.
(6) 신성과 인성의 육체 사이에 진정한 연합을 부정하는 가현론적 성육신의 일원
(7) 극단적인 금욕주의를 주장

### 8. 동서 교회의 분리 원인과 그 결과

(1) 원인(遠因)

| 구 분 | 로 마 교 회 | 동 방 교 회 |
|---|---|---|
| 정치적 | 동서로 나뉨 ||
| 문화적 | 라틴어 권의 이탈리아 북서 및 아프리카 서북 : 서방적 | 통속 헬라어권의 지중해 연안 : 동양적 |
| 인종 | 고트족과 게르만족 | 슬라브인과 서아시아인으로 동양적인 요소가 있음 |
| 신앙 | 현세적 신앙 | 내세적 신앙 |
| 신학적인 발전 | 논쟁과 확장을 통하여 계속적인 변화와 성장 | 칼케돈 이후 신학적인 침체 |
| 주도자 | Honorius, | Arcadius |

(2) 근인(近因)

| 구 분 | 동 방 교 회 | 서 방 교 회 |
|---|---|---|
| 정치적 | 동로마 황제의 보호하에 있음 | 프랑크 왕국 의지 선언 |
| 교회의 특성 | 교회중심, 황제중심, 사색, 철학적 경향 | 제도중심, 교황중심, 법적인 성향 |
| 필리오케 문제 | 성부에게서 나오신다고 주장 | 성부와 성자에게서 나오신다 |
| 성상숭배 문제 | 배격하고 제거(동상을 제외한 성상은 사용할 수 없다) | 성상숭배의 제도화(동상의 허용까지 포함하여 동방교회와 반대 입장) |
| 독신의 문제 | 하위 성직자들의 결혼 허용 | 모든 성직자 독신 주장 |
| 외부의 압력 | 회교도들이 동방교회를 위협 | 서방 야만족들의 개종으로 흡수 |

(3) 직인(直因)

| 구 분 | G.O.C(동로마) | R.C.C(서로마) |
|---|---|---|
| 정치적인 차이 | | 샤를 마뉴 대제에게 왕관을 수여함으로 프랑크 의지를 선언 |
| 사상적인 차이 | 형이상학적 신학의 교리 중심적 | 제도중심 : 로마의 법률적 정치적 천재성의 영향으로 구원 또는 교회 자체의 구원을 주장 |
| 교리적인 차이 | 성령이 성부에게서만 유출 | 성령은 성부와 성자에게서 유출한다 |
| 성상숭배문제 | 배격하고 제거 | 성상숭배 제도화 |

(4) 가장 직접적인 원인
   1) 로마교황과 콘스탄티노플 대주교 간의 교권 다툼
   2) 동로마 황제가 콘스탄티노플 대주교 이그나티우스를 파면하고 감금
   3) 포티우스를 반대하고 콘스탄티노플 대주교 이그나티우스와 동로마 황제 미카엘 3세의 외숙, 바르다스가 자부와 간통한 것을 책망함
   4) 이에 황제는 노하여 성찬식에 참여함을 거부하였다고 그를 포박하여 반역죄로 감금
   5) 그의 후임으로 포티우스를 결정하였는데 서로마는 포티우스를 반대하고 이그나티우스를 지지함

(5) 결과

1054. 7.16 교황 레오 9세가 켈룰라리우스를 파문하고 켈렐라리우스도 교황을 파문함으로 이 사건이 동방의 대주교들도 모두 켈릴라리우스를 찬성하여 동서교회는 완전히, 영원히 분리

## 10. 헬라정교회(The Greek Orthodox Church)

(1) 동서교회의 분리기에 서방교회를 비정통으로 지칭하고 자신들을 정통교회라고 부름
(2) 콘스탄티노플 대주교가 전교회의 최고의 직책
(3) 15세기 터어키가 콘스탄티노플을 점령한 후 러시아 정교회(The Russia Orthodox Church)가 맹주가 됨
(4) 예전
   1) 7성례(세례, 견신례, 고해, 미사, 혼례, 종유, 서품)
   2) 예배시 악기를 사용 하지 않고 교회 안에 성상을 금지

## 11. 중세 로마교회의 성장기의 동방교회

(1) 성상론쟁(The Iconoclastic Controversy)과 동방기독교
   1) 다마스커스인 존(John Damascus)은 성상 수호를 위한 변론(Oration in Defence of the Images)을 727년과 729년에 각각 발표
     ① 성상은 그 자체가 아니라 성상을 통하여 대표되는 원형이 흠모의 대상이다.
     ② 예배는 오직 하나님께만 속한 것이며 성상에는 예배를 드리는 것이 아니다.
   2) 존의 이같은 주장은 동방제국의 수도사들과 수많은 주교들, 성상폐지론에 동조하지 않았던 서방교회에 의해서도 지지 받음
(2) 다마스커스의 존의 신학
   1) 기독론(Christology)
     ① 방법론
        가. 스콜라학파적으로써 명백한 범주와 분류와 분리의 노선을 따른다.

나. 플라톤적이라기 보다는 아리스토텔레스적인 경향
② 내용
　가. 예수 그리스도 안에서의 신성은 서로 분리되어 있으나 이들은 특성을 함께 나누고 교환한다.
　나. 예수님의 육신은 실제로 하나님이 되었고, 삼위일체 가운데 제2위격의 신성은 실제로 인간이 되어 인간의 최저의 굴욕을 나누었다.
　다. 예수 그리스도의 한 원질은 십자가 상에서 죽었고, 제3일에 우리의 구세주로 부활했다.
　라. 그러나 십자가 위에서도 신성은 그 본질(substance)에 있어서 인성에 의해 영향을 받지 않았다.
　마. 존은 그리스도가 인간이라기보다는 마치 센타우르(centaur)나 사티르(satyr;둘다 반인반수의 괴물)처럼 해석하는 것처럼 보였다.
2) 인간론(Anthropology)
　① 인간의 자유의지의 중요성을 강조
　② 가시적(물질적)인 것과 불가시적(영적)인 것의 연합이다.
　③ 인간 속에 있는 하나님의 형상은 사고 능력(power of thought)과 의지의 자유(freedom of will)로 구성되어 있다.
　④ 무죄 상태의 인간은 온전한 은혜의 선물이었다.
　⑤ 타락한 인간은 하나님보다는 자신에게 관심을 쏟게 되었다.
3) 창조론
　① 영원의 시간동안 홀로 사색하던 하나님은 우주 만물을 만드셨다.
　② 인간은 동방의 어느 곳엔가 낙원에 창조하여 거하게 하셨다.
　③ 인간은 원래 남성만으로 창조되었다.
　④ 하나님은 타락을 예견하시고 인간의 보존 방법으로 여성을 창조하셨다.
　⑤ 따라서 성적인 관계는 죄악의 결과이다.
4) 구원론
　① 인간 구원의 결정적인 요소는 인간의 자유의지이다.
　② 인간의 자유와 그 구원을 위한 피조물인 인간 자신의 책임을 과도하게 강조하므로 그리스도의 사역에 관해서는 그다지 강조하기 않

았다.
    5) 성찬론
        ① 빵과 포도주는 초자연적인 그리스도의 몸과 피로 변한다고 가르쳤다.
        ② 하나님은 은혜를 전달하기 위하여 세례식의 물과 성찬식의 빵과 포도주를 사용하신다.
        ③ 성만찬을 통해 신자들은 한 몸으로 연합한다.
(3) 동방교회의 절정
    1) 서방교회가 암흑 속에 있을 때에 동방교회는 영광의 극치에 도달
    2) 동방교회의 성장의 원인
        ① 제국의 영토확장
        ② 경건과 헌신의 수도원운동의 활발
        ③ 선교사들을 통한 새신자의 획득과 기독교 영향권의 확장
        ④ 비잔틴 교회의 창조물인 비잔틴 문화의 융성
        ⑤ 비잔틴 통치자들의 기독교의 안녕과 전통적 신앙 수호에 전력
        ⑥ 교육의 증가와 재산의 증가로 국민의 수준향상
        ⑦ 강력한 교회조직과 교회의 영향력 확대
(4) 동방제국의 확장
    1) 동방제국은 무력으로 점령해 나가기 시작
        ① 비잔틴제국은 남부 이탈리아를 재점령하고 지중해의 제해권을 장악
        ② 시리아, 아르메니아, 이베리아와 소아시아 고토를 회복
        ③ 서쪽으로는 베니스, 나폴리 등 이탈리아 령들을 점령
        ④ 러시아와는 우호조약 체결
    2) 동방제국의 기독교의 역할
        ① 사회적인 책임감과 가난한 자에 대한 관심 증진
        ② 법률연구의 증진 - 비잔틴 법령집 바실리카(Basilica)편찬
        ③ 예술의 융성 - 현존하는 가장 아름다운 성상은 이시기에 만들어진 것들임
        ④ 문학의 융성 - 서사시와 시편들이 유행하고 성경주석을 집필함(최초의 요한계시록주석을 남김)
        ⑤ 역사와 지리도 역시 융성 - 불가리아 원정 및 전쟁사 등 탁월한

역사저술이 많음
⑥ 13세기 서방세계의 대학 출현의 예고 - 실질적으로 최초의 대학을 설립
(5) 기타 지역의 교회 상황
　1) 불가리아 교회
　　① 보고밀파
　　　가. 927-950년 불가리아인들에게 사역했던 데오필루스(Theophilus)의 가르침으로 발생
　　　나. 이원론적 종파로 우월한 하나님(Superior God)과 열등한 신(Inferior God)을 믿음
　　　다. 열등한 신 사타나엘(Satanael)은 천국에서 쫓겨나와 자기의 영역인 지구를 창조
　　　라. 인간은 사타나엘이 창조하였으나 하나님은 아담에게 영혼을 부여
　　　마. 인간은 내부에 우월한 하나님과 사타나엘에게 속하는 요소가 생김
　　　바. 우월한 하나님은 인간을 구출하기 위해 예수를 보내셨다.
　　　사. 인간은 멸망하지 않기 위해 성령으로 구원받아야 한다.
　　② 보고밀파의 교리
　　　가. 신약과 시편만 정경으로 인정
　　　나. 성만찬, 결혼, 물세례, 유아세례 및 주기도문을 제외한 모든 기도를 부정
　　　다. 양자론적(Adoptionist) 기독론
　　③ 불가리아 교회는 보고밀파로 인하여 약화되고 국가자체까지 쇠퇴하게 하였다.
　　④ 불가리아 교회와 비잔틴 교회는 언어를 제외하고는 교리와 의식에 있어서 동일
　2) 아르메니아 교회 - 코스모폴리탄 정통신앙(Cosmopolitan Orthodoxy)과 우호적인 관계
　3) 시리아 교회 - 시리아 지방에서 활동하던 자코바이트는 명맥이 거의 사라지기 시작
　4) 이집트의 콥틱교회(Coptic Church)

① 이슬람 시아파(Shia sect of Islam)의 허용된 종교 자유 아래에서 계속 성장
② 대주교 에프라임(Ephraim:977-981)은 성직자들의 성직매매와 축첩을 금지시킴
5) 콘스탄티노플의 동방교회
① 일련의 동방황제들에 의해서 교회의 기본방향이 설정됨
② 황실의 막강한 권력이 교회를 좌우함에 따라서 독립을 유지하던 교회가 국가에 종속되기 시작
(5) 러시아의 개종
1) 러시아의 형편
① 우크라이나 지방 키에브(Kiev)에 천도
② 예배의식, 사회생활 규범, 자연숭배 등은 미개한 상태로 선교화 복음화의 좋은 대상
③ 종교도 미신적 다신교에서 벗어나지 못함
2) 기독교의 접촉
① 4,5세기의 서방제국의 침입으로 스칸디나비아인들의 원주민들 가운데 일부가 기독교로 개종
② 이고르(Igor:913-945)의 남편 태후 올가(Queen Olga)가 남편의 사후 기독교로 개종(954)
③ 서방제국 황제 오토1세(Otto I)에게 키에브로 라틴 선교사 파송 요청
④ 마인쯔의 대주교에 의해 임명받은 아달베르트(Adalbert)가 별 성과를 거두지 못함
3) 블라디미르(Vladimir)의 개종과 기독교 부흥운동
① 블라디미르는 형을 살해하고 왕위에 올라 생애의 대부분을 방탕으로 지샘
② 블라디미르는 각 종교의 장점을 알아보기 위해 이슬람, 로마 기독교, 유대교, 헬라교회 대표들을 초청
③ 다른 종교는 관심이 없고 라틴과 헬라 기독교 중 양자택일하는데 큰 고심
④ 사절들을 로마와 콘스탄티노플에 파견하여 견학 후 보고토록 함
⑤ 소피아(Saint Sophia) 사원의 웅장함과 동방교회의 화려한 의식

으로 헬라교회로 결정
　⑥ 블라디미르는 무력을 사용하거나 개종을 강요하지 않았으나 많은 개종자가 발생
　⑦ 너무나 많은 러시아인들의 개종으로 세례를 베풀 사제가 부족하여 사제의 의식문 낭독 후 스스로 물에 뛰어 드는 세례를 베풀 정도였음
　⑧ 기독교 학당 설립 및 의무교육의 강력한 시행으로 젊은이들을 포섭
　⑨ 키에브 근처의 아토스산(Mt. Athos)에서 수도한 바 있는 안토니(Anthony)에 의해 페트체르스키(Petchersky)수도원이 1010년에 설립
　⑩ 1015년 블라디미르가 사망 전에 대부분의 국민이 신자가 됨
　⑪ 블라디미르는 988년 자신도 세례를 받고, 사후에 성인의 칭호를 내림
4) 야로슬라브(Yaroslav;1019-1054)의 기독교 부흥운동
　① 블라디미르의 아들로 아버지의 뒤를 충실히 이음
　② 성경을 슬라브어로 번역하고 밤낮 성경연구와 묵상토록 함

# 제 3 장
# 로마교회의 전성기(1073-1303)

## 1. 로마 교회의 전성 시대

(1) 그리스도교의 실생활기로 그레고리 7세(힐데브란트) 즉위로부터 보니페이스 8세 사망까지로 교황권이 가장 강한 전성시대이다.
(2) 힐데브란트와 카놋사의 굴욕사건
(3) 캐논법과 홍의 주교의 등장
(4) 십자군 운동
(5) 중세의 수도원 운동의 절정
(6) 스콜라철학의 융성과 대학의 설립
(7) 토마스 아퀴나스의 신학
(8) 중세 신비주의 사상의 만개

## 2. 힐데브란트(Hildebrand : Gregorius VII)

(1) 생애
  1) 1015년 이탈리아 소아의 목수의 아들로 출생
  2) 소년시절 성 마리아 수도원 생활
  3) 그레고리 6세가 축출 당할 때에 독일로 동반하였다가 그가 죽자 남부 프랑스 클리니 수도원에 들어가 각지를 순회하면서 교황권 확립에 힘씀

4) 레오 9세가 교황이 되자 부집사직에 임명되어 실제적으로 교황권을 행사
5) 1073년 58세로 교황이 됨(즉위 후 교황 전성 시대)
6) 1076년 하인리히와 충돌로 카놋사의 굴욕사건을 유발
7) 1085년 70세로 사망
(2) 개혁을 위한 칙령(1074. 3.)
1) 성직을 매입한 교직자는 바로 그 사실만으로도 성직을 감당하기에 부족한 인간이다.
2) 교구를 맡기 위해 금품을 증여한 자는 그 교구를 상실한다.
3) 간음죄를 범한 신부는 즉각 성직자로서의 기능을 정지시킨다.
4) 교인들 스스로가 성직매매와 음란에 관한 교황의 칙령을 위반하는 성직자들의 목회를 받기 거부해야 한다.
(3) 업적
1) 교직 매매 금지
2) 교직 자의 독신 생활을 강조
3) 교직 임명권과 재산 감독권을 교황 산하에 둠
4) 교황이 황제까지 임명할 수 있다는 '교황의 지상 대권' 주장
(4) 독일왕 하인리히 4세와 교황 그레고리 7세의 충돌
(카놋사의 굴욕, 교황제의 절정, 그레고리 7세의 사망 원인)
1) 하인리히 4세(Heinrich Ⅳ)의 교황을 반대
① 이유는 독일의 재산 반 이상의 감독과 교회의 소유가 됨으로 이런 상황에서 재산 감독권이 교황에게 돌아가면 왕의 실권이 약화되므로
② 이탈리아에 있는 교황 반대파와 결탁하게 됨
③ 1076 보름즈(Worms) 종교 회의에서 교황 폐위 결정
2) 그레고리 7세(Gregorius Ⅶ)의 반격
① 이에 대해 교황은 왕을 출교시키고 독일의 제후들이 황제에 대한 복종 의무가 없음과 국민은 국왕의 명령을 받을 의무가 없다고 선언
② 제후들이 왕을 반대하자 형세의 불리를 깨닫고 사죄를 결심
3) 카놋사의 굴욕(Canossa)
1077년 1월 교황이 카놋사에 여백작 마틸라의 집에 놀러 갔을 때 휴 수도원 장로 함께 있음을 알고는 하인리히 4세는 알프스산을 넘어 이태

리 북쪽의 카놋사성에 찾아가서 눈 위에서 맨발로 밤낮 3일을 사죄하고 파문을 철회 받았다.
4) 하인리히 왕의 반격 및 승리
   ① 출교를 해제 받자마자 제후들을 보복하기 시작
   ② 당황한 제후들이 다른 황제를 옹립
   ③ 이에 교황이 하인리히 왕을 또 다시 출교하자 이제 국민이 왕을 동정
   ④ 이 기세로 왕은 종교회의를 열고 그레고리 7세를 파면하고 클레멘트 3세(Clement Ⅲ)를 교황으로 옹립(1080)
   ⑤ 하인리히는 1080년 로마로 쳐들어가 3년만에 함락시킴
   ⑥ 교황은 남부 이탈리아 살레르노(Salerno)로 피신하여 거기서 화병으로 객사(1085. 5)
5) 평가
   ① 교황권과 황제권과의 대표적인 싸움
   ② 교황권의 절정을 이룬 사건으로 그레고리 7세의 비극적인 최후에도 불구하고 교황권이 강화되어 감

## 3. 캐논법(Canon Law)

(1) 목적
   1) 교회의 신앙통일과 질서유지
   2) 조직관리를 위한 법제화
(2) 발전과정
   1) 필요에 따라 회의에서 결정한 것들을 모음
   2) 그레고리 7세 때 교회법의 통일의 필요성을 강조
   3) 점차로 로마법을 벗어나 독립적인 체계를 갖추게 됨
(3) 주요내용
   1) 교황과 감독 : 교황은 신의 대리자, 감독은 교황의 대리자
   2) 교회 형법
      ① 범죄인 추방 및 재산 몰수
      ② 이단자 영구추방
      ③ 출교(종교 행사 참여 금지)

3) 교회 재산 관리법
4) 교직생활 규정 : 독신(안수 후 결혼자 파면)

### 4. 보름스 협약(Worms : 1122)

(1) 원인
   1) 교황 칼릭스티우스 2세(CalixtiusII : 1119-1124)는 하인리히 (Heinrich) 5세를 파문하였으나
   2) 황제와 교황이 둘 다 지쳐서 협약을 맺음
(2) 보름스 협약 내용
   1) 감독 임명시 교황에게서는 지환과 목자의 홀을 받고
   2) 다음에 황제의 승인을 얻어 취임한다.
   3) 임직식은 황제가 먼저하고 교황이 나중에 한다.
   4) 황제가 거부하면 감독이 될 수 없다.
   5) 독일의 감독, 수도원장 선출은 황제 및 그 대리자의 임석하에 해야 한다.
(3) 결과
   1) 인물 선택 권한은 교회에 있되, 황제가 임직을 거부하면 감독이 될 수 없고 영토도 받지 못했다.
   2) 사실상 황제의 권한을 강화하는 것이었다.

### 5. 홍의 주교

(1) 정의와 역사
   1) 카디널(Cardinal : 추기경)이라고도 하는데 권위의 표시로 붉은 모자를 쓴데서 유래
   2) 콘스탄틴 대제 이전부터 지방 교구의 교회 장로를 지칭
   3) 4세기 이후 로마교회의 정주교를 지칭
   4) 니콜라스 2세때 카디날단에게 교황 선출권을 부여
   5) 그레고리 1세에 의하여 제정된 교황 다음의 직위
(2) 홍의주교의 교황 선출
   1) 그레고리 7세가 옹립한 니콜라스 2세가 교황에게 진언하여 카디날단을 조직

2) 1059년 로마의 지방대회에서 제정된 것임
3) 카디날 회의가 먼저 교황을 선출 후에 황제의 승인을 받도록 바뀜
4) 추기경들은 교황 사후에 즉시 후계자를 선출하되 로마 성직자 중에서 없으면 다른데서 선출
5) 교황의 선출은 추기경들에 의해서 이루어지며 교황의 대관식이 늦어져도 선출되는 순간부터 완전한 교황권을 행사
6) 이 방법으로 니콜라스 2세의 사후에 알렉산더 3세가 최초로 선출됨

## 6. 클레런던 법(Constitutions of Clarendon)

(1) 켄터베리 대주교(Thomas Becket)와 영국왕(헨리 2세) 사이에 일어난 황제의 권위를 위한 노력에 대주교의 반대 운동으로 일어남
(2) 1164년 왕은 클레런던에서 감독과 귀족회의를 소집하고 이 법을 제정
(3) 내용
   1) 종교적 사건 이외에는 교직자라도 국가 재판소 관할에 속한다.
   2) 교직자는 국왕 허가없이 국외 출입을 못한다.
   3) 대감독, 감독, 사원장 선거는 국왕 명에 준하고 국왕 회당에서 실시할 것
   4) 상고는 국왕에게 하며 국왕에게 충성을 다하여야 한다.
(4) 결과
   1) 토머스 베키트 대주교는 이를 거부하고 프랑스로 도망하였다가 5년 후 화해가 성립되어 귀환
   2) 대주교 베키트는 1170년 12월 29일 4명의 자객에게 켄터베리 대성당에서 피살됨
   3) 1172년 이 법은 폐지되고 왕은 대주교의 무덤을 찾아가 참회하고 그에게 성자 칭호 수여

## 7. 인노센트 3세(Innocent III ; 1198-1216)의 사상과 정책

(1) 사상
   1) 교황은 하나님과 그리스도의 대리자요 왕의 왕인 까닭에 왕을 심판할 수 있다.
   2) 교황은 하나님보다 낮으나 사람보다 우월하다

3) 베드로에게 주신 교회의 통치권을 교황이 받았다.
4) 교황은 태양이요 황제는 달이다.
(2) 정책
1) 프랑스의 필립 2세(1180-1223)가 처와 이혼하고 재혼하려 할 때 이 결혼을 인정치 않고 본처와 재결합을 지시
2) 영국왕 요한이 교황이 명한 켄터베리 대주교를 인정하지 않자 출교하고 프랑스 왕에게 집행권 이양
3) 이에 영국왕이 굴복하자 1213년 복권케하고 매년 2차씩, 공납하도록 약속
† 마그나 카르타(Magna Carta)가 이 때에 나오게 된다.
(3) 특기 사항
1) 십자군 운동을 일으킴(4회 : 1202-1204)
① 콘스탄티노폴리스의 유물을 노략질
② 이로 인하여 동서교회의 대립이 심화된다.
2) 종교 재판이 시작됨(1129년 툴루스 회의)
3) 비밀 고해성사 제도 실시
4) 영국왕을 굴복케 함으로 쇠퇴한 교황권을 다시 절정에 오르게 함
5) 제4차 라테란 회의 개최(1215)
① 알비겐스파(the Albigenses) 정죄
② 왈도파(Waldenses) 정죄
③ 피오르의 요아힘(Joachim of Fiore)의 일부 가르침 정죄
④ 모든 가톨릭 신자는 최소 1년 1회 이상 신부에게 고해성사 의무 결정
⑤ 교권 정비 : 교황청을 중심한 계급적 조직체제 승인
⑥ 교회 행정절차 결성
⑦ 화체설(transubstantiation) 결정
† 위 ⑥과 ⑦은 지금까지 사용

## 8. 보니페이스 8세(Bonifacius VIII : 1294-1303년 재위)

(1) 생애
1) 1294년 교황에 선출
2) 1296년 부터 프랑스 국왕과 충돌

3) 필립 4세의 용병대장 기음에 의해 감금당했다가 이태리군에 의해 구조됨
   4) 한 달 후 건강 악화로 사망
 (2) 사상
   1) 교황지상주의 주장
   2) 교황의 속권에 대한 간섭 권리 주장
   3) 교회법 대신 로마법을 적용하고 국가내 모든 재산권(교회 포함) 행사를 주장하는 프랑스의 필립 4세와 충돌(두 개의 교서를 발표)
     ① 클레리키스 라이코스(Clericis Laicos ; 1296) - 세속기관이나 통치자를 위하여 교회 기관이나 성직자에게 과세하는 평신도는 파문한다.
     ② 우남 산크탐(Unam Sanctam ; 1302)
        가. 교황은 영적, 세속적인 두 검을 맡아 가진 자로서 영적인 검은 교회를 위해 사용되며 성직자의 손에 있다. 세속적인 검은 세속군주의 수중에 있으니 교회의 판단과 심판을 받아야 한다.
        나. 영적 권력은 세속군주가 재판할 수 없으며 오직 하나님께만 재판을 받는다.
        다. 구원받기 위해서 모든 사람은 로마 교황에게 복종해야 한다.
 (3) 영향 : 그의 사망으로 교황권은 쇠퇴하기 시작
    † 교황권의 절정을 이룬 3대 교황
     ① 그레고리 7세(힐데브란트 ; 1073 - 1085 재위)
     ② 인노센트 3세(1198 - 1216 재위)
     ③ 보니페이스 8세(1294 - 1303 재위)

## 9. 십자군 운동의 원인과 공과

(1) 원인
  1) 637년 예루살렘을 정복한 사라센 칼리프를 1071년 셀주크 터어키(회교도)가 예루살렘을 점령(1071)
  2) 서방의 성지 순례자를 학대하며 통행세를 징수
  3) 흉년으로 경제적인 불황이 계속되자 종교적 위안을 위하여 오히려 성지 순례자가 증가

3) 성지 회복을 결의
   ① 1092년 셀쥬크 터어키가 니케아를 점령하고 동로마 제국을 위협
   ② 동방 황제 알렉시우스가 교황에게 원조를 요청
   ③ 교황 우르반 2세는 클레멘트 종교회의에서 성지 탈환과 동로마 제국의 구원을 위하여 십자군 조직을 결의
   ④ 십자군에게 일체의 죄를 사면 받는다는 특권을 부여.
   ⑤ 유럽 각국의 국왕과 영주, 기사들이 적극 참여
   ⑥ 동방무역의 이권이 걸린 상인들이 응원
(2) 경과
   1) 1차(1096-1099)
      ① 주창 : 교황 우르반(Urbanus) 2세와 은자 피터(Peter)의 권유
      ② 목적 : 터어키로부터 예루살렘 탈환
      ③ 출전 : 베르만도의 휴(Hugo)와 부일롱의 고드프리(Godefrey) 등이 출전
      ④ 결과
         가. 니케아, 안디옥, 에뎃사, 예루살렘 점령
         나. 봉건 십자군 왕국을 세우고 고드프리가 왕이 됨
   2) 2차(1147-1149)
      ① 주창 : 클레르보의 버나드의 건의로 교황 유게니우스(Eugenius: 유진) 3세가 십자군 선언
      ② 목적 : 에뎃사(Edessa)가 회교 수중에 들어가고 예루살렘을 위협
      ③ 출전 : 버나드가 모집하여 루이 7세, 콘라드 3세 등이 참전
      ④ 결과
         가. 서방 십자군과 동방 길 안내자들의 불화로 십자군의 괴멸
         나. 열정이 없던 그들은 소아시아에서 괴멸
         다. 일부는 다메섹 공격에서 참패 당함
   3) 3차(1189-1192)
      ① 주창 : 알렉산더 3세
      ② 목적 : 1187 예루살렘이 살라딘과 사라젠에게 완전히 함락되자 이를 탈환하기 위해
      ③ 출전 : 영.독.불 3국 연합군이 출전
      ④ 결과

가. 불.독은 중간에 포기하고 영국만 싸우다가
나. 프레드릭 익사, 필립은 안전 귀국, 리챠드는 에이커와 욥바를 점령.
다. 순례자 보호 조건의 살라딘과 협정으로 화친
라. 리챠드는 귀국길에 체포되어 오스트리아에 투옥
4) 4차(1202-1204)
① 주창 : 인노센트 3세
② 목적 : 애굽을 공격함으로써 사라센 세력을 약화
③ 출전 : 인노센트 3세
④ 결과
가. 기독교 도시 자라가 약탈되었지만 베니스 상인들에게 되팔려짐
나. 이 일로 인하여 십자군이 파문됨 : 엉뚱하게 콘스탄티노플로 쳐들어가 유물 노략 및 약탈
다. 라틴제국을 세우고 발드윈(Baldwin)을 왕으로 세움
라. 콘스탄티노플(Constantinopolis) 대주교를 로마교회 계통으로 세우고 로마교회에 예속시킴
마. 동서 교회의 대립이 심화됨
5) 5차(1212) : 소년 십자군
① 주창 : 니콜라스와 스데반
② 목적 : 성지 회복을 죄없는 청결한 소년, 소녀에게 맡기기로
③ 출전 : 소년 십자군(스데반과 니콜라스)
④ 결과 : 30,000여명의 대부분의 소년들이 바다에서 익사하거나 노예로 팔려감
6) 6차(1219-1221)
① 주창 : 호노리우스 1세
② 목적 : 애굽을 공격하여 사라센을 약화시키기 위하여
③ 출전 : 독일 프레드릭 2세가 출전(왕은 불신자였으나 교황의 환심을 사기 위해 결행)
④ 결과
가. 싸우지 않고 10년간 휴전 성공
나. 애굽의 다미와 에타를 점령하나 곧 빼앗김
다. 예루살렘, 나사렛, 베들레헴을 얻음

7) 7차(1229)
    ① 목적 : 예루살렘의 재탈환
    ② 출전 : 프랑스 루이 9세가 자기의 종교적 열심으로 출전
    ② 결과
        가. 십자군은 프레드릭의 예루살렘 통치권을 이양하는 협정을 술탄왕과 맺음
        나. 참패하고 왕은 속전을 내고 피함
8) 8차(1248)
    ① 출전: 루이 9세가 일으켰으나 질병으로 사망
    ② 결과
        가. 영국 왕 에드윈드가 1세가 진격하여 나사렛을 점령하고 10년 간 평화 조약을 맺음
        나. 1291년 예루살렘은 완전히 회교도 소유가 되어 버렸다.
(3) 실패 원인
    1) 십자군의 핵심인 교황에게 군사 통솔권이 없었다.
    2) 출전한 귀족, 기사들 간의 목적과 이해가 상반됨
    3) 최고 목적인 종교열이 식어지고 재물을 약탈하기 위한 불순한 동기가 작용하여 인근 사람들의 지지를 얻지 못함
    4) 십자군의 오합지졸
    5) 회교군은 지리에 밝은데 비하여 지리에 어두움
    6) 이슬람군대의 완강한 저항
    7) 동방무역의 이권이 걸린 상인들의 불량한 목적
(4) 십자군 운동의 유익
    1) 종교적
        ① 실패로 인한 교황의 권위 저하
        ② 재정수입의 증가로 교황권은 더욱 강화
        ③ 유럽 제국의 단결을 촉구함으로 기독교 국가의 의식을 환기
    2) 정치적
        ① 영주와 기사의 군사력 몰락으로 왕권의 강화
        ② 중앙 집중적 국민 국가로 발달
    3) 사회적
        ① 귀족이 쇠퇴하고 봉건제도도 붕괴함으로 상공업이 흥왕함

② 해운업의 발달로 이탈리아 및 지중해 연안 도시가 번영
③ 모하메드 국가의 새 지식을 흡수하고 동방과의 접촉 기회가 많아지므로 무역과 문화교류가 촉진
④ 도시의 발달
4) 문화적
① 상호 문화의 교류(서방, 비잔틴, 이슬람)
② 비판 정신의 탄생
③ 르네상스의 초래 및 스콜라 철학의 촉진
5) 군사적
① 회교도의 서방 침입을 저지
② 영주와 기사의 군사력 몰락
③ 무사도의 발달
† 결과적으로 유럽 사회의 일대 변혁을 가져오게 되는 결정적인 계기가 되었다.
(5) 십자군 운동의 폐해
1) 순교 정신보다는 성모를 위하는 전투 정신의 무사가 더 존경을 받은 점
2) 소아가 싸워야 이긴다는 설에 의하여 소년 십자군 운동이 일어나 노예로 팔림(제5회)
3) 오합지졸의 제1차 십자군 운동의 행패로 국민의 민심을 잃음
4) 경제의 파탄으로 국민 생활에 극심한 타격
5) 성지 회복의 이상을 품고 어제까지의 원수가 화해없이 출전하므로 실패

| 구 분 | 십자군의 승리 | 화 친 | 패 배 | 엉뚱한 결과 |
|---|---|---|---|---|
| 전 쟁 | 1 | 3, 6 | 2, 7, 8 | 4, 5 |

## 9. 중세의 수도원 운동

(1) 중세 수도원의 개혁 운동
  1) 개혁운동의 원인
    ① 수도사의 시대로 수도사가 선망의 대상이 됨
      가. 수도원 생활이 지상 최고의 이상으로 예찬(심지어 가나안으로

비유되기도 함)
 나. 수도원이 중세 문화와 종교의 중심이 되어 감
 다. 수도원 출신의 유명한 교황과 교수가 배출됨
 라. 수도원은 여러가지 특권과 권위를 누림
② 속세와 사실상 벽이 허물어짐
 가. 부자들은 수도원에 토지와 재산을 기증(십자군 전쟁 때 절정)
 나. 수도원이 많이 건립되고 규모가 대형화
 다. 많은 왕족과 귀족이 찾으며 장사되기를 희망하는 선망의 대상이 됨
 라. 재산과 권위와 영광으로 인한 교만과 타락
2) 클뤼니 수도원의 개혁운동
① 910년 설립 이래 귀족 출신 중심으로 운영되었으며 대규모의 건물을 소유하고 3명의 교황을 배출한 대교단
② 개혁운동
 가. 엄격한 베네딕트의 규율로 수도생활을 규제
 나. 성직매매와 성직자 결혼 금지
 다. 사회개혁 시도
 라. 타 수도원들이 모방하고 지수도원을 많이 설립(200개 이상)
3) 시토 수도원의 개혁 운동
① 1098년 설립 이래 서민 출신 중심으로 운영되었으며 소규모의 건물과 금욕생활을 강조한 대교단
② 개혁운동
 가. 버나드(Bernard ; 1090-1150)가 개혁 주도
 나. 성경 중심, 그리스도 중심 사상을 강조
 다. 버나드의 인격과 감화력으로 교황과 제왕과 십자군은 물론 중세교회의 큰 기둥으로 작용
 라. 1800개 이상의 지수도원이 있을 정도로 지지를 얻음
(2) 탁발 교단의 발달과 그 영향
1) 정의
 청빈 생활을 서약하고 구걸로 생계를 이어가면서 전도하는 수도단
2) 원인
① 교황과 감독 등이 부와 권세를 얻고 사원에서 안일한 생활
② 당시 교회와 수도원들이 예배의식만 귀중히 여기고 설교를 가볍게 여김

③ 백성들이 알지 못하는 언어의 예배의식으로 백성을 멀리함
④ 수도사들은 청렴결백한 일만하고 전도와 구령에는 등한시함
⑤ 수도원이 당시의 시대에 편승하여 영적인 힘을 잃고 있었다.
3) 유래
　① 320년 이집트 남부에서 허미트(Hermit)수도원을 창설
　② 528년 베네딕트(Benedict) 수도원 설립
　③ 910년 클뤼니(Cluny) 수도원 설립
　④ 1115년 버나드(Bernard)가 클레르보 수도원 창설
　⑤ 1121년 부라몬(Buramon) 교단 설립
　⑥ 1209년 프란시스(Francisco) 교단 설립
　⑦ 1215년 도미니크(Dominicou)교단 설립
　⑧ 어거스틴 교단 설립
4) 대표교단
　① 시토(Sito)교단 : 1098년 감독에게 복종하는 것을 조건으로 창설
　② 갈멜산 교단 : 십자군 때 이탈리아 잔류병이 모여서 이룩한 교단
　③ 부라몬 교단 : 1121년 설립된 엄격한 금욕주의적인 교단
　④ 프란시스 교단
　　가. 창설자 : 프란시스(Francisco ; 1182-1226)
　　　1. 이탈리아 앗시스에서 출생하여 수도원 창설
　　　2. 인류를 위해 봉사(병자와 불쌍한 자를 동정)
　　　3. 전도와 선행을 강조
　　　4. 3인 전도대를 조직하여 각처에 파송
　　　5. 회원이 3,000명이 넘자 수도원을 설립
　　　6. 전도와 봉사의 과로로 사망
　　　7. 사망 후 성자 칭호 받음
　　나. 걸식을 통한 자신의 청빈, 설교와 봉사를 통한 이웃 사랑의 양대원칙을 가지고 활동
　　다. 교육을 강조(대학을 장악)
　　라. 금욕주의와 주지주의
　　마. 1216년 교황 호노리우스(Honorius)에게 인가를 받음
　　바. 카타리파를 억압을 위하여 종교재판소를 인노센트 3세가 설립하였는데 도미니크가 소장 맡음

사. 유명한 신학자를 많이 배출함 (옥캄, 보나벤츄라, 스코투스, 아베르토 마그누스, 토마스 아퀴나스, 엑크하르트, 사보나롤라 등)
⑤ 어거스틴 교단
가. 13세기에 이탈리아 은둔 수도사로 조직
나. 마르틴 루터가 속한 교단임
5) 활동 및 사업
① 수도원 운동을 거리로 옮겨 그리스도의 사랑을 구체화
② 사치풍조에 대한 반발로서 낡은 옷에 맨발로 전도활동
③ 민중과 직접 접촉하여 민중의 벗이 되고자 함
④ 민중이 이해할 수 있는 언어로 설교
⑤ 후에 대학에 진출하여 대학의 주도권을 장악
6) 탁발 교단의 영향
① 버나드의 수도원 개혁 이후 100년 만에 새로운 개혁 운동
② 민중의 벗이 됨: 도와 주고, 이해하고, 설교함
③ 대학 세력 장악: 대학 교수의 많은 참석으로
④ 학자의 배출: 13세기 학자는 거의 탁발 교단에서 배출함
⑤ 선교사업: 스페인, 헝가리, 아시아에 수도사들이 파송됨
⑥ 사치 풍조가 만연된 사회를 개혁함
⑦ 중세기 후반의 교회의 활력소로서 작용
⑧ 무너져 가는 중세교회를 바쳐주는 기둥역할을 함
(3) 중세 교회의 수도원 단체들

| 구 분 | 수도원명 | 년도 | 장소 | 설립자 | 주요사항 |
| --- | --- | --- | --- | --- | --- |
| 베네딕트파 | 베네딕트 | 529 | 이태리 몬테카지노 | 누시야의 베네딕트 | • 최초의 수도단<br>• 규율로 수도단 유지 |
| | 클뤼니 | 910 | 프랑스 클뤼니 | 아퀴데인의 윌리암 | • 수도원 개혁운동의 산물<br>• 베네딕트 규율 준수 |
| | 시토 | 1098 | 프랑스 시토 | 로버트 몰레슴 | • 베네딕트 규율 준수<br>• 엄격한 수도 규칙 준수 |
| 어거스틴파 | 어거스틴 | | | | • 어거스틴 규율<br>• 약간은 탁발수도단의 성격을 지님 |
| | 프레몽 | 1119 | 프랑스 프레몽 | 노베르트 | • 어거스틴 규율 |

| 구 분 | 수도원명 | 년도 | 장소 | 설립자 | 주요사항 |
|---|---|---|---|---|---|
| 독립파 | 카두시안 | 1082 | 프랑스 차루스 | 브루노 | • 엄격한 수도와 자학 |
| | 카멜 | 1156 | 칼멜산 | 베르돌드 | • 엘리야로까지 기원소급<br>• 후에 탁발 수도단이 됨 |
| 군사적 수도단 | 성 요한 기사단 | 1113 | 예루살렘 | 레이문트 드 푸이 | • 순례자보호 및 십자군<br>• 1834년에 재건 |
| | 성전기사단 | 1119-1312 | 예루살렘 | 휴고 드 페이엔스 | • 무력으로 순례자 보호 |
| | 튜튼기사단 | 1190-1523 | 에이커 | 게르만 순례자들 | • 성지에 병원 설치 및 게르만에게 선교 사역 |
| 탁발수도단 | 도미니크 | 1216 | 스페인 | 도미니크 구즈만 | • 이단 제거 및 종교재판 |
| | 프란시스코 | 1223 | 이태리 | 앗시시의 프란시스 | • 절대 가난 추구<br>• 1525년 망또회가 명맥을 이어감 |
| 기타 | 예수회 | 1540-1773 | 로마 | 이그나티우스 로욜라 | • 종교개혁 대항,<br>• 선교 교육 적극적, 교황에 충성<br>• 1814년에 재건 |

† 중세의 4대 수도회
 ① 흑수사회(The Black Friars : Dominicans)
 ② 회수사회(The Grey Friars : Franciscans)
 ③ 백수사회(The White Friars : Carmelites)
 ④ 어거스틴 수도회(Augustine Friars)

## 10. 중세 스콜라 철학(Scholasticism)

(1) 발단
 1) 중세기에 있어서 신학을 중심으로 철학을 연구한 사상의 총칭임
 2) 이미 형성된 교의를 철학적 방식으로 설명, 변증, 조직화
 3) 9세기초 찰스대제가 학승 알퀸(Alcuin)을 초청하여 궁정학교를 연 데서 시작
 4) 교회, 수도원의 부속학교를 중심으로 성립되었으며 이를 스콜라

(Schola) 라고 부른데서 연유함(번쇄 철학이라고도 부른다)
(2) 시대 구분

| 구 분 | 특 징 | 시 기 | 대 표 자 |
|---|---|---|---|
| 제1기 | 발생기 | 9-12세기 | 안셀름, 아벨라드 |
| 제2기 | 전성기 | 13세기 | 아퀴나스, 보나벤츄라 |
| 제3기 | 쇠퇴기 | 14-15세기 | 스코투스, 옥캄 |

(3) 성격
  1) 아리스토텔레스의 철학사상을 근간으로 신학연구(기독교와 헬라철학의 조화)
  2) 이성과 신앙, 철학과 종교를 유기적으로 조화
  3) 기독교와 헬라 철학을 혼합하여 기독교 교리를 철학적, 합리적으로 논증
  4) 교회의 교의를 철학적으로 논증
  5) 그들은 신학을 그 시대에 맞추어 재조정하는 일을 하였다.
  6) 실재론과 유명론의 두 유형으로 발전
(4) 중세의 보편논쟁
  1) 발단 : 신앙과 이성의 우위논쟁에서 비롯됨
  2) 실재론
    ① 실재로서 우주의 보편적 개념이 구현화된 것은 개체 이전에 존재한다.
    ② 삼위일체 등 기본교리의 설명에 도움이 되었다.
    ③ 대표자 : 안셀무스(Anselmus)
  3) 유명론
    ① 보편개념은 인간 이성을 만들어낸 것으로 단순한 명목에 불과하고 사실 실재하는 것은 개체물이다.
    ② 옥캄, 로세리누스
(5) 중세 스콜라 신학의 대표적인 학자들
  1) 스코투스 에리게나(Scotus Erigena)
    ① 아일랜드 출신으로 845년 궁정학교에서 일하면서 높은 대우받음
    ② 저서 : '가짜 디오니시우스'를 국왕의 명령으로 불어로 번역, '자연의 구분'

③ 사상 : 범신론적이며 신과 만유를 동일시 함
2) 안셀무스( Anselmus ; 1033-1109)
  ① 생애
    가. 북이탈리아 아오스타 출신
    나. 프랑스 베크수도원에서 수도
    다. 1078년 수도원장이 됨
    라. 1093 켄더베리 대주교에 선임
    마. 국왕 윌리암 2세와 충돌하여 국외로 추방
  ② 사상
    가. 하나님의 존재에 대한 존재론적 증명 창안
    나. 신앙우위론(신앙이 이성보다 우선한다)
    다. 만족설 주장(십자가는 하나님의 공의의 만족)
    라. 대속적 속죄관 주장
  ③ 저서
    가. 독백(Monologium de Divinitatis Essentia) : 하나님의 존재를 귀납법적으로 증명
    나. 대화(Proslogium) : 하나님의 존재를 연역적으로 증명
    다. 속죄론(Cur Deos Homo) : 속죄론에 대한 새로운 시각
3) 피터 아벨라르드(Peter Abelard ; 1079-1142)
  ① 생애
    가. 1079년 프랑스 출생
    나. 22세 때 파리에 학교를 세우고 강의(철학)
    다. 1140년 이단으로 선고받고 2년 후 사망함
  ② 사상
    가. 신학 연구의 자유 주장
    나. 신의 계시는 신앙, 희망, 사랑, 성례에 의해서만 한정된다.
    다. 선지자와 사도도 잘못될 수 있다.
    라. 원죄를 부인 : 자유의지에 의한 것이다.
    마. 속죄설 : 도덕 감화설(십자가는 죄인이 회개할 생각이 나게 한다)
    바. 우주에 대한 온건한 실재론 주장
  ③ 저서

가. 긍정과 부정
나. 기독교 신학
다. 불행의 이야기

† 안셀무스와 아벨라르드의 속죄론 비교

| 구 분 | 학 설 | 내 용 |
|---|---|---|
| 안셀무스 | 만족설 | 그리스도의 십자가 속죄는 하나님의 공의를 만족케 하고 범죄로 훼손된 인간의 하나님의 영광을 보상하는 것이다 |
| 아벨라르드 | 도덕감화설 | 십자가는 하나님의 사랑으로서 그 아들의 희생을 통해 죄인의 영혼을 감화하여 회개할 마음을 일으키는 것이다 |

4) 크레르보의 버나드(Bernard of Clairvaux ; 1090-1153)
   ① 생애
      가. 귀족 계급으로 시스터수도원에 입단(1113)
      나. 클레르보 수도원 설립
      다. 2차 십자군 때에 설교로 격려
   ② 사상
      가. 아벨라르드를 격렬히 반대
      나. 하나님을 사랑하는 만큼 인간은 하나님을 알 수 있다.
   ③ 저서 : 유명한 찬송가 작사가
      가. 겸손과 자만의 정도
      나. 사랑의 하나님

5) 피터 롬바르드(Peter Lombard ; 1095-1159)
   ① 생애
      가. 북부 이태리 태생으로 아벨라르드에게서 수학함
      나. 파리의 주교가 됨
   ② 사상
      가. 신앙의 딜레마는 이성에 의해서 해결될 수 있다
      나. 칠성례를 강조
      다. 온건한 실재론
   ③ 저서 : 4개의 문장론 - 최초의 조직신학서

6) 빅토르 위고(Hugh of St. Victor ; 1096-1141)
    ① 생애
        가. 삭소니 태생
        나. 파리의 성 빅토 학교에서 공부하고 나중에 교장이 됨
    ② 사상
        가. 신비적인 사상가
        나. 신앙은 학문보다 아래이다.
    ③ 저서 : 의미대전
7) 할레의 알렉산더(Alexander of Hales ; 1185-1245)
    ① 생애
        가. 영국인 신학자로 프란체스코파 단원
        나. 아리스토텔레스 철학의 입장에서 신학을 연구
        다. 실재론에 입각하여 강의
    ② 저서 : 신학요의
8) 알베르투스 마그누스(Albertus Magnus ; 1200-1280)
    ① 생애
        가. 바바리아 태생으로 도미니크 수도단에 입단
        나. 아퀴나스의 스승
        다. 레겐부르크의 주교가 됨
        라. 쾰른에서 18년간 교수(87세로 사망)
    ② 사상
        가. 독일의 신비주의자
        나. 아리스토텔레스 철학과 신비주의의 조화를 위해 노력
        다. 온건한 실재론자
        라. 마리아 숭배를 발전시킴
        마. 신학이야말로 참된 의미의 과학이다.
    ③ 저서
        가. 자연체계
        나. 마리아 찬양
9) 존 보나벤투라(John Bonavertura ; 1221-1274)
    ① 생애
        가. 투스카니 태생

나. 알렉산더의 제자로 17세에 프란체스고 단원으로 입단하여 후에 단장이 됨
② 사상
가. 신비주의자이며 고행주의자
나. 마리아 숭모를 발전시킴
다. 진정한 지식은 하나님의 신비를 묵상하는 데서 온다
라. 유명한 찬송가 작사자
③ 저서
가. 그리스도의 빈곤에 대하여
나. 성프란시스 브레비로킴의 생애
다. 하나님의 마음으로의 여행
10) 토마스 아퀴나스(Thomas Aquinas : 1227-1274)
① 생애
가. 이탈리아 나폴리의 귀족 아퀴노 가문 출생
나. 5세 때 몬테카지노 수도원에 입단
다. 19세 때 도미니크 수도원에 입단
라. 파리대학 출신으로서 알베르토 마그누스에게서 사사
마. 파리, 콜로뉴, 이태리 전역에서 가르침(일생을 도미니크 수도사로서 교육과 저술 활동)
바. 1272년 교황 우르반 2세의 초빙으로 나폴리 대학 교수가 되었다가 1274년 사망
② 사상
가. 아리스토텔레스와 어거스틴에게 많은 의존
나. 자연 이성은 신앙으로 이끄는 통로이다.
③ 저서
가. 신학대전
† 이 책은 고대 및 중세의 기독교 사상을 집대성하여 체계화한 책임카톨릭 신앙의 기본이 되는 조직신학서
근대 사상 부흥의 중요한 위치를 차지하는 책
나. 이교도 반박총서
다. 헬라 학풍에 대한 반박서

* 어거스틴과 아퀴나스의 교리적 차이점

| 구 분 | 어거스틴 | 아퀴나스 |
|---|---|---|
| 신관 | • 삼위일체설을 확립<br>• 신을 인격적 체험의 대상으로 믿음 | • 유일신 삼위일체는 계시로만 알았다 |
| 인간관 | • 원죄의 유전으로 완전 타락<br>• 선행불가능 | • 원죄는 인정하나 완전타락을 인정치 않고 선행이 가능하다고 주장 |
| 기독관 | • 그리스도의 구속사역 확신 | • 그리스도의 전 생애가 구속사역, 따라서 그의 속죄사역이 없이도 속죄가 가능 |
| 구원관 | • 그리스도를 믿음과 가톨릭 교회의 신자됨이 필수 조건<br>• 그리스도의 속죄는 필요 조건 | • 그리스도를 통하지 않아도 구원이 가능하나 그리스도를 통함이 최선의 길<br>• 그리스도와 신비적 일치가 곧 구속 |
| 예정관 | • 예정론을 믿음 |  |
| 기타 | • 성례, 의식, 관례를 주장 |  |

11) 둔스 스코투스(John Duns Scotus ; 1255-1308)
   ① 생애
      가. 영국 태생
      나. 프란체스코 단원으로 옥스포드에서 공부
      다. 옥스포드, 파리, 쾰른 대학 교수 역임
      라. 독일 쾰른 수도원장
   ② 사상
      가. 토마스 아퀴나스를 반대하는 것으로 유명
      † 토마스 아퀴나스가 "자연 이성은 신앙으로 이끄는 통로이다"라고 한 주장에 대하여 "하나님을 아는 지식은 이성에 근거할 수 없고 오직 교회의 권위 하에서만 받아들여진다"고 주장
      나. 하나님의 명령은 언제나 선하다
      다. 하나님의 뜻은 하나님의 뜻인고로 선하다
      라. 하나님은 예시에 의하여 깨달을 수 있다.
      마. 은혜는 성례전을 통하여 오는 것이 아니라 하나님이 합당하게 보셔야 한다.
      바. 무염시태설(無染始胎說)을 주장하므로 원죄와 무관하다고 함

③ 저서
　　가. 신학 명제에 대한 주석집(Opus Oxoniense)
　　나. 질문들(Qustiones)
12) 윌리엄 옥캄(William of Occam ; 1280-1348)
　① 생애
　　가. 서레이 태생으로 프란시스코 수도단에 입단
　　나. 둔스 스코투스의 제자로 옥스퍼드 출신
　　다. 파리대학 교수
　　라. 그의 사상 때문에 파문당함
　② 사상
　　가. 유명론 : 보편은 사물이 있은 후에 실재한다.
　　나. 교황무오설 반대
　　다. 교회의 세속통치권 부인 : 교회와 속권의 분리를 주장
　③ 저서
　　가. 논리학 대강
　　나. 사제권과 제자도

* 스콜라 신학자들의 주요 사상 정리

| 이 름 | 주 요 사 상 |
|---|---|
| 스코투스 에리게나 | 범신론적이며 신과 만유를 동일시 |
| 안셀무스 | 신의 본체론적 증명 |
| 피터 아벨라르드 | • 선지자와 사도의 오류 가능성<br>• 원죄부인<br>• 도덕감화설 |
| 클레르보의 버나드 | 하나님을 사랑하는 만큼 알 수 잇다. |
| 피터 롬바르드 | • 최초의 조직신학서 "문장론" 4권<br>• 칠성례 강조 |
| 빅토르 위고 | 신앙은 학문보다 아래이다. |
| 할레의 알렉산더 | 실재론 |
| 보나벤투라 | • 신비주의자이며 고행주의자<br>• 진정한 지식은 하나님의 신비를 묵상으로 옴 |

| 이 름 | 주 요 사 상 |
|---|---|
| 알베르투스 마그누스 | • 신비주의자<br>• 아리스토텔레스의 철학과 신비주의와 조화 시도<br>• 신학이야말로 참된 의미의 과학<br>• 마리아 숭배를 발전시킴 |
| 토마스 아퀴나스 | • 이성수위론　　　• 칠성례 주장<br>• 교회는 구원의 기관　• 연옥설 주장 |
| 둔스 스코투스 | 토마스 아퀴나스의 반대자 |
| 윌리엄 옥캄 | • 유명론<br>• 교황무오설 반대<br>• 교회의 세속통치권 부인 |

(6) 중세 스콜라 신학의 장단점과 영향
    1) 단점
        ① 역사적 평론을 경시
        ② 터무니 없는 철학 위에 선 점
        ③ 성경해석에 전설적인 해석 시도
        ④ 형식과 논리를 과도하게 적용하므로 궤변에 흐른 점
        ⑤ 로마교회를 잉태
        ⑥ 이단을 뒤집어 놓으면 정통이라는 독단성
    2) 장점
        ① 신학의 지적 확대와 방법의 대 진보
        ② 기독교의 진리를 합리적 철학적으로 논증
        ③ 진리 해설상 오류방지에 큰 도움
        ④ 신학을 그 시대 사조에 맞추어 재조정
    3) 영향
        ① 신학발전에 기여
        ② 안셀무스의 만족대속설 등 정통교리적 학설의 기여
        ③ 대부분 로마 가톨릭교회의 사상적인 기반
        ④ 교황권 강화에 기여(실재론이 보편개념의 강조와 개체종속성의 주장)
        ⑤ 교황 전체주의에 반발 근거를 제공(유명론이 전제나 제도보다는 개인을 중시하고 성경의 개인 해석권을 암시)

## 12. 중세 대학의 설립

(1) 기원
    1) 찰스대제의 교육정책으로 수도원, 학교가 세워짐
    2) 수도원이 발전되자 많은 학생이 몰려듬
    3) 십자군 전쟁 이후 동방문명의 영향으로 중세교회가 신학문 연구와 개발에 주력
    4) 스콜라학자들의 등장으로 대학 설립의 결실
    5) 12세기의 도시의 발달로 각지에 대학이 설치

(2) 설립된 대학들

| 대 학 | 설립년도 | 위 치 | 주요학과 | 특 색 |
|---|---|---|---|---|
| 볼로냐 (Bologna) | 1158 | 이탈리아 | 법학 | • 학생이 학교행정 관장(민주원리)<br>• 교황청 지배 거절 |
| 파리 (Paris) | 1186 | 프랑스 | 신학 | • 교황청 지원하에 성장<br>• 중세 신학연구 센터<br>• 칼빈, 로욜라 등 배출 |
| 옥스포드 (Oxford) | 1200 | 영국 | 신학 | 영국 대성당에서 경영 |
| 살레르노 (Salerno) | 1200 | 이탈리아 | 의학 | 유럽 최고의 대학 |

(3) 대학의 조직
    1) 예과 : 음악, 논리학, 수학
    2) 본과 : 신과, 법과, 외과
    3) 강의 방법 : 라틴어로 강의하며 강의와 변론식

(4) 특색
    1) 14세 이상 입학 가능
    2) 구두시험
    3) 강의와 질문과 토론으로 진행
    4) 모든 학문은 신학을 정점으로 연구
    5) 대학은 교회의 발전을 위해 존재

(5) 특권
    1) 국가나 교회가 간섭하지 않음

2) 교수나 학생의 자치 단체로 발전

## 8. 토마스 아퀴나스(Thomas Aquinas)

(1) 스콜라 철학의 대표자요 카톨릭 교회의 대선생인데 그의 사상은 그의 저서인 '신학총론' 혹은 신학대전에 잘 나타나 있다.
(2) 신학 연구의 목적
   1) 하나님과 인간의 기원과 그 운명에 대한 지식을 얻으려는 것이다.
   2) 이 지식은 이성과 계시라는 두 가지 길에서 나온다.
   3) 계시는 성경에 완전히 나타났으나 해석은 교회가 해야 한다.
(3) 신관 : 계시에 의한 삼위일체를 믿음
(4) 토마스 아퀴나스가 주장한 신의 존재 증명 방법론
   1) 운동으로부터의 증명
     ① 운동은 스스로 시작할 수 없고 다만 원인자가 있다.
     ② 제1동력자를 하나님이라고 한다.
   2) 우연성으로부터의 증명
     ① 사건은 반드시 원인이 있는데 앞의 사건과 연관되어 나타난다.
     ② 제1원인자를 하나님이라고 한다.
   3) 가능성으로부터의 증명
     ① 어떤 존재는 필연적이라기보다는 개연적인 것이다.
     ② 그 근원에는 자아충족적인 존재가 있어야 한다.
     ③ 자아 충족적인 존재가 하나님이다.
   4) 불완전성으로 부터의 증명
     ① 보다 더 완전한 척도로 사물을 판단한다.
     ② 절대적인 기준이 하나님이다.
   5) 설계로 부터의 증명
     ① 모든 만물은 하나의 질서있는 목적에 봉사한다.
     ② 이렇게 되도록 설계하신 분이 하나님이다.
(5) 구원론 : 예정론을 믿음
(6) 성례 : 7성례 주장
   1) 세례 : 수세시 중생하고 원죄와 자범죄의 용서를 받음(침례를 선호)
   2) 성체(미사) : 화체설

3) 고해 : 죄에 대한 후회로 신부에게 고백하면 신부는 죄의 경중에 따라 명령(성지순례, 십자군, 구제, 헌금 등)
      신부의 사죄 선언없이는 수세 후 지은 죄를 용서받을 수 없다.
   4) 기타 : 견신례, 신품성사, 종유성사, 혼배성사 등을 주장
(7) 교회관 : 교회는 구원의 기관이다.
   1) 교황은 교회의 머리로 신성하고 직분 수행시 실수가 없다.
   2) 그러므로 교황에게 복종해야 구원을 얻는다.
   3) 구원은 하나님의 은혜로 오고 은혜는 교회 성례를 통하여 온다.
(8) 내세관 : 연옥설 주장
(9) 마리아관 : 마리아의 원죄없음과 무죄임신설 주장
(10) 평가
      ① 사망 후 성자 칭호와 로마교회의 대선생 칭호를 받음
      ② 스콜라 철학의 대표자 및 완성자로 평가됨

## 9. 중세 신비주의

(1) 중세 신비주의의 특성
   1) 특성
      ① 스콜라 철학이 추리를 강조한다면 신비주의는 직관을 중시한다.
      ② 따라서 주관적인 요소가 많다.
      ③ 금욕을 통한 성결보다는 명상과 기도, 교육과 설교를 통한 성숙한 삶을 추구
      ④ 현재의 삶 속에서 교회, 성례, 사제의 중보가 아닌 그리스도의 직접적인 중보로 하나님과의 연합과 직접적인 교제를 추구
      ⑤ 성직자와 평신도의 구별을 강조하지 않음
      ⑥ 독일의 신비주의는 철학적이나, 프랑스의 신비주의는 시적, 감정적이다.
      ⑦ 성경, 특히 신약을 애독
   2) 독일 신비주의의 특색
      ① 신통주의 : 하나님과 완전한 교통이 있게 하려고 노력
      ② 하나님의 절대성 강조 : 따라서 상대적으로 인간의 공허성을 주장
      ③ 영감으로 오는 체험을 성경보다 중히 여기는 약점을 낳았다.

④ 범신론적인 경향이 있다.
3) 대표자들
에크하르트, 존 타울러, 존 루이스, 부뢰크, 하인리히 수소,
토마스 아 켐피스, 요한 뱁셀
4) 대표적인 단체들
베기니, 베가르드, 신우단, 공동 생활 형제단
(2) 중세의 신비주의자들의 사상
1) 버나드(Bernard ; 1091-1153)
① 그리스도를 사모하는 열정이 전 생애와 사상을 지배
② 겸손, 사랑을 가장 큰 명제로 삼음
③ 그리스도의 고난에 동참하는 신앙적 신비를 동경
④ 지적, 신비적, 영적 감화력으로 당대에 큰 영향을 미침
⑤ 극도의 금욕생활과 신유의 은사를 행함
⑥ 영감있는 설교로 큰 감화를 끼침(특히 십자군에게)
⑦ 보수적인 신학
⑧ 평생을 광명(클레르보) 수도원장으로 지내면서 중세 수도원 운동을 주도
2) 에크하르트(Ekhard ; 1260-1327)
① 독일 신비주의의 아버지
② 하나님과 직접 영교할 수 있다고 주장
③ 로마 카톨릭의 사제주의 반대, 만인 제사주의 주장(루터에게 영향)
④ 종교의 본질은 감각적인 구체적인 것에서 초연하는 것이다(감각적인 사랑이나 세상 연락을 버리고 그리스도를 통하여 하나님과 연합하는데 참 구원이 있다).
⑤ 신관:
가. 표현된 신과 은폐된 신으로 구분
나. 삼위일체 : 신지식은 자아의 지식이며 우주에 편만한 하나님으로 의식하며 주관(성부), 객관(성자), 사랑(성령)으로 표현
⑥ 영혼은 하나님의 불꽃으로 사람 속에는 온 우주가 들어 있다.
3) 존 루이스 부뢰크(John Rhys Brock ; 1294-1381)
① 그륀탈(Grunthal) 수도원에서 은둔하면서 신비적인 논문을 발표

② 명상으로 하나님과의 일치를 원함
③ 정서적, 내적인 명상 강조
4) 하인리히 수소(Heinrich Suso ; 1295-1366)
① 도미니키 단원으로 에크하르트의 제자
② 콘스탄스의 수도원장
③ 기도 및 잠언에 대한 지혜 묵상(잠언 중의 여성화한 영원한 지혜를 상상과 동경의 대상으로 삼음)
④ 하나님의 특별한 은혜로 영원한 지혜와 결혼하였다는 의식에 도달
⑤ 신의 사상에 도달하려면 산고가 따라온다고 함(감정적인 면을 강조)
5) 존 타울러(John Thauler ; 1300-1360)
① 도미니크 단원으로 에크하르트의 제자
② 실천력이 강한 복음주의 신비가
③ 고행을 떠난 성령의 역사와 단순한 신앙을 강조
④ 종교의 내적 생명력을 강조하고 외적 의식에 의존하는 것을 비난
⑤ 이신득의 사상을 강조
⑥ 신의 내재, 죄의 회개, 믿음으로 구원 받음을 강조
⑦ 신령한 은혜와 동시에 생활의 모범을 강조
6) 토마스 아 켐피스(Thomas a Kempis ; 1381-1471)
① 지식적 신비주의자
② 수도자로서 일생을 보냄
③ 저서: 그리스도를 본 받아
7) 존 위셀(Johann Wesser ; 1420-1489)
① 토마스 아 켐피스의 저서를 읽고 크게 감명을 받음
② 믿음으로 구원을 받음을 주장
③ 루터가 존경함

* 중세 신비주의 요약

| 구 분 | 특 징 |
|---|---|
| 에크하르트 | 로마 카톨릭의 사제주의 반대, 만인 제사주의 주장 |
| 타울러 | • 고행을 떠난 단순한 신앙을 강조<br>• 종교의 내적 생명력 강조<br>• 이신득의 사상을 강조 |
| 루이스부뢰크 | • 명상으로 하나님과의 일치를 원함<br>• 정서적, 내적인 명상 강조 |
| 수소 | • 기도 및 잠언에 대한 지혜 묵상<br>• 신의 사상에 도달하려면 산고가 있다. |
| 버나드 | • 그리스도를 사모하는 열정이 전 사상을 지배함<br>• 겸손, 사랑을 가장 큰 명제로 삼음<br>• 그리스도의 고난에 동참하는 신앙적 신비를 동경 |
| 아 켐피스 | • 지식적 신비주의   • 그리스도를 본받아 |
| 위셀 | • 이신득구   • 루터에게 영향 |

## 10. 중세 신비주의 단체

(1) 베귀니(Beguini)
  1) 11세기 부터 있는 여자 독신 단체
  2) 공동생활, 자급자족하며 봉사를 목적으로 함
(2) 베그하르트(Beghards) : 일명 벤홀디
  1) 1220년 조직된 남자, 평민 직업자들의 단체
  2) 공동생활과 기도, 자선 사업을 함
  3) 교회를 탄압하므로 화형자가 생기고 1311년 교황 클레멘스 5세가 해산명령을 내림
(3) 신우단(신비주의자들의 연맹 : Gottes Frenkde)
  1) 공동생활은 하지 않으나 각자가 기도와 봉사로 협조하는 무형의 숨은 단체
  2) 당시교회에서 영적 고갈을 느낀 신부, 평신도들로 구성됨
  3) 정치는 무시하고 하나님과 영교를 주장
  4) 병자를 위문하고 특히 1349년 흑사병이 돌 때에 시체를 처리함

(4) 공동 생활 형제단(Brethren of the Common Lot)
　　1) 화란인 게르하르트 그로오트(Gerhard Groote)가 설립하고 제자 라데윈이 조직함
　　2) 14세기 말기 화란에서 일어난 실제적 신비주의 단체
　　3) 자기 직업을 유지하면서 자유롭게 공동생활
　　4) 유익한 책으로 종교 계몽 목적
　　5) 모국어를 사용하여 교육, 복음주의 신학과 경건생활을 훈련
　　6) 학교를 세워 바른 성직자 양성에 힘씀
　　7) 대표자 : 에라스무스, 토마스 아 켐피스, 존 위셀
　　8) 종교개혁의 터전을 잡음

## 11. 중세의 이단 사상

(1) 바울파(Paulicans)
　　1) 역사
　　　　① 7세기에 시작
　　　　② 동방교회에서 통제당하고 박해받음
　　　　③ 12세기에 약화됨
　　2) 주요사상
　　　　① 이원론과 가현설
　　　　② 바울서신을 강조, 구약과 베드로서신 배격(마르키온의 가르침과 유사)
　　　　③ 외형적인 모든 종교의식을 배격
　　　　④ 엄격한 금욕주의
(2) 보고밀파(Bogomils)
　　1) 역사
　　　　① 불가리아에서 발생한 이원론 종파(927)
　　　　② 유키트파에서 파생
　　　　③ 보고밀은 '하나님의 친구'라는 뜻
　　　　④ 동유럽에서 강 세
　　2) 주요사상
　　　　① 이원론적(우월한 하나님과 열등한 신을 찬양)

열등한 신 사타나엘이 지구와 인간을 창조했고, 우월한 신이 인간을 구원하기 위하여 그리스도를 보냈다고 주장(양자론)
② 금욕주의적(고기, 술, 전쟁 반대)
③ 사벨리안 삼위일체 교리(양태론)
④ 성례전 거부(성만찬, 물세례, 유아세례)
⑤ 신약과 시편만 정경으로 인정
⑥ 주기도문을 제외한 모든 공식기도를 부정
⑦ 기존교회 조직을 부정
⑧ 모든 교도의 노동강요
⑨ 여자도 설교할 수 있다.
  3) 정죄 : 동방교회에서 이단으로 정죄받고 수령은 화형당함
(3) 카타리파(Cathari ; Patarenes ; Albrigensians)
  1) 카타리파(Catharians)
    ① '카타리'란 '순결하다'는 뜻으로 12세기 초에 일어난 분파
    ② 로마교회의 예전, 성직체제를 반대하지만 기독교의 근본 진리와는 다름
    ③ 이원론을 주장 : 물질과 영혼을 대립시키며 물질을 악의 근본으로 삼음
    ④ 성을 죄악시하고 생식과 관련된 음식을 금함
    ⑤ 기성 로마교회의 성직체제 및 교회 출석을 거부
    ⑥ 최대의 파벌인 알비젠스파는 유아세례, 십자가 사용, 죽은 자를 위한 기도, 예전, 화체설 등을 반대
  2) 역사
    ① 11세기초 바울파와 보고밀파에서 성장하여 파생
    ② 전유럽에 걸쳐 추종자들이 화형당함
    ③ 남부 프랑스에서 강세
    ③ 종교재판소와 일부 십자군의 목표가 됨
  3) 주요사상
    ① 이원론과 가현설
    ② 엄격한 금욕주의(혼인 반대, 심지어 금식으로 죽기까지 함 ; 마니교와 유사)
    ③ 성례전 거부

④ 자기들만이 진정하고 유일한 교회라고 주장
⑤ 완전자(구원받은 자)와 신자로 구분
⑥ 재성육신을 믿음
⑦ 연옥설과 면죄부를 거부
⑧ 평화주의적
   4) 로마교회의 대응
      ① 세력이 커지자 이를 제거하기 위하여 종교재판소를 설치
      ② 인노센트 3세는 병력을 동원하여 탄압하기도 함
      ③ 로마교회는 종교재판을 허락함
(4) 왈도파(Waldensians)
   1) 왈도와 그의 생애
      ① 프랑스 리옹 출신의 부자 상인
      ② 성경 및 기독교 문서(교부들의 책) 번역 사업에 투자
      ③ 1177년 재산을 팔아 구제하고 전도 운동을 시작(마 19장에 감화)
      ④ 1184년 이단으로 몰려 파문(1184년 루시우스 3세에게) 당하였으나 스페인, 남부 독일, 이탈리아에 널리 퍼짐
      ⑤ 1197년 보헤미아에서 사망
      ⑥ 종교개혁 전의 개혁자로 평가
   2) 역사
      ① 1215년 피터 왈도(Peter Waldo)에 의해 프랑스 남부에서 시작
      ② 리옹의 빈민자들이라고 불리움
      ③ 교회의 인정없이 설교했다는 이유로 파문당함
      ④ 이태리 북부와 오스트리아에서 박해당함
      ⑤ 1532년 종교개혁을 받아들임
   3) 주요사상
      ① 단순한 공동생활
      ② 자국어로 설교
      ③ 여목사제도 인정
      ④ 산상수훈을 강조
      ⑤ 연옥설 부인
   4) 왈도파의 주장
      ① 성경은 신앙과 행위의 유일한 표준이다.

② 산상보훈을 지키기로 힘씀
③ 신약을 중시하고 서약과 피흘림을 거부
④ 주의 만찬을 강조
⑤ 연옥설과 죽은 자를 위한 기도 및 예전을 부정
⑥ 1215년 인노센트(Innocent) 3세의 박해를 받았으나 이탈리아 통일 후에, 가장 큰 단체가 되었다.
⑦ 종교개혁 당시에 개신교와의 교통으로 로마교회에게 더욱 박해를 받음
⑧ 19세기에는 120만의 무리
⑨ 이태리 통일 후에는 신앙의 자유를 얻어 가장 강력한 개신교단이 됨

(5) 롤라드파(Lollards)
  1) 역사
    ① 존 위클리프의 추종자들에 의해 설립
    ② 박해시 순교당하나 많은 자가 변절
  2) 주요사상
    ① 평신도 설교가 지지
    ② 화체설 부인
    ③ 영어성경 사용 지지
    ④ 평화주의자
    ⑤ 순례여행, 고해성사, 성상숭배를 배격
    ⑥ 연옥설 부인
    ⑦ 사제의 독신 부인

(6) 후스파(Hussites)
  1) 역사
    ① 왈도파의 영향을 받은 존 후스의 추종자들에 의해 설립
    ② 후에 형제연합단(Union Fratrum)또는 보헤미안 형제단으로 알려짐
    ③ 십자군들이 다섯번이나 이 파의 박멸을 시도
    ④ 바젤회의 후에 후스파와 타협안
    ⑤ 오늘날은 모라비안교회 형태로 남아 있다.
  2) 주요사상

① 교회보다 성경의 권위를 존중
② 성례전의 평신도 참여 ( 분잔시 )
③ 천주교의 교리들을 부인(화체설, 성자숭배, 면죄부, 고해성사 등)
④ 자국어로 성경을 읽음

* 중세교회의 반대자들과 이단에 대한 정리

| 구 분 | 약 사 | 주 요 사 상 |
|---|---|---|
| 바울파 | 7세기에 시작, 12세기에 약화됨 | • 이원론과 가현설<br>• 외형적 모든 종교의식 배격<br>• 바울서신강조(구약과 베드로 서신 배격) |
| 보고밀파 | 우키트파에서 파생 | • 이원론과 양태론<br>• 성례전 거부<br>• 금욕주의적(고기, 술, 전쟁 반대)<br>• 신약과 시편만 정경으로 인정<br>• 주기도문을 제외한 공식기도를 부정<br>• 기존교회 조직을 부정 |
| 카타리파 | 11세기초에 시작, 12세기에 악화됨 | • 이원론과 가현설, 재성육신을 믿음<br>• 연옥설, 면죄부 거부 |
| 왈도파 | • 1215년 왈도가 프랑스 남부에서<br>• 1532년 종교개혁을 받아들임 | • 자국어 설교와 산상수훈 강조<br>• 여목사 인정 및 연옥설 부인 |
| 롤라드파 | 존 위클리프의 추종자들이 시작 | • 성례예행, 고해성사, 성상숭배 배격<br>• 연옥설, 화체설, 사제의 독신 부인 |
| 후스파 | 존 후스의 추종자들 | • 교회보다 성경권위를 존중<br>• 화체설, 성자숭배, 면죄부, 고해성사 부인 |

## 12. 중세 로마교회의 전성기의 동방교회

(1) 제1차 십자군 원정의 결과
   1) 십자군들이 단지 성읍만을 정복하면 오히려 교회에 유리하게 작용
   2) 동방에서는 일단 전투가 끝나면 적들에게 관대
   3) 알렉시우스(Alexius) 황제
     ① 십자군 전쟁을 이용하여 영토 확장에 이용
     ② 교회 및 제국의 이득을 위해서는 과격한 방법도 불사
       가. 수도원이나 종교기관에 봉사할 사람들을 직접 배당
       나. 부유한 수도원의 수입에서 일정부분을 자신이 포상하고자 하는 귀족에게 돌림
       다. 성직자의 자질을 엄격하게 하여 숫자를 제한
   4) 각종 기사단의 재건 및 신설
     ① 수도원 운동과 기사도의 연합체
     ② 예루살렘의 성 존 기사단(Knights of Saint John of Jerusalem)
       가. 호스피탈러가 세운 병자들의 구원을 위한 기사단
       나. Rhodes기사단으로 개편
       다. 검은 외투에 하얀 십자가
     ③ 템플러 기사단(Templars)
       가. 사원기사단으로 Malta기사단으로 개편
       나. 하얀 외투에 붉은 십자가
   5) 라틴 기독교적인 요소의 동방 유입
     ① 자기의 종교와 다른 형태와는 경쟁을 불사하는 적극적인 정신이 유입
     ② 로마와 콘스틴티노플 사이의 분쟁의 시작으로 동서방 교회의 분열을 초래
     ③ 비잔틴 문화를 서방에 전달
(2) 콤네누스(Comnenus) 아래의 동방 기독교
   1) 동서방 보편교회의 재결합 시도
     ① 알렉시우스 콤네누스(Alexius Comnenus;1081-1118)와 1112-1113년 사이 교황 파스칼 2세(Paschal II;1099-1118)과 협상

② 파스칼이 동방교회가 서방교회에 무조건 귀속되어야 한다고 주장
③ 그 후에도 10년 이상(1124-1136)을 협상하였으나 결국은 결렬
④ 23년 후 교황 알렉산더 3세(Alexander III)와 황제 마뉴엘 콤네누스(Manuel Comnenus;1159)사이의 협상도 결렬
⑤ 안드로니쿠스 콤네누스(Andronicus Comnenus;1183-1185)가 전임자들의 노력을 일체무시하고 백성들의 분노를 방임함으로 가공할 결론으로 끝맺게 됨
2) 동서방 보편교회의 재결합의 문제점
① 서로의 목적이 달랐다.
가. 서방-동방의 성지들을 기독교인의 수중에 다시 수복하고 로마교구를 세계교회 전체를 장악하는 최고의 통치기구로 올려놓고자 함
나. 동방-제국의 안보와 번영, 고토회복을 노림
② 공식적으로 내세운 신학적인 상이점들은 실질적으로 그다지 중요하지 않음
③ 서로의 성향이 달랐다.
가. 서방
1. 정치적 상황에의 적응성에 상반되는 라틴측의 교회의 동일성 유지, 교황청의 절대적 권위 주장
2. 일체의 세속권력으로부터 교회의 독립을 주장
3. 교회의 보편성과 세속정부에 대한 교회의 우월성 주장
나. 동방
1. 독립교회를 원하는 헬라인들의 자주성
2. 정부와 협력아래 교회의 지방자치제를 요구하는 경향
(3) 제4차 십자군 원정의 결과
1) 비잔틴 제국의 최후와 교회의 쇠퇴
① 콘스탄티노플의 황폐화
가. 궁정과 박물관 약탈 및 각종 조각, 건축물 등을 파괴
나. 성폭행 및 대량학살
다. 성 사도들의 교회(the Churcu of Holy Apostles)의 묘지에 묻혀 있던 황제의 무덤까지 파헤쳐 유물을 약탈
라. 성전에서의 술취한 병사들과 창녀들의 만행

② 콘스탄티노플의 대주교의 권위는 모스크바 대주교로 대체
2) 동방의 라틴 제국 수립 모색의 일환으로 제국의 삼등분 결정
　① 비잔틴 제국의 1/4은 십자군들이 선출하는 라틴 황제에게
　② 비잔틴 제국의 3/4은 다음과 같이 균등 반분
　　가. 베니스 상인의 대한 보수
　　나. 원정에 참가한 기사들을 위한 봉토
3) 라틴 교회의 득세
　① 로마의 지존권을 인정
　② 한 제국, 한 문명으로서의 비잔티움(Byzantium)을 완전히 파멸시킴

## 13. 중세시대의 예배와 생활

(1) 예배
　1) 예배 용어는 라틴어가 사용
　2) 일반 교인은 설교를 듣는 것이 아닌 '보는 것'으로 만족
(2) 예전(Sacraments) 1439년 프로렌스 회의에서 7성사를 공인함
　1) 성세　2) 견진　3) 성체　4) 고해　5) 혼배　6) 종부　7) 신품
(3) 생활
　1) 하나님께는 예배를 드리고 그리스도는 숭배, 성모는 최고의 숭배
　2) 선행으로 죄사함을 받았다고 믿음
　3) 미사를 집전 : 대, 소, 장례 미사 등

## 제 4 장
# 로마교회 쇠퇴기(1303-1517)

### 1. 로마교회의 쇠퇴기

(1) 1303-1517 년까지의 교황 보니페이스 8세의 사망에서 종교개혁까지를 말하는데 이 시기는 종교개혁 전초기라고도 한다.
(2) 교황청의 아비뇽 유수
(3) 교황권 재확립을 위한 종교회의 개최
(4) 문예부흥운동
(5) 개혁전 개혁자들의 활동
(6) 교황권의 쇠퇴

### 2. 교황 보니페이스(Bonifacius) 8세

(1) 생애
   1) 1230년 이탈리아 아니야니에서 출생
   2) 1281년 추기경이 됨
   3) 1294년 교황에 즉위
   4) 프랑스왕 필립 4세에 의해 투옥되었다가 출옥 후 미쳐서 사망(1303년)
(2) 사상
   1) 교황청이 세상을 다스려야 한다.
   2) 필립 4세와 조세 문제로 다툼 : 조세는 교황이 관장해야 한다.

3) 세속 권세는 영적 권세에 속해 있다. 그러므로 교황의 심판은 하나님
이 주신 것이다. 교황에게 복종하지 않는 자는 누구든지 구원을 얻을
수 없다고 성명서 발표
(3) 결과
1) 결국 미남 필립 왕에게 투옥되어 출옥 후 미쳐서 사망
2) 이로써 교황권 붕괴
3) 교황청은 1309년 프랑스 르노 강변의 아비뇽으로 옮겨져 70년 동안
지내게 되는데 이를 "교회의 바벨론 포로시대"(혹은 아비뇽 유수)라
고 함

## 3. 교회의 아비뇽 유수시대(1305-1378)

(1) 원인
1) 교황 보니페이스 8세와 프랑스 미남왕 필립 사이의 투쟁에서 프랑스
가 승리하고 보니페이스의 사망으로 교황권의 몰락(1303)
2) 1305년 프랑스 감독 클레멘스 5세가 교황이 되어 아비뇽에 천도하고
전교황이 프랑스 왕에게 내린 책벌을 취소함
3) 교황청의 아비뇽 천도 후 프랑스교황이 7명이나 옹립
4) 70년 간 교황들은 프랑스 왕의 세력하에 놓임으로 이것을 "교황청의
바벨론 유수"라고도 부른다.
(2) 경과
1) 기간 : 클레멘스 5세(1305)- 그레고리우스 11세(1377)까지
2) 아비뇽에 주재한 교황 : 요한 22세(1316), 베네디가투스 12세
(1334), 클레멘스 6세(1352), 우르바누스 6세(1362), 그레고리우스
11세 (1370년 즉위)
3) 그레고리 11세 사후(1377) 이탈리아인이 이탈리아인 교황을 요구하
고 우르바누스 6세라고하여 로마로 환도함
4) 우르바누스 6세는 카디널의 사치와 부패를 공격하고 프랑스에서는
아비뇽에 다시 교황을 세우고 클레멘스 7세라고 부름
5) 약 40년(1378-1417)까지 분열 된 상태로 있었음
① 로마 교황: 이탈리아, 독일 ,영국
② 프랑스 교황: 프랑스, 스코틀랜드, 스페인

(3) 결과
   1) 대립 : 교황과 국왕, 프랑스 교황과 로마 교황
   2) 대립된 교황들은 재정적인 결핍을 막기 위해 성직 매매 등 부패로 치달음
   3) 파리 대학장 제자 게르손(1363-1429 : Jeande Gerson)의 중재로 피사회의 등을 열어서 해결 노력

### 4. 교황권의 재확립을 위한 종교회의

(1) 피사회의(Pisa ; 1409)
   1) 게르손이 교회의 타락을 우려하여 의회가 세력을 장악함으로 해결할 수 있다고 믿음
   2) 로마의 우르바누스 6세와 아비뇽의 클레멘트 7세는 불참
   3) 교회 분열의 책임을 물어 두 교황을 퇴위시키고 밀라노의 대감독을 교황을 세워 알렉산드로 5세라고 칭하였다.
   4) 두 교황이 퇴위를 퇴위를 거부하게 되자 결국 세 명의 교황이 싸우는 꼴이 되어 버린다.
(2) 콘스탄쯔회의(Constanz ; 1414-1418)
   1) 회원 : 요한 23세와 신성 로마 제국 황제 지기문트 등 신학자, 귀족이 약 5,000명
   2) 회의 방식
      ① 감독단위 투표권을 무시하고 국가단위 투표권을 인정
      ② 요한 23세의 세력기반 약화로 회의의 권유에 따라 자진 사퇴
   3) 결의 사항
      ① 세 교황을 면직시키고 마르틴 5세(Martin V) 선출에 성공
      ② 마르틴 5세는 교회회의의 우월성을 인정하고 교회회의에 복종을 서약하고 취임
      ③ 쟝 후스 정죄 - 신변 안전 보호의 약속을 받고 출두했으나 토굴에 감금하고 사형 선고(1415. 7. 6 화형)
      ④ 존 위클리프 정죄 - 저서를 소각하고 뼈를 불사르기로 함
      ⑤ 교황의 최종 권위는 종교회의에 있으며 교황은 최고 행정 관리에 지나지 않고 종교회의의 심판과 평가의 대상이 된다 - 교황권 제

한 결의
4) 영향 : 교회회의를 교황권위보다 우위라고 결정함으로 종교개혁에 영향
(3) 바젤 회의(Bazel)
1) 목적 : 교회 전체의 개혁, 이단 박멸, 기독교 교단의 평화 도모를 위해
2) 일시 : 1431년 1월 소집, 7월에 정식으로 개회.
3) 경과
① 교황의 멋대로 정지명령이 내려짐(1431. 12 정지명령)
② 회의 강행 최고의 주권은 종교회의에 있다고 하여 교황이 불참한 가운데 회의를 강행(1433)
③ 신성로마제국의 황제 지기문트가 교황의 출석을 요구하였으나 사탄의 회의라고 거부
4) 결의 사항
① 교황권 제한 결의 재확인
  가. 대회의는 교황 위에 있다.
  나. 교황의 전제와 강제 징수를 제한 할 것.
② 보헤미아의 훗스당과 협정 체결(15명 출석).
  가. 성찬 때 원하는 신자들에게 떡뿐만 아니라 포도주도 줄 것.
  나. 죄있는 자는 처형한다(단 교직자는 교직자단의 판단을 받는다)
  다. 장로, 집사 등이 하나님의 말씀을 자유로 설명할 권한이 있음
    (권한을 감독이 부여)
  라. 성직자도 재산의 소유가 가능하지만 청지기로 사용할 것.
    † 후스당은 이를 받아들여 교회에 잔류키로 결정
③ 교황체제에서 회의체제로 바뀌어 교회행정익 민주화 시도 결익
④ 교황의 전제권 강화도 제한, 교황청을 위한 강제징수 제한 결의
⑤ 성직자의 독신 재확신
⑥ 마리아 무흠설 확인
⑦ 교회의 평화를 교란시키는 분열자요 이단분자라는 죄명으로 교황을 파면하고 펠릭스 5세를 세움
5) 결과
① 유진 4세가 폐위에 불복, 망명하다가 죽고 니콜라스 5세가 계승
② 펠릭스 5세와 니콜라스 5세의 대결

③ 1449년 니콜라스 5세를 합법적인 교황으로 받아들이기로 승복하고 폐회
(4) 피렌체 회의(1438-1439)
  1) 회의 소집 원인
    ① 터어키 군의 위협으로 헬라교회 및 동로마 황제가 서방교회의 원조를 요청
    ② 바젤회의에서 수세에 몰린 유진 4세가 절호의 기회로 삼고자 협조
    ③ 교황과 그 추종자들이 당면한 개혁을 무시하고 이태리 페라라에서 헬라교회와 회의
    ④ 회의도중 장소를 피렌체(프로렌스)로 옮김으로 피렌체회의라고 명명
  (2) 안건 : 헬라교회의 원조 및 로마교회와 그리이스교회의 재결합 문제
  (3) 회원
    ① 바젤회의를 반대한 교황, 이탈리아 교직자
    ② 그리이스 황제, 콘스탄티노플 대주교
  (4) 결의 내용
    ① 성령의 출처 문제
      가. 서방교회는 '아버지와 아들로부터 동방교회는 '아버지로부터 아들로 말미암아'라는 문구는 결국 같은 것으로 받아들임(동방교회)
      나. '아들로부터'(philioque)라는 문구를 서방측이 삽입할 수 있다고 주장(서방교회).
    ② 연옥의 불의 성질 : 정신적, 물질적임을 양편 다 생각(동방교회)
    ③ 성찬시의 떡
      가. 누룩의 유무에 관계가 없다(동방교회).
      나. 화체설을 결정(서방교회).
    ④ 교황권
      가. 그리스도의 대리자요, 목자요, 교사요, 통치자이다(서방교회).
      나. 동방대주교의 특권과 권리는 보류
  (4) 결과

① 전체 합의문에 양측이 조인(1439)
② 서방교회는 군사적 지원을 약속
③ 합동 축하 예배를 드림 : 1439년 7월 6일 피렌체 예배당에서 거행
† 동방교회가 머리를 숙인 것은 터어키의 침입으로 원조를 구하기 위함이었다.
④ 합동의 결렬
   가. 황제가 귀국하니 예루살렘, 안디옥, 알렉산드리아 교회의 대주교들이 협상대표들을 변절자로 몰아부치고 반대함으로 실패
   나. 이들은 피렌체회의를 강도회의라고 하고 콘스탄티노플 대주교를 이단으로 정죄(1443)
   다. 1472년 동방교회가 정식으로 합동의 무효화를 선언
⑤ 동로마 제국의 멸망 : 1453년 모하메드의 공격으로 콘스탄티노플이 함락됨으로 동로마는 멸망함

\* 교황권 재확립을 위한 결정회의 요약

| 구분 | 피사회의 | 콘스탄쯔회의 | 바젤회의 | 피렌체회의 |
|---|---|---|---|---|
| 년도 | 1409 | 1414-1418 | 1431.1- | 1439.2-6.5 |
| 목적 | 교회의 타락을 우려하여 교황문제 해결 | 세 교황문제와 개혁자의 처형문제 | 교회의 전체개혁 이단박멸, 교리확정 기독교교단의 평화도모 | 로마교회와 그리스 교회의 합동문제 |
| 회원 |  | 요한 23세, 신성로마제국 황제 등 5,000명 |  | 바젤회의를 반대한 교황 등 이, 헬, 콘스탄의 대주교 |
| 결의 | 교황을 폐위시키고 알렉산드로 5세 즉위 | • 세 교황을 면직하고 마르틴 5세 선출 성공<br>• 장 후스 처형 가결<br>• 위크리프 뼈를 불사르기로 결의 | • 대회의는 교황 위에 있다.<br>• 교황 전제, 강제징수 제한<br>• 훗스 당과 협정 체결 | • 성령의 출처 문제 해결<br>• 연옥의 불은 물실적.정신적<br>• 성찬의 떡은 누룩 유무 무관<br>• 교황은 그리스도의 대리자 목자, 교사, 통치자이다. |
| 결과 | 교황이 3사람이 됨 (로마의 우르바누스 6세, 프랑두스의 클레멘스7세) | 종교회의의 권위 강조 |  |  |

## 5. 중세의 각종 교회회의 일람표

| 회 의 | 연도 | 주요인물 | 결 의 사 항 |
|---|---|---|---|
| 라테란1차 | 1123 | 칼리스투스 2세 | • 보름즈 협약 확인<br>• 성직자의 결혼 금지<br>• 십자군의 면죄 허용 |
| 라테란2차 | 1139 | 이노센트 2세 | • 반교황 아나클레투스 2세의 추종자에 대한 파문<br>• 분열 그룹의 정회<br>• 1차 회의 결정 확정 |
| 라테란3차 | 1179 | 알렉산더 3세 | • 카타리파 정죄<br>• 추기경 2/3 이상으로 교황 선출 |
| 라테란4차 | | 이노센트 3세 | • 종교재판소 설립<br>• 화체설교리 정비<br>• 마그나 카르타(대헌장)선포<br>• 프레드릭 2세의 황제 선출 추인<br>• 프란시스코 수도원 인정<br>• 5차 십자군 준비<br>• 카타리파와 왈도파 정죄 |
| 리용1차 | | 이노센트 4세 | 프레드릭 2세 황제 폐위 결정 |
| 리용2차 | | 그레고리 10세 | • 필리오쿠베 조항 재확정<br>• 새로운 수도단체 금지<br>• 서방교회와 동방교회의 재결합 시도<br>• 교황선출 기간 중 추기경들의 사례금지 규정 결정 |
| 비인 | 1311-12 | 클레멘트 5세 | • 성전기사단 활동억제<br>• 베그하르트파 정죄<br>• 새로운 십자군 운동 승인 |
| 피사 | 1409 | 피터 데일리<br>피터 필라기<br>구이드 말르섹 | • 교황권에 대하여 공의회의 우월권 주장<br>• 두 교황을 폐위하고 알렉산더 5세로 선출 |
| 콘스탄쯔 | 1414-18 | 요한 23세<br>지기스문트<br>피터 데일리<br>존 거슨 | • 3명의 교황을 폐위시키고 마틴 5세 선출 성공<br>• 존 후스를 파문<br>• 교회보다 공의회의 우선권 재확인 |

| 회 의 | 연도 | 주요인물 | 결 의 사 항 |
|---|---|---|---|
| 바젤 | 1431-49 | 마틴 5세<br>유진 4세<br>율리안 케사리니<br>쿠사의 니콜라스 | • 교황의 공의회해산에 맞서 공의회 우선권 재확인<br>• 교황은 공의회의 분열을 획책<br>• 후스파와 타협안 체결 |
| 피렌체 | 1439 | | • 성령의 출처 문제 해결<br>• 연옥설 정비<br>• 성찬론 정비<br>• 교황은 그리스도의 대리자 목자, 교사, 통치자 |

### 6. 문예 부흥(Renaissance)

(1) 정의 : 이탈리아를 중심으로 일어난 인문주의 부흥운동
(2) 시기 : 1350-1650년까지 약 300여 년간
(3) 원인
   1) 9세기 초 찰스 대제가 문예를 장려한데서 시작
   2) 13세기 경부터 기독교 사원의 부속학교의 발달
   3) 십자군 전쟁으로 각지 문화의 수입
   4) 1453년 동로마 제국의 멸망으로 학자들이 고서를 가지고 이탈리아로 와서 연구가 많음
   5) 봉건제도의 몰락으로 자유 상업 도시가 발달
   6) 인쇄술의 발달로 지식 보급이 용이
(4) 특징
   1) 교황의 분열시대에 일어난 비평적 지식 운동
   2) 중세에서 근세로 옮기는 과도기적 운동
   3) 근본 정신은 인본주의
   4) 종교적 세계관을 세속적 세계관으로 대치
   5) 현실긍정, 개성의 해방과 자각, 개인주의, 국민문학의 발달
   6) 헬라 및 라틴 문예부흥
(5) 중심 인물
   1) 단테(1265-1321 : Dante Aligheri) : 신곡, 신생
   2) 페트라르카(1304-1374 : Petrarca) : 로마의 계관 시인으로 키케로

　　　　와 라틴 문학을 연구
　　3) 복카치오(1313-1375 : Boccacio) : 데카메론, 단테 전기
　　4) 다빈치(1452-1519 : Leonardo da Vinci): 화가, 과학자, '성만찬'
　　5) 라파엘(1483-1520 : Raphael): 교황청의 초청으로 벽화 제작 '성모상'
　　6) 미켈란젤로(1475-1564 : Michael Angelo): 조각가, 화가, '성모'
　　7) 에라스무스(Erasmus) : 신약을 처음으로 그리이스어로 발행
　　8) 존 콜레(1466-1519 : John Colet) : 우화적 신학을 타파
　　9) 토마스 모어(1478-1525 : Thomas More) : 유토피아 저술
　　10) 멜랑히톤
　　11) 몽테뉴
　　12) 세익스피어
(6) 사회적인 영향
　　1) 각국의 문예부흥 촉진
　　2) 고전 언어가 인쇄술의 발달로 재연구되기 시작
　　3) 여행과 탐험으로 신대륙의 발견 및 무역과 상업의 발달
　　4) 도시의 발달로 도시로 인구가 집중
　　5) 예술의 발달
　　6) 공업 혁명
　　7) 나침반, 종이 인쇄술, 화약 제조법 등의 발달
　　8) 우주관의 전환(코페르니쿠스적 전환)
(7) 문예부흥이 종교개혁에 끼친 영향(교회에 끼친 영향)
　　1) 성경과 교부들의 저서를 출판(인쇄술의 발달)
　　2) 고전어 연구로 인하여 성경 주해에 문학적 역사적 연구방법이 생김
　　3) 제도에 대한 반항으로 개인주의가 부흥
　　4) 종교개혁의 환경적, 정신적 분위기 조성
　　5) 종교개혁의 결정적인 촉진제

## 7. 종교재판(Inquisition)

(1) 원인
　　1) 이단의 창궐로 인한 가톨릭교회의 보존을 위하여

2) 직접적인 원인은 카타리파를 분쇄하기 위하여
(2) 역사
    1) 1179년 라테란 회의에서 세속군주들이 무력을 동원하여 이단을 탄압하도록 허락
    2) 교황 루시우스 3세(Lucius III ; 1181-1185)가 종교재판법을 교령으로 제정
        ① 주교들은 년 1회 이상 지방을 순찰하며 교인들을 검사할 것
        ② 모든 교인들은 선서 하에 자신의 정통성을 고백할 것
        ③ 선서 할 때 알고 있는 이단자를 밀고할 것
        ④ 혐의자는 법정에 끌고가서 심문하고 이단자는 화형할 것
    3) 인노센트 3세(Innocent III ; 1216-1227)는 처음으로 병력을 동원하여 이단 탄압(카타리파와 왈도파)
    4) 1232년 그레고리 9세(Gregogius IX ; 1227-1241)가 공식적으로 종교재판 승인
        ① 종교재판 조직 제정
        ② 특별재판과 임명
        ③ 교황청 직할 재판소로 규정
(3) 종교재판 규정
    1) 고소자의 이름을 알리지 않고 심문
    2) 상고의 길을 없앰
    3) 심한 고문을 자백을 받아냄
    4) 형벌을 중과세 및 순례 강요, 종신금고형, 화형 등
(4) 영향
    1) 중세 유럽의 역사에 큰 해독을 끼침
    2) 신앙과 신학의 발전의 저해 요인이 됨

## 8. 종교개혁 이전의 개혁자들

(1) 신비적 개혁자
    1) 종교개혁의 정신적인 터전을 제공
    2) 에크하르트, 타울러, 토마스 아 켐피스, 위셀
(2) 교리적 개혁자

    1) 교리와 신앙상으로 로마교회에 불복종
    2) 왈도파, 카타리파, 존 위클리프, 존 후스와 보헤미아 개혁당
  (3) 실제적 개혁자
    1) 교회 내 부패를 정화하고 도덕적 개혁을 단행
    2) 제롬 사바나 롤라, 왈도파, 피사회의와 콘스탄쯔, 바젤회의 주동자들
  (4) 개혁전 3대 개혁자 : 위클리프, 후스, 사보나롤라
  (5) 존 위클리프(John Whclif ; 1324-1384)
    1) 생애
      ① 옥스퍼드 대학을 졸업하고 교수, 궁정 목사가 됨
      ② 국왕의 사절로 프랑스에 가서 교황 사절과 협상
      ③ 1382년 성경을 영어로 번역
      ④ 일반신자를 위한 소책자 발간 활동
      ⑤ 교황이 영국에 부과한 세금의 부당성을 공격하여 체포령이 내려졌으나 왕실의 보호로 무사함(국왕과 의회에 찬성함)
      ⑥ 런던 대회에서 이단으로 규정되어 대학을 사직하고 고향에 돌아와 목회 생활을 하다가 사망
      ⑦ 41년 후 콘스탄츠 회의 결의로 그의 주장을 정죄하고 뼈를 불사름
    2) 신학
      ① 성경만이 신앙의 유일한 표준이다.
      ② 강한 하나님 주권사상
      ③ 로마 교회의 속죄권을 부인
      ④ 화체설을 배격
      ⑤ 교황 정치의 불필요를 역설
      ⑥ 교황의 절대권 부정(교황오류를 주장하면서 교황도 이단이 될 수 있다)
      ⑦ 성자숭배, 유물숭배, 죽은 자를 위한 미사, 면죄부 판매 반대
      ⑧ 교직자의 사치와 횡포, 독신주의 비난
      ⑨ 예정론에 의거 직분자의 교인 축출 및 교황의 파문장 무효 주장
      ⑩ 고해성사, 연옥설, 칠성례를 인정함
    3) 영향
      ① 당시 롤라드 전도대가 활약 중부 유럽과 보헤미아에 영향을 끼침

② 영국의 종교개혁의 저류가 됨
(6) 장 후스(Jan Huss:1367-1415)와 보헤미아 개혁당
  (1) 생애
    ① 보헤미아 수도 프라하 대학의 교수로 총장까지 지냄
    ② 위클리프의 개혁 정신에 감화를 받음
    ③ 교황정치의 부패를 공격하고 속죄권 판매를 반대함
    ④ 신변의 위협으로 도피 중 "교회론" 저술
    ⑤ 콘스탄스회의 신변 안전의 보호를 약속받고 출두
    ⑥ 그러나 토굴에 감금하고 심문 및 회유하다가 이단자로 규정하여 1415년 7.6에 화형
    ⑦ 그가 죽은 후에 보헤미아인들이 분개하여 장 찌시카 당을(개혁당) 결성함
  (2) 보헤미아 개혁당
    ① 후스를 추종하는 보헤미안들이 결성한 개혁당
    ② 후스 사후에 온건파와 급진파로 분열
      가. 온건파 : 성찬시 잔을 보통 신자에게도 줄 것을 주장
      나. 급진파 : 근본적인 교리의 개혁을 주장
    ③ 급진파는 쇠락하고 온건파는 번성함
    ④ 바젤회의(1431)에서 화해함(일반신자도 잔을 받게 됨)
(7) 제롬 사바나 롤라(Jerome Sabanalolla)
  1) 1452년 이탈리아 페라라에서 출생
  2) 1475년 볼로냐에 가서 도미니크 수도원에 들어감(성경과 Aquinas의 신학대전과 Augustine서 탐독)
  3) 수도사의 부패를 공격 : 알렉산더 6세가 축첩 제도를 제도화하자 이를 공격
  4) 플로렌스의 행정관(시장으로서 도시의 퇴폐를 쇄신하고 성시화)
  5) 1498. 5. 23 인민을 유혹했다는 죄목으로 교수형되어 시체는 화형됨
  6) 이신 칭의 강조 : 시 51편 주해
(8) 에라스무스의 개혁
  1) 감성은 이성의 통제를 받아야 한다.
  2) 생활가운데 봉사해야 한다.
  3) 소박하고 단순한 생활을 해야 한다.

        4) 순종을 강조하고 의로운 생활이 정통보다 중요하다
        5) 내면적인 경건이 외적인 형식보다 중요하다
            † 전통과 관습의 개혁을 시도
    (9) 기타
        1) 개혁자 : 토마스 크란몰
        2) 신약번역 : 윌리암 틴데일(William Tyndale)
        3) 범신론 : 스피노자(Spinoia)
        4) 귀납법 : 프란시스 베이컨(Francis Bacon)
        5) 자연유물론 : 토마스 홉스(Thanas Hobbs)

## 9. 동로마 제국의 멸망

(1) 원인
    1) 1453년 터어키왕 모하메드 2세가 콘스탄티누스 2세(Constantinus Panleologos II)를 공격함
    2) 50여일 만에 콘스탄티노플이 함락
    3) 황제의 전사로 멸망
(2) 결과
    1) 터어키의 술탄 황제는 기독교인을 강압하여 개종시키지는 않았으나 과도한 세금 등 차별정책을 실시함
    2) 남자 5명 중 1명을 차출하여 모하멧 교육 후 병사가 되게 함 (Janissaries 라고 부름)
    3) 동방교회의 침체

## 10. 중세 로마교회의 쇠퇴기와 동방교회

(1) 동방교회의 완전한 쇠퇴
    1) 안드로니쿠스 2세(Andronicus II)의 헬라와 라틴의 통일을 위한 노력
        ① 주로 황제들로부터 이 문제는 주요 관심사
            가. 당연히 정치적인 목적으로 추구
            나. 정치적 독립을 유지하기 위해서라면 종교적 자치 희생 각오
        ② 마이클 팔레오로구스(Michael Paleogus)의 필사적인 노력 - 그

의 사후에 완전히 무산(1282.12.11)
③ 안주의 찰스의 위협이 사라지자 이 문제를 정치적인 도구로 이용할 필요가 없어지게 됨
④ 황제는 마이클의 사후 마이클을 따르던 존 베쿠스(John Beccus)를 브루사(Brusa)로 유배
⑤ 마이클 이전에 추방하거나 투옥되었던 자들이 순교자로 추앙됨
2) 수도사들의 득세
① 황제나 콘스탄티노플 대주교의 영향력이 현저하게 떨어짐
② 동방교회 종교정책을 좌우하는 실질적인 독재자로 등장
3) 교황청의 아비뇽 유수에 대한 동방교회의 입장
① 안드로니쿠스 3세(Andronicus III)는 교회 통일 모색-세계 종교회의 소집을 주장
② 서방회의는 리용회의 개최결과를 마이클 팔레오구스가 승인했다는 이유로 거부
③ 바젤회의는 콘스탄티노플에 대사를 파견
　가. 바젤 종교회의가 교황보다 우위에 있다.
　나. 서방 황제 지기스문트(Sigismund)는 후원자요 보호자이다.
　다. 만약 헬라교회가 대표단을 파견하여 그 권위를 인정해 주면 서방은 콘스탄티노플을 수호할 수 있게 동방제국에 자금과 병사를 제공하겠다고 약속
(2) 프롤렌스회의 개최
1) 1438. 4. 9. 헬라라(Helara)에서 동서방교회의 재결합을 위한 회의가 개최 합의
2) 1439. 1.10전염병으로 회익는 플로렌스로 옮겨서 개척
① 방법
　가. 누구든지 자유롭게 토론에 참여 가능
　나. 구체적인 합의를 위하여서는 위원회에서 전담하여 논의토록 하여 서방의 의도대로 진행
② 결과-서방교회의 승리
　가. 필리오케(Philioque) 구절
　나. 성만찬 때 사용하는 빵의 종류
　다. 연옥에서의 고통의 성질

　　　　라. 예품들을 정화시키는 낭송문
　　　　마. 교황의 우위성
　　3) 통일칙령(the decree of union) 비준
　　　　① 1439. 7. 6. 교황과 동방황제에 의해 비준
　　　　② 라틴어와 헬라어로 각각 낭독
　　4) 동방황제를 비롯한 모든 전원이 교황 앞에 엎드려 절함으로 종료
　　5) 주요 동방교회들이 이 회의에 동의-아르메니아, 쟈코바이드파, 에디오피아, 시리아, 갈대아, 마론파 교회 등이 동의
　　6) 그러나 영적으로는 통일되지 못함
　　　　① 콘스탄티노플로 돌아오는 성직자들에게 야유하고 돌을 던지며 극력히 반대(1440. 2. 1)
　　　　② 반대에 앞장 섰던 에베소의 마아크(Mark of Ephesus)가 동방에서 가장 인기있는 성직자로 등장
　　　　③ 아토스산의 수도원을 중심으로 조직적으로 반대
　　　　④ 교황 사절의 임석하에 선포되었으나 시민들이 거부(152.12.12)
　　7) 알렉산드리아, 안디옥, 예루살렘 대주교들의 거부하고 콘스탄티노플의 형제들을 이단으로 규정
(3) 비잔틴 제국의 멸망
　　1) 멸망 전 비잔틴 문화
　　　　① 학교 교육의 발전
　　　　② 의학, 법철학, 철학, 문법, 수사학, 시학등도 융성
　　2) 제국의 영토 축소에 따라 콘스탄티노플의 제한된 범위에서 종교활동
　　3) 아토스 산이 종교활동 및 영향력의 중심지가 됨
　　4) 비잔틴 제국의 멸망 - 1453년 봄

## 11. 중세시대의 예배

(1) 로마교회의 예배
　　1) 의식과 예전의 비중이 커지고 설교는 약화
　　2) 라틴어 예배로 일반인의 무관심
　　3) 예전의 중심은 성찬식(이를 제사로 보고 '미사'라 함)
　　4) 7성례를 지킴(1439년 프로렌스회의에서 공인 후)

5) 성자 숭배
　　　6) 성모의 숭배
　(2) 동방교회
　　　1) 로마교회와 비슷한 7성례를 주장
　　　2) 예전의 중심은 역시 성찬식, 아이에게도 성찬이 허락됨
　　　3) 성자숭배, 화상예배, 유물예배는 로마교회보다 더욱 심함
　　　4) 수도원 생활의 중시

## 12. 중세의 7대 교황

(1) 레오1세
(2) 그레고리 1세
(3) 니콜라스 1세
(4) 레오 9세
(5) 그레고리 7세
(6) 이노센트 3세
(7) 그레고리 9세

## 중세교회사 연구를 위한 참고문헌 목록

Baldwin, Mashall W. *The Medieval Church*. Ithaca : Cornell University Press, 1953.
Barraclough, Geoffrey. *The Medieval Papacy*. New York : Harcourt, Bracd & World, 1968.
Bouyer, Louis. *A History of Christian Spirituallity*. Vol. 2. The Spirituallity of the Middle Ages. New York : The Seabury Press, 1965.
Bredero, Adriaan. *Christendom and Christianity in the Middle Age*. Grand Rapids: Wm. B. Eerdmans Pub. Co., 1984.
Campenhausen, Hans Frhr. von. 「라틴교부연구」. 김광식역. 서울 : 대한기독교출판사, 1979.
Cannon, William R. 「중세교회사」. 서영일역. 서울: CLC, 1986.
Cross, F. L. ed. *The Oxford Dictionary of the Christian Church*. 3rd ed. London and New York : Oxford University Press, 1977.
Cunningham, W. *Historical Theology*. 2vols. London : The Banner of Truth Trust, 1862.
Davis, R. H. C. *A History of Medieval Europe*. London : Longmans, 1957.
Deanesley, Margaret. *A History of Medieval Church 590-1500*. London : Methuen, 1969.
Eco, Umberto. *The Aesthetics of Thomas Aquinas*. trans by Hugh Bredin. Cambridge : Harvard University Press, 1983.
Gimpel, Jean. *The Medieval Machine*. Middlesex : Penguin Books, 1976.
Glover, J. R. *The Conflict of Religions in the Early Roman Empire*. Boston : Beacon Press, 1960.
Gonzalez, Justo L. 「중세교회사」. 서영일역. 서울 : 은성, 1987.
------. 「기독교 사상사(상,중,하)」. 이형기, 차종순역, 서울 : 대한예수교장로회 총회출판국, 1988.
Hollis, Christopher, Ed. *The Papacy*. New York : Macmillan, 1964.
Jones, W. T. *The Medieval Mind*. New York : Harcourt, Brace &

World, Inc., 1969.
Knowles, Davis & Dimitri Obolensky. *The Middle Age*. London : Paulist Press, 1969.
Kreet, Peter. *A Summa of the Summa*. San Francisco : Ignatius Press, 1990.
Kuiper, B. K. *The Church in History*. Grand Rapids: Wm. B. Eerdmans Pub. Co., 1978.
Lambert, Malcolm. *Medieval Heeresy*. New York : Holmes & Meier, 1976.
Latourette, Kenneth. 「기독교사(상,중,하)」. 윤두혁역. 서울 : 생명의 말씀사, 1983.
Left, Gordon. *Heresy in the Middle Age*. 2vols. New York : Barnes and Noble, 1967.
McGarry, Daniel D. & James A. Wahl 「서양 중세사 대요」. 이석우역. 서울 : 탐구당, 1990.
Neill, Stephen. *A History of Christian Missions*. Middlesex : Penguin, 1964.
Ozment, Steven. *The Age of Reform 1250-1550*. New Heaven : Yale University Prress, 1980.
Pegis, Anton C. Ed. *Basic Writing of Saint Thomas Aquinas*. 2Vols. New York : Random House, 1944.
Pelikan, Jaroslav. *The Christian Tradition*. Vol 3. The Growth of Medieval Theology(600-1300). Chicago : The University of Chicago Press, 1978.
Petry, Ray C. Ed. *Late Medieval Mysticism*. Philadelphia : The Westminster Press,Pranz, A. 「교회사」. 최석우역. 서울 : 분노출판사, 1982.
Ritt, Jell. Ed. *Christian Spirituallity*. New York : Crossroad, 1988.
Russell, Jeffrey Burton. *A History of Medieval Christianity. Prophecy and Order*. Arington Heights : AHM Pub. Co., 1968.
Schaff, Philip. *History of Christian Church*. Vol. IV, Medieval Christianity, A. D. 590-1073. Grand Raphids : Eerdmans, 1910.

------. *History of Christian Church.* Vol. V, Middle Ages(Part I) A.D.1049-1294. Grand Rapids : Eerdmans, 1957.
Seeberg, R. 「기독교 교리사(중.근세편)」. 김영배역. 서울 : 엠마오, 1982.
Smalley, Beryl. *The Study of the Bible in the Middle Ages.* Norte Dame : Universuity of Notre Dame Pub. Co., 1978.
Southern, R. W. *The Making of Middle Ages.* New Heaven : Yale University Press, 1976.
Ullmann, Walter. *A Short History of the Papacy in the Medieval Ages.* London : Methuen, 1972.
김광수. 「동방기독교사」. 서울 : 기독교문사, 1971.
김의환. 「기독교회사」. 서울 : 성광문화사, 1982.
노종해. 「중세기독교 신비 신학사상 연구」. 서울 : 나단, 1985.

# 제 3 부 · 중세 이후 교회사 (종교개혁, 근대, 현대)

## 1. 근세사의 시대구분

(1) 종교개혁 시대(1517-1648) : 웨스트팔리아 조약 때까지 - 신교 발생기
(2) 근대 시대(1648-1800) : 프랑스 혁명까지 - 신교 확장기
(3) 현대 시대(1800-현재) : 세계 기독교화기

## 2. 종교개혁 전의 개혁자들(개혁의 선구자들)

| 이름 | 생애 | 주요사상 | 주요업적 |
|---|---|---|---|
| 위클리프 | • 옥스포드 교수<br>• 농노반란으로 해임<br>• 시체가 무덤에서 꺼내어져 화형당함 | • 화체설 부인<br>• 교회의 부의 축적과 성직 매매 반대<br>• 성경의 권위를 강조 | • 라틴 벌게이트를 영어로 번역 |
| 후스 | • 보헤미안 지방 사제<br>• 프라그대학 교수<br>• 콘스탄쯔회의 결정으로 화형당함 | • 교회 정화를 위하여 성례보다 그리스도를 본받는 삶을 강조<br>• 성직매매와 성상숭배 반대<br>• 성경의 권위 강조 | |
| 사보나롤라 | • 도미니크 수도사<br>• 프로렌스에서 이단으로 참수형 | • 교황 무오설 반대<br>• 교회의 비일관성과 위선공박 | |
| 에라스무스 | • 화란의 인문주의자 | • 교회의 비일관성과 위선공박<br>• "바보예찬"에서 교회의 타락을 혹독하게 비판 | • 루터가 사용한 헬라어 성경 편찬<br>• 쯔빙글리에게 영향 |

### 3. 르네상스와 종교개혁

| 구 분 | 르네상스 | 종교개혁 |
|---|---|---|
| 성 격 | 그리이스, 로마문화의 부흥운동 | 성경 및 초대교회로의 환원운동 |
| 원 인 | 중세적인 기성관념과 질서에 반항 | 중세교회 제도 및 교황권에 항거 |
| 특 징 | 세속과 현실면 | 종교와 도덕면 |
| 중 심 | 이태리 인문주의자 | 독일, 스위스 개혁자 |
| 출발점 | 로마교회 비판, 종교적인 희망 회박 | 로마교회 비판과 성경의 재발견 |
| 방 향 | 미적, 문화적 경향 | 종교적(성경적) 진리 추구 |
| 대 상 | 도시 상층 시민 중심의 한정된 분야 운동 | 종교가 중심이나 정치, 경제, 사회 등 모든 영역과 모든 나라에 파급 |

### 4. 개혁파의 정의

(1) 루터의 종교개혁을 따르며 개혁교리를 강조함
(2) 하나님의 절대주권 교리를 강조
(3) 칼빈주의 5대교리가 기본원리
(4) 개혁된 교회는 계속하여 개혁을 하여야 한다는 의미로 개혁교회라 함

# 제 1 장
# 종교개혁사

### 1. 종교개혁사 개관

(1) 종교개혁전의 개혁의 선구자들의 활동
(2) 르네상스와 종교개혁
(3) 에라스무스
(4) 루터와 독일의 종교개혁
(5) 쯔빙글리와 스위스 종교개혁
(6) 칼빈의 종교개혁
(7) 스코틀랜드의 종교개혁
(8) 영국의 종교개혁
(9) 기타 유럽제국들의 종교개혁
(10) 새세례파 운동과 급진종교개혁
(11) 카톨릭의 반동종교개혁
(12) 독일의 30년 전쟁
(13) 알미니안 논쟁과 웨스트민스터 종교회의

### 2. 종교개혁

(1) 종교개혁의 정의
    1) 카톨릭 교회의 잘못을 고쳐서 신약 교회의 원형으로 개혁하려는 운

동
   2) 개혁이라는 뜻에서 혁명과는 다르다.
   3) 종교개혁은 성경의 절대 권위, 이신득의, 만인제사직을 근본으로 하여 가톨릭교회를 개혁하려 했다.
   4) 그후 여러 개혁자들에 의하여 개신교 신학이 발달됨
   5) 종교개혁은 새로운 종교를 창설하려 했던 것이 아니라 다만 잘못된 교리와 제도를 바로 고치는 것이었다.
(2) 종교개혁의 역사적 배경
   1) 교황청의 부패와 타락
      ① 재정적 타락 : 요한 22세의 각종 세금과 속죄권 판매로 타락과 부패의 가속화
      ② 도덕적 타락
         가. 알렉산더 6세 : 축첩 제도의 제도화 결정에 대하여 사바나롤라가 반대를 하자 그를 이단으로 정죄 화형
         나. 레오 10세 : 사냥과 오락을 즐기는 도박꾼
         다. 성직매매와 중과세로 교황청 유지
      ③ 교황권의 쇠퇴(교황의 권위의 실추)
      ④ 수도원의 타락
      ⑤ 교회의 가르침의 잘못 - 교리적 탈선(doctrinal deviation)
      ⑥ 교회의 무지와 무식 - 성직자들의 교육수준이 최저 상태
   2) 국가주의의 발생
      ① 십자군 전쟁 이후 봉건사회의 붕괴
      ② 스페인, 영국, 프랑스가 정치적으로 독립된 국가를 형성해 가면서 자기 나라의 교회와 정치의 독립과 권위를 주장
      ③ 전통적인 봉건제도의 몰락
      ④ 신대륙의 발견
   3) 스콜라 신학의 붕괴 : 중세의 사상적인 지주인 토마스 아퀴나스의 '실재론'이 옥캄의 '유명론'에 붕괴
   4) 신비주의와 경건주의 운동이 일어남 : 중세교회의 제도화 및 교회 생활의 의식화로 신앙의 활력을 찾으려는 운동이 대두
   5) 개혁 전 개혁자들의 영향
      ① 인문주의 운동과 에라스무스의 개혁

② 후스, 위크리프, 사바나롤라 등의 영향
6) 결정적인 도화선은 레오 10세(Leo Ⅹ)의 면죄부 판매
(3) 종교개혁의 원인
1) 도덕적 원인 : 속죄권 판매, 성직 매매 성행, 신부들의 독신생활 해이
2) 지적인 요소 : 스콜라 철학의 쇠퇴와 옥캄주의의 득세, 인본주의 대학의 활발한 학문 열의로 고전 연구
3) 사회적 요인 : 농업경제가 상업경제로 전환이 되면서 국가주의 발전과 십자군 운동으로 동방의 사치품 수입으로 사치 풍조 만연
4) 영적인 요인 : 사제주의의 횡포와 교황 제도 하에서의 예배를 의식화 함으로 영적인 황폐화
† 직접적으로 1517년 10월 31일 루터가 95개조의 항의문을 빗텐베르그 교회의 정문에 게시하므로 본격화
(4) 종교개혁이 교회에 끼친 영향
1) 긍정적인 결과
① 성경의 근본 사상으로 환원
② 율법적인 종교에서 복음적인 종교로
③ 의식적인 신앙에서 체험적인 신앙으로
④ 교권주의에서 개인의 신앙 자유로
⑤ 전체주의에서 개인의 신앙 중심으로
⑥ 성직자의 중보에서 그리스도의 중보로
⑦ 성직자의 성경에서 개인의 성경으로
⑧ 우상화, 의식화 예배를 성경 중심으로 환원
⑨ 성경번역 적극 추진
⑩ 로마교 자체 내에서도 쇄신운동이 일어남
2) 부정적인 영향
① 종교전쟁의 유발로 인명피해와 경제적 파탄
② 교파의 난립을 초래(교회의 분열) : 교회의 보편주의 성격 약화
(5) 종교개혁이 사회적으로 미친 영향
1) 봉건주의 몰락으로 중산계급의 부흥
2) 일반지식의 발달로 문화의 발전
3) 개인주의 발전으로 자본주의 형성

4) 각종 공업 발달의 계기
(6) 개혁교회가 개혁한 근본적인 내용
　　1) 교리의 개혁
　　　　① 비성경적인 로마교회의 교리를 개혁
　　　　② 교리를 성경에 입각하여 체계화
　　2) 예배의 개혁
　　　　① 로마교회의 사제 제도의 개혁
　　　　② 성상, 성화, 강단의 개혁
　　　　③ 예전 위주에서 성경중심으로 개혁
　　　　④ 7성례의 성경적인 환원
　　　　⑤ 설교의 강조
　　　　⑥ 성직자의 복식(服式)의 개혁
　　3) 정치제도의 개혁
　　　　① 정교분리
　　　　② 교인의 기본권 보장
　　　　③ 교회 자유 선언(교회의 권징은 세속 사법권이 행사할 수 없다)
　　　　④ 기본권과 처리권의 조화
(7) 종교 개혁의 6가지 형태
　　1) 루터파(Lutheran) : 독일과 동부 유럽
　　2) 칼빈파(Calvinist) : 제네바를 중심한 불어권의 프랑스(위그노), 스코틀랜드, 네델란드 등
　　3) 쯔빙글리파(Zwinglians) : 쯔빙글리를 중심으로 독일어권의 스위스
　　4) 재세례파(Anabaptists) : 서부 유럽 대부분
　　5) 영국 개혁파(Anglican Church) : 영어권의 민족
　　6) 예수회(Jesuits) : 로마교회 내 반동 종교개혁 운동
(8) 프로테스탄트의 원리
　　1) 이신득의(Sola Fide)
　　2) 성경의 절대권위(Sola Scriptura)
　　3) 하나님의 절대 주권(Sola Gratia)

### 5. 루터와 개혁운동

(1) 마르틴 루터(Martin Luther ; 1483-1546)
   1) 1483. 11. 10 독일의 아이스레벤(Eisleben)에서 출생
   2) 공동생활 형제단에서 영향을 받음
   3) 19세에 에르푸르트(Erfurt)대학에서 스콜라 철학과 라틴 고전 문학 수업
   4) 1506년 법학을 전공하려다가 돌연 어거스틴 수도원에 들어감
   5) 1508년 빗덴베르크(Wittenberg)대학의 논리학, 문리학 교수를 거쳐 신학 교수가 됨
   6) 1511년 수도사회의 사명을 띠고 로마 여행 중에 로마 교회의 부패상을 직접 목격하고 돌아옴
   7) 1512. 10. 18 신학박사가 됨
   8) 1517. 10. 31 빗덴베르크 교회 정문에 95개조의 항의문으로 교황청을 공격
   9) 1520년 파문당함
   10) 1521년 보름스(Worms) 회의에 소환됨
   11) 1521-34년까지 성경을 독일어로 번역
   12) 1525 결혼(수녀인 카타리나 본 보라 ; Catarina von Bora)
   13) 1525년 농민 반란을 반대함
   14) 1546. 2. 18 사망
(2) 사상
   1) 이신득의
   2) 만인제사주의
   3) 성경의 절대권위 : 교황 무오, 교권주의 반대
      † 이상 세 가지는 개혁의 3대 원리
   4) 실제적 경험적 종교 추구
   5) 성례관 : 공재설 주장
   6) 속죄론에 있어서 형벌대수론
(3) 저서
   1) 1517. 10. 31 - 95개 조항의 항의문
   2) 로마 교황권에 대하여

3) 1520. 5. 선행론
   ① 그리스도를 믿는 것인 선이다.
   ② 선행은 오직 그리스도를 믿는 신앙 안에서만 가능
4) 1520. 8. 독일 기독교 귀족에게 : 교황청 부패를 공격
   ① 모든 신자는 다 제사장이다
   ② 교황권은 속권보다 우월하지 못하다
   ③ 교황만이 성경을 해석할 권한이 있는 것이 아니다.
   ④ 교황만이 교회의 회의를 소집할 권한이 있는 것이 아니다.
5) 1520. 10. 교회의 바벨론 유수(The Babylonian Captivity of the Church) : 만인 제사장 주의
   ① 모든 그리스도인은 사제로서 하나님을 직접 섬겨야 한다.
   ② 세례, 성찬, 참회만이 성례이다
   ③ 평신도에게도 잔을 주어야 한다.
   ④ 공재설을 주장하고 화체설을 부정
6) 1520. 11. 기독자의 자유(On the Liberty of Christian Man) : 이신득의
7) 1521. 의지의 굴레에 관하여(On the Bondage of the Will) : 에라스무스와의 토론에서 의지는 신앙 발휘를 못한다고 주장함
8) 대교리문답과 소교리문답
9) 로마서 강의
10) 1517. 갈라디아서 강의
11) 히브리서 강해(1517. 1518)

(4) 루터의 95개 항의문
   1) 대의
      ① 속죄표는 하나님의 징벌을 없앨 수 없고 교회의 징벌만을 없앨 뿐이다.
      ② 속죄표는 죄를 사할 수 없다
      ③ 속죄표는 죄인이 의당히 하나님께 받아야 할 형벌을 없이 할 수 없다.
      ④ 연옥에 있는 자에게 속죄표는 필요가 없다.
      ⑤ 죄를 회개한 신자는 이미 하나님으로부터 용서함을 받았으므로 속죄표는 필요없다.

⑥ 교황은 예수의 공로나 성도의 공로를 팔 권한이 없고 교회의 정죄만 없앨 뿐이다.
   2) 내용 분해
      1-7   서론
      8-29  연옥에 있는 자의 사면 문제
      30-80 살아 있는 자의 사면 문제
      81-91 평신도로서의 반대
      92-95 면죄부의 판매의 동기의 잘못을 지적
   3) 성격
      ① 라틴어로서 토론 중심적으로 기록
      ② 구교적(연옥, 마리아에게 대한 기도, 화체설을 인정)
      ③ 참 회개의 강조
      ④ 면죄부를 인정하고 단지 남용을 반대함
   4) 의의
      ① 신앙의 체험을 강조하여 '종교란 의식 이상의 것'이라고 함
      ② 성경을 토대로 한 로마교회의 거대한 조직에 반대한 운동의 시작
      ③ 종교개혁의 도화선
(5) 루터의 종교개혁의 과정
   1) 배경
      ① 교황 율리우스 2세(Ullius II ; 1503-1513)가 베드로 성당 건립비 조성을 위하여 면죄부 판매
      ② 레오 10세(Leo X ; 1513-1523)는 베드로 성당의 완공을 위하여 면죄부 판매 사업을 대대적으로 벌림
      ③ 교황은 판매 총책임지로 미인쯔(Mainz)외 감독 알브레히트(Albrecht)를 임명
      ④ 알브레히트는 도미닉 수도사 텟젤(Johann Tetzel ; 1465-1519)을 파송
      ⑤ 당대의 학자의 웅변가인 텟젤은 "속죄권을 사는 즉시 죄사함을 받고 연옥에 있는 자라도 그를 위해 사면 헌금궤에 돈이 떨어지는 소리가 나는 순간에 연옥에 있는 영은 천국으로 간다"고 웅변하고 다님

2) 발단
   ① 루터가 면죄부 판매에 대한 반대입장의 설교
   ② 텟젤이 빗텐베르크에 올 때에 루터와 격돌하게 됨
   ③ 1517. 10. 31. 빗덴베르그 교회 정문에 95개의 항의문을 게시
3) 초기의 과정
   ① 1518년 아우스부르그(Ausburg) 회의에서 추기경 카제탄(Cajetan)의 철회 요구를 묵살
   ② 1519 잉골스타트 대학(Ingolstadt University)의 에크(Johann Erk)와 라이프찌히(Leibzig)에서 논쟁
   ③ 1520. 6. 15. 에크의 고발에 따라 파문
      가. 저서를 불태우라
      나. 60일 이내에 회개하지 않으면 그 일당을 체포하겠다.
      다. 그러나 루터는 1520. 12. 10. 대학에서 학생과 교수를 모으고 파문장을 불태워 버림
   ④ 루터의 계속적인 공격
      가. 독일 귀족에게 드리는 글(1520. 8) : 교황의 성경해석권 반대
      나. 교회의 바벨론 유수(1520. 10) : 만인사제주의
      다. 그리스도인의 자유(1520. 11) : 이신득의
   ⑤ 1521. 1. 25. 챨스(Karl or Charles) 5세의 명으로 보름즈(Worms) 국회에 출석하여 자신의 입장을 끝까지 변호
      가. 챨스는 교황의 환심을 사기 위하여 소집
      나. 문답 후에 루터를 정죄
      다. 저서 반포금지령
      라. 안전보장 기일 후 체포 명령
   ⑥ 귀가하면서(1521. 5. 4) 삭소니의 선거후(Elector of Saxony) 현명한 프레드릭(Fredrik the Wise)이 납치를 가장하여 발트부르크(Wartburg) 성으로 데려다가 보호함
      가. 당시 황제는 7대 선거후의 호선에 의해 선출되었기 때문에 선거후는 상당한 권력자로서 루터를 납치하여 보호할 수 있는 자리였다.
      나. 발트부르크에서 그는 성경을 번역하고 저술하는 데에 주로 시간을 보냈다.

⑦ 1522년 신약성경 번역 탈고, 1543년 구약까지 완전히 번역하여 정정 출간(1521년 11월 착수, 1522년 3월 탈고, 1543년 14회의 정정 출판)
3) 후기의 과정
① 루터를 대대적으로 지지하였음
② 1524년 농민전쟁 발발로 루터의 입지 약화 : 재세례파로 감
③ 챨스 황제의 종교개혁 관용 법령(1526)
　가. 영주의 선택에 따라서 신·구교를 따를 수 있다고 결정
　나. 많은 영주들이 개혁파를 지지, 그러나 여전히 구교의 우월
④ 스파이어(Spire) 2차 국회(1529)
　가. 우세한 입장에 있던 영주들이 챨스황제의 개혁 관용 법령에 반발
　나. 이들은 보름즈회의 결정 준수를 요구
　다. 챨스황제의 종교개혁 관용법령의 의해 허락된 지역 외의 개혁 운동 불허 결정
　라. 열세인 신교측 영주들과 14개 도시가 항의서 제출
　† 이 항의서 제출로 개혁교회는 항의자(Protestants)라고 불리움
⑤ 말부르크 회의(1529. 10)로 쯔빙글리파와 결별
⑥ 아우그스부르크 회의(1530. 6) : 신교금지령 결의
⑦ 슈말칼트 동맹(1530.12) : 신교제후들의 결성
⑧ 루터의 죽음(1546. 2)
(6) 루터의 개혁의 성격 및 평가
1) 루터의 개혁은 그의 본래의 의도가 로마교회에 반기를 들려고 하지 않았다.
2) 사건이 발전되고 자신의 연구 결과가 종교개혁이라는 엄청난 결과를 가져오게 됨
3) 루터의 개혁은 엄밀하게 의도된 것이 아니었다. 따라서 적극적이며 철저하지 못했다.
① 교의와 예배의식에 있어서 가톨릭의 잔재를 완전히 버리지 못함
② 교의와 예배의식에 있어서 국가의 간섭과 보호를 교회가 받아야 한다고 주장

4) 이러한 결과 다음과 같은 것들을 초래
   ① 교회의 영적인 약화를 초래
   ② 재세례파의 반발을 불러일으킴
   ③ 경건과 운동을 낳게하는 원인이 됨

### 3. 루터의 개혁과 로마교회의 저항

(1) 루터와 보름스(Worms)회의
   1) 소집 : 1521. 1. 25. 챨스(Charles)5세가 국회를 소집
   2) 의제 : 루터 처리 문제
   3) 교황 특사 : 알렉산더(Alexander)의 루터 공격 연설
   4) 루터의 국회 출두 : 3.26일 죽음을 각오한 출두
      ① 챨스 5세가 신변 안전 보증서를 주어서 참석
      ② "원수들이 보름즈의 기왓장만큼이나 많아도 나는 가리라"하며 출발
      ③ 자작곡 '내 주는 강한 성이요'를 부르며 군중들의 환호 속에 출두
   5) 국회의 심문 : 4.17
      ① 25권의 저서가 루터의 것인가? : 그렇다
      ② 이를 취소할 수 없는가? : 다음날까지 여유를 요구한 후에 "진리가 아니라는 것을 성경으로 증명하기 전에는 취소할 수 없다."
      ③ 루터의 기도 : "나는 굳게 여기 서 있습니다. 그리고 절대로 변할 수 없습니다. 하나님이여! 나를 도우소서. 아멘"
   6) 황제의 명령
      ① 루터는 저술을 금한다. 루터의 저서의 반포도 금지한다.
      ② 루터는 죄인이다. 따라서 그와 만나는 자도 처벌한다.
      ③ 안전 보장 기간이 지나면 체포한다.
   7) 귀가 도중 삭소니의 선거후 현명한 프레드릭의 위장된 납치극으로 발투부르크 성에서 보호됨(이때에 그는 신약을 번역하였다)

(2) 루터와 스파이어 국회
   1) 제 1차 의회(Diet of Spire)
      ① 소집 : 1526년 챨스 5세
      ② 보름스회의 칙령을 철회 : 독일의 공국들은 각각 자기의 선택하는

         종교를 공인할 수 있도록 함
      ③ 영향 : 오스트리아와 남부 독일을 제외하고는 거의 루터파의 종교
         개혁을 받아들임
         † 그리하여 독일은 점차로 종교적 모자이크화되어 감
   2) 제 2차 의회
      ① 소집 : 1529년
      ② 보름스 칙령이 재확인됨
      ③ 영향 : 루터란 영주들이 공식적인 항의문을 제출하여 이를 '프로
         테스탄트', 즉 '저항(항의)하는 자들'이란 명칭을 얻었다.
(3) 루터와 말부르크 회의(Marburg)
   1) 소집자 : 독일 황제 빌립
   2) 때 : 1529. 10. 1
   3) 장소 : 독일의 말부르그(Marburg)
   4) 참석자 : 루터, 멜랑톤, 쯔빙글리, 스트라스부르그의 부처(Bucer),
      바젤의 오에콜람파디우스(Johann Oecolampadius)
   5) 의제
      ① 로마의 감독권 회복에 대한 대처
      ② 재세례파의 루터파 전진 금지에 대한 대처 방안
      ③ 이에 대한 루터파의 항의 문제를 다루기 위해
   6) 회의 결과 : 말부르그 신앙신조 15개를 작성했는데 제15항 성만찬에
      관한 것을 제외하고는 완전 일치
(4) 아우스부르크회의(1530. 6)
   1) 소집자 : 챨스 5세
   2) 소집 이유 · 신구교 두 파의 공통점을 발견하여 종교상의 통일을 성
      취하려고
   3) 결과
      ① 신교의 신앙 내용 제출 요구에 신교 대표들의 의견의 불일치
      ② 멜랑톤이 기초한 아우스부르크 신앙고백이 타협적이었기 때문에
         다른 신앙고백 제출
      ③ 다수인 로마교회 세력에 의해 부결됨
      ④ 신교 금지 결의
(5) 아우스부르그 신앙고백서(Ausburg Confession)

1) 1530년 아우스부르그 제국회의에서 작성된 것들
2) 찰스 5세는 루터의 주장과 설명을 거절하여 이를 잘 설명하기를 원함에 따라 작성
3) 주 저자는 필립 멜랑톤(Philip Melanchton)으로 처음에는 삭소니 지방의 프로테스탄트들의 대변 문서에 지나지 않았다.
4) 그러나 이것은 황제에 대하여 프로테스탄트의 신앙의 요의를 설명하는 것이 되었다.
5) 황제는 이 신앙고백에 서명한 자들에게 포기를 하지 않으면 처벌을 각오하라고 명령
6) 루터의 무기 사용 허락 결정으로 프로테스탄트가 슈말칼트 동맹(League of Schmalkard)을 결성
7) 결국 1532년 뉴렌베르그 화의(The Peace of Nurenberg)를 체결하고서 일단락되어짐

(6) 슈말칼트 동맹(League of Schmalkard ; 1530. 12)
1) 아우스부르크 국회에서 신교를 금지하자 결정한 것임
2) 신교제후들과 14개도시 대표자들이 모여서 슈말칼텐에서 모여 동맹 결성
3) 황제를 중심으로 한 구교 영주들과 전쟁(슈말칼텐 전쟁 ; 1546-1555)

(7) 아우스부르크 종교화의(The Peace of Ausburg ; 1555. 9)
1) 신앙의 자유인정
2) 그러나 이는 개인의 신앙자유가 아니라 영주와 도시의 신앙자유
3) 영주의 선택에 의해서 집단적으로 신앙이 결정됨


### 4. 루터의 사상

(1) 루터의 사상적 배경
1) 에르푸르트 대학에서 스콜라 철학과 라틴 고전 공부
2) 스승인 존 스타우피츠(John Staupits)의 영향으로 성경 연구에 몰입
① 어거스틴의 '은총의 신학'을 소개받음
② 이신득의 사상을 배움

3) 윌리암 옥캄(William Okcam)의 개인주의 사상(유명론)
마음의 평화와 구원의 확신 오직 믿음으로만 된다.

* 실재론과 유명론

| 구 분 | 실재론 | 유명론 |
|---|---|---|
| 강조점 | • 보편의 본질성 강조<br>• 개체에 앞서서 일반적인 보편이 앞선다 | • 개체의 본질성 강조<br>• 개체를 이해하기 전에는 모른다. |
| 이성 | • 이성주의로 감<br>• 보편주의로 감 | • 인간의 이성을 제한함<br>• 개인주의로 흐름 |
| 주창자 | • 토마스 아퀴나스 | • 윌리엄 옥캄 |

4) 신비주의자들의 체험적 신앙에 영향을 받음 : 에크하르트(Ekhart), 요한 타울러(John Tauler), 위셀(Wiessell) 등
5) 성경 연구를 통해 성경만이 신앙의 유일한 표준임을 배움(시 22편 및 로마서)

(2) 루터의 종교개혁의 3대 원칙
  1) 율법에서 복음적 종교로 만들 목적
  2) 교권주의에서 참 자유주의로 발전
  3) 의식적 신앙에서 체험적 신앙으로 전환

(3) 루터의 국가관
  1) 교회와 국가를 구분 : 성도는 자발적으로 국가에 복종해야 한다.
  2) 신자는 원리상 의인이지만 실제상으로는 죄인이기에 국가의 통치를 받아야 한다.
  3) 그러나 국가의 명령이라 해도 종교상의 방해기 올 때에는 복종할 수 없다.
  4) 성도는 박해가 올 때에 망명은 가능하나 혁명적 방법은 불가하다.
  5) 기독교의 지도자들은 통치자의 비행을 비판하고 충고할 의무가 있다.
  6) 교회는 국가의 간섭과 지도를 받아야 한다.
  7) 교회의 행정권은 국가에 있다

(4) 루터의 구원관
  1) 구원은 하나님의 은혜로 된다.

2) 오직 믿음으로만 된다
  3) 그리스도 안에서 이루는 하나님의 새 관계이다.
  4) 인간의 선행으로는 구원을 얻을 자 없다.
 (5) 루터의 교회관
  1) 교회를 무형교회와 유형교회로 구분한다.
  2) 거룩한 교회란 그리스도를 믿는 모든 신자의 교제이다.
  3) 성령께서는 교회로 신자들을 항상 모으시고 지켜 주신다.
  4) 하나님의 말씀이 전파되고 성례가 정당하게 시행이 된다면 교회가 설립이 된다.
  5) 교회는 하나님의 오른손으로 국가는 왼손으로 다스리신다.

### 5. 루터와 신학적 논쟁자들

(1) 존 스타우피츠(John Staupitz)
  1) 어거스틴파 수도원장으로 수도원 질서와 조직 정비
  2) 루터에게 영향
    ① 경건주의와 신비주의자로서 방향을 제시
    ② 성경연구를 눈뜨게 함
    ③ 어거스틴 신학연구를 고무시킴
    ④ 중세 스콜라신학에서 벗어나도록 지도
(2) 에라스무스(Desiderius Erasmus ; 1466-1536) : 기독교 인문주의자
  1) 생애
    ① 1460년 말엽 한 사제의 사생아로 화란에서 출생
    ② 파리대학과 옥스퍼드에서 수학
    ③ 공동생활 형제단(Brethren of the Common Life)에서 교육받음
    ④ 인문주의자로서 고전에 정통함
    ⑤ 1513년 이후 독일에 거주하면서 개혁운동에 참여
    ⑥ 루터와 충돌 후 프로테스탄트와 등진 그는 교황에 의해 사제로 임명됨
    ⑦ 1536년 70세로 바젤에서 사망
  2) 그의 개혁운동

① 스콜라 신학의 결함을 폭로하고 당시의 교직자들의 무식과 부정을 공격함
② 헬라적, 펠라기우스적인 경향이 강하여 복음의 참뜻을 깨닫지 못함
③ 최초의 헬라어역 신약을 편집
④ 하나님의 뜻에 의한 개혁보다는 인간의 의지를 강조
3) 에라스무스의 주장
① 기독교의 본질은 평화와 조화의 통일이어야 한다.
② 교리 논쟁 때문에 타 종파를 억압해서는 안된다.
③ 개혁은 교리를 통해서 자유의지를 개발하고 진리 탐구를 함으로 온건하게 해야 한다.
4) 루터와 에라스무스의 관계
① 서로의 주장의 대립점
　가. 인문학자인 에라스무스가 신학론에 열중하지 않음을 인하여 루터는 그러한 희미한 태도를 공격
　나. 에라스무스는 인간의 자유의지를 강조하여 루터를 공격
　다. 여기에 대해 루터는 '의지의 굴레에 관하여'라는 책에서 "인간은 자유의지를 갖고 있지 않다" 노예 의지를 주장함
　라. 어거스틴의 주장을 채용함을 반대한다고 공격하자 이에 루터가 격렬하게 반박
　마. 격노한 에라스무스는 신교를 등지고 구교로 돌아가서 사제가 됨
② 정리

| 구 분 | 에라스무스 | 루터 |
| --- | --- | --- |
| 자유 의지 | • 인간은 의지적, 지적, 윤리적, 행위 가능<br><br>• 자유의지 | • 이성은 경험으로 가능하나 종교적 영역은 불가하다<br><br>• 노예의지 |
| 구원 | • 은혜와 선행으로 구원 | • 구원은 오직 하나님의 은혜이다. |

5) 저서
    ① 우신예찬(The Praise of Folley, 1509)
    ② 신약성경 번역(1516)
    ③ 천국에서 쫓겨난 율리우스(Julius Excluded from Heaven, 1517)
    ④ 자유의지론(The Freedom of the Will, 1524)
(3) 칼 스타트(Andreas Von Carlstadt ; 1480-1541)
    1) 생애
        ① 독일의 개혁자로서 이태리대학(에르푸르트와 콜로뉴)에서 수학
        ② 빗텐베르크대학의 신학교수(빗텐베르크에서 루터의 동료였음)
        ③ 베젤에서 신학교수로 지내다가 사망(1541)
        ④ 과격한 운동으로 인하여 체포당하였으나 루터의 도움으로 사면됨
        ⑤ 후에 스위스 재침례파의 영향을 받고 성찬론으로 인하여 루터를 반대하고 쯔빙글리에게로 가담
    2) 개혁운동
        ① 요한 에크에 대항해서 루터의 95개조문을 변론
        ② 교황의 칙령에 의해서 루터와 함께 파문함
    3) 사상
        ① 루터와 동역 하였으나 루터의 태도에 불만을 품고 급진적 개혁을 추구
        ② 루터의 부재시 예배의식을 변경
            가. 성찬식의 제사적 요소의 제거
            나. 성찬식 전의 참회의 폐지
            다. 참석자에게 포도주를 줌
(4) 루터와 칼 스타트의 관계
    1) 칼 슈타트는 종교개혁을 미온적인 것으로 보고 더 과격해야 한다고 주장
    2) 이에 대해 루터는 과격한 운동은 교황의 위험성보다 더 크다고 반대

(5) 칼 스타트와 루터의 주장 비교

| 칼 슈타트 | 루 터 |
|---|---|
| • 교회 안에 성상을 두는 것은 첫계명의 위반이다. | • 교회 안에 성상을 인정 |
| • 성직자도 결혼하라 | • 찬성 |
| • 예배시 음악과 악기 사용을 금한다. | • 사용에 찬성 |
| • 농부로 돌아가라 - 교육의 부정 | |
| • 세계의 긴박한 종말 강조 | |
| • 독일어를 사용하라 | • 95개조는 라틴어 사용, 성경은 독일어로 번역 |
| • 직접 영감 강조 | • 성경의 절대 권위 강조 |
| • 유아세례 반대 | • 유아 세례 인정 |

## 9. 토마스 뮌쩌(Thomas Münzer ; 1490-1525)

(1) 생애
   1) 라이프지히(Leibzig)에서 공부
   2) 급진적 종교개혁의 기수
   3) 농민 반란을 일으켰다가 진압시 체포되어 사형받음
(2) 개혁운동
   1) 초기에 루터의 영향을 받음
   2) 쯔비카우 예언자단과 연계됨
   3) 그로 인하여 농민반란이 일어남
(3) 주요사상
   1) 성령의 계시를 받은 예언자로 자처
   2) 성경과 교직을 경히 여김
   3) 유아세례 반대
   4) 세계 종말의 임박성 강조
   5) 사회조직의 근본적 개조를 주장
   6) 정치와 학술을 부정
(4) 뮌처와 농민전쟁(1524-1525)

1) 과격한 설교로서 루터의 영향이 미치지 않은 지방에서 선동으로 사회적인 혁명 주장
2) 그의 요구
① 농노제의 폐지
② 부역, 공납의 경감을 요구
3) 결과
① 루터는 과격성으로 인하여 고민하다가 진압을 요구
② 15만명이 사망 후 진압 성공
③ 루터는 하층민의 지지를 받지 못하고 뮌처파는 재세례파에 가담하게 됨

## 10. 멜랑톤(Philip Melanchtonn ; 1497-1560)의 개혁운동

(1) 생애
1) 독일의 주도적인 인문주의자요 당대 최대의 기독교 히브리어 학자였던 요한 로이홀린(John Reuchlin ; 1455-1522)의 증손
2) 하이델베르그와 튀빙겐에서 수학
3) 루터의 유일한 동지로 빗덴베르크 대학의 히브리어, 헬라어 교수
(2) 루터의 부재 기간 동안 개혁을 진행해 나간 과감한 인물
1) 수도사와 수녀들이 수도원에서 나와 결혼
2) 예배의식의 단순화 및 라틴어 대신 독일어 예배를 강행
3) 죽은 자를 위한 미사와 각종 금식, 금욕 등이 폐지
4) 평신도들에게 떡과 잔을 모두 부여하는 2종 성찬(Communion in both kinds)을 시행
(3) 인문주의적인 경향으로 이신득의 교리를 인정하면서도 동시에 선행의 필요성을 강조
(4) 루터가 죽은 후 필립파와 엄수 루터란으로 분열

| 필립파 | 엄수 루터파 |
| --- | --- |
| • 빗텐베르그 회의에 서명<br>• 중추요소를 위해서 부수요소를 양보할 수 있다.<br>• 구원을 위한 인간의 역할을 강조<br>• 성찬을 있어서 상징설 주장 | • 거부<br>• 부수요소도 신앙고백이므로 양보할 수 없다.<br>• 처음부터 노예화 된 의지를 주장<br>• 공재설 주장 |

(5) 신학 : 권위는 성경에 있다.
믿음이란 예수가 우리를 위해 죽으심을 확신하는 것이다.
예전에는 세례와 성찬이 있다.
(6) 저서
   1) 아우그스부르크 신앙고백서(Ausburg Confession) 작성
   2) 신학개요(Commonplaces)

## 11. 기타의 독일 개혁자들

(1) 마티아스 프라시우스 일리리쿠스(Matthias Flacius Illyricus ; 1522-1586)
   1) 생애
      ① 루터와 멜랑톤에게서 배움
      ② 비텐베르크대학에서 히브리어 교수가 됨
   2) 개혁운동
      ① 멜랑톤이 타협주의자라고 생각되어 그와 결별
      ② 자기와 동의치 않는 자들을 격렬히 비판함
(2) 자카리우스 우르시누스(Zacharius Ursinus ; 1534-1583)
   1) 생애 : 하이델베르크 브레슬라우(Heidelberg Breslau)에서 가르침
   2) 개혁운동
      ① 제네바에서 칼빈을 방문
      ② 카스파 올레비아누스와 함께 하이델베르크 신앙고백서를 작성
      ③ 독일 개혁교회의 기수
(3) 카스파 올레비아누스(Caspar Olevianus ; 1536-1587)
   1) 생애 : 프랑스 태생으로 칼빈과 베사(Beza) 밑에서 수학
   2) 개혁운동
      ① 개혁주의적 계통을 따라 하이델베르크에서 교회를 조직하는 것을 도와 줌
      ② 자카리우스 우르시누스와 함께 하이델베르크 신앙고백서를 작성

* 루터파와 개혁파 간의 신학적 논쟁의 비교

| 구 분 | 루터파 | 개혁파 |
|---|---|---|
| 구원 서정 | 소명-조명-회심-중생-칭의-성화-영화 | 선택-예정-그리스도와의 연합-소명-중생-신앙-회개-칭의-성화-영화 |
| 은총론 | 세례와 설교를 통해서 은혜를 받음 가항력적인 은혜 | 불가항력적인 은혜 |
| 회개 | 신앙으로 이끈다 | 신앙에서 나온다. |
| 세례 | 중생케 하며 죄와 죄의 능력을 소멸 | 은혜의 언약에서 결합시킴 |
| 성찬 | 그리스도가 객관적으로 현존 | 믿음으로 그리스도가 현존하며 영적으로 임재한다. |
| 교회와 국가관계 | 개신교를 지지하는 통치자 안에서 국가교회를 교도한다. | 정교의 분리 |
| 성경과 관계 | 성경에서 금하지 않은 것은 어느 것이라도 허용 | 성경에서 허용되지 않은 어떤 것이라도 금지 |

## 13. 스위스 종교개혁

(1) 쯔빙글리와 스위스의 종교개혁
    1) 울리히 쯔빙글리(Ulrich Zwingli ; 1484-1531)
       ① 1484년 1.1 스위스 빌트하우스(Wildhaus : 월드허스)에서 출생
       ② 15세에 뵐플린(Wolflin)의 문하생이 되고 2년 후 비엔나에 유학(고문학)
       ③ 1506년부터 목회(1516 : Glarus, 1516 : Eigiedeln, 1519 : Zurich)
       ④ 바젤로 귀환 후 라틴어를 가르치며 철학을 연구
       ⑤ 1518년 쮜리히로 부임
       ⑥ 1531년 10월 카펠(Kappel)에서 카톨릭 연맹과의 싸움에서 전사
    2) 개혁 사업
       ① 칼빈과 함께 스위스의 종교 개혁자
       ② 루터와는 아무런 연락이 없이 거의 동시대에 종교개혁에 착수

③ 67개조의 논조를 걸고 토론하여 시의회에서 통과
④ 1528년에는 베른에서도 다년간의 논쟁을 거쳐서 프로테스탄스의 승리를 가져오게 함
⑤ 바젤과 스트라스버그의 개혁사업을 성공으로 이끔
⑥ 종교 개혁은 정치 개혁과 동시에 이루어져야 한다고 확신
⑦ 스위스 지방에서는 성과를 올렸으나 산간 지방에서는 대립
⑧ 루터와 마르부르크 회의에서 일치를 논의했으나 성찬론의 차이로 결렬
3) 그의 신학
① 에라스무스에게서 영향을 받음
② 이신득의, 만인제사주의, 성경의 절대권위
③ 신의 의지가 신학의 중심이 된다.
④ 성찬은 기념설 및 상징설 : 단순한 상징에 불과하다
⑤ 예배 의식의 근본적인 개혁
⑥ 교회정치의 주권은 교회에 있다
⑦ 교권의 배격과 민주헌법 주장
⑧ 대회의 조직 : 목사, 각 교회 대표 2명, 정부 대표 8명
4) 평가
① 루터보다 더 급진적인 개혁을 주장한 인물
② 루터보다 문예부흥사상이 풍부하고 지적임
③ 박해 당할 때 그의 추종자들의 일부가 이탈해 재침례파를 구성
5) 저서
① 하나님의 말씀의 명확성과 확실성(The Clarity and Certainty of God's Word, 1522)
② 세례와 재침례 및 유아세례(Baptism, Rebaptism and the Baptism of Infants, 1524)
③ 신앙고백(Confession of Faith, 1530)
④ 자유자와 음식의 선택에 관하여
⑤ 67개 결론
(2) 스위스에서의 신구 양파의 캄펠(Kappel) 조약
1) 제 1일 조약
① 산림 지역주는 군비를 지출한다.

② 각 주의 신앙은 다수로 결정한다.
　　　③ 종교상의 문제로 분쟁하지 말자
　　2) 제 2일 조약
　　　① 1531년 산림지역 주들이 조약을 어기고 군사 8,000명으로 쮸리히를 습격
　　　② 개혁도시들이 대항했으나 대패하고 쯔빙글리도 이 전투에서 전사
　　　③ 조약을 체결
　　　　가. 개혁도시 주는 군비를 지출할 것
　　　　나. 5개의 산림지역 주는 로마교를 지킨다
　　3) 루터와의 만남
　　　① 바로 이 시점에서 루터와 쯔빙글리는 말부르그에서 만남
　　　② 정치 문제의 이견과 성찬 문제의 이견으로 합동이 결렬
(3) 스위스의 종교개혁가들
　　1) 요한 오에콜람파디우스(John Oecolapadius ; 1482-1531)
　　　① 생애
　　　　가. 볼로냐와 하이델베르크에서 공부(법학과 신학을 전공)
　　　　나. 쯔빙글리와 친구
　　　　다. 저명한 문학자
　　　② 개혁운동
　　　　가. 에라스무스, 멜랑톤, 루터로부터 영향을 받음
　　　　나. 종교개혁을 바젤에 정착시키는데 결정적인 역할을 함
　　　　다. 마르부르크 논쟁에 참여
　　2) 귈라움 파렐(Guillaume Farrel ; 1489-1565)
　　　① 생애
　　　　가. 자크 르 페부르에게서 수학
　　　　나. 노이샤텔에서 후반의 생을 보냄
　　　② 개혁운동
　　　　가. 프랑스로부터 추방당한 후 스위스에서 순회전도자가 됨
　　　　나. 베른과 제네바에 종교개혁 운동을 도입하는 데 큰 역할
　　　　다. 칼빈을 권유하여 제네바 교회 개혁 청원
　　3) 마틴 부쩌(Martin Bucer ; 1491-1551)
　　　① 생애

가. 알사스의 쉴레트슈타트(Schlettstadt)에서 출생
나. 도미니크의 수도자가 됨(15세)
다. 하이델베르크에서 수학
라. 루터를 접한 후 루터주의자로 급진적인 도미니칸이 됨
마. 토마스 크랜머의 특별 초청으로 케임부리지에서 강의함
② 개혁운동
가. 종교개혁의 화해자로 불리움(루터파와 개혁파, 카톨릭간의 화해시도)
나. 인문주의 부분에서 에라스무스로부터 영향을 받음
다. 스트라스부르크의 종교개혁을 이끌었으며 거기서 칼빈에게 영향을 끼침
4) 하인리히 불링거(Heinrich Bullinger ; 1504-1575)
① 생애
가. 콜로뉴에서 수학
나. 쮜리히에서 쯔빙글리를 계승함
② 개혁운동
가. 에라스무스와 루터, 멜랑톤의 영향을 받음
나. 제1,2차 헬베틱 신조 작성을 도움
다. 장로주의 반대
5) 데오도르 베자(Theodore Beza ; 1519-1605)
① 생애
가. 오를레앙에서 법학공부
나. 심한 질병 후 1548년에 개신교로 개종함
다. 로진과 제네바에서 헬리이를 기르침
라. 제네바 아카데미의 학장이 됨
② 개혁운동
가. 포이시 논쟁에서 개혁주의 개신교를 옹호함
나. 제네바 종교개혁을 주도함으로 칼빈의 뒤를 계승함
다. 프랑스 위그노들에게 조언자가 됨
③ 저서 : 베자 사본

## 14. 칼빈과 그의 개혁

(1) 요한 칼빈(John Calvin ; 1509-1564)
  1) 1509. 7.10. 프랑스 북부의 노용에서 출생
     부친은 법률가인 존 제라드, 모친은 경건한 신앙인
  2) 1523. 8. 14 파리대학에서 논리학, 철학, 인문과학 등을 거쳐 오를레앙(Orleans), 부르제(Bourge) 대학에서 수학
  3) 1533. 11. 1 24세 때 친구인 니콜라스 코프(Nicholas Cop)가 대학장으로 취임시에 위임 연설문을 기초자로 복음주의 강조
  4) 1535년 코프의 대학장 취임 연설문 사건으로 바젤로 망명
  5) 1536년 27세 때에 기독교 강요 저술
  6) 1536. 7 스트라스부르그(Strasburg)로 가는 도중 화렐(W.Farel)을 만나 제네바에서 계속 개혁사업을 함
  7) 1537년 급격한 개혁의 역반응으로 추방되어 스트라스부르그에서 3년간 이민자들의 목회를 하면서 집필
  8) 1540년 8월 제네바에서 개혁하는 중 네델란드에서 피난해 온 과부와 결혼 9년 만에 아내가 죽고나자 그는 끝내 독신으로 삶
  9) 1541년 제네바로 귀환 초청을 받아 종교개혁을 지도(23년간)
  10) 1564. 5. 24. 55세로 제네바에서 수제자 베자(Theodore Beza)의 팔에서 사망
  † 수년 간 1일 1식을 하고 매일 설교, 주 3회 신학강의, 저술 등으로 신체가 매우 허약하였다고 한다.

(2) 사상
  1) 신학의 기초 : 하나님의 절대 주권, 성경의 절대성
  2) 구원관 : 하나님의 예정, 하나님의 섭리
  3) 교회관 : 가견적 교회와 불가견적 교회
  4) 성례관 : 영적 임재, 기념설
  5) 윤리관 : 교리의 생활화
  6) 속죄론 : 형벌대수론
  7) 사회국가관 : 공화주의적 신정정치
  8) 가톨릭과의 관계 : 철저한 개혁
  9) 윤리관 : 교리의 생활화, 성경을 생활원리로서 실천

10) 생활관 : 근면, 검소, 절제의 생활
   11) 정당한 부의 축적 장려(은행의 발전 계기)
   12) 직업관 : 하나님의 부르심으로 신성
(3) 저서
   1) 기독교 강요(Instruction in the Christian Religion)
   2) 신구약주석
   3) 문답서
   4) 설교와 서신
   5) 세네카 주석
   6) 성찬론(Short Treatise in the Lord's Supper)

## 15. 칼빈의 사상

(1) 칼빈주의의 5대 강령(구원관),
   1) 인간의 전적 부패(Total Depravity)
   2) 무조건 선택(Uncomditional Election)
   3) 제한 속죄(Limited Atonement)
   4) 불가항력적 은혜(Irresistible Grace)
   5) 성도의 견인(Perseverance of the Saints)
   † 이것을 TULIP 교리라 부른다.
(2) 칼빈의 성경관
   1) 가경을 인정치 않는다.
   2) 성경의 절대영감
   3) 성경의 권위를 교회의 권위보다 우위에 둔다.
   4) 성경의 통일성
   5) 성령의 내재로 성경을 증거한다.
   6) 66권 성경 외에 다른 계시를 인정치 않는다.
   7) 교회는 성경을 보존할 의무가 있다.
(3) 칼빈의 교회관
   1) 가견적 교회와 불가견적인 교회로 구분
      ① 가견적 교회 : 우리 눈으로 볼 수 있는 위선자가 포함된 교회. 그러나 불가견적인 교회 만큼이나 중요. 외면적 정치와 조직이 있는 교회다.

② 불가견적인 교회 : 눈으로 볼 수 없는 참된 교회로서 하나님만이 아시는 그리스도의 지체가 된 자들의 모임이다.
2) 교회로부터 분리하는 자는 하나님과 그리스도를 부인하는 것이다.
3) 교회를 떠난 자들에게는 파멸이 있을 뿐이다(교회를 떠나서는 구원이 없다)

(4) 칼빈의 기독교 강요
1) 1538년 27세 때에 초판을 저술 : 프란시스 1세에게 헌정됨
2) 저술 동기
① 프랑스를 떠나 망명한 후 조국에 있는 복음주의자들을 변호할 목적으로 저술
② 당시에 박해를 당하고 있던 신교의 신앙을 체계적으로 제시하면서 성경적으로 변증
3) 기독교 강요의 출판 역사

| 구 분 | 라틴어판 | 프랑스어판 | 집필지 |
| --- | --- | --- | --- |
| 1판 | 1536 |  | 바젤 |
| 2판 | 1539 | 1541 | 스트라스부르그 |
| 3판 | 1543 | 1545 | 제네바 |
| 4판 | 1550 | 1551 | 〃 |
| 5판 | 1559 | 1560 | 〃 |

4) 내용
① 제 1 권 : 신론, 인간론
② 제 2 권 : 원죄론, 기독론, 십계명 해설
③ 제 3 권 : 성령론, 말세론
④ 제 4 권 : 교회론, 국가론
5) 특징
① 신학 전반에 폭넓은 주제를 다룸
② 성경 인용의 정확성, 논리의 정연성
③ 교부문서 인용에 정통
6) 평가
① 바울신학이 그 중심으로 루터와 어거스틴의 사상이 전체적으로 지배하고 있음

② 종교개혁 후 종교개혁의 원리를 가장 조직적이고 체계적으로 집대성한 불후의 역작이자 대표작
③ 초판에서부터 기본적인 그의 사상은 거의 변함이 없이 전개되고 있고 판을 거듭할수록 증보
(5) 칼빈의 사상이 유럽에 끼친 사상적 영향
　1) 프랑스
　　① 위그노(Huguenots)의 활동 - 중심인물은 페르페(Le Ferve)
　　② 1552년 파리대회에서 채용한 신조는 칼빈주의 신학에 근거한 것임
　　③ 1572년 성 바돌로매 축제 위그노 대학살 사건이 일어났다.
　　④ 1598년 앙리 4세의 낭트 칙령으로 신교의 자유를 획득
　2) 영국
　　① 청교도들에 의하여 카톨릭적 의식과 미신적인 의식을 일소시키도록 함
　　② 청교도 신앙은 전적으로 칼빈의 신학의 영향임
　　③ 수 많은 인재의 배출(Hooper, Humphrey, Milton, Tohn Bunyan 등)
　　④ 영국교회의 "39개 신조"에 칼빈의 사상이 반영됨
　3) 스코틀랜드
　　① 패트릭 해밀톤(Patrick Hamilton)과 조지 위셔트(George Whishart)에 의하여 개혁의 불길이 일어났다.
　　② 존 낙스(John Knox)에 의하여 1560년 개혁교회가 법적으로 인정을 받았다.
　4) 화란·벨직 신조는 전적으로 칼빈의 사상이 기초가 됨
　5) 스위스
　　① 스위스는 원래 쯔빙글리 지역인데로 불구하고 칼빈의 영향이 절대적
　　② 성찬론에서 칼빈과 협의하여 일치를 보게 되었다.
　6) 독일 : 하이델베르크 신앙고백은 전적으로 칼빈의 사상이 기초가 됨

※ 개혁의 3대 신학자 비교

| 구 분 | 루 터 | 쯔빙글리 | 칼 빈 |
|---|---|---|---|
| 신학의 중심 | 그리스도 중심 | 신의지 중심 | 하나님의 절대중심 |
| 근본 원칙 | 이신득의 | 이신득의 | 이신득의 |
| 성례 | 공재설 | 기념설 | 영적 임재. 기념설 |
| 교회와 국가 | 교회는 국가에 복종 | 민주헌법, 교권 배격 | 교회와 국가의 분리 혹은 구분 |

(7) 각국의 칼빈주의 계통 교회
　　1) 프랑스 : 위그노(Huguenots)
　　2) 스코틀랜드 : 장로파(Presbyterians)
　　3) 영국 : 청교도(Puritans)
　　4) 화란 : 후이센(Geuzen)
　　5) 독일 : 프로테스탄트(Protestants)

## 16. 칼빈의 제네바 개혁운동

(1) 개혁 전의 정치 조직
　　1) 제네바시는 자치권이 있었다.
　　2) 시정은 평의회, 200인회, 시민총회에 의하여 지배되고 있었다.
(2) 개혁운동
　　1) 1521년 루터의 저서로 동요, 32년에는 일반인의 동요가 일기 시작
　　2) 파렐의 개혁운동의 성공으로 제네바 개혁당에게 힘과 자극을 줌
　　3) 200인 의회는 미사금지,
　　4) 풍속 개량과 규율을 엄격하게 지킴
(3) 칼빈과 파렐(Farrel)
　　1) 1차 개혁운동
　　　① 파렐의 권유로 제네바에서 개혁운동에 동참
　　　② 칼빈은 3인의 목사 중 한사람으로 급속한 개혁을 시도
　　　③ 시민의 반항으로 의회가 파렐과 칼빈을 추방
　　　④ 이때 칼빈은 스트라스부르그에서 3년간 성경 주석을 집필
　　2) 2차 개혁운동
　　　① 1541년 신파의 집권으로 다시 초빙

② 23년간 개혁운동을 진력하였다(13년은 고전, 10년간 성공).
(4) 개혁의 내용
   1) 교회법 제정
      ① 교회정치 : 감독없이 국가의 지배를 받지 않는다.
      ② 교회의 직원
         가. 목사(목사회 선정, 시 의회부에 회부, 교회의 동의) : 성경해석과 설교담당
         나. 장로 : 정치 담당
         다. 집사 : 재정담당
         라. 교사 : 신학교수와 시의 종교교육 담당
      ③ 교인 : 전 시민으로 신앙고백을 하여야 한다.
   2) 평의회 조직
      ① 목사 5인, 장로 12인으로 조직
      ② 주로 풍속개량, 도덕 고취의 목적
      ③ 칼빈은 목사회원이었으나 성경해설가로 특별한 지위를 갖고 있었다.
      ④ 교회는 추방권을 소유하고 형법상의 처분권이 없음
      ⑤ 교회에서 추방된 자는 일반 법정에서 형벌 관장하되 실제로는 평의회의 정하는대로 됨(1542-46까지 58명을 사형하고 78명을 추방함)
   3) 사업
      ① 교회사업 부흥을 위하여 견직 산업을 장려함
      ② 시민 교육을 위해 대학을 설립
      ③ 은행을 장려함
(5) 칼빈의 제네바 통치 이념
   1) 역사적 시점에서 제네바에서 기독교적 이상을 현실적으로 실현코자 했다.
   2) 교회와 국가의 상호 밀접한 관계를 협력을 촉진, 교회를 교회답게 만들기 위해 교회법을 조직 정비
   3) 시민에게 요리문답을 교육하고 사회를 위해 도덕을 강조하며 법질서를 회복시켰다.
   4) 경제적으로 부강한 도시를 만들기 위하 공업과 상업을 장려하였다.
   5) 종교적 교육을 위하여 제네바 대학을 설립
   6) 그리하여 제네바는 종교 개혁자들의 은신처요 새 에너지의 공급처가 됐다.

## 17. 칼빈의 반대자들

(1) 세르베투스(Michael Serbetus ; 1519-1553)
   1) 스페인의 의사이자 법률가, 신학자로 급격한 자유사상가
   2) 22세때 "삼위일체의 오류" 저술
   3) 1553년 "기독교의 복구" 저술
     ① 교회의 부패원인을 다음의 3가지라고 주장
        가. 니케아 회의의 삼위일체설
        나. 칼케돈회의의 기독론
        다. 칼케돈회의의 유아세례 등이 교회부패의 원인이라고 맹공
     ② 조치
        가. 제네바 서점과 칼빈에게 보낸 신학논쟁을 일으킴
        나. 이 책을 인하여 극형을 피해 도망다니다가 제네바에서 체포되어 금고형을 받음
        다. 프랑스에서는 체포되어 가톨릭 법정에서 사형선고 받음
        라. 리용 감옥을 탈출하여 은신하다가 1개월만에 체포됨
   4) 칼빈의 조치
     ① 그의 개심과 신학입장 수정을 요구
     ② 그는 칼빈을 추방하려고 칼빈의 반대파를 종용하려 시도
     ③ 시 의회는 재판을 끌면서 그의 회심을 기다렸으나 회심하지 않음
     ④ 다른 도시들의 의견을 수렴하여 이단자로 화형을 선고
     ⑤ 그러나 칼빈은 관대한 처분을 권고함
   5) 1553년 7월 화형당함
(6) 세르베투스와 칼빈과의 관계
   1) 칼빈의 삼위일체론을 생명을 걸고 반대하다가 결국은 화형당함
   2) 로마교회는 세르베투스를 이미 사형선고했는데 프로테스탄트에서 관용하면 로마교회는 삼위일체를 부인하는 이단이라고 공격할 것임이 자명한 일이었다.
   3) 당시의 프로테스탄트는 로마교회로부터 이단으로 공격을 받고 있던 중이었다.
   4) 쮸리히의 개혁교회 목회자들은 칼빈에게 그를 엄벌토록 압력을 가했다.
   5) 시의회는 처리를 미루면서 모든 도시들의 여론을 유도하였다.

6) 그의 화형은 칼빈이 반대파를 제거하는데 개혁의 대상인 중세교회의 잔재를 사용했다고 지금까지도 비난의 대상이 되고 있다.
  7) 칼빈이 이단 화형이라는 중세의 잔재를 거부했으면 더욱 좋았겠지만 당시의 시대상황과 의회의 결정이었던 점을 기억할 필요가 있다.
 (7) 기타 칼빈의 개혁의 반대자들
  1) 자유주의자들 : 심령파(사상), 정치적 자유주의자들
  2) 카스텔리오(Sebastian Castellio ; 1515-1563)
    ① 프랑스 출신 칼빈의 친구이자 고문학자
    ② 제네바 신학교 교장
    ③ 성경의 권위를 불신하여 일부성경의 정경성을 비판
    ④ 아가서를 연가로 해석함으로 칼빈과 충돌
    ⑤ 결국 직분을 박탈당하고 바젤로 망명
  3) 볼섹(Jerome Bolsec)
    ① 칼빈의 예정설을 반박
      "칼빈의 예정설은 하나님의 사랑과 은총에 배치되며, 하나님을 죄악과 타락의 책임자로 만드는 것이다"
    ② 칼빈을 비방하는 전기를 써서 칼빈의 영향력을 손상토록 시도
    ③ 금고되었다가 추방

## 18. 이태리의 개혁 좌절

(1) 1517년 로마에서 성직자와 평신도가 "하나님의 사랑의 모임"을 조직하여 교회 개혁을 시도하며 교황 바오로 3세에게 교회 개혁 건의서를 제출
(2) 대표자들로서는 강경파인 카라파(Caraffa), 사도렛토(Sadoletto), 온건파인 콘타리니(Contarini) 등으로 이들은 추기경이 되어 교황을 도움
(3) 교황이 온건 개혁 제의를 거부하고 강경노선을 따르므로 개혁 기회 상실
(4) 콘타리니는 레겐스부르크(Legensburg) 종교회의(1541)에서 멜랑톤, 칼빈 등과 타협 모색(이신득의 교리를 수용하였으나 교황의 사도적 계승권을 고집)
(5) 이 회의가 결렬되자 결국 교황은 강경일변도로 결행
(6) 강경파인 카타리파의 바오로 4세(Paul IV) 교황이 되자 종교재판을 강행하고 신교 탄압에 앞장섬

(7) 결국 이 운동의 실패로 인해 반동종교개혁이 일어나 신교탄압을 구체화 함

## 19. 카톨릭 교회의 반동 종교 개혁(Counter Refomation)

(1) 정의 : 신교의 개혁을 대항하려는 로마 카톨릭교회 자체 내의 개혁 운동
(2) 목적
   1) 로마 교회의 부패를 정화하고 규율을 교정
   2) 교리적으로는 종래의 입장을 계속 유지하려는 자체 개혁 운동
   3) 신교에 대항하려는 운동
(3) 종류
   1) 카스틸의 이사벨라 여왕과 히메네스 추기경
      ① 알카라 대학을 설립
      ② 성경의 다국적 대역판을 발간
   2) 성데레사의 맨발의 갈멜 수도원
   3) 이그나티우스 로욜라의 예수회(Jesuites)
      ① 파리대학에서 철학, 신학 연구의 6인 소동지회를 구성
      ② 교황에게 복종, 로마교의 보호, 이교에게 전도 등을 목적으로 설립
(4) 카톨릭의 반동 종교개혁의 지도자들

| 구 분 | | 연 도 | 주 요 사 항 |
|---|---|---|---|
| 스페인 | 토마스 드 토퀘마다(Thomas De Toquemada) | 1420-1498 | • 도미니크 수도원 입단<br>• 페르디난드와 이사벨라의 고해신부<br>• 최초의 스페인 종교재판소장 |
| | 프란시스코 지메네스(Francisco Jimenes ) | 1436-1517 | • 프란시스코 수도원 입단<br>• 이사벨라 여왕의 고해신부, 톨레도의 대주교<br>• 알라카대학 설립<br>• 컴플루툼(Complntum)판 대역성경 제작 감독 |
| | 이그나티우스 로욜라(Ignatius Loyola) | 1491-1556 | • 군인출신으로 도미니크 수도원 입단<br>• 1534년 예수회 설립(6명과 공동으로)<br>• 1551년 로마대학 설립 |
| | 제임스 레이네쯔(James Laynes) | 1512-1565 | • 예수회 설립자로 후에 예수회 의장이 됨<br>• 개신교에 대한 강력한 설교<br>• 트렌트 종교회의시 교황파를 이끌며 반프로테스탄트 신조 작성을 도움 |

| 구 분 | | 연 도 | 주 요 사 항 |
|---|---|---|---|
| 이 태 리 | 지오반니 카라파 (Giobanni Caraffa) | 1476-1559 | • 교황의 특사로 영국 플란더스, 스페인 방문<br>• 1524년 세아틴 건립 조력<br>• 1536년 추기경, 1555년 교황(바울4세)<br>• 금서목록 발간 |
| | 자코포 사돌레토 (Jacopo Sadoleto) | 1483-1542 | • 레오10세, 클레멘트 7세의 비서<br>• 멜랑히톤과 칼빈에게 편지하여 화해 시도<br>• 계층제 조직에 의해 묵살당함 |
| | 가스파로 콘타리니 (Gasparo Contarini) | 1483-1542 | • 베니스의 대사로 영국, 스페인, 이태리로 파견<br>• 개신교와 화해를 시도<br>• 1541년 레겐스부르크에서 멜랑히톤, 부처와 함께 칭의개념에 합의함 |
| | 미셸 기슬리에리 (Michele Ghisleri) | 1504-1572 | • 도미니크 수도원 입단<br>• 로마 종교재판소 관장<br>• 1557년 추기경, 1556년 교황(파이우스 5세) |
| | 찰스 보로오메 (Charles Borromeo) | 1538-1584 | • 화란과 프랑스에서 개신교를 분쇄에 앞장<br>• 영국의 엘리자베스 1세를 파문<br>• 12세에 아로나 수도원의 원장이 됨<br>• 1559년 추기경, 1560년 밀라노 대주교<br>• 트렌트 종교회의시 적극적인 개혁세력<br>• 많은 학교와 고아원 건립 |
| 영 국 | 로버트 벨라민 (Robert Bellamine) | 1542-1621 | • 1560년 예수회 입단<br>• 루뱅대학 신학교수로 당대의 유명한 변증가<br>• 갈릴레오 학설을 반대 |
| | 레지날드 폴 (Reginald Pole) | 1500-1558 | • 헨리 8세의 결혼반대로 추방<br>• 영국을 카톨릭국가로 환원키 위해 노력<br>• 크렌머 후임으로 켄터베리 대주교 |
| 독 일 | 피터 카니시우스 (Peter Canisius) | 1521-1597 | • 예수회 출신으로 독일 남부 반동종교개혁의 기수<br>• 3개의 신앙고백서 작성(12개국어로 번역됨) |

출처 : R. C. Walton, *CBC*.

## 20. 예수회(Jesuites)

(1) 예수회(Jesuites)의 창시자 이그나티우스 로욜라(Ignatius Loyola)
   1) 1492년 스페인 귀족으로 태어나 무사교육을 받으며 통솔력을 키움

2) 1521년 전쟁시에 장교로 출전했다가 중상을 입고 병상에서 성자들의 전기에 감동되어 평생을 성모를 위해 싸우기로 결심
3) 1529년 37세 때에 파리대학에서 신학과 철학을 연구(7년간)
4) 대학 재학시 6명의 동지로 소단체를 조직(1534년)
   ① 성지에서 기독교도 보호
   ② 교황에 충성
5) 1540년 예수회 창립(군대적인 조직적 체계와 규율)
   교황에게 복종, 로마교회의 보호, 이교도에게 전도 등을 목적으로 설립
6) 1556년 최고사령관으로 16년간 재직하다가 사망

(2) 예수회(Jesuites ; Society of Jesus)
   1) 정의
      로마 교회 안에 세운 수도단체로 일정한 규칙 생활을 하고 전도하며 이단과 싸우고 이교도들을 개종에 힘쓴 결사단체로 1534년 이그나티우스 로욜라에 의해 결성됨
   2) 목적
      ① 로마교회 자체 내의 부패 정화와 규율정비
      ② 신교에 대항
      ③ 교리적인 입장 고수와 전통 고수
      ④ 전도와 이단(특히 신교) 박멸, 이교도 개종을 위해
   3) 조직
      ① 2년간 예비 훈련후 학생, 부회원, 정회원
      ② 교단장(최고사령관)은 선거로 선출(종신직)
      ③ 청고백자(고백청취), 고문, 보조자, 지방장관
   4) 서약
      ① 절대복종
      ② 빈곤
      ③ 독신
   5) 1540년 교황 바울 3세가 공인
   6) 활동방법
      ① 고백청취 : 정치상 기밀 등을 확장의 호기회로 삼음
      ② 교육 : 대학경영, 상류사회를 이끔
      ③ 외국전도 : 인도, 고올, 일본, 중국 등에서 크게 성공

7) 행동 강령 : 목적은 수단을 의롭게 한다.
   ① 개연주의 : 불확실한 사항에도 어느 학자가 찬성하면 따라가는 주의
   ② 의중보류 : 거짓도 정당하게 대답
   ③ 절대복종 : 자신의 양심과 권위를 버린채 상급자에게 절대복종
8) 세력의 확장
   ① 카톨릭의 최대의 무기가 된다.
   ② 한국에 마태오 리치로 알려진 분도 예수회 소속의 신부이다.
   ③ 당시 구라파 각국에 크게 확상
9) 쇠퇴
   ① 제왕 살해음모 등에 가담
   ② 선교실적을 위해 우상 종교의 풍습과 타협
   ③ 이권을 위한 사업을 경영
   ④ 도덕주의의 약점으로 1615년 이후에 세력이 약화되기 시작
10) 영향
   ① 서남독일을 신교로부터 탈환
   ② 로마교회의 각성
   ③ 스페인과 포르투칼의 식민정책에 편승 아시아 아프리카 등지에 전도
   ④ 동양에 서양문물을 최초로 소개

### 21. 트렌트(Trent) 종교회의

(1) 소집자: 교황 바울 3세(챨스 5세의 청원으로)
(2) 기간: 1545-1563(18년간 교황 5대가 교체됨)
(3) 종교회의 : 세계 종교회의로는 19회 종교회의
(4) 의제
   1) 황제편
      ① 교회의 개량, 신교와 가급적이면 타협을 원함
      ② 회교권인 터어키의 세력을 대항하려는 정치적 동기
   2) 교황편
      ① 신교 혼동방지를 위해 교리 제정을 주장

② 로마 가톨릭 교회 내의 계율 개혁안 제정
　　　③ 이단을 박멸을 위한 종교재판의 수단으로 삼으려는 동기
(5) 경과
　　1) 제1기(1545-1549.9.17) 교리 문제에 치중
　　　① 황제와 교황의 충돌을 피하기 위하여 정회
　　　② 1547. 3.에는 전염병으로 볼로냐로 옮겨서 속개
　　2) 제2기(1551-52)
　　　황제와의 타협 정책으로 유리우스 3세(Eurius III)에 의하여 트렌트에서 소집됨
　　3) 제3기(1562-63)
　　　피우스 4세(Pius IV)가 소집하였는데 비타협파가 주도권을 완전 장악
(6) 결의 내용
　　1) 제1기:
　　　① 성경과 전통이 동등한 권리가 있다고 인정
　　　② 세례와 견신례를 인정
　　2) 제2기: 성찬, 참회, 예전을 인정
　　3) 제3기:
　　　① 죽은 자를 위한 기도의 유효 인정
　　　② 성자숭배 및 속죄표(면죄부) 인정
(7) 결과
　　1) 로마교회의 수뇌급이 대거 참여하여 비타협적으로 신교의 인권을 봉쇄해 버림
　　2) 종전의 교리를 재확인하고 교회의 규율을 바로 잡는데 성공
　　3) 로마교회 개혁운동과 전도운동의 계기를 마련함
(8) 특기사항
　　1) 전통과 성경이 동일하다고 주장한 점
　　2) 벌게이트 성경을 표준성경으로 채택
　　3) 사사로운 성경해설을 배격하고 공적 해석권을 결정
　　4) 구원에 있어서 신인협력설을 주장
　　5) 신앙은 교회가 가르치는 교리를 받아들이는 것이라고 정의
　　6) 세례를 받을 때에 칭의와 원죄의 사함을 받는다.
　　7) 사제의 제사장직을 인정(만인제사직을 부정)

8) 희생제사로서의 미사 인정
9) 화체설, 칠성례, 연옥설, 성자숭배 및 유물 예배 재확인
10) 면죄부의 인정
11) 신교의 사상을 박멸하기 위해 금서목록을 제정
12) 성직자의 자질 향상 및 독신생활 엄수 결정
(9) 피우스 4세 신경(Creed of Pius Ⅳ) 공포 : 1564년 피우스 4세에 의해 공포
† 이것이 트렌트 신앙고백서(Profession of Tridentine Faith)이다.

## 22. 종교재판

(1) 중세의 종교재판이 신교 박멸 수단으로 1542년 바오로 3세(Paul III)에 의해 부활
(2) 교회의 순결을 구실로 이단박멸을 정당화
(3) 바오로 4세는 6명의 추기경을 종교재판 대법관으로 삼고 전유럽의 신교 탄압의 기수로 삼음
(4) 고문으로 고백을 강요하고 정죄 후 세속 정권에 의해 형을 집행토록 함
(5) 재산을 몰수하거나 투옥, 유배, 사형 등을 내림
(6) 이 종교재판으로 수많은 개혁자들이 처형당함

## 23. 스코틀랜드(Scottland) 종교개혁

(1) 발단
  1) 독립심이 강하여 영국의 지배를 꺼렸을 뿐아니라 프랑스 왕실과 혼인관계로 친밀한데 프랑스는 종교개혁 사상을 받아들임으로 영향
  2) 대학이 설립되기 이전 옥스퍼드에 유학한 학생들이 위클리프의 사상에 영향을 받았음
  3) 학생들이 귀국할 때에 루터의 저술을 반입하여 개혁운동의 소개
  4) 칼빈의 영향을 받아서 종교개혁이 활발
  5) 대표자 낙스는 칼빈의 개혁사상을 영향받아 주도적으로 조지 휘샤트(George Whishart)를 만나 개혁운동 참여
(2) 순교의 제물들
  1) 패트릭 해밀톤(Patrick Hamilton)

① 루터에게서 영향
② 스코틀랜드 개혁의 선구자
③ 마르부르크에서 연구 후 귀국하여 개혁사상을 외치며 설교함
④ 1528. 2. 27. 화형 당함(첫 순교자)
  2) 조지 휘샤트(George Whishart)
① 낙스의 스승
② 1546. 3. 1. 개혁적인 설교를 하다가 순교
(3) 존 낙스(John Knox ; 1504-1572)
  1) 생애
① 대지주의 아들로 스코틀랜드 하딩톤(Haddington)에 출생
② 고전문법학교에 입학하여 라틴어를 공부
③ 성 앤드류(St. Andrews) 대학과 글래스고우대학을 졸업
④ 1530년까지 로마교회에 소속 앤드류성의 수비대 담당 신부
⑤ 1574년 사망
  2) 개혁운동
① 조오지 휘셔트를 1545년에 만남(그의 제자)
② 불란서 함대에 포로가 되어 19개월간 겔리선(노예나 죄수에게 노를 젖게 하는 배)에 보내어 졌으나 1549년에 영국정부의 노력으로 석방
③ 영국교회의 에드워드 6세의 궁정목사가 됨
④ 1554년 메리여왕의 박해를 피해 제네바로 갔다가 거기에서 칼빈을 만남
⑤ 제네바에서 5년간 영국인 교회 목사로 시무
⑥ 1559년 귀국하여 개혁운동 실행
    가. 주둔하고 있던 프랑스군을 무찌르고 신교를 국교로 공인(1560)
    나. 스코틀랜드 신앙고백서(Scots Confession) 작성(1560)
    다. 칼빈주의에 기초한 장로교회의 조직을 법제화(1561)
  3) 업적
① 자신의 언어로 된 성경과 찬송가를 보급
② 하나의 연합행위로서 두 종류의 성만찬(떡과 포도주) 재발견
③ 성직자의 결혼 허용

④ 평신도의 교회 사역의 참여
⑤ 지역 교구를 새롭게 강조
⑥ 성직자와 교회들을 감독하는 일을 부활시킴
⑦ 성직의 권위 남용 제거
4) 저서
① 괴물같은 여인들의 통치에 대한 제1차 나팔소리(First Blast of the Trumpet against the Monstrons Regiment of Women, 1558)
② 권징조례(Book of Discipline, 1561)
③ 일반예식서(Book of Common Order, 1564)
④ 스코틀랜드 신앙고백서(Scots Confession, 1560)
⑤ 스코틀랜드 종교개혁사(History of the Reformation of Religion within the Reahu of Scottland)

## 24. 영국의 종교 개혁

(1) 영국의 개혁운동
1) 선구자들
① 14세기 위클리프의 종교혁신 운동
② 16세기 초 루터의 사상 및 저술이 전래되어 지식층 사이에 유포
2) 성격
① 교리와 신학중심이 아님
② 정치와 교회법이 중심
③ 민중으로부터의 개혁이 아니라 하향직 정치적인 개혁
④ 의식은 가톨릭적 요소를 그대로 지니면서 국가교회주의 지향
⑤ 명확한 교의가 없다
⑥ 지역이 영국으로 한정되었다.
3) 원인 : 헨리 8세(Henry VIII)의 중혼문제로 교황청과의 대립에서 파생
① 헨리 8세는 열렬한 로마 가톨릭교도로서 처음에는 루터를 비난함
② 헨리 8세는 교황의 강요로 형수 캐더린과 결혼했으나 15년간 메리 외에는 자녀가 없자 이혼하고 앤볼린(Anne Bolyn)과 재혼하려 함
③ 결혼의 정당성을 허락할줄 알았던 교황이 이를 거절하자 1533년

궁녀 앤볼린과 재혼하였으나 이를 교황청이 반대함.
④ 헨리는 로마교회로부터 탈퇴를 선언
4) 결과
① 1543년 수장령을 발표하고 교황청과 국교를 단절
② 이어서 수도원을 해산하고 재산을 몰수하여 황실 귀속 재산으로 회수
③ 그러면서도 여전히 구교적으로 계속 고수하면서 심지어 화체설을 부인하는 자를 화형에 처하기까지 함
④ 에드워드 6세 때에는 42신조를 발표
⑤ 메리가 집권함으로 극심한 신교탄압
⑥ 엘리자벳의 즉위로 39개조 발표하고 1559년에는 의회에서 수장령이 가결
⑦ 의식에 치중함으로 청교도 운동이 일어나게 됨
5) 경과
① 헨리 8세(Henry Ⅷ)
가. 루터의 저서를 금하였으나
나. 중혼문제로 교황과 대립하고 끝내는 단교
다. 교황에게 납세와 재판청구를 금지
라. 황제가 영국교회의 머리임을 선포함
마. 수도원을 폐지
바. 교회의 토지와 재산을 왕실에 귀속시킴
② 에드워드 6세(Edward Ⅵ : 1537-1553)
가. 칼빈주의를 취하고 중요한 감독직위에 신교도 배치
나. 신교에 입각한 기도서와 42개조 신조를 작성(크랜머의 기초)
다. 그러나 근본적인 변혁은 없었다.
③ 메어리(Mary)
가. 캐더린의 소생으로 가톨릭교 부활에 힘을 씀
나. 신교 목사들을 불사르고 투옥한 '피에 젖은 메어리'(Bloody Mary)
④ 엘리자베드(Elizabeth)
가. 헨리 8세와 앤볼린의 소생으로 신교적임
나. 크랜머의 지도하에 신교신앙을 가지게 됨

다. 신교의 기치를 들고 의식에 치중한 영국국교를 강요
라. 수장령 재천명(1559)
마. 예배의 통일령(1559) : 기도서와 교리 요목에 의한 철저한 단일화 작업
바. 39조 신조(Thirty nine Articles)를 작성(1563)
사. 46년간 치세하면서 교리가 확립되어 영국교회(Anglican Church)의 국교로 기틀 닦음.
6) 개혁 내용
① 예배의식과 감독계승은 구교와 동일
② 교황권을 거부하고 구교식 미사를 거부
③ 교리는 칼빈주의를 채택
④ 결국 Anglican High Church는 프로데스탄트+카톨릭 교회
7) 영향 : 의식에 치중함으로 청교도 운동이 일어남
(2) 영국의 대표적인 개혁자들
1) 크롬웰(Thomas Cromwell ; 1485-1540)
① 울시 추기경의 보좌역
② 의회원
③ 헨리 8세 밑에서 장군 대행
④ 수도원 해산을 감독
⑤ 모반죄로 처형당함
  가. 대성경 번역과 격려
  나. 헨리 8세와 독일 루터파 사이에 결혼동맹을 맺도록 시도
2) 토마스 크랜머(Thomas Cranmer ; 1489-1556)
 - 영국의 종교개혁 사상 가장 중요한 인물
① 헨리 8세와 교황과의 충돌을 개혁의 호기회로 삼고 헨리를 두둔 (헨리 8세가 캐더린과 이혼하는 것 지지)
② 헨리 8세의 총애를 받아 켄터베리 대주교 및 궁정목사로 임명
③ 에드워드 6세 때에 섭정으로서 교회 개혁을 단행
  가. 교회의 예배의식의 개혁 및 예배 용어를 영어로 사용
  나. 성직자의 결혼을 허락
  다. 칼빈주의에 입각한 제1,2차 일반기도서 작성
  라. 42개조 신조를 기초

④ 에드워드 6세 치하에서 모반죄로 체포
⑤ 고문으로 자신을 입장 변경
⑥ 입장을 변경한 것을 철회한 이유로 처형
3) 윌리암 틴데일(William Tyndale ; 1494-1536)
① 옥스포드와 케임브리지에서 수학
② 1521년 안수례를 받고 설교자가 됨
③ 그의 적들로 인해 유럽을 떠돌아다님
④ 강제추방 후 신대륙에서 신약성경을 번역
⑤ 이단자로 몰려서 부르쉘에서 잡혀서 교수형으로 처형당하고 시체는 불태워짐

(3) 기타의 영국의 종교개혁가들

| 이 름 | 시 기 | 생 애 | 주 요 사 상 |
|---|---|---|---|
| 라티머<br>(Hugh<br>Latimer) | 1485-<br>1555 | • 위체스터 주교<br>• 헨리 8세 때 두번 투옥<br>• 에드워드 6세때 지도적 설교자<br>• 메리 튜트 여왕 치하에서 화형 | |
| 리들리<br>(Nicholas<br>Ridley) | 1500-<br>1555 | • 크렌머에 이어 헨리 8세 설교자<br>• 1547년 로체스터 주교<br>• 1550년 런던 주교<br>• 라티머와 함께 화형 | • 1, 2차 기도서 작성을 도움 |
| 후퍼(John<br>Hooper) | 1495-<br>1555 | • 어거스틴 수도원에 입단<br>• 개신교로 개종, 그후 영국에서 탈출<br>• 글루체스터와 웨체스터의 주교<br>• 메리튜드 치하에서 화형당함 | |
| 커버데일<br>(Miles<br>Coverdale) | 1488-<br>1568 | • 어거스틴 수도원에 입단<br>• 개신교로 개종후 영국에서 탈출<br>• 1551년 엑세스터 주교로 임명<br>• 메리튜드 치하에서 추방됨 | • 틴데일의 번역을 도움<br>• 틴데일 사후 번역 완성<br>• 대성경과 제네바성경 참여 |
| 파커<br>(Mattew<br>Parker) | 1504-<br>1575 | • 앤 볼린의 설교자<br>• 매리 튜드 여왕 치하 때 도망<br>• 1559년 켄터베리 대주교 서임 | • 엘리자베스 문서에 참여<br>• 청교도를 반대 |

출처 : R. C. Walton, *CBC*.

## 25. 프로테스탄트의 세 가지 형태의 교회들

| 구 분 | 루 터 파 | 칼 빈 파 | 영국국교회 |
|---|---|---|---|
| 근본 교리 | • 성경주의<br>• 그리스도 중심 | • 철저한 성경중심주의<br>• 하나님 절대주권 중심 | 칼빈주의적 영향 |
| 예 전 | 성경에 금하지 않은 것은 허용 | 성경에 허용되지 않은 것은 금지 | 가톨릭적 요소 유지 |
| 사회국가관 | • 정교분리 주장<br>• 교회의 국가에 복종 | 공화주의적 신정정치 | 국가교회주의 |
| 전 파 범 위 | 동북 독일(덴마크, 노르웨이, 스웨덴) | 서부 독일, 화란, 스위스, 프랑스, 스코틀랜드 | 영국 |

## 26. 5대 개혁자

(1) 루터 : 독일
(2) 쯔빙글리 : 독일어권
(3) 칼빈 : 프랑스어권(스위스 중심)
(4) 낙스 : 스코틀랜드
(5) 헨리 8세 : 영국(정치적 종교개혁)

## 27. 재세례파(Anabaptist)

(1) 기원
　　종교개혁 이전부터 독일, 화란, 이탈리아 등지에 흩어져 있던 개혁신앙의 소유자들의 소단체였다.
　✝특징
　　1. 중세의 교회소식과 의식을 반대하면서 예배시 국어 사용, 각 가정의 집회, 기도 등 강조
　　2. 처음에는 초대교회의 형태로 돌아가자는 의도로 체계를 갖추지 않은 모임이었다.
　　3. 재세례파란 유아세례를 부인하고 장년 세례만을 주장함으로 붙여진 명칭이다. 그러나 자신들은 침례파라 부른다.
(2) 전개과정
　　1) 로마교회의 역사적 계속성을 부인하며 초대교회 모델로 지향

2) 방법론에 있어서의 개혁보다는 혁명적 성향을 띰
3) 쯔빙글리와 대립되어 모라비아로 추방됨
4) 모라비아에서 많은 추종자를 얻음
5) 농민반란시 루터에게 실망한 자들의 가담으로 독일과 화란에서는 크게 성공
(3) 제 1 세대
  1) 주창자 : 대부분의 학자들인데 그 중에서 죠지 브랜록(George Blanrak), 콘라드 그레벨(Conrad Grebel)이 대표자임
  2) 1525년부터 스위스의 카톨릭 지역에서 사형에 처해지기 시작
  3) 1527년 아우구스부르크 지도자 총회에서 조직 및 신조 작성
  4) 1529년 스파이어 2차 회의에서 정죄
  5) 신앙 사상
    ① 초대교회의 신앙의 모범을 따르려 함
    ② 유아세례의 반대
    ③ 무저항 주의
    ④ 국가 지배의 반대하고 세금납부를 반대
    ⑤ 그리스도의 말씀을 문자적으로 복종하기를 노력
    ⑥ 예정론을 반대하고 자력 구원을 강조
    ⑦ 예배는 단순하고 신앙은 의식적이어야 한다고 주장
(4) 제 2 세대: 혁명적 재세례파
  1) 대표자: 뮌쩌(Thomas Müntzer), 호프만(Hoffmann of Etrasburg), 퀸스티의 마티스(Martis of Kunsty), 라이덴의 죤(John of Leiden)
  2) 뮌쩌시의 사건: 주의 날을 선포하고 예루살렘 왕으로 즉위하여 무분별한 무력을 사용하는 등 파행을 거듭하다가 결국 주교군에 의하여 진압됨
(5) 제 3 세대: 현대 재세례파의 원조
  1) 메노 시몬스(Menno Simons)의 메노니스트
  2) 평화주의를 강조
  3) 세례와 성찬의 상징주의를 강조, 세족식을 실시
  4) 비성경적이지 않으면 세속 정부에 복종하라
  5) 박해를 피하여 동부 유럽, 러시아, 남부 아메리카로 이주
  6) 20세기 재세례파의 주종으로 발전
(6) 교회사적인 의의
  1) 복수 종교주의 채택
  2) 국가와 종교의 분리에 관한 현대적 의의에 결정적인 역할을 수행

    3) 종교의 자유를 수립
(7) 제세례파의 조직 및 신조
    1) 조직
        ① 목사, 장로, 집사의 교회 직분 제도
        ② 교회 대표로 조직된 회의에서 감독 선출
    2) 신조
        ① 신자의 세례는 신앙적 의식으로 고백된 것이라야 효력
        ② 교회는 성만찬으로 결합된 모임
        ③ 성경의 축자영감설
        ④ 권징은 파문이 최고형
        ⑤ 교역자는 개교회가 선택
        ⑥ 신자의 정치참여 금지
        ⑦ 신자의 맹세 금지

## 28. 급진적 종교개혁

(1) 급진적인 종교개혁의 유형들

| 구 분 | 성 격 | 핵 심 인 물 | 활 동 지 역 |
| --- | --- | --- | --- |
| 토마스 뮌쩌<br>(Thomas Münzer) | 급진적 | • 뮌쩌<br>• 쯔비카우 예언자단<br>• 콘라드 주레벨 | 독일 |
| 재세례파<br>(Anabaqtists) | 성경적 | • 펠릭스 만즈<br>• 게오르그 블라우록<br>• 루드비히 헷쩌<br>• 발트하자르 휘브마이어 | 스위스 쮜리히 등 신성<br>로마제국 내에서 산발<br>적으로 |
| 후터파<br>(Hutterites) | 공동체적 | • 야곱 후터 | 모라비안, 후에 미국 다<br>코다주와 카나다 서부 |
| 쉬벵크펠트파<br>(Schwenkfelder) | 신비적 | • 쉬벵크펠트 • 캐스파<br>• 폰 오씨히 | 독일,<br>후에 펜실바니아 주 |
| 메노나이트<br>(Mennohites) | 성경적 | 메노 시몬즈 | 화란,<br>후에 펜실바니아 주 |
| 아밋슈파<br>(Amish) | 성경적 | 야곱 암만 | 스위스,<br>후에 펜실바니아 주 |

출처 : R. C. Walton, *CBC*.

(2) 급진적 종교개혁의 특성
   1) 공통적인 특성
     ① 교회와 국가간의 관계를 끊음
     ② 교회는 신자들로 구성된 자발적인 공동체와 동일시함
     ③ 유아세례를 거부함
     ④ 엄격한 교회 치리를 실천
     ⑤ 평화주의자
     ⑥ 성경의 선별적 수납
     ⑦ 삶에서 단순성을 유지
   2) 개별적인 특성
     ① 어떤 공동체는 상품교환 기능도 구비
     ② 어떤 공동체는 미카엘 세틀러의 쉴라이트하임 신앙고백을 따름
     ③ 어떤 공동체는 신비적인 경향이 있음

## 29. 종교개혁 시대의 이단들

(1) 정신주의자(신령파)
   1) 주장 : 영혼주의적, 종교생활의 내면화, 독립적인 종교생활 주장
   2) 주창자
     ① 한스 뎅크(Hans Denck)
     ② 카스퍼 슈벵크펠트(Kasper schwenkfeld)
     ③ 세바스챤 프랑케(Sebastian Franke)
(2) 복음적 합리주의자
   1) 내용 : 신령파보다는 지적, 비판적
        반 삼위일체적인 경향, 교회론을 경시하는 등 전통을 배격
   2) 주창자
     ① 미카엘리스 세르베르투스(Michaelis Servertus) : 스페인의 의사로 삼위일체를 반대함으로 화형당함
     ② 샤보이의 세바스챤 카스텔리오 : 세르베르투스의 핍박을 막으려함. 경험 계시보다 의식을 중시, 삼위일체를 반대하는 데 평생을 바침

## 30. 개혁교회와 로마교회

(1) 프로테스탄트 원리를 비춰 본 로마교회의 오류

1) 칭의문제 : 그리스도의 공로뿐만 아니라 인간의 공덕, 선행에 의한 칭의
2) 기도문제 : 사제(교황,감독,제사장)의 중보기도로 하나님을 섬길 수 있다
3) 교황권위문제 : 교황무오, 사죄권 인정, 교회의 머리, 그리스도의 대리자
4) 성경관 : 가경과 유전을 성경과 동등시하고 교황에게 해석권을 돌림
5) 내세관 : 연옥설
6) 성찬관 : 화체설
7) 성례 : 7성례 주장(세례, 미사, 고해, 견진, 결혼, 임직, 종부)
8) 교회관 : 로마교회의 우월성, 교회를 통한 구원, 하나님 나라와 동일시
9) 기타 : 마리아 및 성자, 유물을 숭배하는 우상예배와 적선사상

(2) 가톨릭과 개신교의 신학적인 차이점

| 구 분 | 논쟁점 | 가 톨 릭 | 개 신 교 |
|---|---|---|---|
| 성경 | 충족성 | 성경과 전통의 동등한 권위 | 오직 성경 |
|  | 외경 | 채택 | 부인 |
| 인죄론 | 원죄 | 유전된 타락과 죄의 속성 인정 | 전적타락과 원죄유전 인정 |
|  | 의지 | 영적선을 추구할 능력이 있음 | 전적인 무능력 |
| 구원론 | 예정 | 예지예정 | 무조건 예정 |
|  | 속죄 | 구원의 은혜를 주시는 그리스도의 은혜의 덕분으로 성례를 통하여 죄인에게 임함 | 그리스도의 대속적 죽음으로 인하여 완성, 성령으로 임하심 |
|  | 은총 | •선행적 은총: 영세로 믿게 하는<br>•은혜: 의지와 함께 협력하여 순종 | •일반은총: 모두에게 주시는 은혜<br>•특별은총: 택자에게 주어진 구원 |
|  | 선행 | 선행상을 받기에 공적사상이 있음 | 선은 하나님의 은혜로 가능 |
|  | 중생 | 수세시 발생하는 은혜로 | 택하셔서 역사하시는 성령의 사역 |
|  | 칭의 | 수세시 받은 용서가 죄로 상실도 되고 고행으로 재획득도 된다. | 객관적이고 최종적이며 법정적인 하나님의 행위 |
| 교회론 | 구분 | 가시적인 교회밖에는 구원이 없다. | 가견적 교회와 불가견적 교회 구분 |
|  | 성례 | 성화시키는 은혜를 전달하는 구원의 방편 | 오직 믿음으로 받는 구원의 수단 |
|  | 제사장 | 성직자는 하나님과 인간의 중재자 | 만인제사장 |
|  | 성찬 | 화체설 | 영적임재설(칼빈), 공재설(루터), 상징설(쯔빙글리) |
| 종말론 | 연옥 | 교리화 | 거부 |

### 31. 스칸디나비아의 종교개혁

(1) 스웨덴
  1) 구스타프 파사(Gusav Vasa)가 독일 망명시 루터를 만나 개종
  2) 즉위 후에도 루터주의를 찬성
  3) 1527년 국회를 소집하여 루터파 예배의 자유를 허락
  4) 공헌자 3대 인물
    ① 올라프 피더슨(Olof Peterson ; 1499-1573)
    ② 라르스 피더슨(Lars Peterson)
    ③ 라르스 앤더슨(Lars Anderson ; 1480-1552)
(2) 덴마아크
  1) 왕 크리스찬 2세가 루터주의 채택
  2) 로마에 상고 금지
  3) 교직자의 결혼 허용
  4) 감독의 속권 제한
  5) 한스 타우젠(1494-1561 : Hans Tausen)이 궁정목사로 1530년 동지들과 43조의 코펜하겐 신앙고백 제정
  6) 교회정치를 루터식으로 함
(3) 노르웨이 : 국왕의 노력으로 종교개혁 단행
(4) 아이슬란드
  1) 빗텐베르크에서 루터에게서 수학한 1540년 깃세르 아이나르센(Gisser Einarsen)이 루터 교회감독으로 개혁 추진
  2) 루터의 신약성경이 아이슬란드어로 번역됨
  3) 1554년 신교가 이 섬을 지배하게 되었다

### 32. 네델란드의 종교개혁

(1) 개혁의 전초
  1) 공동생활 형제단과 에라스무스의 활동의 근거지
  2) 독일과 인접되어 개혁운동의 확산이 급속히 이루어짐
  3) 루터의 저서 및 신약성경이 화란어로 번역됨
  4) 웨스트팔리아 조약으로 인해 스페인으로부터 독립 후 대학 중심으로 개혁운동 발전

(2) 개혁운동
   1) 국왕 챨스 5세와 필립 2세의 가톨릭적 억압에도 불구하고 국민들이 신교를 환영
   2) 신교지도자들이 동맹하여 구교의 탄압에 반격을 가함
   3) 칼빈주의 교회가 루터주의 교회를 능가
   4) 칼빈주의적 벨직 신앙고백서를 채택(1561)
   5) 1577년 재세례파의 종교의 자유를 허락
   6) 도르트(Dort)회의를 통해 아르미니우스 사상을 정죄하고 칼빈주의 5 대교리로 개혁교회의 기초를 삼음

### 33. 프랑스의 종교개혁

(1) 개혁의 반대자들 : 왕권, 고등법원, 소르본느 신학원
   1) 1520년 루이 9세의 청고백자인 소르본느가 파리대학 내에 설립한 학원
   2) 지적이고 유력한 교수가 많아 파리대학을 장악
   3) 프랑스 교회의 교리와 의식에 관한 최후의 결정권 장악
   4) 가톨릭 보수사상의 본거지로 신교를 박해
(2) 개혁자들
   1) 마가레트(프랑소와 1세의 누이)
     ① 신교도는 아니었고 개혁사상을 동정하고 보호함
     ② 1527년 나바르 왕과 결혼하여 그곳을 개혁자들의 은신처를 제공함
   2) 칼빈
     ① 프랑스에 거주하지 않았으나 여러 방면으로 지원
     ② 교회의 지도자들은 제네바에서 교육을 받은 자들이며 1567년까지 120명의 목사가 파견되었다.
(3) 개혁운동의 경과
   1) 국왕 프랑소와 1세 및 가톨릭교도들의 박해
   2) 위그노 사건 발생
     ① 위그노 전쟁(1562-1570)
     ② 예배의 자유와 평등의 권리가 허용

3) 성 바돌로매(St. Badolomew) 축일 사건
    ① 1572. 8. 24 가톨릭파의 위그노를 살해한 사건
    ② 신교의 세력이 크게 약화되어 전국 전반적인 개혁을 이루는데 실패
4) 낭트칙령 : 1598. 4. 3 앙리 4세가 신교의 자유를 허락
5) 낭트칙령 폐지
    ① 1685년 루이 14세가 신교목사 추방령을 내림
    ② 신교의 가시적 조직이 사실상 와해됨

### 34. 프랑스와 개혁운동

(1) 프랑스의 위그노 사건(Huguenots)
    1) 위그노의 정의
        ① 당시 프랑스 프로데스탄트 신자들, 특히 칼빈주의자들을 일반적으로 가르키던 이름
        ② "맹약한 동지"라는 뜻
        ③ 프랑소와 1세의 여동생 마가레트의 동정과 보호를 받음
        ④ 주로 상공업에 종사하던 중류사회 출신
        ⑤ 상류사회의 콜리니 장군은 위그노의 중요세력이 됨
        ⑥ 많은 박해로 깊은 밤에 혹은 동굴에 집회
    2) 위그노파의 활동
        ① 1555년 파리에서 최초의 신교교회를 설립
        ② 이후 5년간 각지에 36개 교회를 설립
        ③ 장로정치를 채택(감독, 목사, 장로, 집사)
        ④ 1559년 파리대회에서 제네바 신앙고백을 수정 채용
(2) 위그노 전쟁(1562-1570)
    1) 성격 : 귀족들의 권력싸움과 얽힌 종교적 내란
    2) 경과
        ① 캐더린 드 메디치(Kederin de Medici)의 아들인 프란시스 2세가 급서하자 모친이 섭정
        ② 10살난 아들 찰스 9세를 위한 섭정을 차지하고 기즈(Guise) 가문의 모욕과 수모를 당한 것을 앙갚음
        ③ 위그노들과 연합하여 기즈가의 세력을 제한하고자 하였다.

④ 두달 후에 위그노가 예배드리고 있는 바시(Vasy)에 200여명의 무장 군인을 데리고 습격하여 대 학살 자행(바시의 혈욕)
⑤ 1562년 성 저맨(샹제르망) 칙령 발표
  가. 위그노는 예배장소 소유가능
  나. 허가없이 총회소집, 자금 및 군대모집은 금지
  다. 기즈가의 칙령 거부
⑥ 위그노파와 구교간에 8년여에 걸쳐 3차의 종교전쟁

3) 결과
① 1570. 8에는 샹제르망(St.Germain)평화조약을 체결
② 귀족들에게는 예배의 자유를 허락하고 관직을 부여함.
③ 위그노는 행정지역마다 2개의 예배처소를 허락 - 위그노의 승리
④ 조약의 실행 담보로 4개 도시를 주었다.

(3) 프랑스 위그노 지도자들

| 구 분 | 연 대 | 주 요 사 항 |
|---|---|---|
| 가스파르 드 콜리니<br>(Caspard De Coligny) | 1519-1572 | • 귀족출신으로 프랑스의 장군<br>• 화란의 스페인 감옥에서 개신교 신자가 됨<br>• 브라질과 플로리다에 위그노 식민주 건설<br>• 성 바돌로메 축제 때 살해당함 |
| 안네 뒤 부르크<br>(Anne Du Bourg) | 1520-1559 | 오를레앙대학 법학교수로 1559년 개신교 옹호로 유명해지자 이단으로 정죄받아 처형 |
| 필리피 듀플레시스모네<br>(Philippee Duplessismornay) | 1549-1623 | • 나바르의 헨리의 자문관, 영국과 화란의 대사<br>• 사우무의 행정관 및 사우무대학 설립<br>• 개혁신앙의 옹호를 위해 저술활동 |
| 헨리 4세<br>(Henry Ⅳ) | 1553-1610 | • 위그노인 나바르의 부르봉 가문 출신<br>• 꼴리니 장군 사후 위그노를 지도<br>• 가톨릭 신자인 발로아 마가렛과 결혼, "파리는 미사가 더 적합하다"고 선언하고 가톨릭으로 개종<br>• 1598년 위그노의 자유를 허용하는 낭트칙령 반포<br>• 1610년 가톨릭 광신자에 의해 암살당함 |
| 삐에르 뒤 물랭<br>(Pierre Du Moulin) | 1568-1658 | 오랜 동안 차렌튼의 개혁교회에서 목회 |

| 구 분 | 연 대 | 주 요 사 항 |
| --- | --- | --- |
| 장 데일리(Jean Daille) | 1594-1670 | • 듀플레스-모이네의 담당목사<br>• 국수주의적 출판물의 권위를 공격<br>• 아미랄드주의 옹호 |
| 모세 아미로(Mosse Amyraut) | 1596-1664 | 칼빈주의와 알미니안주의 화해 시도(아미랄드주의) |
| 삐에르 쥐에리 (Pierre Jurieu) | 1637-1713 | • 계시록에서 위그노 회복을 예언한다고 믿음<br>• 루이 14세의 과격한 폐위계획을 옹호<br>• 세방전쟁시 카미사드파는 그를 선지자로 인정 |
| 안톤 쿠(Antoine Court) | 1696-1760 | • 루이 14세 박해시 광야교회 지도자<br>• 로잔에 위그노 목회자 양성소를 설립 30년간 사역 |
| 폴 라봇(Paul Rabaut) | 1718-1794 | • 지하 광야교회에서 사역<br>• 개신교 신자들의 항구적인 자유획득에 큰 기여 |

출처 : R. C. Walton, *CBC*.

(4) 성 바돌로뮤 학살사건
 1) 배경
  ① 위그노 전쟁으로 프랑스 내란으로 끝난 것이 아니라 유럽 전 지역의 신구교 국가 사이의 전쟁과 실력 대결로 변하게 된다.
  ② 섭정인 카타리나가 위그노파를 등지고 가톨릭파와 결탁하여 딸 엘리자베드를 스페인 국왕 필립과 결혼(가톨릭파와 로마, 스페인의 결탁)
  ③ 위그노파의 콜리니 등은 화란, 영국과 연대하여 스페인과 대결하여 프랑스를 신교국화하려고 위그노파에 동정적이었던 엘리자베드의 동생 마가레트와 나바르의 앙리와 결혼을 추진
  ④ 콜리니가 국왕의 신임을 받자 기즈 공 안리와 섭정 카타리나가 질투하여 그의 암살을 수차례 기도하였으나 실패하자 전 위그노를 몰살하려는 계획을 세우게 된다.
 2) 경과
  ① 나바르 왕국의 헨리 부르봉과 프랑스 국왕의 누이 동생 마가렛 발로아 사이 결혼 축하를 위해 위그노 주요 지도자가 파리로 모임
  ② 1572년 8.18 결혼 축제를 화해 분위기 속에 끝내고 가는 도중 위그노의 지도자 콜리니가 기즈가에 의하여 저격을 당함

③ 국왕은 기즈가의 궁정 출입을 금지 시키자 극단적으로 콜리니가를 모함 - 이에 국왕이 믿음
④ 가톨릭파가 성바돌로뮤 축제일 전날 밤(1572. 8. 24)에 챨스 9세와 캐더린 드 메디치의 허락 아래 기즈공의 지시로 종소리를 신호로 위그노에 대하여 대규모 학살 자행, 약 2,000여명이 살해당함
⑤ 파리에서 약 7만명을 비롯하여 전국에서 무수한 위그노가 살해당함
3) 결과
① 영국여왕 엘리자벳은 대단히 슬퍼함
② 로마교황 그레고리 13세는 축하하도록 하여 테 데움(Te Deum)을 부르도록 지시
③ 영국, 화란과 결탁하여 신교국가로 만들고 스페인과 대결하려던 콜리니의 개혁 계획이 좌절
④ 휴그노의 정면대결 선언으로 프랑스는 내란이 격화
⑤ 국왕 앙리 3세가 도미닉파 수도사에게 암살되므로 나바르의 앙리가 왕위를 상속하여 앙리 4세로 추대(부르봉왕조)
⑥ 9년 후 낭트칙령으로 일단락(1598.4.3)
(5) 낭트(Nantes)칙령
1) 1598.4.3. 앙리(Henri)4세가 구파와 개혁 교파간, 즉 신교의 양심자유를 선언한 칙령
2) 예배의 자유를 허용
3) 신교도들도 관직 취득권 부여
4) 신교도들도 로마 교인과 같은 권리 부여
5) 안전 보증으로 수 개처의 도시에 병력 허용
6) 1610년 앙리 4세도 암살당함(예수회 회원에게)
(6) 낭트 칙령의 폐지
1) 1685년 루이 14세가 즉위하자 낭트칙령을 폐지
2) 신교도를 탄압하고 신교목사를 추방령을 내림
3) 신교도 50만여명이 화란과 영국 등지로 망명
4) 대부분 상공업에 종사하는 신교도들이 대거 망명함으로 프랑스의 경제에 막대한 타격
5) 프랑스에서 신교의 가시적인 조직이 사실상 와해되고만 결정적인 사건으로 평가됨

## 35. 독일의 30년 전쟁(1618-1648)

(1) 원인
1) 아우그스부르크회의로 평화가 온 것은 아니었다. 종교의 선택권은 지도자들에게만 있었다.
2) 1576년 루돌프 황제가 즉위하여 신교의 자유를 허락하자(1609) 카톨릭 파인 페르디난드 황제가 즉위 후 신교를 박해
3) 1612년 마티가 황제가 되자 보헤미아 카톨릭교도들이 신교도들을 탄압
4) 이에 대해 신교가 구교에 대해 도전을 가함
5) 직접적인 원인은 카톨릭 보호령인 보헤미아에 스웨덴 왕 구스타프 아돌프(Gustav Adolf)가 신교를 적극 후원한 데 있다
6) 마티아는 가톨릭을 옳다고 인정하고 보헤미아 두 도시의 신교 교회당을 파괴
7) 격노한 신교도들이 무기를 들고 보헤미아의 수도로 육박하여 예수회 무리를 국외로 추방
8) 보헤미아왕 페르디난드는 일시 망명
9) 황제의 군대가 보헤미아를 공격하여 장악하고 가톨릭교로 환원시키고 신교 목사를 추방하고 신교를 박해
10) 결국 신구교간 신앙교리 문제로 인하여 독일을 중심으로 유럽 여러 나라가 전쟁에 휩싸임

(2) 경과
1) 프라하의 폭동(1618)
   ① 프라하의 왕실위원회가 국왕 정책에 대한 주민 반대를 거절하자
   ② 보헤미아의 프로테스탄트들은 반란을 일으켜 왕의 고문 둘을 창 밖으로 던져버림
   † 30년 전쟁의 시작은 바로 이 사건으로 시작되었다.
2) 보헤미아 주민은 팔레티네이트 선거후를 자기들의 왕으로 옹립
3) 이 반란은 동부로 계속 확산 : 프로테스탄트에 박해를 가함
4) 신교 연합군(영국, 네덜란드, 덴마크)의 독일 침공
   ① 스웨덴왕 구스타프 아돌프가 보헤미아 군대의 위력이 자기 나라를 위협하고 또 독일 신교 세력이 침체해 가는 것을 보고 독일에

진격
② 독일 내전으로 그치지 아니하고 스웨덴, 덴마아크, 프랑스 등 많은 나라들이 참전한 국제전이 되었다.
③ 열렬한 루터란으로 프로데스탄트 신자들을 보호
④ 침공 후 현지 주민에게 친절을 베풀고 재 개종할 것을 강요하지 않음으로 환심을 삼
⑤ 독일 분할을 하지 않겠다 약속
⑥ 릿젠 평야에서 발레스타인 군대를 섬멸하였으나 전사하고 말았다.
5) 주요 전쟁은 다음과 같다.
① 팔쯔 전쟁(1618-1623)
② 덴마아크 전쟁(1625-1629)
③ 스웨덴 전쟁(1630-1635)
④ 프랑스 전쟁(1635-1648)
(3) 결과
1) 전쟁의 피해 극심
① 인구가 1/3로 격감
② 도시의 파괴와 농촌의 황폐화
2) 모든 분야에 있어서 피폐화(정치, 경제, 사회, 문화, 교육 등)
3) 신교 목사 620명 사망
4) 독일 제국이 300여개의 대소주로 파괴
5) 신구교간의 국가가 이 전쟁을 통해 정리됨 - 신앙자유의 획득
6) 웨스트팔리아 조약 체결로 일단락
(4) 의의
1) 아우그스부르크 회의로서 일단 수습된 종교분쟁이 재연
2) 전쟁을 통하여 신구교간의 국가가 뚜렷이 나뉘어 나름대로의 종교자유를 획득함
(5) 웨스트팔리아 조약(Westpalia : 1648)
1) 내용 : 독일의 30년 전쟁으로 독일과 스웨덴 사이에 맺은 평화 조약이다.
① 종교에 관한 규정
가. 카톨릭파, 루터파, 칼빈파 모두가 동등한 권리
나. 교회 재산 소유는 1624. 1.10 현상으로 환원한다.

다. 자유 이주권 허용 및 재산 몰수권 불인정
라. Luther파와 개혁교파 간은 조약체결 당시 현상에 준한다.
신앙자유, 재산소유를 인정한다.
단, 제후들이 백성들의 종교를 결정하는 일은 그대로 보유함
② 정치에 관한 규정
가. 독일은 스위스의 독립에 승인
나. 스페인은 네델란드의 승인
다. 스웨덴과 프랑스에 독일의 일부영토를 할양
라. 각국은 서로 자유로 연합할 수 있으며, 또 자기 나라와 외국 간에 맹약할 수 있다.
3) 영향
① 종교의 무관심의 결과이다.
② 현대 세속 국가의 발전을 가져옴
③ 전통 도그마에 대한 회의 심화
④ 전면적인 사면
⑤ 거대 제국이 와해되어 버려 분해됨
4) 의의
① 종교개혁과 종교전쟁의 총결산
② 근대 최초의 대국제 회의

* 종교개혁시대의 주요 종교전쟁들

| 구분 | 시기 | 지역 | 대항자 | 지도자 | 결과 |
|---|---|---|---|---|---|
| 농노반란 | 1524-1525 | 독일 | 농노 : 귀족 | • 토마스 뮌쩌<br>• 헤세의 필립 | • 농노들에게 치명타<br>• 12개 조항 |
| 카펠전쟁 | 1529-1531 | 스위스 | 가톨릭주 : 개신교주 | • 울리히 쯔빙글리 | 쯔빙글리의 죽음과 개신교의 참패 |
| 슈말칼트전쟁 | 1546-1555 | 독일 | 독일개신교 : 신성로마제국 화란 | • 찰스 5세 황제<br>• 헤세의 필립<br>• 존 프레드릭<br>• 모리스 백작<br>• 필립2세 | • 개신교의 참패로 유전<br>• 새로운 적개심 파생<br>• 루터파가 법적으로 인정됨<br>• 아우스부르크 종교회의<br>• 제후의 종교자치권 인정 |
| 화란혁명 | 1559-1579 | 화란 | 스페인 : 화란 | • 침묵자 윌리엄 | • 화란의 남북부로 분할<br>-북부(폴란드): 유트레히 |

| 구분 | 시기 | 지역 | 대항자 | 지도자 | 결과 |
|---|---|---|---|---|---|
| 화란 혁명 | 1559-1579 | 화란 | 스페인 : 화란 | 필립 2세 침묵자 윌리암 | 트를 중심으로 한 개신교 연합지역<br>-남부(벨기움): 아라스의 가톨릭 연합지역 |
| 30년 전쟁 | 1618-1648 | 독일, 중부유럽 | 신성로마제국 : 독일, 덴마크, 스웨덴, 프랑스, 스페인 | •선제 후 프레드릭 5세•페르디난드 황제•구스타프 아돌프•바바리안 막시밀리안 백작•요한 틸라 크리스챤 4세•알부레히트•발렌스타인 | •웨스트필리아 평화조약<br>•정치적, 종교적 국경 확정<br>•제한된 종교의 자유 보장<br>•예수회 수사들의 개신교 지역에서의 철수<br>•칼빈주의 인정 |

출처 : R. C. Walton, *CBC*.

### 36. 헬라교회의 개혁운동

(1) 키릴 루카리의 개혁과 좌절
    1) 프로테스탄트 사상에 감동되어 헬라교회 내 개혁 시도
    2) 1602년 알렉산드리아의 대주교가 됨
    3) 예수교단의 동방 진출을 염려하여 화란의 칼빈파와 교통
    4) 1616년 영국에 사람을 보내어 영국교회 실정을 배워오게 함
    5) 1624년 콘스탄티노플의 대주교가 되어 개혁에 착수
(2) 신앙고백서 작성
    1) 칼빈주의에서 많은 내용을 취함
    2) 성령의 출처에 대해서는 헬라교회 전통을 유지
    3) 하나님의 예정, 이신득의, 성경의 권위를 교회보다 우위에 둠

### 37. 종교개혁 시대의 신학적 분파

(1) 소시너스 신학(Socinus)
    1) 소시너스(Socinus)
        ① 이탈리아 귀족으로 법률가

② 백부 렐리오 소시너스(Lelio Socinus)의 유지를 받들어서 삼위일체 반대에 평생을 바침
③ 폴란드로 가서 만년에 신조와 문답서를 편찬하다가 완성하지 못하고 사망 1579년 유니테리언 결성
④ 1605년 쉬말쯔(Schmalz)가 이를 완성(합리론과 초자연적 요소를 혼합하여 만든 라코유 교리문답서 작성)하고 교회와 학교를 설립
⑤ 1638년 예수회에 의하여 폐쇄되고 추방

2) 사상
① 신앙관 : 신앙이란 하나님의 약속과 명령을 승인하는 것
② 성경관 : 교리와 도덕을 가르친 글
③ 신관 : 삼위일체교리 반대, 신은 최고의 독재자이다
④ 삼위일체 : 구원에 필요치 않으나 대단히 유용하다
⑤ 인간관 : 원죄 부인, 자유의지 강조
⑥ 구원관 : 예정론 부인, 만인 구원설 주장, 인간의 도덕적 행위로 구원.
⑦ 기독론
　가. 그리스도의 교사적 측면 강조 : 모범설
　나. 신인 양성의 합일을 부인
　다. 그리스도는 기적적으로 탄생하여 보통 인간과 다른 인성을 갖고 출생했다.
　라. 그리스도는 전도하기 전 승천하여 하나님의 계시를 받고, 부활 승천하여 하나님 나라의 지배권을 얻음
⑧ 속죄론 : 대속설 반대
⑨ 교회론 : 교회의 권위 부정
⑩ 내세론 : 지옥을 부인

3) 결과
① 예수교단이 상원을 움직여 학교, 교회를 폐쇄하고 설교자들을 추방(1638)
② 폴란드에서는 예수회의 억압에 의해 추방
③ 근세 유물론의 선구를 이룸
④ 네덜란드, 영국에서는 지지자 확보 - 지금도 잔존

(2) 유니테리언(Uniterian) 교회
   1) 발생 : 소시니언 신학에서 파생되어 나옴
   2) 특색 : 하나님의 단일성 주장(삼위일체를 부인)
   3) 대표자 : 세베르투스, 소시누스
   4) 사상 : 합리론, 범신론, 유물론, 접신론의 혼합사상
   5) 신조
      ① 반 삼위일체론
      ② 그리스도의 신성, 십자가 속죄, 인간의 원죄를 불인정
      ③ 의지의 자유로 구원을 얻을 수 있음
      ④ 그리스도의 모범, 인간 도덕 행위로 인한 구원을 주장
      ⑤ 정치 : 회중정치
      ⑥ 교세 : 미국, 영국, 캐나다에서 굴지의 교파로 세력을 잡음

## 38. 알미니우스 논쟁

(1) 알미니우스(Arminius)
   1) 생애
      ① 1560년 네덜란드 오우데봐터(Oudewater)에서 출생
      ② 라이덴(Leiden)과 제네바대학에 유학하면서 부처(M. Bucer)등과 사귐
      ③ 학식과 웅변이 탁월한 사람
      ④ 1588년 암스텔담 목사가 됨
      ⑤ 1609년에 49세로 사망
   2) 칼빈파에 대한 반론
      ① 드럭크 쿠른헤르트(Dirk Coornhert)의 이론을 반박해 주도록 암스텔담 교회 지도자들이 위촉
      ② 쿠른헤르트의 이론을 연구하다가 그 설에 감동되어 옳다는 결론을 내림
      ③ 1603년 라이덴(Leider) 대학 교수로 그는 칼빈의 예정론을 반대
      ④ 동료인 프란시스 고마루스(Francis Gomarus)와 논쟁
(2) 칼빈파에 대한 알미니우스파의 반론과 대응
   1) 발단

① 화란 정부의 관리로 있다가 후에 공증인이 된 드릭크 쿠른헤르트 (Coornhert)가 시작
② 1583년 쿠른헤르트는 하이델베르크 소요리문답서를 비판한 "테스트"란 책을 화란정부에 바침
③ 정부는 라이덴 대학의 교수와 10여명의 유명인에게 위임하여 토의토록 함
④ 이 문제를 다루는 위원들간에 의견이 일치되지 않아 결론을 내리지 못함
2) 경과
① 시몬 에피스코피우스(Simon Episcopius)와 위텐보게르트(Jan Wytenbogaert ; 베자의 제자요 헤이그의 명설교가)가 알미니우스에이어 알미니우스의 주장을 옹호
가. 이들은 1610. 1. 14. 5개조의 주장을 "항론"으로 정부에 제출
나. 한편 국가는 교회 위에 서서 교회 교리를 제정할 수있는 권위가 있다는 설을 주장
② 고마루스와 그의 동료들은 1641년 헤이그에서 개최된 회의에서 알미니우스파를 반대
③ 양측의 논쟁이 심화
(3) 도르트(Dort) 회의
1) 목적 : 칼빈파와 알미니우스파 간의 분쟁을 종결짓고 알미니우스파를 재제할 목적으로 소집
2) 일시 : 1618. 11. 13 - 1619. 5. 6
3) 장소 : 화란의 국회
4) 참석자 : 총 97명(영국, 스위스, 독일 27명, 내국인 70여명)
5) 경과
① 회의 진행요령
가. 회의는 라틴어로 진행
나. 알미니안은 대의원으로 받지 않기로 결의
다. 그들의 진술은 문서를 사용하고 토론은 불허키로 함
라. 회의는 6개월간 총 145회나 열림
② 이듬해 1-4월까지 알미니우스파를 조사
③ 4월부터 신조의 기초를 작성

④ 1619. 5. 6 도르트신조를 공포
6) 결의 사항
① 제 1 회기 : 주로 행정문제를 다루면서 새로 성경을 화란어로 번역하도록 의결
② 제 2 회기 : 알미니우스 정죄, 칼빈주의 5대 교리 제정
7) 결과
① 알미니우스파 국외 추방
② 칼빈주의 신조 공포
③ 신조 불복자는 교직을 박탈키로 결의
8) 의의
① 알미니안의 도전으로 개혁파의 위기를 구함
② 칼빈주의에 기초한 신조를 채택함으로 성경적인 교회의 정초를 완성
③ 후에 웨스트민스터 신앙고백서 작성에 직접적인 영향을 줌
(4) 하이델베르그(Heiderberg) 요리 문답
1) 독일 황제 프레드리 3세(Fredrick Ⅲ)의 명으로
2) 1563년 울시너스(Zacharias Ursinus)와 오레바너스(Kaspar Olevianus)에 의해서 작성됨
3) 루터의 친밀함, 멜랑히톤의 관용, 칼빈의 열정을 서로 조화시켜 만든 신앙 문답서
4) 이 문답서는 개혁이 늦게 된 독일, 화란, 헝가리 등지에서 개혁교회에 채용됨
5) 1618년 도르트(Dort)회의에서 개혁교회 일반 신앙 문답서로 공인됨
(5) 칼빈주의와 알미니우스파 차이점

| 구 분 | 알미니우스주의 | 칼빈주의 |
| --- | --- | --- |
| 원죄 | 아담으로부터 유전된 죄의 약함 | 전적 타락으로 아담으로 유전된 죄 |
| 예정 | 예지 예정(하나님의 예지에 근거) | 무조건 예정(하나님 선포에 근거) |
| 의지 | 영적 선을 행할 자유 | 전적 타락으로 죄에 매어 있어 인간의지 없음 |
| 은총 | 가능한 은총: 모든 사람에게<br>구원의 은총: 믿는 사람에게<br>견인의 은총: 순종하는 사람들에게 | 일반은총: 모든 사람에게<br>특별은총: 선택에 주어진 구원 |

| 구 분 | 알미니우스주의 | 칼빈주의 |
|---|---|---|
| 중생 | 협력적 | 하나님의 단독 사역 |
| 속죄 | 죄인의 자리에서 하나님께서 받아들인 그리스도의 희생에 의해 | 그리스도의 대속적인 죽음을 통해 |
| 속죄영역 | 모든 사람에게 | 선택자들에게만 |
| 속죄적용 | 죄인의 의지에 의한 성령이 역사 | 하나님의 의지에 의한 성령의 역사 |
| 구원서정 | 소명-신앙-회개-중생-칭의-견인-영화 | 선택-예정-그리스도와의 연합-소명-중생-신앙-회개-칭의-성화-영화 |
| 견인 | 순종 여부에 따라서 | 하나님의 은혜로 택자 모두에게 |

(6) 도르트회의 이후의 알미니우스파
   1) 알미니우스파의 활약
     ① 대표자들은 대부분 숨거나 피신하여 하나의 도시를 만듦
     ② 1625년 모리츠가 죽고 프레드릭 하인리히가 즉위하여 관용책을 펴자 1630년 암스텔담에 교회당을 세움
     ③ 1634년 신학교를 세우고 알미니안파 교회를 조직
     ④ 매년 1회씩 대회를 개최
   2) 알미니우스파의 주요학자들
     ① 선구자 : 쿠른헤르트
     ② 창시자 : 알미니우스
     ③ 항론자, 발전자 : 에피스코피우스와 위텐보게르트
     ④ 정치적 속죄설 : 휴고 그로티우스(Hugo Grotius)
       가. 그리스도의 속죄는 형벌의 실례다(죄의 결과가 이런 것임을 보여주는 것)
       나. 따라서 장래의 죄를 방지할 목적이라는 주장

## 39. 웨스트민스터(Weatmimster) 회의와 신앙고백서

(1) 웨스트민스터(Weatmimster) 회의
   1) 기간 : 1643. 7. 1-1649. 2. 22
   2) 소집자 : 영국왕 찰스 1세(Charles Ⅰ)
   3) 동기 :

① 찰스 1세는 왕권신수설을 주장하고 의회를 탄압하고 의회소집을 하지 않음
② 스코틀랜드에 대한 영국 공동기도서 강요로 반란이 일어나자 세금 및 군비 징수를 위해 의회를 소집
③ 의회가 소집되었으나 찰스 국왕의 정책을 비난하자 3주 만에 해산 (1640년 단기의회)
④ 그해 국방비 지출을 위해 재소집하자 함프텐, 핌 등 청교도의원들이 장악하던 의회는 오히려 장기의회(The Long Parliament)를 소집
   가. 켄터베리 대주교 로드(William Loud)의 투옥
   나. 감독 정치의 폐지
   다. 새로운 종교회의를 웨스트민스터에서 열 것을 의결
4) 목적
① 교회의 신조와 정치 의식 등을 새로 제정하기 위하여
② 스코틀랜드와 아일랜드에까지 이를 획일화시키려고
5) 참석자 : 성직자 121명, 귀족(상원의원) 10명, 하원의원 20명, 기타 4명, 스코틀랜드 대표 8명 계 163명
6) 과정 : 처음에는 영국교회 신조인 39개조를 수정하려다가 중지하고 아일랜드 신조를 기초로 웨스트민스터 신조를 작성
7) 결과
① 예배모범 채택
② 교회 정치 채택
③ 신앙 고백서인 대소요리 문답(Shorter and Larger Cathechisms)을 작성 및 채택
   가. 대요리 문답 196개항 : 교역자들이 강단에서 해설하기 위한 것
   나. 소요리 문답 107개항 : 어린이 신앙교육을 위한 것
      † 십계명, 주기도문 해설과 칼빈주의 형태에 따른 교리체계를 진술함
④ 1647년 스코틀랜드 국회에서 채용
8) 의의
① 신앙고백서와 대·소요리문답은 칼빈주의 신학의 대변임

② 신앙고백서는 전 세계 장로교회의 신앙고백의 표준문서가 됨
③ 한국장로교회에서도 1917. 9. 1. 제 6회 총회에서 웨스트민스터 표준문서를 수정 채용
† 웨스트민스터 신앙고백서는 하이델베르크 신앙고백서와 함께 개신교에서 가장 많이 사용됨
(2) 웨스트민스터 신앙고백서의 체제
  1) 성경(1)
  2) 신론(2-6)
    ① 하나님과 삼위일체
    ② 하나님의 영원한 작정
    ③ 창조와 섭리
    ④ 인간의 타락과 죄. 형벌
  3) 구원(7-18)
    ① 하나님의 언약
    ② 중보자 그리스도
    ③ 자유의지
    ④ 소명, 칭의, 양자, 성화, 신앙, 회개, 선행, 성도의 견인
    ⑤ 은혜와 구원의 확신
  4) 그리스도인의 생활(19-24)
    ① 하나님의 율법
    ② 그리스도인의 자유와 양심의 자유
    ③ 예배와 안식일
    ④ 합당한 맹세와 서원
    ⑤ 결혼과 이혼
  5) 교회론(25-30)
    ① 교회
    ②) 성도의 교통
    ③ 성례
    ④ 교회의 권징
    ⑤ 국가 위정자
    ⑥ 대회와 협의회
  6) 종말론(31-33)

① 사후 상태와 죽은 자의 부활
② 최후심판
(3) 웨스트민스터 소요리 문답의 체제
   1) 인간의 목적(1)
   2) 성경(2-4)
   3) 하나님(5-12)
   4) 인간론(13-19)
   5) 기독론(20-28)
   6) 구원론(29-35)
   7) 종말론(36-38)
   8) 십계명(39-85)
   9) 교회론(86-97)
   10) 주기도문(98-107)

## 40. 중세기의 성경 번역 역사

(1) 위클리프(John Wyclif ; 1382) : 라틴어로부터 번역
(2) 틴데일(Tyndale ; 1515) : 독일에서 번역 - 위클리프를 많이 따른 신약 번역
(3) 커버데일(Coverdale ; 1535) : 루터의 독일역에 근거하여 위클리프를 많이 따름
(4) 매튜성경(Mattew Bible ; 1537) : 틴데일역의 빠진 부분을 커버데일역으로 보충하고 약주를 달음
(5) 대성경(The Great Bible ; 1538-39) : 헨리 8세 때 커버데일(Coverdale)이 작입한 매튜성경 수정편으로 각 교회에 1부씩 두게 함
(6) 태버너 성경(The Taverner Bible ; 1539) : Richard Taverner가 매튜 성경 수정
(7) 제네바 성경(The Geneva Bible ; 1557) : 박해시 제네바에 피신했던 Whitingham 등 여러 사람이 번역, 청교도가 애용
(8) 감독 성경(The Bishop's Bible ; 1568) : 대주교 Parker가 8명의 감독과 다른 학자들과 번역한 것으로 40년간 공적으로 사용
(9) 로마교도 성경(Donai Rheims ; 신약 1582, 구약 1610년) : 독일에서

번역
(10) 흠정역(King James Version ; 1611) : 제임스 1세 때 54인의 학자가 3년간 걸쳐서 완성한 영어의 표준적 성경

## 종교개혁사 연구를 위한 참고문헌 목록

Aland, K. 「네 사람의 개혁자들」. 이기문역. 서울 : 컨콜디아사, 1983.
------. 「마틴 루터의 생애」. 이종태역. 서울 : 생명의 말씀사, 1982.
Amstrong, William Park. *Calvin and the Reformation*. Grand Rapids : Baker Book House, 1980.
Bainton, Roland. *Here I Stand : A Life of Martin Luther*. Nashville : Abingdon Press, 1950.
------. *The Reformation of the Sixteenth Century*. Boston : Beacon Press, 1952.
------. 「16세기 종교 개혁」. 홍치모, 이훈영역. 서울 : 크리스챤 다이제스트, 1993.
Bieler, Andre. 「칼빈의 경제윤리」. 홍치모역. 서울 : 성광문화사, 1985.
Boettner, Loraine. 「칼빈주의 예정론」. 홍의표역. 서울 : 보문출판사, 1972.
Bouyer, Louis. *A History of Christian Spirituallity*. Vol. 3. Orthodox Spirituallity and Protestant and Anglican Spirituallity. New York : The Seabury Press, 1965.
Brecht, Martin. *Martin Luther : His Road to Reformation 1483-1521*. Minneapolis : Fortress Press, 1985.
Brodrick, James. *The Origin of the Jesuits*. London : Longmans, Green and Co., 1949.
Calvin, John. *John Calvin's Institutes His Opus Magnum*. Potchefstroom : Potchefstroom University for Christian Higher Education, 1986.
------. *On the Christian Faith*. New York : The Liberal Arts Press, 1957.
------. 「기독교 강요」. 김문제역. 전5권. 서울 : 혜문사, 1979.
------. 「칼빈의 성경관 : 」. 편집부편역. 서울 : 풍만, 1986.
Chadwick, Owen. *The Reformation*. Grand Rapids : Wm. B. Eerdmans Pub. Co., 1964.
Clasen, Claus-Peter. *Anabaptism : A Social History, 1525-1618*. Ithaca, N.Y : Cornell University Press, 1972.
Cunningham, William. *Historical Theology*. 2vols. London : The

Banner of Truth Trust, 1862.
------. *The Reformews and the Theology of the Reformation.* London : The Banner of Truth Trust, 1967.
Daniel-Rops, Henry. *The Catholic Reformation.* New York : E. P. Dutton, 1962.
Davis, A. Mervin, 「칼빈주의 사상과 자유사상」. 한국 칼빈주의 연구원 편역. 서울 : 기독교문화 협회, 1986.
Dickens, A. G. *The Counter Reformation.* New York : W. W. Norton & Company, 1968.
Dolan, John P. *The Essential Erasmus.* New York : Meridian and NAL Books, 1964.
Donaldson, Gordon. *The Scottish Reformation.* Cambridge : Cambridge University, 1960.
Dunn, Richard S. 「근대유럽의 종교전쟁시대 1559-1648」. 임희완역. 서울 : 예문출판사, 1986.
Eire, Carlos M. N. *Waw Against the Idols : The Reformation of Worship from Erasmus th Calvin.* Cambridge : Cambridge University Press, 1989.
Estep, William Roscoe. *Reneissance and Reformation.* Grand Rapids : Wm. B. Eerdmans Pub. Co., 1986.
Fischer, Robert H. Trans. *The Large Catechism of Martin Luther.* Philadelphia : Fortress Press, 1959.
Fowards, Mark & George Tavard. *Luther : A Reformer for the Churches.* Philadelphia : Fortress Press, 1983.
Gonzalez, Justo L. 「종교개혁사」. 서영일역. 서울 : 은성, 1987.
------. 「기독교 사상사(상,중,하)」. 이형기, 차종순역, 서울 : 대한예수교장로회 총회출판국,1988.
Graham, W. Fred. 「건설적인 혁명가 칼빈」. 김영배역. 서울 : 생명의말씀사, 1986.
Harbison, E. Harris. *The Age of Reformation.* Ithaca, N.Y : Cornell University Press, 1955.
Hearnshaw, F. J. C. *The Social & Political Ideas of Some Representative Thinkers of the Victorian Age.* New York : Barns & Noble, 1933.

Henderson, G. D. 「스코틀랜드 교회사」. 홍치모, 이은선역. 서울 : 한국로고 스연구원, 1991.
Hillerbrand, Hans J. Ed. *The Reformation*. Grand Rapids : Baker Book House, 1978.
Jungen, Christoph. 「칼빈이 말하는 그리스도인의 사회참여 : 칼빈의 저항신학」. 김형익, 이승미역. 서울 : 실로암, 1989.
Kittelson, James M. *Luther the Reformer : The Story of the Man and and His Career*. Minneapolis : Ausburg Pub. House, 1986.
Kuiper, B. K. *The Church in History*. Grand Rapids : Wm. B. Eerdmans Pub. Co., 1978.
Latourette, Kenneth. 「기독교사(상,중,하)」. 윤두혁역. 서울 : 생명의 말씀사, 1983.
Leith, John H. 「개혁주의란 무엇인가」. 오창윤역. 서울 : 풍만, 1989.
Littel, Franklin H. *The Origins and Secterian Protestantism*. New York : McMillan, 1964.
Luther, M. 「마틴 루터의 독일신학」. 노진준역. 서울 : 은성, 1988.
McFarlane, John. *Wycliffe and the Beginnings of English Nonconformity*. London : English University Press, 1952.
McKim, Donald K. *Reading in Calvin's Theology*. Grand Rapids : Baker Book House, 1984.
McNeil, John T. 「칼빈주의 역사와 성격」. 정성구, 양낙홍역. 서울 : 크리스챤다이제스트, 1990.
Meeter, Henry. *The Basic Ideas of Calvinism*. Grand Rapids : Gaardian Press, 1939.
Mozley, J. F. *William Tyndale*. New York : The Macmillan Co., 1937.
Meeter, Henry. *The Basic Ideas of Calvinism*. Grand Rapids : Kregel Pub., 1967.
Murray, John. *Calvin on Scropture and Divine Sovereignty*. Grand Rapids : Baker Book House, 1960.
Oberman, Heiko Augustinus. *Luther : Man Between God and the Devil*. New York : Image Books, 1992.
Olin, John C. *Six Essays On Erasmus*. New York : , Fordham University Press, 1979.

Ozment, Steven. *The Age of Reform 1250-1550.* New Heaven : Yale University Prress, 1980.
Parker, J. I. 「칼빈의 구원의 도리」. 황영철역. 서울 : 풍만, 1987.
Parker, T. H. L. 「죤 칼빈의 생애와 업적」. 김지찬역. 서울 : 생명의말씀사, 1986.
Poter, J. M. 「루터의 정치사상」. 홍치모역. 서울 : 콘콜디아사, 1985.
Pranz, A. 「교회사」. 최석우역. 서울 : 분도출판사, 1982.
Quistrop, Heinrich. 「칼빈의 종말론」. 이희숙역. 서울 : 성광문화사, 1990.
Renwick, A. M. 「스코틀랜드 종교개혁사」. 홍치모역. 서울 : 생명의 말씀사, 1980.
Richard, Friedenthal. 「마르틴 루터의 생애(상,하)」. 김형석역. 서울 : 삼성미술문화재단, 1979.
Ritt, Jell. Ed. *Christian Spirituallity.* New York : Crossroad, 1988.
Rupp, E. G. *The English Reformation Tradition.* Cambridge : Cambridge University Press, 1966.
------. *Six Makers of English Religion. 1500-1700.* New York : Harper & Brothers, Pub., 1957.
Seeberg, R. 「기독교 교리사(중,근세편)」. 김영배역. 서울 : 엠마오, 1982.
Sherman, Franklin Ed. *Luther's Works.* 4Vols. Philadelphia : Fortress Press, 1971.
Simpson, Alan. *Puritanism in Old and New England.* Chicago : The University of Chicago Press, 1955.
Spitz, Lewis W. *The Protestant Reformation,* New Jersey : Prentice-hall, 1966.
------. *The Reformation : Material or Spiritual?.* Boston : D. C. Heath and Co., 1962.
------. 「종교개혁사」. 서영일역. 서울 : CLC, 1983.
------. 「종교개혁정신」. 정현철역. 서울 : 풍만, 1990.
Stasuffer, Richard. 「종교개혁」. 박선택역. 서울 : 기독교문서선교회, 1989.
Still, D.N. & C. C. Thomas, 「칼빈주의와 알미니안주의」. 김남식역. 서울 : 정음출판사, 1982.
Tompson, Francis. *Saint Ignatius Loyola.* Westminster, Maryland : Newman Press, 1950.
Troeltsch, Ernst. *Protestantism and Progress : A Historical Study of*

the Relation of Protestantism to the Mordern World. Boston : Beacon Press, 1912.
Tudur, Jones R. 「기독교 개혁사」. 김재영역. 서울 : 나침반사, 1990.
Walker, Williston. *John Calvin, the Organizer of Reformed Protestantism*. New York : Schocken, 1969.
Wallace, Ronald. S. *Calvin : Geneva, and the Reformation*. Grand Rapids: Baker Book House, 1988.
Warbuton, Ben A. *Calvinism*. Grand Rapids : Wm. B. Eerdmans Pub., 1955.
Watkins, Owen C. *The Puritan Experience*. New York : Schocken, 1972.
Watson, P. S. 「프로테스탄트 신앙원리」. 이장식역. 서울 : 콘콜디아사, 1962.
Watts, Michael. *The Dissenters : From the Reformation thd the French Revolution*. Oxford : Clarendon Press, 1978.
Weber, Otto. 「칼빈의 교회관 : 교회에 대한 올바른 이해」. 김영재역. 서울 : 풍만, 1985.
Wendel. Francois. 「칼빈의 신학서론」. 한국 칼빈주의 연구원 편역. 서울 : 기독교문화협회, 1986.
Williams, G. H. *The Radical Reformation*. Philadelphia : Westminster, 1962.
Workman, Herbert B. *The Dawn of the Reformation : The Age of Hus*. London : Epworth, 1933.
------. *The Dawn of the Reformation : The Age of Wyclif*. London : Epworth, 1933.
김남식 편. 「칼빈주의 연구」. 서울 : 백합출판사, 1977.
김광수. 「동방기독교사」. 서울 : 기독교문사, 1971.
김의환. 「기독교회사」. 서울 : 성광문화사, 1982.
박건택 편. 「칼빈과 설교」. 서울 : 나비, 1988.
박윤선 편역. 「웨스트민스터 신앙고백서」. 서울 : 영음사, 1989.
이장식외 10인. 「칼빈신학의 현대적 이해」. 서울 : 한신대학 출판부, 1978.
전경연. 「루터 신학의 제문제」. 서울 : 복음주의신학역서, 1974.
정성구. 「칼빈의 생애와 사상」. 서울 : 세종문화사, 1980.
정일웅 편. 「종교개혁시대의 기독교 신앙의 가르침」. 서울 : 풍만, 1987.

지원용.「루터의 사상」. 서울 : 콘콜디아사, 1961.
------.「루터의 사상의 진수」. 서울 : 콘콜디아사, 1986.
홍치모.「종교개혁사」. 서울 : 성광문화사, 1977.
------.「칼빈과 낙스」. 서울 : 성광문화사, 1991.
------.「스코틀랜드 종교개혁과 영국혁명」. 서울 : 총신대학 출판부, 1991.
------ 외.「급진종교개혁사론」. 서울 : 느티나무, 1993.

## 제 2 장
# 근대 교회사(1648-1800)

### 1. 근세시대의 개요

(1) 청교도운동의 발생
(2) 근세철학과 과학의 발달
(3) 자연신교등 이신론의 등장
(4) 계몽사조의 등장
    1) 미신타파, 지식의 계발, 법률의 개정
    2) 영적 내용이 없는 형식적인 신학이 태동
(5) 경건주의 운동과 감리교회 탄생
(6) 복음주의 운동
(7) 신비주의와 분파 운동

### 2. 영국의 청교도(Puritan) 운동

(1) 청교도 운동
    1)의미
       ① 영국교회의 종교개혁을 신학적, 형식적, 제도적으로 철저하게 하

〈주〉 도르트회의, 하이델베르그 요리문답, 웨스트민스터 회의는 시기적으로 근대에 속하나 종교개혁의 마무리라는 점에서 종교개혁사에서 다루었고, 청교도운동은 웨스트민스터 회의보다 앞서나 근대에 연관되는 성격이 강하므로 근대교회사에서 취급했다.

려고 한 신교도들을 지칭
②  영국의 종교개혁을 신학과 제도적으로 철저화하려는 신앙인의 무리들
③  교회내에서 가톨릭교회의 요소를 제거하고 미신적인 행사를 타파하고 교회를 정화하려는 주장으로 인하여 청교도운동이라고 한다.
④  제임스 1세 즉위로부터 이 용어를 사용(1603)
2) 발단 배경
①  엘리자베드 여왕이 구교도 및 신교도를 박해
②  영국교회의 가톨릭적 요소를 거절하고 제네바의 교회제도를 수용하기를 원하는 청교도가 일어나 철저한 개혁을 주장
③  헨리 8세 시대에 쮜리히에서 개혁주의 사상을 배우고 돌아온 존 후퍼 (John Hoofer ; 1495-1555 - 메리 여왕의 박해시에 처형)
　가. 퓨리타니즘을 소개 및 실천
　나. 교회에 제단을 두는 것을 반대
　다. 그의 임직식에 제복 착용을 거절
④  메리 여왕의 박해로 스위스 등으로 신교도들 피난
⑤  엘리자베스 여왕이 등극하자 800여명이 귀국하여 칼빈주의적 개혁을 추진
3) 경과
①  엘리자베스 여왕 말기에는 청교도가 신교도의 과반수 이상이 됨
②  제임스 1세 즉위(1603)부터 영국은 퓨리탄 시대로 들어선다.
③  천인의 청원 제출
　가. 제임스 1세에게 퓨리탄이 주축이 된 800여명이 개혁안을 직접 제출
　나. 목사가 거주하지 않는 곳의 많은 임지를 겸할 것
　다. 로마 교회풍의 의식을 고칠 것
④  성경의 개역(KJV)
　가. "천인의 청원"의 결과로 열린 대회에서 레이놀즈(옥스포드대학의 콜프스 크리스티 총장)의 건의로 착수
　나. 54인의 학자들이 "감독성경"을 기초하여 "쥬네부역"과 "란스역"을 참조하며 원문과 대조하면서 번역
　다. 3년간에 걸쳐 번역을 완성하여 1611년에 출판

　　　　라. 문장이 단순하고 장중하며 격조가 높음
　　　　마. 성경번역에 있어서 불후의 역작이며 영어권의 문학에 결정적인 역할을 한 성경
　　　⑤ 신대륙으로 이주
　　　　가. 제임스 1세가 국교주의를 채택하여 청교도를 박해하기 시작
　　　　나. 2만여명의 청교도들이 신앙의 자유를 찾아 메이 플라워호를 타고 신대륙으로 이주(1620) 다 왕정복고 후 찰스 2세가 통치 후(1660) 교회가 감독정치로 환원
　　　　라. 청교도들의 신대륙 이주를 더욱 촉진
　　　⑥ 웨스트민스터회의(1643-1649)
　　　⑦ 크롬웰의 공화정치와 종교의 자유
　　4) 생활 및 특성(한국교회에 미친 영향)
　　　① 하나님의 말씀에 대한 충성 강조
　　　　가. 성경에서 교리와 생활의 근거를 찾음
　　　　나. 신본주의적 생활 철학 가짐
　　　　다. 정통적인 신앙과 열정적인 헌신의 삶
　　　　라. 비성경적인 예배의식의 배제
　　　② 하나님의 주권과 인간의 책임을 강조
　　　　가. 성경의 강해를 예배의 중심으로 삼음
　　　　나. 하나님의 의지가 최고의 법칙으로 작용
　　　　다. 가정의 고상한 이상을 실현
　　　　라. 주일성수 강조
　　　　마. 자연을 예찬함
　　　　바. 근면, 성실, 정직한 삶
　　　　사. 노동을 신성시하며 의로운 부의 축적을 추구
　　　　아. 전영역에서의 교육을 시도
　　　③ 교회와 국가의 구별을 강조
　　　　가. 교회의 민주적 장로정치
　　　　나. 교회의 국가로부터의 독립
　　5) 지도자
　　　① 토머스 카트라이트(Thomas Catwright ; 1535-1603)
　　　② 로버트 브라운(Robert Brown)

③ 크롬웰(Oliver Cromwell ; 1599-1658)
④ 존 밀톤(John Milton ; 1608-1674)
⑤ 존 번연(John Bunyan ; 1628-1688)
⑥ 리챠드 벡스터(Richard Baxter ; 1615-1691)
⑦ 존 오웬(John Owen ; 1618-1683)
　6) 의의
　　① 17세기 영국에서 일어난 반 국교적인 신앙운동
　　② 성공회의 교리와 예배의식과 정치체제에 반대한 신교도들의 운동
　　③ 칼빈주의와 그의 신학이 근간
　　④ 칼빈주의의 실생활화
(2) 크롬웰(Oliver Cromwell ; 1599-1658)
　1) 헌팅턴 출신, 청교도로서 캠브리지를 대표한 의원
　2) 철기군을 조직(강건하고 신앙이 좋은 농부), 국가와 국왕이 싸울 때에 국가군을 이끌고 국왕군을 격파함
　3) 왕당파를 무찌르고(1645) 국왕 찰스를 처형한 후 공화정치를 선언(1649)
　4) 아일랜드와 스코틀랜드를 점령한 후에 통령이 되어(1652) 청교도적인 신앙관에 입각한 도덕정치
　5) 신교도들을 보호하고 종교의 자유를 허락하므로 청교도들이 자유롭게 신앙생활
　6) 5년 간 그의 공화제 정치는 국위선양 및 도덕정치의 표본이 되었다.
(3) 존 번연(John Bunyan ; 1628-1688)
　1) 생애
　　① 1628.11. 엘스토우(Elstow)에서 가난한 땜쟁이의 아들로 출생
　　② 가난으로 인하여 제대로 공부를 못함
　　③ 1644. 6월 모친 사망, 7월 누나 사망, 8월 부친 재혼으로 방황
　　④ 군에 입대하여 의회군으로 참전
　　⑤ 제대후 3년간 죄악된 생활
　　⑥ 결혼(이듬해 딸을 낳았으나 소경이었음)
　　⑦ 1653년 처음으로 교회에 정식으로 등록
　　⑧ 1655경 부친의 죽음으로 회심하고 설교자로서 수업
　　⑨ 1661년 재혼

⑩ 1661년 1월 투옥되어 12년간 옥살이
⑪ 1669년 9월과 1672년 3월에 발표된 신교자유령으로 출옥(25년전 처음 등록한 베드포드교회의 담임목사로 부임)
⑫ 1688. 8. 31 소천
2) 사상
① 결혼시 부인이 지참금으로 가지고 온 "천국에 이르는 길"과 "경건의 실제"라는 책을 통해서 기독교에 관심
② 왕정복고 후 성공회 예식을 강요할 때에 이를 거부함으로 옥고를 치름
③ 탁월한 설교자로 존 오웬이 감동을 받아 설교를 듣고자 찾아다님
④ 가정은 기도와 권위의 엄격한 학교
⑤ 현실을 직시하고 미래를 분별할 줄 아는 식견을 가진 자
3) 저서
① 지옥의 표적들
② 저주받은 영혼의 신음
③ 율법의 은혜의 교리
④ 죄인의 괴수에게 넘치는 은혜(Grace Abounding to the Chief of Sinners)
⑤ 천로역정(Pilgrim's Progress ; 1678)

(4) 영국의 청교도들

| 구 분 | | 연대 | 주 요 사 상 |
|---|---|---|---|
| 장로교회 | 토마스 카트라이트 (Thomas Cartwright) | 1535-1603 | • 장로교회를 옹호함으로 캠브리지 교수직 박탈<br>• 청교도를 옹호함으로 수차례 투옥 |
| | 존 플라벨 (John Flavel) | 1630-1691 | • 클라렌드 문서로 추방<br>• 1671년 목회활동 재개 |
| | 조셉 알레인 (Jiseoh Allein) | 1634-1668 | • 1663년 자신의 집에서 시편을 찬송하고 가족에게 설교함으로 투옥 |
| | 매튜 헨리 (Mattew Henry) | 1662-1714 | • 법률을 독학하고 체스터 목사로 활동<br>• 6권의 헌신적인 주석 저술 |

| 구 분 | | 연대 | 주 요 사 상 |
|---|---|---|---|
| 회중교회 | 헨리 제이컵<br>(Henry Jacob) | 1536-<br>1658 | • 브라운 운동의 일부로 활동<br>• 사우스 와크에서 잉글랜드 최초로 회중교회 설립 |
| | 올리버 크롬웰<br>(Oliver Cromwell) | 1599-<br>1658 | • 1623년 부터 의회원으로 시민전쟁시 의회군 지휘<br>• 찰스 황제 처형 후 호민관에 취임<br>• 1656년 왕위 수여거절 |
| | 토마스 굳윈<br>(Thomas Goodwin) | 1600-<br>1679 | • 존 코튼의 영향으로 분리주의자<br>• 라우드 대주교의 대학살 후에 화란으로 이주<br>• 웨스트민스터 회의시 회중교회 대표자들을 지도<br>• 크롬웰의 자문관 |
| | 존 밀턴<br>(John Milton) | 1608-<br>1674 | • 청교도 시인이자 선동적인 저술가로 영국국교회 반대<br>• 크롬웰 치하에서 요직에 있다가 왕정복고 후 실각 투옥<br>• 감독정치 비난의 글을 씀<br>• 옥중에서 "실락원"과 "복락원"을 저술 |
| | 존 오웬<br>(John Owen) | 1615-<br>1691 | • 국교회 교사였다가 시민전쟁시 의회파 지원<br>• 크롬웰 궁정 설교자 및 옥스포드 부총장<br>• 왕정복고 후 은퇴<br>• 히브리서 주해 등을 저술 |
| 영국국교회 | 리차드 벡스터<br>(Richard Baxter) | 1616-<br>1683 | • 당대의 정치적 신학적인 입장에는 유보적<br>• 찰스 2세 궁정설교자로 목회자의 각성을 촉구<br>• "성도의 영원한 안식처", "개혁주의 목자" 등 저술 |
| | 존 하우에<br>(John Howe) | 1630-<br>1706 | • 올리버 크롬웰의 궁정설교자였다가 후에는 올리버 크롬엘의 설교자 |
| 침례교회 | 존번연(John Bunyan) | 1628-<br>1688 | • 땜장이 출신으로 의회군으로 참전<br>• 베드포드에서 설교자로 활약<br>• 왕정복고 후 12년간 옥고, 이때에 천로역정 저술 |

출처 : R. C. Walton, *CBC*.

## 3. 근세 철학과 과학의 발달

(1) 과학
   1) 코페르니쿠스(Copernicus ; 1473-1543) : 태양 중심설, 지동설
   2) 코플러(Kopler ; 1571-1630) : 천문학 연구, 유성의 운동법칙 발견
   3) 부르노(Bruno ; 1548-1600) : 천문학 연구, 태양중심설에 의한 범신론적 철학
   4) 갈릴레오(Galileo ; 1564-1642) : 망원경 개발과 코페르니쿠스의 학설을 입증, 지동설
   5) 뉴우톤(Newton ; 1642-1727) : 만유인력의 법칙 발견

(2) 철학
   1) 프란시스 베이컨(Francis Bacan ; 1561-1626)
      ① 귀납법적 방법론을 사용 : 선입관념을 버리고 직접 자연에 접하여 얻은 경험을 기초로 점차로 추상적 개념으로 나아갈 것을 주장
      ② 실험과 경험의 중요성 강조 : 경험주의 철학의 성립
      ③ 우상론
         1. 종족의 우상
         2. 동굴의 우상(환경, 습관, 교육)
         3. 시장의 우상(교제에서 발생)
   2) 토마스 홉즈(Thomas Hobbes ; 1588-1679)
      ① 유물론의 기초 위에 세워진 학설
      ② 지식은 감각이 집성한 것이고, 정신은 감각할 수 없을 만큼 정미하다.
   3) 데카르트(Descartes ; 1596-1679)
      ① 유물사조를 반대하여 자아의 권위를 주장하고 이상주의적 철학의 기원을 연 사람
      ② 과학을 중히 여기고 기하함으로 학문의 규범을 삼은 점에서 베이컨과 홉스의 제도와 일치한다.
      ③ 대륙의 합리론을 창시
      ④ 연역법을 주장
      ⑤ 인간 이성을 진리의 기초로 삼음 : '나는 생각한다. 고로 존재한다' 는 말로서 그의 출발점을 삼았다.

4) 스피노자(Benedict Spinoza ; 1632-1677)
   ① 유대인으로서 자유파와 친하므로 유대교에서 파문당함
   ② 자연과 신을 동일시 하는 범신론적 철학
      하나님은 물질 가운데 존재하며, 물질은 하나님에 의해 존재한다.
   ③ 신인 합일의 논리학
5) 존 로크(John Locke ; 1632-1704)
   ① 인식론적 경험 철학을 개발 : 인식론이 시조
   ② 이성에 의한 자유행동 주장
   ③ 신 증명은 인과 사실로 증명이 된다.
6) 버클리(Berkeley ; 1685-1753) : 유심론 주장

## 4 근세 초기의 이단적 신학사상

(1) 자연신교(초연신론)
   1) 발단
      ① 16세기 종교개혁으로 전통을 버리고 신앙을 위주로 한 데 반하여
      ② 17세기 영국에서 일어난 신학사상으로 계시를 이성으로, 종교를 철학으로 대치시키는, 즉 이성주의자이다.
      ③ 이성으로 종교의 근본도리를 규명할 수 있다고 확신
   2) 교리
      ① 신의 존재를 믿는다
      ② 창조주는 자연법을 주셨다
      ③ 하나님은 인간에게 양심과 자유를 주셨다.
      ④ 자연은 신의 완전 창조이므로 특별계시는 필요없다.
   3) 인물
      ① 헐버트(Edward Herbert ; 1581-1648)
         가 자연신교의 시조
         나 이성과 도덕률을 강조
      ② 톨란드(Toland ; 1670-1722) 합리적인 자연신교를 주장
      ③ 콜만즈(Kollins ; 1676-1729) 자유이성론을 주장하며 예언을 부인
   4) 결과

① 자연신교는 죄악과 투쟁하고 물리칠 능력을 주지 못했다.
② 칸트의 "순수이성비판"에서 이성의 한계를 정함으로 붕괴되었다.

(2). 영국의 자연신론의 선구자들

| 이 름 | 연대 | 주 요 사 상 | 주요저서 |
|---|---|---|---|
| 토마스 홉스 | 1588-1679 | • 모든 지식은 감각과 이성으로부터 나온다.<br>• 성경은 이성에 기여하지 못한다.<br>• 모든 존재는 물적 기반만을 가진다. | • 레비아단<br>• 베헤못 |
| 존 로크 | 1632-1704 | • 계시는 이성과 동반되지 않는다.<br>• 경험론(tabula rasa) 주장<br>• 지식은 감각에 의한 반영이다. | • 기독교 이성<br>• 인간오성에 관한 수필 |
| 아이작 뉴톤 | 1642-1727 | 기계론적 우주관(이신론자들에게 영향) | • 수학원리 |

(3) 영국의 이신론자들

| 이 름 | 연대 | 주 요 사 상 | 주요저서 |
|---|---|---|---|
| 에드워드 하버트 | 1583-1648 | 초자연적 계시는 신앙에 필수적인 것이 아니다. | 진리에 대하여 |
| 존 톨란드 | 1670-1729 | 기독교는 이미 알려져 있지 않은 것을 소개하는 것은 아니다. | 신비롭지 않은 기독교 |
| 안소니 콜린스 | 1676-1729 | • 성경 저자들은 자유로운 사고의 소유자이기에 우리도 그래야 한다.<br>• 구약의 선지자와 그리스도는 아무런 상관관계가 없다. | • 자유로운 생각에 대하여<br>• 기독교의 기초와 이성에 대하여 |
| 매튜 틴달 (M. Tindal) | 1655-1733 | • 자연종교의 절대적 충족성 주장<br>• 기독교는 자연종교에 의해 검증돼야 한다<br>• 창조는 완벽하여 어떤 것도 첨가할 필요없다. | 창조만큼 오래된 기독교 |
| 토마스 울스톤 (T. Woolston) | 1669-1733 | • 신약의 기적은 사실이 아니라 상징이다.<br>• 부활은 제자들에 의해 저질러진 속임수가 아니다.<br>• 실제의 근거는 물질이 아니고 신의 관념들이다 | 우리 구주 기적에 관한 6개의 설교 |

(4) 영국의 자연신론자들에 대한 변증가들

| 구 분 | 연대 | 주 요 사 상 | 주요저서 |
|---|---|---|---|
| 조지 버클리 (George Berkeley) | 1685-1753 | • 실재의 근거는 물질이 아니고 신의 관념들이다 | 알키프론 : 세심한 철학자 |
| 윌리암 로 (Wolliam Law) | 686-1761 | • 하나님의 행위가 항상 인간이성을 따르는 것은 아니다(틴달 주장 논박).<br>• 후에 웨슬레에게 강한 영향을 줌 | 이성의 사례 |
| 조셉 버틀러 (Joseph Butler) | 1692-1752 | • 자연종교는 보충적인 계시없이는 불충분하다.<br>• 계시종교에서 추정된 진리는 자연종교에서 추정된 진리보다 강하다.<br>• 이신론 최대의 대항자로서 그의 책은 200년간 변증서가 됨 | 종교와 비유 |
| 윌리암 와버튼 (William Warburton) | 1698-1779 | • 사후 세계에 대한 가르침이 없다는 것을 인하여 구약성경의 신적기원 논증 시도 | • 모세에 대한 하나님의 위임<br>• 자연종교와 계시종교의 원리 |
| 윌리암 팔리 (William Paley) | 1743-1805 | • 반이신론에 변증소재 제공<br>• 신존재의 증명을 위해 고전적 형태의 목적론적 논증 제공 | • 기독교 증거에 대한 견해<br>• 자연신학 |

출처 : R. C. Walton, *CBC*.

(5) 쟌세니즘(Jansenism)
   1) 쟌센(Cornelliüs Jansen ; 1585-1638)
      ① 생애
         가. 네델란드 북부, 루뱅(Louvain)대학에서 수학
         나. 어거스틴을 존경하고 스콜라 철학을 비판
         다. 루뱅 대학장 및 이프레(Ypres)의 감독
      ② 저서
         가. 「어거스틴」 출간 : 22년 간 저술
            1부 : 반대론 비판

    2부 : 인간이성의 한계론
    3부 : 최상론
   나. 1642년 교황 우르바누스 7세(Urbanus Ⅷ)가 금서로 지정하였으나 그 사상은 널리 퍼짐
  2) 발단
   ① 17세기 프랑스에서 일어난 카톨릭 자체 정화 운동
   ② 가톨릭 내에서의 어거스틴 신학의 부흥운동
   ③ 예수회의 도덕적 폐해를 개탄
  3) 사상
   ① 쟌센은 어거스틴의 죄론과 은총론을 주장하며 새로운 운동을 전개시킴
   ② 스콜라 철학이 가르치는 어거스틴주의와 다른 어거스틴 사상 제창
   ③ 인간의 회심이란 불가항력적인 신의 은총임을 주장
   ④ 인간이성의 한계를 지적
   ⑤ 교황은 단지 감독의 머리가 될 뿐이라고 주장하면서 교황 무오설을 부인
  4) 파스칼(Blaise Pascal ; 1623-1662)
   ① 생애
    가. 24세 때에 부친의 병을 치료차 온 자에게 잔센이즘(Jansenism)을 전해받음
    나. 수학자, 물리학자, 철학자.
    다. 예수회파를 공격하고 기독교 진리를 변증함
   ② 저서
    가. 향촌서한(Provincial Letters) : 예수회를 풍자비판
    나. 팡세(Pensees) : 기독교 구조를 인생 구조에 비교하여 변증
  5) 결과
   ① 루이 14세의 낭트칙령 철회는 신교뿐만 아니라 카톨릭 안의 다른 주장자들인 잔세니즘과 콰이어티즘을 탄압
   ② 교황 클레멘스 9세와 11세가 박해
(6) 정숙주의
 1) 정의

안정을 중요시하는 신비주의자로서 그 근원은 스페인의 알롬브라도스(Alombrados : 광명을 받은 자)에서 찾을 수 있다.
2) 대표자
① 미카엘 몰리노스(Michael Malinos ; 1640-1697)
가. 생애
1. 서반아의 사라고사에서 출생
2. 1669년 로마에 가서 설교자로 활약
3. 1675년 심령의 길잡이(Spirtual Guide)를 통해 완전해 지려면 마음이 조용해져야 한다고 주장
나. 주장
1. 완전해지려면 마음이 조용해야 한다.
2. 자기를 망각하고 하나님에게 전심하면 최고의 상태이다.
3. 영혼이 변화 개조되어 하나님과 같이 되어 고요한 생각이나 정지된 정신이어야 한다.
다. 교황 인노센트 11세(Innocent XI) 등은 이를 칭찬하였으나 후에 예수회가 불리하게 되자 이를 이단시하여 투옥시킴
② 귀용 부인(Madame Guyon)
가. 생애
1. 1648년 파리 남방 몽타르기에서 출생
2. 여수도원에 감금되어 종신유배됨
나. "간단하고 쉬운 기도법", "분류(分流)"를 지음
③ 페넬롱(1651-1715 ; Fenelon)
가. 신교에서 가톨릭으로 개종한 부인들을 위한 노벨 가톨릭 감독
나. 귀용부인과 친교를 가짐
④ 보쉬에(1627-1704 ; Bossuet)
3) 결과 : 루이 14세가 탄압

## 5. 로마교회의 예수회 금지 조치

(1) 이유
1) 훌륭한 지도자가 빈곤
2) 도덕적으로 타락을 함

3) 대다수가 돈을 탐하고 안일을 구함
4) 음모를 잘 꾸밈
5) 그들의 폐해가 점차 폭로되어 여론이 악화
(2) 금지 조치
1) 오랫동안 기독교국 내외에 세력을 떨쳤으나 많은 사람들의 지탄을 받음
2) 심지어 가톨릭국에서 조차 추방당하는 일이 일어남
3) 마침내 교황 클레멘스 14세가 금지령을 내림(1773)
(3) 41년만에 교황 바오로 7세가 재허가를 내림으로 활동 재개(1814)

## 6. 계몽사상과 칸트

(1) 계몽사조
　1) 정의
　　① 영국에서 일어난 초월신교와 회의 사상이 프랑스에 들어와 극단의 유물사상이 되어 기독교를 반대하는 사상적인 세력
　　② 이성의 힘을 낙관. 이성에 비추어 모순된 현실의 사회제도를 개조하려는 사상
　　③ 이성과 배치되는 성경의 계시 및 신앙을 비판
　2) 대표자
　　① 볼테르(Voltaire ; 1694-1778) : 계몽사상의 선구자
　　　가. 이성의 해방, 정신의 자유를 주창, 각 방면에서 전통을 파괴
　　　나. 조롱, 풍자문학으로 기독교를 공격
　　　다. 신의 존재를 믿으나 선하심은 무한하나 힘은 유한하다
　　　라. 형이상학의 근거를 도덕에 두었다.
　　② 디데롯(Diderot ; 1713-1784)
　　　가. 유물론적 감정주의
　　　나. 무신론적 자연주의
　　③ 홀바하(Holbach ; 1723-1779) : 무신론적 자연주의자 신의 관념을 버리고 자연을 취하므로 행복을 얻는다
　　④ 룻소(J.J.Ronsseau ; 1712-1778)
　　　가. 자연으로 돌아가라

나. 에밀, 민약론, 인간 평등론, 참회록 등을 저술
⑤ 라이프니쯔(G.W.Leibniz ; 1646-1716)
  가. 독일의 철학자, 수학자, 신학자
  나. 철학의 중심은 원자설
  다. 그리스도는 하나의 예언자(마호멧과 동일)
3) 영향
  ① 계몽전제군주의 출현
  ② 훗날 프랑스 혁명의 지도정신
  ③ 성경의 계시에 의한 타율적인 진리 이해가 아니라 인간 이성을 통한 스스로의 깨달음을 강조하는 인간의 자율성을 강조

(2) 칸트(Immanuel Kant)의 사상
  1) 철학의 사조
    ① 계몽사상에 반대하여 새 시대의 철학 계통을 세움 : 대륙의 합리론과 영국의 경험론을 종합한 비판철학
  2) 사상
    ① "순수 이성 비판"
      가. 전통적인 기독교의 초자연주의를 배격
      나. 이적이나 구속개념을 부인
    ② "실천 이성 비판"
      가. 신으로 가는 길을 모색
      나. 도덕의 근본적인 전제로서 의지의 자유, 신, 영혼불멸을 주장
      다. 인간의지의 자유를 강조
    ③ "판단력 비판" : 자연계와 도덕계의 양자를 합쳐 조화를 도모
    ④ "이성의 한계내에서의 종교" : 종교를 실천 이성, 곧 도덕으로 대치
  3) 평가
    ① 근대철학의 아버지
    ② 비판철학의 창시자
    ③ 독일 관념론 철학 형성자
    ④ 유럽사상계의 대부
    ⑤ 기독교를 이성(도덕)으로 대치한 철학

## 7. 경건주의와 감리교회

(1) 경건주의(Pietism)
　1) 발단
　　① 17세기 후반부터 루터파를 배경으로 일어남
　　② 30년 전쟁 말기부터 독일교회는 정통주의를 내세우고 경건생활에 무관심함으로 영적인 침체현상에 처함
　　③ 기성교회가 풍속이 문란해지고, 신학논쟁으로 경색화되어 영적 은혜의 설교가 없고, 그리스도를 체험하는 생활을 소홀히 하고 기성교회의 속화에 따라서 내면적 운동으로 승화되었다.
　2) 정의
　　① 17세기말 독일 루터파, 교회 내에서 일어난 신비계통의 운동
　　② 성령과 내적 생명을 존중하는 운동
　3) 주장
　　① 심령의 광명이 있어야 성경의 진리를 바로 이해한다.
　　② 따로 교리를 세우지 않고 신학적 이론에서 성경으로 돌아가자는 운동
　　③ 성령의 성결한 힘으로 갱신된 자만이 마음의 빛을 가질 수 있다.
　4) 대표자
　　① 스페너(Philip Jacob Spener ; 1635-) : 경건주의 창시자
　　　가. 경건주의란 말은 스페너를 따르는 사람들을 지칭하는 말
　　　나. "경건한 소원"(Holy Desires)이란 책을 저술
　　　다. 예수 그리스도에 대한 생생한 개인의 체험적 신앙의 중요성 강조
　　　라 성경연구의 중요성 강조 - 가정 성경연구 모임 소개
　　　마 가르침대로 살지 않는 설교자를 보고 한탄
　　② 프랑케(August Franke ; 1663-) : 경건주의 운동의 주동자
　　　가. 할레대학을 중심으로 조직적, 학문적 경건주의 운동을 전개
　　　나. 사회 사업 : 고아원, 모자원, 병원 설립
　　　다. 문서 선교 : 출판사를 통해 성경과 종교서적을 보급
　　③ 벵겔(J.A.Bengel ; 1687-1751)
　　　가. 튜빙겐 출신의 대학 교수
　　　나. 경건파 운동을 주도

5) 할레대학(Halle University)
   ① 브란덴부르크 작후가 설립한 대학
   ② 스페너의 권유에 따라서 프랑케가 신학부 경영을 맡음
   ③ 경건주의 운동에 대하여 조직적, 학문적 운동을 주도
   ④ 창설된지 반세기도 못되어 6,000명 이상의 목사를 배출하여 독일과 각국에 파송
   ⑤ 독일 경건주의 운동의 중심지가 됨
6) 결과
   새 교파를 이루지 않고 루터교회의 한 유파로 머물렀다. 따라서 루터파는 두 유형으로 존재하게 되었다
   ① 빗텐베르크 중심의 정통파
   ② 할레대학 중심의 경건파
7) 업적
   ① 장점
      가. 성경연구에 자극을 주어 신학적 이론에서 실제적으로 전환
      나. 성령의 감화와 개인의 갱생의 필요성을 깨닫게 됨
      다. 17세기 교회에 생기를 불어넣음
      라. 여기에서 모라비아파가 생김
      마. 선교에 열심-할레 대학을 중심으로
   ② 단점
      가. 극단의 금욕주의로 현실교회를 이탈함
      나. 교회 안의 교회 운동으로 교회 균열의 조짐이 됨
      다. 교리의 경시로 기독교의 변질을 초래
(2) 진젠도르프(Zinzendorf)와 모라비아교회
   1) 생애
      ① 신앙의 열심과 조직력의 소유자
      ② 10살 때 할레대학교에서 경건주의와 프랑케에게서 교육을 받음
      ③ 1734년 루터파 목사로 안수받음
      ④ 1736년 평화를 어지럽힌다는 이유로 색손 땅에서 추방
      ⑤ 10년만에 추방령이 취소되어 고향에 돌아와 4년후 사망(1746년)

2) 모라비아교회와의 관계
   ① 경건주의와 모라비아주의를 연결해 준 사람
   ② 색손 공국의 대신이었던 부친으로부터 물려받은 영지에 헤른후트라는 피난촌을 세우고 후스 일파와 함께 초대교회적 공동사회를 이룸
   ③ 정부관리가 되어 후에는 목사로 안수를 받아 종교 지도자가 되었다.
   ④ 프랑스, 스칸디나비아 등 여러나라 여행 중 선교비젼을 넓히고 국제적인 선교 조직 시도
   ⑤ 추방된 후 유럽의 여러나라와 영국, 서인도제도, 미국 펜실베니아와 그곳의 인디언들에게 선교
(3) 모라비아 교회(Moravian Church)
   1) 발단
      ① 30년 전쟁시 로마교회의 박해로 모라비아로부터 보헤미아에 피난 온 장 후스일파에게 진젤도르프 백작이 자기 영토 내에 거주하게 하고
      ② 헤른후트(Herrnhut ; 주님의 망대)라는 피난촌을 세우고
      ③ 진젤도르프의 지도로 1727년 8월 13일 모라비아 교회를 세우기에 이르렀다.
      ④ 이들의 경건주의를 Moravianism이라고 한다.
   2) 업적과 결과
      ① 반 수도원적 신앙으로 세계 복음화의 목적
      ② 정렬적 독신자들로 후에 웨슬레에게 큰 감명을 줌
      ③ 모라비아 성두들이야말로 경건주의의 최상의 결실이다.
      ④ 수적으로는 극소수이지만 영적인 유산과 업적은 대단히 큼
      ⑤ 슐라이에르마허를 배출
(4) 경건주의가 감리교회에 미친 영향
   1) 웨슬레 형제가 미국 조지아주로 가는 배에서 모라비안 교도들을 만난 후 그들의 확신에 큰 감명을 받는다(1735)
   2) 모라비안 교도인 스팡엔베르크가 조지아주에서 요한 웨슬레에게 의문점을 제시
   3) 런던에서 웨슬레가 모라비안 교도를 찾고 보엘러가 그의 회심에 도

움을 주었다
  4) 웨슬레가 헤른후트로 가서 진젠도르프를 만남(1738)
  5) 규칙자 사회가 결정되고 경건주의자 비밀 집회를 모델로 했다(1738)
(5) 메도디스트(Methedists)
  1) 의의
    ① 자연신론과 계몽주의의 영향으로 인해 18세기 초 영국사회는 정신적인 파산에 직면
    ② 영국 옥스퍼드의 요한 웨슬레를 중심으로 일어난 운동
    ③ 종교계의 침체를 바로잡기 위하여 성경연구와 감옥 방문 전도 등
    ④ 감리교의 시초
  2) 설립
    ① 1738. 5. 24. 모라비아 교회의 기도회에 참석하여 하나님의 임재와 능력을 체험
    ② 독일에 가서 진젠도르프에게서 2주간 머물면서 경건생활을 배움
    ③ 1739. 5에 브리스툴 야외설교에서, 부흥운동에 점화
    ④ 1739. 5. 12. 브리스툴에 처음으로 메도디스트 교회를 설립
    ⑤ 1740년 감리회 (Methodist United Society) 정식 출발
       남자 26명, 여자48명이 정식으로 결성
    ⑥ 당시의 회원은 13만 5천이었음
  3) 조직
    ① 비사제적(비사제적)감독정치
    ② 중앙 집권적 조직
    ③ 감독은 총회에서 파송하고 목사는 감독이 파송한다.
    ④ 직원은 목사, 장로, 권사, 속장, 유사, 탁사 등이다.
  4) 분파
    ① 원시 메도디스트
       가. 야외 설교와 여자의 설교권 인정
       나. 신자의 평등권리를 주장
       다. 목사 1인과 평신도 2인의 피례로 의회를 조직
    ② 일치 자유 메도디스트
       가. 목사 임명권이 중앙에 있음을 반대
       나. 개교회의 독립을 주장

③ 칼빈파 메도디스트
　　가. 횟트필드(Whitefield)가 7회 도미하여 칼빈신학을 전파
　　나. 웨슬레와는 별도로 전도함
(6) 웨슬레(John Wesley ; 1703-1791)와 감리교회
　1) 생애
　　① 1703년 영국교회 목사의 19남매 중 16번째로 출생
　　② 모친 수산나에게서 경건한 교육을 받음
　　③ 1791. 3. 2. 사망(83세)
　　④ 저서 381종
　2) 부흥운동
　　① 동생 찰스 웨슬레와 함께 옥스퍼드 대학 재학시절에 "성단"(Holy Club)이라는 모임을 조직하여 지도자가 됨
　　　가. 경건을 목적으로 일어난 운동
　　　나. 성경과 경건서적 읽기
　　　다. 매일 밤 기도회 모임
　　　라. 병자, 가난한 자, 감옥에 갇힌 자를 돌봄
　　② 선교사로 미국의 조오지아 주에 파송되었다가 성과없이 귀중 중 풍랑 앞에서도 태연한 모라비안 교도들에게 감명을 받음
　　③ 1738. 5. 24. 모라비아 교회의 기도회에 참석하여 하나님의 임재와 능력을 체험
　　④ 독일에 가서 진젠도르프에게서 2주간 머물면서 경건생활을 배움
　　⑤ 1739. 5에 브리스툴 야외설교에서 부흥운동에 점화
　　⑥ 1739. 5. 12. 브리스툴에 처음으로 메도디스트 교회를 설립
　　⑦ 1740년 감리회(Methodist United Society) 조직
　3) 신학
　　① 하나님의 은혜는 무차별적이다.
　　② 그리스도는 모든 죄인을 위하여, 십자가에 돌아가셨다(제한속죄 거부)
　　③ 지옥은 그 사람의 책임이다
　　④ 자기 구원의 확신은 성령에 의하여 얻을 수 있다.
　　⑤ 원죄는 인정하나 완전적 타락은 믿지 않는다
　　⑥ 이신득의자는 성화를 위하여 계속 노력해야 한다.

⑦ 중심표어 : 세계는 나의 교구다

## 8. 근세의 복음주의 운동

(1) 죠지 휫필드(George Whitefield : 1714-1770)
   1) 생애
     ① 당대의 가장 유명한 설교가
     ② 웨슬레 형제의 Holy Club에 가입
     ③ 옥외집회시에 많은 청중이 운집하여 큰 은혜와 영향력을 끼침
     ④ 미국에 7회나 방문하여 집회
     ⑤ 1770. 9. 10 전도여행중 과로로 객사(56세)
   2) 사상
     ① 칼빈주의적인 메시지로 많은 영국국교회 지도자들로부터 배척받음
     ② 메시지의 촛점은 "하나님의 용서하시는 은혜와 그리스도를 믿음으로 얻는 평화와 그리스도를 위한 봉사의 기쁨"
     ③ 웨슬레처럼 교회의 어떤 분파를 만들기를 원치 않았다.
(2). 복음주의 운동
   1) 발단
     ① 자연신론과 계몽주의 사상으로 인해 18세기 초엽 영국의 사회는 정신적인 파산에 직면하게 되었다.
     ② 이 때에 영국교회에서는 요한 웨슬레와 죠지 휫필드 등이 나타나 부흥운동을 주도함
     ③ 웨슬레는 알미니안적인 운동으로, 죠지 휫필드는 칼빈주의적인 운동으로 각각 나타나서 활동함
   2) 영향
     ① 18세기의 합리주의적인 운동을 제지
     ② 퇴폐적인 도덕생활을 개선시킴
     ③ 침체한 교회를 일깨워서 교회의 부흥을 가져옴
     ④ 런던 선교회를 중심으로 초교파적인 선교운동이 일어남
     ⑤ 전도와 선교를 통하여 교회 연합운동의 길을 열어 놓음
     ⑥ 웨슬레는 감리교회를 결성하여 세계선교의 웅대한 꿈을 실현시킴

나아감
⑦ 복음주의 운동은 사람들로 하여금 말씀에 대한 새로운 자극을 하는 계기가 되었다.

## 9. 근세의 신비주의와 분파운동

(1) 유니테리안 교회(Uniterian Church)
   1) 특징 : 삼위일체론 부정, 하나님의 단일성 주장
   2) 대표자 : 스페인의 세르베르투스 및 소시너스(Socinus)
   3) 주장 학설 : 합리론, 범신론, 유물론, 접신론 등이 혼합된 것
   4) 신조
      ① 반삼위일체(反三位一體論)
      ② 그리스도의 속죄, 신성, 불인정 및 원죄 부정
      ③ 의지의 자유와 그리스도의 모범, 인간 도덕적 행위로 인간 구원가능 주장
   5) 정치 : 회중 정치
   6) 교세 : 미국, 카나다, 영국 등에서 현재 굴지의 교파로 세력을 가지고 있다.
(2) 신비주의 운동
   1) 루터파의 지나친 고백주의운동의 반작용으로 신비주의가 태동
   2) 권위의 소재를 감정과 신비적 경험에서 찾으려고 함
   3) 성경의 권위보다는 내적인 신비체험이 우위
   4) 교회의 조직은 성령의 활동에 동에 있어서 방해물로 간주되어 비판
   5) "성령의 자유"가 그들의 표어였음
(3) 퀘이커파(The Queakers)
   1) 주창자: 죠지 폭스(George Fox ; 1642:1691)
      ① 생애
         가. 런던에서 직조자의 아들로 출생
         나. 19세 때 정신적인 갈등으로 각지를 방황
      ② 분파운동
         가. 1646년 신적 영생을 받고 마음의 평안을 얻었다고 함
         나. 1649년 노팅검교회 예배 중 위로부터 오는 빛을 받아야 한다

고 주장
다. 이 주장으로 예배 방해 혐의로 투옥
라. 가죽옷을 입고 영국, 스코틀랜드, 화란, 미국 등지를 다니며 자기 체험을 전함
마. 1661년 런던에서 '퀘이커 자유교회' 조직
2) 교리와 생활
① 내적 광명(성령)을 중요시함
② 세례, 성찬 등 예전이 없음
③ 예배도 순서없이 영감자가 인도
④ 교인은 누구나가 성직자
⑤ 산상수훈을 지키고, 전쟁을 반대하며 노예제도를 폐지할 것을 주장
⑥ 의복과 생활에 있어 단순, 검소, 성실을 주장
3) 기타 대표적인 인물
① 바클레이(Robert Barclay)
가. 퀘이커파의 신학자
나. 교리문답 출판(1673)
다. 15개 신조 작성(1675)
② 윌리암 펜(William Penn ; 1644-1718)
가. 폭스의 설교에 감동받고 추종자가 됨(1667)
나. 펜실베니아에 식민지를 개척하고 퀘이커파를 이주시킴
4) 결과
① 신학계통이 없고 정치조직이 미약
② 극단적 신비주의자로 많은 박해를 받았다.
③ 영국에서 1687년 신교의 예배자 유령에 따라 예배의 자유를 얻었다.
5) 평가
① 기독교의 제도화, 의식화의 반동
② 내적, 정신적, 신비적 경험의 고조로 일어난 파
③ 그들은 '빛의 아들'이라고 하다가 '우회'(友會)로 고침
④ 그러나 일반적으로 퀘이커(떠는 자들)라고 부른 것은 기도할 때에 떠는 자들이 많았기 때문이다.

(4) 스웨덴보그(Swedenborg ; 1688-1772)
   1) 생애
      ① 1688년 스웨덴 스톡홀름에서 루터교 목사의 아들로 출생
      ② 과학자, 철학자, 정치가로서 수학, 물리학, 천문학, 생물학, 해부학 연구
      ③ 국왕 찰스 2세의 초청으로 광산국 고문이 되어 많은 과학 기구를 발명
      ④ 55세 때에 신접주의자가 되었다.
      ⑤ 1747년 모든 공직을 사퇴하고 기도와 성경연구에 전념
      ⑥ 1747년 히브리어를 연구하면서 "하늘의 비밀", "천국과 지옥"이라는 책을 저술
      ⑦ 평생 독신으로 지내다가 1772. 3. 19 런던 여행 중 객사
   2) 사상
      ① 신관
         가. 노스틱적인 영적 세계와 육적 세계에서 출발한다.
         나. 하나님은 영이시요 인간이시다. 여기에 하나님의 신비가 있다.
         다. 예수 그리스도 외에 다른 신은 없다(삼위일체를 부정)
      ② 세계관
         가. 신은 물질세계에서 초월했지만 동시에 만물 속에 계신다.
         나. 창조는 유에서의 창조이다.
      ③ 인간관
         가. 인간은 작은 우주이며 우주는 하나의 거인이다.
         나. 원죄가 없으므로 믿음으로 의인이 될 필요가 없다.
         다. 부활은 없다. 영으로 계속 산다.
         라. 재림은 영적 세계를 볼 때 이루어졌다.
   3) 교회
      ① 1783. 12. 5 런던에서 기독교회의 독립단체로서 활동을 시작
      ② 1787. 그들의 원리와 제도를 만들어 독자적인 기독교회 운동을 시작
      ③ 1817년 미국에서 스웨덴보그 대회를 개최
      ④ 한국에서도 '새 예루살렘교회' 혹은 '새 교회'라는 명칭으로 서울

　　　　과 광주 등지에서 활약
　　4) 저서
　　　　① 천국과 지옥
　　　　② 하늘의 비밀
　　　　③ 영육 간의 교제

## 10. 신대륙의 교회

(1) 신대륙의 역사
　　1) 1492년 컬럼버스의 발견으로 시작됨
　　2) 신대륙의 발견 이후 100여년 후 청교도들이 상륙하여 미합중국의 기초를 놓음
(2) 신대륙의 초기 식민지
　　1) 제임스 타운의 식민(1607) : 청교도들의 구성원
　　2) 프리머스의 식민(1620) : 영국의 청교도들로서 신대륙의 실질적인 개척자들
　　3) 살렘의 식민(1628) : 800여명의 청교도
　　4) 메릴랜드의 식민(1634) : 로마교도들
　　5) 뉴욕시의 식민(1623) : 화란인 것을 영국인이 빼앗음
(3) 초기의 종교분포
　　1) 뉴잉글랜드 : 청교도
　　2) 펜실바니아 : 퀘이커교도
　　3) 메릴랜드 : 가톨릭교도
　　4) 남부지방 : 영국국교도
(4) 미국의 주요인물들
　　1) 존 엘리오트(John Eliot ; 1604-1690) : 인디안에게 전도 및 성경 번역
　　2) 죠나단 에드워드(Jonathan Edward ; 1703-1758) : 부흥사인 동시에 철학자
　　　　① 예일대학 출신으로 프린스턴 총장(1758)
　　　　② 칼빈주의 사상가로 부흥운동의 중심세력이 됨
　　　　③ 하나님의 공의를 강조

3) 죠지 휫필드(George Whitfield ; 1714-1770)
    ① 영국인으로서 영국의 부흥운동을 주도
    ② 칼빈주의자로서 하나님의 사랑을 강조
    ③ 미국에 7회 방문하여 커다란 영적인 각성을 촉진
4) 윌리암 테넨트(William Tennent ; 1673-1745)
    ① 통나무 대학을 설립(후에 프린스턴 대학)
    ② 미국의 부흥운동을 주도

## 근대교회사 연구를 위한 참고문헌 목록

Altizer, Thomas. *The Gospel of Christian Atheism.* Philadelphia : The Westminster Press, 1966.
Baker, Robert A. *The Baptist March in History.* Nashville: Convention Press Cole, Edward B. The Baptist Heritage. Elgin,Ill: David C. Cook Pub., 1976.
Bainton, R. *Women of the Reformation from Spain to Scandinavia.* Boston : Beacon Press, 1974.
Brown, Dale. *Understanding Pietism.* Grand Rapids : Wm. B. Eerdmans, 1978.
Brown, Delwin, James, Jr., E. Ralph, Reeves, Gene ed. *Process Philosophy and Christian Thought.* Indianapolis : Bobbs-Merrill, 1971.
Burke, Edmund. *Two Classics of the French Revolution.* New York : Anchor Books, 1989.
Cairns, Earle E. *The Christian in Society.* Chicago:Moody Press,1960.
Church, R. W. *The Oxford Movement.* Chicago : University of Chicago Press, 1970.
Cragg, Gerald R. *The Church and The Age of Reason 1648-1789.* Middlesex : The Pengyin Book, 1950.
Detzler, Wayne A. *The Changing Church in Europe.* Grand Rapids : Zondervan, 1979.
Edwards, Maldwyn. *John Wesley and the Eighteenth Century.* London : Epworth, 1955.
Gaustad, Edwin Scott. *The Great Awakening : In New England.* New York : Harper & Brothers, 1957.
Gonzalez, Justo L. 「근대교회사」. 서영일역. 서울: 은성, 1987.
------. 「기독교 사상사(상,중,하)」. 이형기, 차종순역, 서울: 대한예수교장로회 총회출판국, 1988.
Geen, V. H. H. *John Wesley.* London : Nelson, 1964.
Haller, William. *The Rise of Puritanism.* New York : Harper & Brothers, 1938.

Henry, Stuart. C. *George Whitefield, Wayfaring Witness.* New York
: Abingdon Press, 1957.
Heron, James. 「청교도 역사」. 박영호역. 서울 : 기독교문서선교회, 1982.
Hurley, J. *Man and Woman in Biblical Perspective.* Grand Rapids :
Eerdmans, 1975.
Keysor, Charles W. *Our Methodist Heritage.* Elgin,Ill : David C.
Cook Pub., 1976.
Kuiper, B. K. *The Church in History.* Grand Rapids : Wm. B.
Eerdmans Pub. Co., 1978.
Latourette, Kenneth. 「기독교사(상,중,하)」. 윤두혁역. 서울 : 생명의 말씀
사, 1983.
Levine, Lawrence W. *Defender of the Faith.* New York : Oxford,
1965.
Lloyd-Jones, D. M. 「청교도 신앙-그 기원과 계승자들」. 서문강역. 서울 : 생
명의 말씀사, 1990.
McLoughlin, William G. *Isaac Backus and the American Pietistic
Tradition.* Boston : Little, Brown and Co., 1967.
Moorman, John R. Humpidge. *A History of the Church in England.*
Wilton : Morehouse Barlow, 1967.
Pranz, A. 「교회사」. 최석우역. 서울 : 분도출판사, 1982.
Pudney, J. *John Wesley and His World.* New York : Scriber, 1978.
Seeberg, R. 「기독교 교리사(중,근세편)」. 김영배역. 서울 : 엠마오, 1982.
Stearns, Monroe. *The Great Awakening 1720-1760.* New York :
Franklin Watts, 1970.
Wells, David F. *Reformed Theology in America : History of Its
Modern Development.* Grand Rapids : Wm. B. Eerdmans
Pub., 1985.
Witherow, Thomas. 「장로교회의 성경적 근거」. 이국진역. 서울 : 아가페문화
사, 1991.
김광채. 「근대·현대교회사」. 서울 : 기독교문서선교회, 1990.
김의환. 「기독교회사」. 서울 : 성광문화사, 1982.
민병소. 「기독교 종파운동사」. 서울 : 성광문화사, 1987.
박영관. 「이단종파비판」. 전2권. 서울 : 예수교문서선서회, 1979, 1984.
홍치모 편. 「근세 영국의 종교와 정치」. 서울 : 성광문화사, 1986.

# 제 3 장
# 현대교회사(1800 - 현재)

## 1. 최근세 시대의 특징

(1) 프랑스 대혁명과 교회의 성장
(2) 카톨릭의 부흥운동과 종교회의
   1) 바티칸공의회의 교황무오설 주장
   2) 옥스포드 운동의 전개
(3) 미국의 대각성운동과 미국교회의 부흥
(4) 세계선교와 기독교 사회운동
   1) 프랑스혁명의 결과로 평민의 권력이 확장됨
   2) 산업의 발달로 자본가와 노동자 간의 격차가 심화
   3) 교회 안에서는 하층계급에 대한 전도운동이 활발
   4) 각종 사회 봉사기구를 설립하여 생활 개선운동이 활발
(5) 교파주의의 발달
(6) 이단의 창궐
(7) 현대신학의 대두
   1) 자유주의 : 슐라이에르마허, 리츨
   2) 근본주의
   3) 신정통주의 : 루돌프 불트만
   4) 에큐메니칼 운동
   5) 제3세계의 신학이 득세 : 해방신학, 민중신학, 여성신학.

        6) 미국의 신학이 득세 : 희망의 신학, 과정신학
    (8) 기독교 연합운동과 WCC의 등장

  **2. 프랑스 대혁명과 교회**

(1) 프랑스 대혁명
    1) 원인
        ① 카톨릭 교회의 부패
            가. 교회가 납세 의무가 없는 것을 이용하여 치부에 치중
            나. 국가 전체 부의 20%를 차지
        ② 경제적 불균형
            가. 재정적인 파탄
            나. 국민, 귀족, 성직자 등 3계급으로 분리되고 계층간 불균형의
                심화
        ③ 정치적 타락 : 왕권의 횡포와 매관매직의 횡행
        ④ 사회 계급의 모순
            가. 3계급의 계층간 위화감이 심화
            나. 시민계급의 성장
        ⑤ 계몽사상의 보급
    2) 경과
        ① 1789. 5. 5 재정난을 해결하기 위해 승려, 귀족, 평민으로 삼민
            회를 소집하여 국사를 위임
        ② 1789. 6. 평민대표들이 삼민회를 탈퇴하고 국민의회(National
            Convention)를 조직
        ③ 1789. 7. 14 바스티유 성을 공격하고 자유, 평등, 박애의 날로
            축하
        ④ 계급의 폐지, 교회 재산의 국유화, 위그노의 자유 예배 허용
        ⑤ 혁명의 전국적 확대(귀족의 저택 습격, 토지 문서 소각)
        ⑥ 1792. 9. 21 공화정치 실시 : 루이 16세를 비롯한 고관을 허용
        ⑦ 그 해 11. 7. 카톨릭의 반대로 공화정 폐지
    3) 결과
        ① 나폴레옹의 출현(Napoleon Bonaparta ; 1806, 신성 로마 제국

의 종말) : 공포 정치와 내환의 와중에서 쿠데타를 일으켜 정권을 장악
② 유럽 각지의 새로운 기풍을 조성하는 자극제가 되었음
③ 자유주의와 국민주의가 발생
④ 교황의 정치적 권위가 끝남
(2) 프랑스 대혁명이 교회에 미친 영향
　1) 국민회의의 결의(1789-1791)
　　① 계급차별 철폐(교직자의 특권이 폐지)
　　② 교회의 재산을 몰수하여 국가로 귀속
　　③ 위그노에게 예배의 자유와 시민권을 돌려줌(1789. 12)
　　④ 수도원을 폐지하고 종교적 교단을 금지
　　⑤ 로마 교황의 심령적 면에서의 교회의 머리를 인정하나 교회의 실무간섭은 배제하기로 결의
　　⑥ 교직자에게 국민, 법률, 국왕이 신제도에 충성할 것을 맹세함
　2) 입법의회의 결의(1791-1792)
　　① 공화정부를 반대한다는 이유로 가톨릭교회 폐지(1792. 11)
　　② 기독교 잔재를 청산을 위해 역법과 국가 기원 개정
　　③ 교회당 폐쇄, 교회 장신구의 강탈 및 파괴
　　④ 기독교 반동세력 득세로 무신제 거행하고 종교를 비판

### 3. 가톨릭의 부흥운동

(1) 옥스포드운동(Oxford Movement)
　1) 정의
　　영국의 옥스포드 대학을 중심으로 일어난 종교 침체를 바로잡기 위해 일어난 종교운동
　2) 발단
　　① 1833. 7. 14 존 키이블이 "국민적 배신"(National Apostasy)이라는 설교를 함으로 일어났다. 일명 "소책자 운동"이라고도 하는데 이 소책자에는 카톨릭의 기본 사상이 들어 있다
　　② 근세적 정신에 반항하여 중세의 생활과 종교정신을 찬미
　3) 목적

① 종교 침체를 구출
② 건실하고 순수한 교회 육성
③ 도덕 재무장
④ 교회와 규칙을 지키게 한다.
⑤ 전통의 계승
4) 중심 인물
① 존 키이블(John Keble ; 1792-1866)
가. "크리스찬이여"라는 시집에서 과거의 종교 감정을 고취
나. 권리와 장엄을 좋아하며 국교회 풍습을 좋아함
② 리챠드 후르드(Richard H. Froude ; 1803-1836)
가. 개혁자들을 공격
나. 수도원 생활의 부흥을 주장
③ 뉴우먼(John H. Newman ; 1801-1890)
가. 옥스포드 운동을 주고한 사람으로 설교가
나. 소책자 운동을 전개
④ 퓨세이(E. B. Pusey ; 1800-1882) : 옥스퍼드 히브리어 교수
⑤ 워드(W. G. Ward) "기독교회의 이상"이란 책에서 로마교회로 돌아갈 것을 호소
5) 결과
① 영국교회의 경건 정신을 환기시킴
② 음악, 미술, 종교의 새로운 질서를 고취
③ 교회의 예전을 중시하는 새로운 기풍을 세움
④ 많은 대학생들과 영국교회 목사들이 카톨릭으로 개종함
⑤ 가톨릭으로 개종하지 않은 채 이 운동에 참여한 사람도 다수가 발생
(2) 예수회의 부흥
1) 1814년 교황 피우스 7세(Pius VII)가 예수회에 재건과 종래의 헌법 및 특권을 회복시킴
2) 도미니크파가 예수회 세력권에 흡수됨
3) 성심회가 조직되어 일선기관으로 활동함
4) 교세가 날로 왕성해 감
(3) 이탈리아의 통일
1) 이탈리아의 통일

① 1815년 비인체제 이후 사르디니아 왕국, 나폴리 왕국, 로마교황 령으로 나뉘어져 있었고, 북이탈리아와 베네치아와 롬바르디아는 오스트리아가 지배
② 사르디니아 왕국이 통일의 중심세력이 되어, 1859년 오스트리아 와의 독립전쟁에서 롬바르디아를 얻음
③ 1860년 가리발대의 활약으로 나폴리왕국을 점령하여 1861년 이탈리아 왕국을 세움(엠마누엘 2세)
④ 1866년 프러시아, 오스트리아 전쟁 때 프리시아와 동맹하여 베네치아를 회복함
⑤ 가리발디의 봉기시 로마에 진주하여 교황을 보호하던 나폴레옹 3세의 군대가 보불전쟁(프러시아와 프랑스 간의 전쟁)으로 철수
⑥ 1870. 9. 20 엠마누엘의 군대는 교황군을 격파하고 교황령을 점령하므로 이탈리아를 통일함
2) 통일로 인한 변화
① 교황의 영토는 이탈리아 왕국에 합병되고, 로마는 그 수도가 됨
② 교황에게는 3백만 리라의 수입을 보증하고 바티칸, 라테란의 두 궁정과 간돌프의 성채를 교황의 소유로 줌
③ 피핀, 찰스대제 이후 1000여년간 계속되던 교황의 속권이 종결됨 (1890년 Pius IX 때)
(4) 바티칸 궁
1) 로마의 티벨강 우편 바티칸 언덕에 위치하며 과거 네로 황제가 놀던 곳
2) 로마 감독 신막스(Synmarx ; 498-514)가 처음으로 이 곳에 감독의 궁을 세움
3) 폐허로 버려둔 채로 있었으며 교황 니콜라스 3세(Nicolas III ; 1277-1287)가 증축하여 귀빈을 위한 영빈관으로 사용
4) 바벨론 유수 이후 로마로 돌아온 때부터 역대 교황들은 이곳에서 거주
5) 지금의 궁전은 그 후 몇 대의 교황들이 속죄권을 판매하면서 세운 것
6) 그중 가장 유명한 시스턴 회당은 15세기 말 식스티우스 4세(Sixtius IV)가 세웠으며 미켈란젤로가 내부 벽화를 그림

(5) 바티칸 공의회

| 구 분 | 1 차 회 의 | 2 차 회 의 |
|---|---|---|
| 회의연도 | 1868 - 1870 | 1962 - 1965 |
| 회 원 | 764명 | 2,000여명 |
| 소집자 | 파이우스 9세 | 요한 23세 |
| 회의차수 | 1회 1868. 12. 8 - 1870. 7. 18 | 1회 1962. 10. 11 - 12. 8<br>2회 1963. 9. 29 - 12. 4<br>3회 1964. 9. 14 - 11. 21<br>4회 1965. 9. 14 - 12. 8 |
| 주요인사 | • 파이우스 9세<br>• 헨리 메닝<br>• 칼 J. 헤펠리<br>• 펠릭스 듀판롭 | • 요한 23세<br>• 바오로 6세<br>• 칼 라너<br>• 한스 큉 |
| 회의방법 | 비밀회의 | 토론의 자유를 보장 |
| 목 적 | 가톨릭 교회의 신앙규칙 통과 | 로마 카톨릭 교회의 교리의 갱신 |
| 주 제 | 교황의 무오설 | 교회의 현대화(Aggiornamento) |
| 회의결과 | • 카톨릭 교회 신앙규칙을 통과(1870년 결정)<br>• 교황무오 교리 채택(46명은 반대함) : 신앙과 도덕에 관하여 권위로 반포할 때에 교황은 무오하다 | • 미사 의식의 개정<br>• 개신교를 "분리된 형제들"로 인정<br>• 타신앙과의 교제를 모색<br>• 현대교회의 목회헌장 제정: 사회참여의 길<br>• 성경번역과 강독 권장 및 미사의 평신도 참여와 자국어 집전<br>• 1054년의 대분열시 파문<br>• 모든 종교적 자유를 고양한다<br>• 금서목록 제거<br>• 교황무오설과 전례, 유일한 구원의 방주로서 공교회개념 재확인<br>• 마리아 찬양 권장<br>• 평신도의 영적 제사장 인정<br>• 교황과 주교단의 합의 행정 공인 |
| 교황교서 | 영원한 성부 | 인류의 구원 |

(6) 성모 무흠수태 교리

    1) 마리아는 모태 때부터 원죄에 오염되지 않게 보호되었다는 교리

2) 트렌트 회의에서 해결되지 못했으나 예수회가 주장하였고 교황이 이를 선호
   3) 교황 피우스 9세(Pius IX)가 각국 감독들에게 서신으로 의견을 물은 후 1854년 교리로 정한다고 발표
   4) 대다수 감독들이 찬성 답신을 했으나 정식회의를 거치지 않은 채 내린 결정으로서 교황의 무오설을 인정한 셈
   5) 14년 후 바티칸 회의(1868)에서 공식교리로 확정
(7) 가톨릭 내의 현대주의 운동
   1) 개신교의 자유주의 신학과 동일
   2) 종교의 사회적 요소를 금지
   3) 종교상의 전체주의에 반대
   4) 변함없이 충성된 가톨릭교회의 신도임을 자처
   5) 개신교 현대주의자들이 개인적인데 반하여 그들은 교회의 통일과 연속을 중시
   6) 1907년 교황 피우스 10세(Pius X)가 이를 "현대주의"라고 명명하여 부인하고 금서목록을 작성하고 박멸의 방침을 취함
   7) 대표자
      ① 영국의 티렐(J. Tyrrell)
      ② 프랑스의 로이지(A. Loisy), 블론델(Blondel)
      ③ 이탈리아의 포가자로(A. Fogmxxaro)

### 4. 기타 교회들의 부흥활동

(1) 영국의 비국교도 활동
   1) 어빙(E.Irving)의 카톨릭 사도회 : 종말론적 신비운동
   2) 다비(Darby)의 플리머드 형제단(Plymouth Brethren) : 신비운동
   3) 부드(W. Booth)의 구세군
   4) 모리스(F.D.Maurice) : 노동자 대학설립(1854) - 기독교 사회주의 운동전개
   5) 킹슬리(Kingsley), 로벗슨(Robertson) : 모스리의 영향으로 사회개량운동
(2) 현대의 동방교회들

1) 그리이스 정교회
   ① 러시아와 터어키의 전쟁(1828-29)결과 영, 불, 러의 보호로 헬라 왕국이 세워짐
   ② 교회도 콘스탄티노플의 대주교로부터 독립을 선언(1833)
   ③ 국왕이 임명한 교무원의 지배를 받게 됨
2) 러시아 정교회
   ① 1589년 모스크바에 대주교를 세움으로 콘스탄티노플로부터 독립
   ② 당시 러시아 정교회만이 마호멧의 통치권 밖에 있었음
   ③ 1721년 피터황제가 대주교 자리에 교무원을 세워 정종일치 시도
   ④ 1917년 볼세비키혁명으로 공산당이 집권
      가. 정종분리 원칙이 선포(1918)
      나. 교회는 문화적 단체로 용인되었으나 신학교는 폐쇄됨
      다. 학교의 교과과목은 공산주의 이념교육 과목으로 대체됨
   ⑤ 1922년 어용적 소장목회자 중심의 '산교회' 운동으로 교무원이 생김
      가. 동조하지 않는 성직자와 평신도를 투옥, 순교
      나. 교회의 조종수단으로 삼음
   ⑥ 1923년 종교법률의 제정
      가. 종교적인 특수집회 금지
      나. 기독교적 장례식 금지
      다. 주일학교의 폐지
   ⑦ 1924년 종교법률의 개정
      가. 18세 이하에게 종교교육의 금지
      나. 3인 이상의 종교적 가정 집회 금지
   ⑧ 1929년 1,500개 이상의 교회의 폐쇄, 성직자 투옥
   ⑨ 공산 치하에서는 러시아 정교회가 다른 형태로 명맥을 유지
   ⑩ 1990년의 공산주의 포기 선언 이후 개방과 함께 러시아 정교회도 다시금 활발한 활동 재개
3) 터어키 제국의 교회
   ① 1839년 기독교와 마호멧교의 동등 지위를 법령으로 발표했으나 실행되지 않음
   ② 크리미아 전쟁(1853) 후 파리조약 체결로 종교에 관계없이 평등 권리 부여(1865)

③ 터어키인이 이슬람신앙을 버려도 처벌받지 않게 됨
4) 불가리아 교회
① 15세기 이후 콘스탄티노플 대주교에 관할하에 있었으나 1892년 교회의 독립 선언
② 콘스탄티노플 대주교가 교회분립에 대해 정죄
③ 터어키의 술탄이 침공하여 15,000명을 학살
④ 러시아가 기독교도 보호를 명목으로 터어키와 전쟁, 이 결과 불가리아 교회는 러시아 정교회의 영향 아래 놓이게 됨
5) 아르메니아 교회
① 1800년경에 300만의 신도가 있었으나 1820년 아르메니아의 절반 이상이 러시아의 지배로 들어가면서 교회도 러시아 정교회에 흡수
② 아르메니아의 절반은 터어키의 지배를 받았는데 1896년 10만이 넘은 기독교가 터어키군에 의해 학살당함
③ 공산혁명으로 완전히 러시아 정교회 지배하에 들어갔으며 자유로운 활동이 보장되지 못했음
6) 시리아 교회
① 네스토리안 교회는 메소포타미아 모슬렘에 본부를 둔 대주교에 의해 지배를 받았으나 마호멧교의 박해와 헬라교회의 반대로 명맥만 유지
② 야곱파 교회는 안디옥에 본부를 둔 대주교의 지배를 받았으나 1930년 로마교회에 환원함
7) 콥틱교회
① 애굽에 60만 신자가 있었고 에디오피아 거의 전국민이 신도였다
② 에디오피아에서는 왕이 교회의 머리였으나 공산집권 후 교회가 큰 박해와 수난을 겪음

## 5. 대각성 운동과 미국 기독교

(1) 미국의 대각성운동의 발단과 전개
   1) 배경
      ① 회의주의 및 불신앙 사상이 발흥
      ② 청교도적 신앙과 열심의 냉각
      ③ 세속 향락에 도취
      ④ 교회의 출석 감소 및 영적인 고갈 상태

* 미국의 청교도 운동의 지도자들

| 이 름 | 연 대 | 주 요 사 항 |
|---|---|---|
| 존 코튼<br>John Cotton | 1584 -<br>1652 | • 1612 - 33 년 사이 영국국교회 목회<br>• 라우드 대주교에 의해 영국에서 추방<br>• 보스톤 회중교회에서 20년 목회 사역<br>• 로저 윌리암스와 앤 헛친슨의 추방에 찬성 |
| 토마스 후커<br>Thomas Hooker | 1586 -<br>1647 | • 라우드 대주교의 박해로 영국에서 떠남<br>• 1633년 코튼과 함께 메사추세츠로 옮김<br>• 회중교회를 떠나 코네팃컷에 하트포드를 세움<br>• 코네팃컷 식민주 헌법 초안 작성에 참가 |
| 리차드 마더<br>Richard Mather | 1596 -<br>1669 | • 1633년 라우드 대주교에 의해 행정당국으로부터 의심<br>• 1636년 메사추세츠주 도체스타에서 목회<br>• 헬프 - 웨이 계약 옹호 |
| 로저 윌리암스<br>Roger Williams | 1603 -<br>1683 | • 영국교회에서 박해 후 분리주의로 전향<br>• 1631년 뉴잉글런드에 이주<br>• 갈등으로 보스톤에서 플리머스, 살렘 등으로 옮김<br>• 1635년 메사추세츠에서 추방, 로드 아일랜드에서 하나님의 뜻을 발견<br>• 1639년 미국 최초의 침례교회 시작 |
| 토마스 쉐퍼드<br>Thomas Shepard | 1605 -<br>1649 | • 1635년 라우드 대주교 박해로 뉴 잉글런드로 이주<br>• 메사추세츠 캠부리지 목사<br>• 미국 청교도에 대한 비겁하고 독선적이라는 비난에 변호 |
| 인크리즈 마더<br>Increase Mather | 1639 -<br>1723 | • 왕정복고 시대까지 영국에서 목회<br>• 1664년 보스톤 북부교회 목회<br>• 헬프 - 웨이 계약을 옹호 |
| 솔로몬 스토다드<br>Solomon Stoddard | 1643 -<br>1729 | • 16670년부터 메사추세츠 노탬프톤에서 목회<br>• 헬프 - 웨이 계약을 옹호 |
| 코튼 마더<br>Cotton Mather | 1663 -<br>1728 | • 보스톤 북부교회에서 아버지(인크리즈 마더)를 도움<br>• 청교도 신정정치의 몰락을 반대<br>• 1629년 "살렘 마녀 재판"을 옹호<br>• 1713년 왕궁협회에 가입 |

출처 : R. C. Walton, *CBC*.

2) 선각자
　① 1차 주도자 : 네델란드 개혁 교회의 프렐링후이센(T. Frelingheusen)과 요나단 에드워드(Jonathan Edward)의 지도로 시작
　② 후임자 : 찰스 피니(Charles Finny)
3) 주장
　① 의식적이며 감격적인 정서적 회심의 필요
　② 대중 집회를 통한 부흥운동
　③ 영혼을 깨우는 설교로 인해 회개와 각성이 일어남
　④ 전국, 전 교계에 파급
4) 결과
　① 긍정적인 평가
　　가. 전도 및 선교 운동 활발(외국 선교회 참여)
　　나. 성서 반포 활발
　　다. 주일학교 운동이 일어남
　　라. 도덕심, 인도주의가 향상, 사회 양심의 각성, 인권의식의 고양, 노예문제의 재검토
　　마. 하나님을 두려워하는 영적 분위기를 조성
　　바. 교파 간의 장벽을 무너뜨림(교회 연합운동 전개)
　　사. 기독교 대학 및 신학교 창설(인재양성)
　　아. 교회가 많이 세워짐(특히 침례교회와 감리교회의 대 약진)
　② 부정적인 평가
　　가. 감성적인 면에 편중함으로 무질서가 발생
　　나. 교단분열이 일어났다(장로교가 대립되기 시작)
　　　1. 부흥파(신파) : 프린스턴 대학설립(학장 : 에드워드)
　　　2. 온건파(구파) : 하바드, 예일대학 중심

(2) 미국의 제1차 대각성 운동의 지도자들

| | 이 름 | 연 대 | 주 요 활 동 사 항 |
|---|---|---|---|
| 장로 교회 | 윌리암 테네트 (William Tennent) | 1673 - 1746 | • 아일랜드 출신으로 1717년 필라델피아에 이주<br>• 1735년 목사양성을 위해 통나무대학 설립 |
| | 길버트 테네트 (Gilbert Tennent) | 1703 - 1764 | • 윌리암 테네트의 아들로 통나무대학에서 공부<br>• 프렐링후이젠과 함께 사역하고 휫필드와 선교여행 |
| | 사무엘 블레어 (Samuel Blair) | 1712 - 1751 | • 통나무대학에서 윌리엄 테네트에게서 사사<br>• 펜실바니아와 뉴저지에서 목회<br>• 길버트 테네트와 협력 사역<br>• 펜실베니아, 포그 메이노에서 학교사역 시작 |
| | 사무엘 데이비스 (Samuel Davis) | 1723 - 1761 | • 사무엘 블레어에게서 사사<br>• 1747년 하노버에서 장로교 형성을 도와줌<br>• 뉴저지대학(프린스턴)에서 총장 |
| 화란 개혁 주의 | 데오도르 J 프렐링후이젠 (Theodore J.Frelinghuyen) | 1691 - 1748 | • 동프리슬란드 출신으로 1720년 라리탄강으로 이주<br>• 일부 교회 지도자들과 연합 거부로 교구론자들에게 소외당함<br>• 미국 내 화란 개혁주의 교회 형성에 큰 공헌 |
| 회중 교회 | 요나단 에드워드 (Jonathan Edwards) | 1703 - 1758 | • 솔로몬 스토다트의 손자로 메사추세츠 노탬던 목사<br>• 인디안 선교사, 후에 프린스턴 총장<br>• 미국이 낳은 최대의 신학자<br>• 「종교적 열정」, 「의지의 자유」, 「하나님의 놀라운 일의 서술」 등 저술 |
| | 엘리저 휠록 (Eleazer Wheelock) | 1711 - 1779 | • 요나단 에드워드와 협력 사역<br>• 스턴즈와 처남 사이로 협력 사역<br>• 인디안을 선교사로 양성 |
| 침례 교회 | 슈발 스턴즈 (Shubal Stearns) | 1706 - 1771 | • 보스톤 출신으로 휫필드 설교로 회심<br>• 1758년 북 캐롤라이나 샌디크릭에 침례교인 협회 결성 |

| 이 름 | | 연 대 | 주 요 활 동 사 항 |
|---|---|---|---|
| 침례교회 | 다니엘 마샬 (Daniel Marshall) | 1706 - 1771 - | • 코네팃컷의 원저 출신으로 2년간 인디안 선교<br>• 스턴즈와 처남 사이로 협력 사역<br>• 조지아 침례교회 결성을 도움 |
| 루터교 | 헨리 멜기어 뮬렌베르크(Henry Malchior Muhlenberg) | 1711 - 1787 | • 독일 하노버 출신으로 미국 루터교의 아버지<br>• 할레 대학에서 경건주의 영향<br>• 1차 대각성운동의 촉매자 |
| 영국국교 | 조지 휫필드 (George Whitefield) | 1714- 1770 | • 웨슬레 형제와 어릴 적부터 친구로서 옥스포드의 '거룩한 그룹' 출신<br>• 미국 식민지 전역을 7차례 선교여행<br>• 1차 대각성 운동의 촉매자 |

(3) 미국의 제2차 대각성 운동의 지도자들

| 이 름 | | 연 대 | 주 요 활 동 사 항 |
|---|---|---|---|
| 장로교회 | 제임스 맥그레디 (James McGready) | 1758- 1817 | • 켄터기와 북 캐롤라이나에서 목회<br>• 1800년 7월 천막집회 시작<br>• 컴버랜드 장로교회 설립을 도움 |
| | 리만 비쳐 (Lyman Beecher) | 1775- 1863 | • 성공적인 목회자와 복음전파자<br>• 저명한 사회개혁자: 노예반대, 알콜중독 반대, 결투반대<br>• '아메리카 성공회'에 기여함 |
| | 찰스 피니 (Charles G. Finney) | 1792- 1875 | • 1821년 회심 후 단기과정으로 목사가 됨<br>• 복음주의에 있어서 새로운 방법의 창시자<br>• 완전성화를 주장(비쳐와 네틀톤이 반대)<br>• 적극적인 노예폐지론자 |
| 감리교회 | 프란시스 에즈베리(Francis Asbury) | 1745- 1816 | • 1784년 웨슬레에 의해 북미감독으로 유명<br>• 미국 혁명에 대하여 웨슬레안과 의견대립<br>• 순회 선교의 창시자로 말타고 30만 마일을 선교여행<br>• 그에 의해 미국감리교회가 20만으로 성장 |

| | 이 름 | 연 대 | 주 요 활 동 사 항 |
|---|---|---|---|
| 회중교회 | 티모디 드와이트 (Timody Dwight) | 1752-1817 | • 요나단 에드워드의 손자로 찬송가 작시자<br>• 예일대학에서 시작한 부흥운동이 타대학에 파급 |
| | 아사헬 네틀톤 (Asahel Nettleton) | 1783-1844 | • 선교사로 소명받았으나 코네팃컷 주에서 사역<br>• 뉴 헤이븐 신학을 발전시킴 |
| | 베네트 타일러 (Bennet Tyler) | 1783-1856 | • 메인의 포틀랜드에서 사역<br>• 뉴 헤이븐 신학의 피니의 새 방법을 반대 |
| | 나타니엘 윌리암 테일러 (Nathaniel William Tylor) | 1786-1858 | • 코네팃컷 주 뉴 헤이븐에서 목회<br>• 뉴 헤이븐 신학을 발전시킴 |
| 그리스도제자단 | 토마스 켐벨 (Thomas Campbell) | 1763-1854 | • 1807년 미국으로 이주<br>• 장로교회를 사임하고 독자적 사역<br>• 이것이 아들에게 계승되어 그리스도의 제자단이 됨 |
| 그리스도제자단 | 바톤스톤(Barton W. Stone) | 1772-1844 | • 1801년 켄터키주 케인릿지에서 천막집회소 건립<br>• '기독교회' 설립, 후에 켐벨파와 합동 |
| | 알렉산더 캠벨 (Alexander Cambell) | 1788-1866 | • 토마스 케벨의 아들로 그리스도 제자단 설립<br>• 기간별로 기독교 세례를 저술<br>• 1832년 바톤스톤의 추종자들과 연합 |

출처 : R. C. Waton, *CBC*.

## 6. 미국교회의 부흥

(1)미국의 독립과 기독교의 관계
   1) 독립 전 종교 제도
      ① 식민지 주마다 종교정책이 달랐다.
      ② 한 교파를 주 종교로 선정하는 예가 많았다.
   2) 독립 후 종교 제도
      ① 제퍼슨의 입안으로 정교분리 법령 제정(1785)

② 각 주의 종교 관여 금지, 종교로 인한 과세 금지
③ 헌법(1789)에서 공직 위임시 종교상 시험을 금지
④ 추가 헌법(1792)에서 종교 설정이나 신앙금지의 법률제정을 금지
(2) 미국 교회의 교파운동
　1) 회중교회
　　① 뉴잉글런드 지방 중심
　　② 예일대학(1702), 앤도우버 신학교(1808), 하이트퍼드 신학교(1834), 오벌린대학(1834) 설립
　2) 장로교회
　　① 스코들랜드와 아일랜드의 이주민들로 구성
　　② 필라델피아에서 총회 구성
　　③ 웨스트민스터 신조를 채용
　　④ 신구파로 분열
　　　가. 구파 : 칼빈주의 고수 : 프린스턴신학교 중심(1812)
　　　나. 신파 : 진보적 입장 : 유니온신학교 설립
　　⑤ 구파의 남북 장로교로의 분열
　　⑥ 북장로교회 재분열
　　　가. 프린스턴 신학교의 신학적 좌경으로 메이첸 교수를 중심으로 필라델피아 웨스트민스터신학교 설립(1929)하여 분열
　　　나. 정통장로교회가 재분열(1938)
　　　다. 정통장로교회는 종말론과 주초 문제로 다시 성경장로교회가 분열되어 나감(훼이스신학교 설립)
　　⑦ 남장로교의 분열
　　　가. 보수적인 입장의 미국장로교회 분립
　　　나. 리폼드신학교 설립(1964)
　3) 개혁교회
　　① 화란교회를 중심으로 시작(1628)
　　② 1794년 독립총회 창립(1867년 미국개혁교회로 명명)
　　③ 1857년 크리스챤 개혁교회 분열(칼빈신학교 루이스 벌코프교수)
　　④ 하이델베르크 문답서를 채용
　4) 감리교회
　　① 1785년 영국교회에 속한 이주민들에 의해 설립

② 웨슬레의 예배모범과 신조를 채택
③ 1845년 노예폐지 문제의 논쟁으로 남북 양파로 분열
④ 1880년 성결교회가 분열
5) 침례교회
① 회중파 정치로 교회의 자치권을 부여
② 교인중심의 정치제도, 평신도도 신학교육 없이 개교회에서 목사로 안수할 수 있다
③ 브라운 대학(1764), 사우스웨스턴신학교 등이 있음
④ 여러 분파가 있으나 현대 미국에서 가장 큰 교세를 가진 교단
6) 성결교회
① 1880년 감리교의 영적인 저조에 대한 불만으로 완전성결을 표방하고 출법
② 1890-1894년까지 25개파로 분열
③ 최대의 교파가 나사렛 교회
7) 루터교회
① 1742년 뮬렘버그가 설립
② 1820년 미국 루터교회로 독립
8) 기타교단
① 감독교회 : 1785년 영국교회에 속한 이주민들에 의해 설립
② 개혁감독교회 : 감독을 계급으로 보지 않고 직분으로 봄
③ 복음교회 : 감리교회와 같은 정치체제
④ 유니버설리스트(Universalist)
　가. 1770년 존 머레이가 설립
　나. 만인 구원설 신앙
(3) 미국의 주요 설교가 및 신학자
1) 주요 설교가
① 찰스 피니(C. G. Finney ; 1792-1875)
② 브룩스(Pillips Brooks ; 1835-1893)
③ 비이처(H. W. Beecher ; 1813-1899)
④ 무디(D. L. Moody ; 1837-1899)
2) 신학자
① 부쉬넬(H. Bushnell ; 1802-1865)

② 핫지(Charles Hodge ; 1797-1878)
(4) 근본주의
　1) 발단
　　새로운 역사적 해석방법으로 성경해석의 새로운 견해가 밀려오면서 성경의 중요한 기본적인 진리에 대하여 공격을 가하기 시작함으로 이에 대한 성경의 진리를 지키려는 보수적인 운동
　　　① 성경의 무오설, 동정녀 탄생, 예수의 신성, 부활과 재림을 의심
　　　② 미국의 신학교, 기독교 출판사, 교계 지도자들이 자유주의화함
　2) 중심 지도자들
　　　① 그레샴 메이첸(Gresham Machen)
　　　② 칼 맥킨타이어(Karl McIntire)
　3) 운동의 전개
　　　① 자유주의화하는 미국교회 전반에 대항하기 위하여 연례사경회, 대중전도집회, 보수주의적 성경학교및 신학교 설립
　　　② 외지 선교부 및 전도와 선교의 새로운 강조 등으로 맞섬
　　　③ 메이첸을 중심으로 1895년 나이아가라에서 회의를 열어 성경적 입장을 정리
　　　　가. 성경의 문자 무오설
　　　　나. 예수의 신성
　　　　다. 동정녀탄생
　　　　라. 화해의 대속성
　　　　마. 부활, 재림
(5) 미국의 복음적 사회개혁운동
　1) 노예폐지운동
　　　① 1761년 퀘이커파가 노예매매에 관계하는 자의 교회 제명을 결의
　　　② 웨슬레, 휫필드 등이 반대 설교
　　　③ 개리슨(W. N. Garrison), 헨리 워드 비쳐(Henry Ward Beecher) 등이 반대 설교
　　　④ 노예문제로 인하여 남북전쟁
　　　⑤ 이로 인한 교회의 분열
　　　⑥ 1863년 링컨 대통령이 노예해방 선언
　2) 금주운동

① 영국교회는 음주를 금하지 않음
② 1829년 리만 비쳐(Lyman Beecher) 등이 금주운동 전개
3) 여권신장 운동

(6) 노예폐지로 인한 미국교회의 분열

| 교 파 | 분 리 | 북 부 | 남 부 | 재결합 |
|---|---|---|---|---|
| 장로교 | 1861 | 미합중국 장로교 | 연방주 장로교(후에 연합주 장로교회 개칭) | 1983 |
| 감리교 | 1844 | 감리감독교회 | 남부 감리감독교회 | 1939 |
| 침례교 | 1845 | 아메리칸 침례 선교연맹 | 남침례회 | |
| 감독교 | 1861 | 개신교 감독교회 | 미연방주 개신교 감독교회 | 1865 |

(7) 미국의 세대주의자들

| 이 름 | 시 기 | 교파성향 | 주 요 활 동 사 항 |
|---|---|---|---|
| 다비(John Nelson Darby) | 1800-1833 | 아일랜드 플리머스 형제단 | • 법학을 공부하고 1825년 목사가 됨<br>• 미국을 7번 방문<br>저서:「그리스도 교회의 본질과 연합에 대하여」 |
| 브룩스 (James H. Brookes) | 1830-1897 | 장로교회 | • "나이아가라 성경회합"을 조직<br>• 데이튼과 세인트루이스에서 목회, 스코필드에게 영향<br>저서:「마라나타」,「이스라엘과 교회」,「성경은 영감되었는가?」 |
| 블랙스톤 (William E. Blackstone) | 1841-1935 | 감리교회 | • "시카고 유대인 선교회" 설립<br>• 시오니즘 지지<br>저서:「예수는 오신다」 |
| 스코필드 (Curis Ingerson Scofield) | 1843-1921 | 회중교회 | • 남부군 출신으로 법학공부<br>• 캔사스주 하원의원<br>• 텍사스와 달라스와 메사추세츠에서 목회<br>• 중앙 아메리카 선교회 설립<br>• 주석성경은 세대주의 확장에 결정적 영향 |

| 이 름 | 시 기 | 교파성향 | 주 요 활 동 사 항 |
|---|---|---|---|
| 게벨라인<br>(Arno C.<br>Gaebelein) | 1861-<br>1945 | 감리교회 | 저서 :「스코필드 주석성경」,「진리의<br>말씀을 옳게 분별함에 있어서」<br>• "우리의 희망" 잡지 창설 편집인<br>• 볼티모어, 뉴욕, 호보에서 목회<br>• 이스라엘의 희망 선교회 관리<br>저서 :「주석성경」,「계시 그 분석과 주<br>해」,「성경의 빛에서 본 현재의 일」 |
| 스페리<br>(Lewis<br>Sperry<br>Chafer) | 1871-<br>1952 | 장로교회 | • 달라스 스코필드 기념교회에서 목회<br>• "비블리오데카 싸크라"의 편집인<br>저서 :「조직신학」,「왕국의 역사와 예<br>언」,「주요 성경 주제」 |

출처 : R. C. Waton, CBC.

(8) 미국의 기독교적 전통
   1) 국회 담임목사 선정 및 기도로서 국회를 개회
   2) 대통령이 각 군 소속의 군목 임명
   3) 대통령 취임선서시 기독교 의식으로 선서
   4) 감사절을 국경일로 선포
   5) 국가 위기시 정부가 금식선포

### 7. 세계선교와 기독교 사회운동

(1) 세계 선교운동
   1) 선교단체의 설립
      ① 영국의 선교운동
         가. 윌리암 켈리(William Kelly)의 인도 선교
         나. 1795년 런던 선교회 설립
         다. 1799년 대영 전도회 설립
      ② 미국의 선교운동
         가. 1808년 윌리엄 대학생들이 선교헌신
         나. 1812년 미국 선교위원회 설립
         다. 대각성 운동후 수 많은 선교단체의 설립과 선교 헌신자 선교

의 적극적 활동
2) 각국의 선교 현황
   ① 아프리카
      가. 1736년 모라비아파 조오지 스미드(George Smith)가 선교
      나. 1801년 런던 선교회의 리빙스턴(Livingston ; 1813-1873),
          모파크, 크라프 등이 파송되어 대성과
   ② 인도
      가. 덴마크의 할레 선교회
      나. 영국의 윌리암 켈리
   ③ 중국
      가. 런던 선교회의 모리스
      나. 허드슨 테일러
   ④ 남양군도
      가. 1842년 미국전도회 전도 착수
      나. 패터슨이 멜라네시아에서 순교
   ⑤ 일본 : 1549년 예수회 선교사가 선교 시작
(2) 기독교 사회운동
   1) 영국의 신학자 모리스, 킹슬리, 로드로우 등이 연구 전개
   2) 사회주의가 기독교에서 출발했으므로 사회주의를 기독교화해야 한다고 주장
   3) 활동 단체들
      ① 성마태 조합(1877)
      ② 옥스퍼드 사회동맹(1880)
      ③ 사회주의 동맹(1905)
(3) Y.M.C.A.
   1) 창설자 : 조지 윌리암스(George Williams)
   2) 발단 : 자기 상점(포목점) 12명의 동지와 함께 시작
      ① 기도와 성경연구
      ② 개인전도에 주력
   3) 1851년 미국 기독교 청년회 설립
   4) 1855년 파리에서, 만국동맹 결성
   5) 1866년 뉴욕과 보스턴에 Y.M.C.A. 창설

### 8. 현대의 카톨릭 신학

(1) 프랑스 혁명과 교황청의 관계
　　1) 프랑스 대혁명과 파이우스 6세(Pius VI)
　　　① 프랑스 군이 로마를 점령하고 공화국 선포
　　　② 파이우스 6세는 1년후 프랑스의 포로로 사망
　　2) 나폴레옹과 파이우스 7세(Pius VII)
　　　① 프랑스공화국의 적수였던 오스트리아 황제 프란시스 2세의 보호 아래 베니스에서 파이우스 7세를 선출
　　　② 나폴레옹의 집권으로 교황청과의 긴장 완화
　　　③ 교황이 나폴레옹의 대관식에 참석하기 위하여 파리에 까지 감
　　　④ 1804년 나폴레옹은 교황의 손에서 왕관을 자기 손으로 자기 머리에 씀으로 절대권력 선언
　　　⑤ 1805년 나폴레옹은 이탈리아를 침입하여 1808년에 로마를 정복
　　　⑥ 교황은 프랑스인에게 사로잡혀서 나폴레옹 사후에 자유를 얻음
　　　⑦ 자기의 적들에게 사면령을 내림
　　　⑧ 나폴레옹 사망후에 파이우스 7세도 사망
　　3) 드 라므네(F.R. de Lamennais)의 신학적 보수주의
　　　① 나폴레옹이 교회를 이용하고자 했을 때에 거부
　　　② 신자들은 절대군주의 권력을 제한하는데 힘써야 한다고 주장
　　　③ 교황은 언론의 자유를 지지해야 한다.
　　　④ 교황청과 정치적 자유주의 사이의 동맹을 주장했을 때 로마의 지지를 상실
　　　⑤ 교황 그레고리 16세에 의해 사상들이 정죄당함
(2) 프랑스 혁명 이후의 교황들
　　1) 파이우스 9세(Pius IX:1846-1878)
　　　① 1848년의 혁명으로 로마에 공화국 성립
　　　② 교황은 도시에서 축출되어 프랑스측의 중재로 귀환
　　　③ 1870. 9. 20. 이탈리아왕국의 병사들이 교황령을 점령
　　　④ 교황들의 정치적 권력이 종식되는 시기
　　　⑤ 1854년 성모무염시태(The Immaculate Conception of Mary)의 도그마 선포

　　　　가. 종교회의의 지원없이 독단적으로 도그마를 정의했던 최초의 교황
　　　　나. 이 칙령 인에퍼빌리(Ineffabilis)로 인해 교황무오설의 교리가 등장하게 됨
　　⑥ 1864년 쿠안타 쿠라(Quanta cura)라는 오류 목록(Syllabus of Errors) 발간
　　⑦ 제1차 바티칸 공의회(The First Vatican Council) 개최
　　　　가. 파스토르 아이터누스(Pastor aeternus)칙령으로 교황의 무오류설의 도그마 확정
　　　　나. 1870. 7. 18 이 교리는 반포됨
　2) 레오 13세(Led XIII-;1878-1903)
　　① 가톨릭신자들의 이탈리아 선거 참여를 금지시킴
　　② 1891. 5. 15. 레룸 로바룸(Rerum Novarum)반포
　　　　가. 노동자와 고용주 사이의 문제에 대한 칙령
　　　　나. 부자와 가난한 자를 계급투쟁의 사이로 묘사
　　　　다. 가난한 자들에 대한 특별한 보호 필요성을 역설
　　③ 프로비덴티시무스 데우스(Providentissimus Deus)반포
　　　　가. 성경의 역사적 연구가치를 인정
　　　　나. 그 결과 성경이나 교회의 권위가 약화될 것에 대한 경고
　3) 파이우스 10세(Pius X;1903-1914)
　　① 수많은 현대주의자들의 도전에 대하여 파이우스 9세(Pius IX)의 노선을 따라 현대주의에 단호히 대처
　　② 회칙 파스켄디 도미니 그레기스(Pascendi Domini Gregis)를 통하여 교황청 입장 천명으로 현대주의자가 떠나게 되었다.
(3) 세계대전 이후의 가톨릭
　1) 베네딕트 15세(Benedict XV : 1914-1922)
　　① 1차 세계대전에서 엄격한 중립을 지키려고 노력
　　② 평화주의자 로란드(Romain Rolland)는 로마교회를 제2의 적십자 라고 주장
　　③ 교황령의 교황지배를 주장
　2) 파이우스 11세(Pius XI : 1922-1939)
　　① 북유럽국가에 대한 선교장려 및 교회성숙을 위한 정책

② 선교사가 두 배로 늘었으며 최초의 중국인 주교 임명
③ 가톨릭의 계급의 범주 아래에서의 평신도 운동을 적극 장려
④ 공산주의는 반대했으나 파시즘은 반대하지 않음
    가. 대부분의 파시스트들(뭇솔리니, 히틀러, 프랑코, 페론 등)이 로마 가톨릭의 영세를 받음
    나. 이탈리아 정부로 부터는 1929년 바티칸 시(Vatican City)가 교황의 주권 아래 있음을 인정받고 다른 영토의 경제적 손실을 보상받기로 합의
    다. 파이우스 11세는 이탈리아 왕국을 합법적 국가로 인정하고 로마를 수도로 승인
⑤ 후에 파시즘과 나찌즘과 충돌했으나 나찌즘을 인정하는 입장 천명
⑥ 회칙 미트 브렌넨더 조르게(Mit brennender Sorge) - 나찌즘이야 말로 새로운 형태의 이교주의다
⑦ 회칙 디비니 제뎀프토리스 - 공산주의의 마르크스 이론을 정죄하고 기독교인은 누구든지 공산주의에 협력할 수 없다
  3) 파이우스 12세(Pius XII ; 1939-1958)
    ① 생애
      가. 파이우스 11세의 수석비서 출신
      나. 외교에 노련한 인물로 권위주의적이고 성직자 중심적인 교회관의 소유자
      다. 기도와 명상에 잠기는 신비주의자
    ② 1943년 회칙 디노 아플란테 스피리투(Divino afflante Spiritu) 발표
      가. 감독들의 성경 연구를 위한 현대적 방법 사용을 고무
      나. 후에 교회 갱신을 위해 공헌
    ③ 2차대전의 중재자로 자임
      가. 이탈리아를 전쟁으로부터 구하기 위하여 노력
      나. 히틀러전복 음모에 지원
      다. 전쟁이 발발하자 중재자로서 명분을 얻기 위하여 중립을 선언
      라. 중립의 선언으로 인하여 나찌에 의한 유태인 학살을 방관
    ④ 2차대전후
      가. 누구든지 공산주의를 지원하는 자는 파문한다고 선언

나. 1953년 유일한 파시즘 정권인 스페인 프랑코 정권과 화의
다. 이로 인하여 성직자의 경원 및 교권반대론 분위기가 확산되고 내란이 발발
⑤ 1950년 칙령 휴마니 게네리스(Humani generis) 발표
가. 신학적 변화에 관한 이전의 경고를 반복
나. 로마 가톨릭 신자들은 주님의 신비적인 몸이 로마 가톨릭교회와 동일시되는 것을 믿도록 권유
다. 제2차 바티칸공의회 기초를 놓은 피에르 테일라드 드 샤르뎅(Perre Teilhard de Chardin)의 저술 출판금지령
⑥ 추기경단의 국제화
가. 비이탈리아인들에게도 쿠리아(curia:교황청)에 참여시킴
나. 자신의 임종시 이탈리아 추기경은 1/3선으로 줄게 됨
(4) 제2차 바티칸회의
1) 존 23세(John XXIII ; 1958-1963)
① 활동
가. 11번의 투표 끝에 72세의 론칼리(Angelo Roncalli) 추기경이 당선
나. 당선되자 로마의 빈민굴에 방문
다. 협상과 외교에 탁월한 기량을 갖춘 인물
라. 로마 가톨릭내 분리된 형제들과 가능한 모든 인류에게 까지 포용하려 함
② 회칙 마테르 에트 마기르트라(Mater et Magistra)를 발표
③ 제2차 바티칸회의를 소집
가. 교황 선출 35개월 만에 에큐메니칼 종교회의 수집 계획 발표
나. 회의 1년전에 기독교 연합을 위한 비서국을 창설
④ 바티칸회의를 마치지 못하고 사망
2) 제2차 바티칸회의(The Second Vatican Council)

| 구분 | 기간 | 소집 | 주 요 활 동 사 항 |
| --- | --- | --- | --- |
| 1차 | 62.10.11-12.8 | 존 23세 (John XXIII) | • 뚜렷한 결과는 없이 잠정적인 토론의 시기<br>• 비기독교 세계와 적극적으로 대화 모색<br>• 예배의식의 개혁에 관해 토론 |

| 구분 | 기간 | 소집 | 주 요 활 동 사 항 |
|---|---|---|---|
| 2차 | 63.9.29-12.4 | 폴 6세 (Paul VI) | • 교회와 현대세계와 다리를 놓도록 부탁<br>• 거룩한 전례에 관한 헌장과 매스메디아에 관한 교령 |
| 3차 | 64.9.14-11.21 | | • 예배의식에 관하여 강화된 법률제정<br>• 교회 일치운동에 관한 교령<br>• 동방교회에 관한 교령<br>• 그리스도의 중요성을 강조하고 마리아 숭배 극단화 방지<br>• 동정녀 마리아의 중요성에 의해 지지되는 교황의 수위권 강조 |
| 4차 | 65.9.14-12.8 | | • 진보적인 입장의 신학자들이 장악<br>• 종교의 자유 및 현대 세계 속에서의 교회의 역할에 관한 문서<br>• 현대 세계속에서의 교회에 관한 목회의 헌법제정<br>• 사목직과 종교의 자유에 관한 선언문 |

3) 성모숭배사상
 ① 1917. 10. 13. 파티마 마을에 성녀의 신비스러운 출현이 있었다고 보고
 ② 파이우스 12세는 1942. 10. 31 포르투칼 국민에게 보내는 라디오 메시지에서 마리아 찬양
 ③ 1946년 교황의 이름으로 한 추기경에 의해 파티마 성모상 이 제막됨
 ④ 1950년 성모의 승천교리(Assumption)를 부가시킴
  가. 1854년 성모의 무죄잉태설(Immaculati Conception of Mary)에다 부가시킨 것
  나. 가톨릭 신학자들끼리도 이 교리가 성경적으로 증명될 수 없다고 인정
  다. 원죄없이 태어난 마리아가 승천함은 당연하다고 주장
  라. 성모에게 새로운 이름이 부가되었다-새 하와, 그리스도의 어머니, 신자의 어머니, 신의 어머니, 사랑의 어머니, 세계의 여왕

## 9. 현대교회의 교파운동

(1) 루터교회(Luteran Church)
  1) 발단
    ① 종교개혁 당시 루터에 의해 창설
    ② 각지로 전파 : 미국에는 1623년 전파되어 행정당국의 제재를 받다가 1647년에 자유를 얻음
  2) 정치
    ① 회중주의적이며 행정과 결의는 대의정치임
    ② 각 교회는 독자적인 규약에 따라 사무처리
  3) 교리의 요점
    ① 이신득의
    ② 성경이 신앙의 표준
    ③ 성찬은 공재설
    ④ 세례는 주께서 주시는 중생의 은사(구원의 조건임)
    ⑤ 유아세례 인정
  4) 개혁주의와 다른 점
    ① 세례에 의한 중생 주장
    ② 성찬에 있어서 공재설 주장
    ③ 그리스도의 신성은 인성에 부여된 것이라고 주장
    ④ 구원은 만민에게 있어서 보편적이며 타락할 수도 있다.
    ⑤ 강단 위에 제단을 설치
    † 로마교회와 개혁교회의 중간지점에 있음

(2) 메노파교회(De Mennoniten ; Monnonite Church)
  1) 발단 : 1512년 쯔빙글리가 교회와 국가의 연합을 제의하였을 때에 이를 반대하는 개혁파들이 세운 교회
  2) 창시자
    ① 시몬즈 메노(Simons Menno ; 1492-1559) : 쯔빙글리와 함께 개혁운동을 했으나 1525년 유아세례와 전쟁을 부인하며 별도의 단체를 결성
    ② 그의 추종자들이 메노파를 결성
  3) 신조 : 1632년 돌트회의를 기초로 작성

① 복음서의 법을 순종
② 하나님은 인류의 창조주이시다
③ 인류는 타락하였으나 그리스도가 오시므로 회복
④ 그리스도는 하나님의 아들로 십자가에서 인류를 구속
⑤ 구원얻기 위해 회개와 자복
⑥ 세례는 신앙의 공적 표지이다
⑦ 성찬은 서로의 단합과 우정을 표시한다
⑧ 결혼은 영적으로 같은 사람끼리 해야 한다
⑨ 무기 사용 외에 정부의 방침에 순종해야 한다
⑪ 고의적으로 범죄자는 출교한다.
4) 특색
① 유아세례 거부
② 전쟁 부인
③ 성찬식 때 세족식과 맹세 금지
④ 의복을 간소화하여 세속 초월을 강조
⑤ 대개 농사를 지어 자급생활
⑥ 회중정치를 하며 교직자는 신도들 중에서 선출
(3) 침례교
1) 창시자 : 존 스미드(John Smith)
2) 발단 :
① 재세례파의 간접 영향을 받은 영국의 청교도들이 영국에서 핍박에 못견디어 암스텔담으로 망명
② 이미 그곳에 와 있던 영국 국교회 목사 존 스미드 목사를 중심으로 1608년 Baptists파를 설립
3) 교단 설립 : 1612년 토마스 헬웨이(Thomas Helways)
폴란드에 이미 설립된 Mennonite 파가 그 주장하는 바가 공통점이 많으므로 합동하려하자 이에 반대하는 침례파가 영국으로 돌아가 교단을 설립
4) 미국
① 1639년 로저 윌리엄(Roger William)과 존 크라크(John Clark)에 의해 설립
② 현재 미국의 최대 교단이 됨

5) 교리
      ① 오직 신앙을 고백할 능력이 있는 자에게만 침례(유아세례 반대)
      ② 전신침례 주장
      ③ 교회와 국가의 완전 분리 주장
      ④ 개인의 자유와 신앙의 자유
      ⑤ 성경만이 유일의 권위
      ⑥ 회중주의적 정치제도
      ⑦ 각 교회의 완전한 독립 주장
      ⑧ 성찬은 기념설
(4) 그리스도교회(Disciples of Church)
   1) 발단
      ① 장로교 목사 스톤(P. W. Ston)의 부흥회가 교회 규례에 어긋났다고 크게 문제를 삼자 장로교를 탈퇴
      ② 스톤(P. W. Ston)에 의해 1801년 설립
      ③ 성경만을 신조로 삼는 "크리스챤"이라는 교회를 조직
      ④ 여러 사람들이 동조하여 각 파에서 탈퇴하여 비슷한 교회를 조직
         가. 종파를 만드는 것이 아니라 초대교회로 돌아간다고 주장
         나. 교파를 만드는 신조를 버리고 오직 성경만을 유일 권위로 삼아야 한다고 주장
   2) 주장
      ① 정치는 회중정치
      ② 교회나 교인의 명칭은 성경대로 제자, 그리스도인, 그리스도의 교회라 부름
      ③ 세례는 침례
      ④ 세례시 문답은 예수가 하나님의 아들인 줄 믿느냐고만 물음
      ⑤ 주일마다 성찬 거행
(5) 구세군 운동
   1) 창시자 : 영국의 감리교 목사 윌리엄 부드(William Bood)
   2) 발단 : 소외된 대중 전도를 위해 빈민굴에 들어가 구세군이라 함
   3) 조직 : 군대식 공격적 명령 사용
      ① 1865년 "기독교 전도회"설립
      ② 1878년 "구세군"으로 개칭

③ 1912년 59개국에서 전개
4) 회원 서약
① 하나님의 은혜로 죄에서 구원된 것을 고백
② 구원 받은 군병으로서 뭇 사람들에게 전도할 것을 서약
5) 특색
① 조직, 계급, 직명, 복장, 전도 방식에 있어서 군대식
  가. 본부 : 영국에 만국 본영(교회는 "영문"이라고 부름)
  나. 직제 : 부위, 정위, 참령, 부정령, 정령, 부장
② 신학적으로 보수적이며 근본주의적인 입장을 취함
③ 여자의 지위를 존중하며 남자와 동등한 기회와 권리를 줌
④ 모든 사람을 그리스도께서 대신 죽으신 형제로 여김
⑤ 금주와 금연을 강조하며 성결생활을 강조
⑥ 정치는 감독정치로 세계의 구세군을 한 사람의 대장이 통솔
6) 한국
① 1908년 죄악과 싸우는 군대로서 활약하면서 사회 사업에 괄목할 만한 업적이 있다.
② 현재 약 300여 영문이 있음
(6) 하나님의 교회(Church of God)
1) 발단
① 1880년 미국의 톰린슨(A. S. Tomlinson)에 의해 설립
② 그의 사후 여러 파로 분열(현 200여 개파)
2) 조직
① 안수집사
② 임명목사(설교목사, 전도목사, 권면목사)
3) 주장
① 성례
  가. 침례    나. 성찬    다. 세족식
② 교리
  가. 의인(義認)   나. 성결    다. 성령세례
  라. 방언    마. 중생    바. 재림
(7) 나사렛 교회(Church of Nazarene)
1) 원인 : 미국의 남북전쟁 후의 성결운동의 결과

2) 설립 : 여러 교파가 합동하여 생긴 것으로 나사렛교회란 명칭은 1895년에 처음 사용함
   3) 교리 : 웨슬레가 주장한 거룩함과 성화의 교훈에 신학과 교리의 기초를 둠
      ① 성화 강조 : 성화 후 중생한다
      ② 교역자와 직원의 성화 체험 주장
      ③ 성경의 완전영감설 주장
      ④ 그리스도의 속죄, 의인(義認), 중생, 양자, 재림 등의 성경의 진리를 포함
      ⑤ 세례는 침례나 약례나 가하다
      ⑥ 신자들은 간증을 하며 교회의 규칙과 규례준수의 서약을 함
(8) 성결교회(Holiness Church)
   1) 발단
      ① 남북전쟁 직후에 시작된 성결운동(Holiness Movement)에서 비롯된 것임
      ② 미국 감리교 목사 카우맨(C. E. Cowman) 부부와 그의 친구 길보른(E. A. Kilbourne) 목사가 하나님의 은혜를 체험
      ③ 이러한 성경적인 순복음을 동양에 전파하려고 일본에 와서 1901년 동경에 "동양선교회 복음전도단"이란 명칭으로 선교를 시작
   2) 창설
      ① 교파를 창설할 의도는 없었으나 전도하여 많은 신자가 늘어나자 "동양선교회 성결교회"라는 조직을 결성
      ② 한국에는 1907년 전파
(9) 오순절 교회(Pentecostal Church)
   1) 원인 : 미국에서 초대교회의 오순절 성령의 역사를 동경하여 조직되었다.
   2) 조직
      ① 오순절회에서 "불세례 성결교회"(1898)
      ② 한편에서는 "오순절 성결교회"(1899)
      ③ 위의 둘을 합한 이름(1911)
      ④ "성막 오순절 교회"도 합병됨(1915)
   3) 정치

① 감독정치
② 매년 연회를 열고 4년마다 총회를 개최하며, 2명의 감독을 선정
4) 주장 : 감리교회와 침례교회의 교리를 혼합 채용함
① 성경무오
② 예배의 열정적 분위기 강조(통성기도, 방언, 손뼉침, 진동)
③ 세례는 전신 침례
④ 신유 은사 강조
⑤ 성찬은 서로 발을 씻김(성찬과 세족식)
(10) 하나님의 성회
1) 원인 : 1914년 미국에서 오순절파와 복음주의파 목사들이 열렬한 전도를 위해 연합했으나 본 교단이 인정해 주지 않자 새로운 교파가 형성되었다.
2) 신학과 정치
① 근본주의자로서, 알미니안 신학
② 정치는 장로회와 회중정치를 겸하여 채택
③ 각개교회는 치리와 정치에 있어서 독자적
3) 주장
① 열렬한 근본주의자들로서 알미니안주의를 교리로 함
② 성경무오, 성경의 영감성 확신
③ 인간의 타락, 그리스도의 속죄 확신
④ 성령 세례, 방언 은사, 신유 은사 강조
⑤ 거룩한 생활 강조
⑥ 예수님이 재림을 강조
⑦ 전쟁 반대
4) 한국에서는 1974년 "순복음교회"라고 시작

※ 오순절 성령강림과 오순절교회 운동의 차이점
1) 새로운 교파를 형성
2) 근본주의 신학으로서 알미니안 신학을 근거
3) 장로교회와 회중교회의 정치
4) 신비주의적인 경향이 강하며 신학의 뿌리가 박약

(11) 무교회주의(Non Churchism)
   1) 원인 : 일본인 우찌무라 간조(內村鑑三 ; 1861-1930)가 기성교회에 대한 불만으로 제창
   2) 주장
      ① 현대교회는 비성경적이므로 개혁해야 한다.
      ② 현대교회는 성경 중심, 하나님 중심, 신앙 중심이 아니라고 진단
      ③ '에클레시아'로서의 단체는 인정하나 교역자를 정하는 일과 기타 교회의 예전과 형식을 부인한다.
      ④ 현대교회의 정신과 조직의 근본적인 개혁을 요구
      ⑤ 믿음만 있으면 구원되므로 성례 등은 불필요하다
   3) 한국에서는 함석헌, 김교신, 노평구, 유달영 등이 주장

※ 현대교회의 신흥 종파의 정리

| 종파 | 창설자 | 년도 | 원 인 | 주 장 | 정치 |
|---|---|---|---|---|---|
| 메노파 | 메노시몬 | 1512 | 교회와 국가연합에 반대파 | • 하나님: 창조주 그리스의 속죄 인정<br>• 세례의 신앙의 공적 표지 주장 | 회중정치 |
| 그리스도 | 스톤 | 1801 | 집회 절차의 위배로 말썽나자 분파함 | • 성찬은 매주일 실시<br>• 이름은 성령이름으로 해야 한다.<br>• 세례는 침례 | |
| 나사렛 | | 남북전쟁 후 | 미국의 남북전쟁 후 성결운동의 결과 | • 성화강조<br>• 성경의 완전영감설 주장<br>• 침례이든 약례이든 상관없다 | |
| 무교회 | 우찌무라 간조 | | 기성교회에 대한 불만 | • 비성경적인 현대교회는 개혁해야 한다<br>• 에클레시아의 단체만 인정 | 무교회 |

| 종파 | 창설자 | 년도 | 원 인 | 주 장 | 정치 |
|---|---|---|---|---|---|
| 하나님의 성회 | | 1914 | 오순절파와 복음주의파 연합을 승인 않자 분파 | • 근본주의로 알미니안 신학을 바탕 성경무오, 성경영감설 확인<br>• 성령세례, 방언, 신유은사 강조, 예수님의 재림 강조 | 장로회와 회중정치 경향 |
| 오순절 | | | 초대교회의 오순절 역사를 동경 | • 예배의 정적 분위기 강조<br>• 전신침례 신유은사 | 감독정치 |

## 10. 현대의 이단종파

(1) 몰몬교(Mormons)
  1) 창시자 : 조셉 스미스(Joseph Smith, Jr ; 1805-1844)
     1805. 12. 23. 버몬드 샤론읍에서 스미스 1세와 루시 스미스 사이에 3째 아들로 태어남
  2) 발단 : 조셉 스미스가 18세 때에 하늘의 계시에 의하여 옛 예언자 모르몬이 모라산에 감추어진 황금판 계시책(미국고대의 역사와 복음을 기록한 상형문자의 황금판)을 찾아 번역한 것이 몰몬경이라고 주장
  3) 조직 : 1828년 "말일성도 예수 그리스도의 교회"(The Church of Jesus Christ of Latter Day Saints ; 약칭 L.D.S라고 함)라고 하여 조직
  4) 신조
    ① 삼위일체를 부인
      가. 하나님과 예수님을 믿음
      나. 성령은 신격이 없는 힘(Power)이다
    ② 영혼의 선재설 주장 : 사람의 영혼은 태어나기 전부터 있었다.
    ③ 세례관
      가. 성령 세례를 받기 위해 사죄의 세례를 받아야 한다.

나. 사죄의 세례는 다시 받을 수 있다.
다. 세례는 침례
라. 유아세례 반대
④ 종말론
가. 예수님의 재림을 믿음
나. 천년왕국을 믿음
다. 자신들을 "말일성도"라고 주장
라. 재림하면 자기들만이 천년왕국에 들어가 왕노릇한다고 함
마. 일부다처도 허용
5) 주요 교리
① 권위의 원천
가. 몰몬경
나. 교리와 성약
다. 값진 진주
라. 현존하는 예언자들 : 교회의 수장을 통한 계속적인 신의 계시
마. 성경은 완전한 진리의 책이 아니다.
② 신론
가. 하나님이 한 때 인간이 되셨고 인간이 하나님이 될 수 있다
    (다신교적 경향) : 뉴 에이지 운동에 영향
나. 하나님은 육체를 가졌다.
다. 스미스가 세계의 영을 다스린다.
③ 인간론 : 인간은 이미 선재했고 내적인 신성을 갖고 있다.
④ 기독론
가. 그리스도는 신적인 존재이다. 그러나 독특한 존재는 아니다.
나. 그리스도의 죽음으로 말미암아 아담의 원죄의 효과가 지워졌
    다. 그리고 모든 인간의 부활의 증거가 되었다.
⑤ 구원론
가. 그리스도의 죽음은 개인의 죄사함과는 아무런 상관이 없다.
나. 구원은 오직 몰몬의 계명을 지키는 데서 온다
다. 침례를 받음으로 영적인 사망이 추방된다.
라. 믿음, 회개, 세례, 안수, 명령의 순종을 통해서 온다.
마. 요셉 스미스를 인정하지 않으면 구원이 없다.

바. 요셉 스미스의 피가 천국을 얻게 한다.
⑥ 성령론 : 성령은 하나님의 영이 아니라 비인격적인 힘이다.
⑦ 교회론
　가. 사도 요한이 죽은 후 부터 1830년까지만 교회 존속
　나. 그 후에는 오직 자신들의 성례만 유효하다.
⑧ 종말론
　가. 개인종말론
　　1. 사후에 두번째 기회가 주어진다.
　　2. 영원한 형벌은 없다.
　　3. 궁극적으로 사람은 신성에로 가까워진다.
　나. 일반종말론
　　1. 이스라엘(아메리칸 인디언)이 회복될 것이다.
　　2. 그리스도의 천년왕국이 예루살렘과 미조리주의 독립으로부터 시작될 것이다.
　　3. 모든 사람이 영적인 수준에 따라서 세 왕국 중 하나로 할당될 것이다.
⑨ 기타 주장
　가. 멜기세덱 신권은 장로, 칠십인, 고위 제사장에게만 있다.
　나. 아론 신권은 집사, 교사, 제사장에게만 있다.
　다. 흑인은 제사장 신권이 없다.
⑩ 실천
　가. 술, 담배, 커피, 홍차의 금지
　나. 금식, 십일조, 안식일 준수
　다. 결혼은 현시대와 영원한 시대에도 유지된다.
　라. 죽은 친척에게도 세례를 행한다.
　마. 일부다처제 허용(다처주의는 하나님 앞에 나쁜 것이 아니다)
　바. 천국에 독신자는 못간다.
(2) 안식교(제7일 안식일 예수 재림교회 : The Seventh day Adventists)
　1) 창시자 : 윌리엄 밀러(William Miller)
　　① 1827. 11. 26. 미국 메인주 골햄에서 로버트 하몬과 유니스 하몬 사이에서 출생
　　② 1842. 6. 26. 포트랜드 항구에서 성경의 방법대로 침례를 받고

　　　　감리교도가 됨
　　③ 1844. 10. 22 이후 전가족이 재림에 대한 견해로 출교조치
　　④ 1840-1844 때에 가족과 같이 재림운동에 참여
2) 발단
　　① 침례교의 열성분자들이 성경을 연구하여 재림 일자를 발표함
　　② 감리교회 목사인 제임스 화이트(James White)와 그의 부인 엘렌 화이트(Ellen G White) 등이 동조
　　③ 안식일을 예배일로 지킴
　　④ 1884. 10. 22을 재림일로 주장(합2:2-3; 계3:7-10에 근거)
　　⑤ 재림을 주장한 날에 재림이 없어도 영적인 면에서 모순이 없음을 주장하며 1884년 안식교 창설
3) 주장
　　① 예수의 재림예언
　　　　가. 1차 : 1844. 10. 22
　　　　나. 2차 : 1845-51 매년 예언
　　　　다. 1884년 재림 심판 후 은혜의 문이 닫혔으므로 화이트를 통해서 구원을 얻을 수 있다.
　　② 안식일 엄수 주장 : 주일은 사람이 제정한 것이며 주일을 지키면 짐승의 표를 받아 멸망한다.
　　③ 예수의 유죄성 주장
　　④ 율법을 지켜야 구원을 받을 수 있다.
　　⑤ 죽음 후에 영혼은 침묵하며 무의식 상태다(영혼의 수면설)
　　⑥ 사신의 특권을 주장
　　⑦ 자신들은 14만 4천명의 무리이다.
5) 주요 교리
　　① 권위의 원천
　　　　가. 엘렌 G. 화이트의 저작집
　　　　나. 교회 내에 계속되는 예언의 선물
　　② 신관
　　　　가. 초기에 삼위일체를 부인하다가 1890년에 와서는 인정하게 됨
　　　　나. 초기에 여호와의 증인의 주장과 같다가 비난으로 많이 수정함
　　③ 기독론

속죄관이 대속적이지만 이것은 전부가 아니다. 지금도 죄가 씻겨지지 않는 자는 조사하여 심판이 이루어진다.
④ 구원론
가. 믿음을 통해서 모세의 율법을 지킴으로서 온다(특히 안식일 준수)
나. 구원은 믿음을 통한 그리스도와 연합으로 되는 것이 아니며, 성령으로 중생함으로 되는 것도 아니며 그리스도의 보혈로 속죄함을 받음으로 되는 것도 아니라 하나님의 율법이 표준이 되는 것이다.
⑤ 교회론
가. 초기에는 배타적이었으나 현재는 진실한 신자는 누구든지 십계명을 지켜야 한다
나. 안식일을 지켜야 한다.
⑥ 종말론
가. 개인종말론 : 영혼은 잠을 자고 악한 자의 영은 멸절된다.
나. 일반종말론
　　1. 전천년설과 후기 대환란설을 주장
　　2. 의인은 새 세계에서 영원히 살 것이다.
⑨ 실천
가. 구약의 음식법을 고집
나. 제7안식일 준수
다. 신자의 완전 침례와 발씻음을 실천
6) 특색
① 율법과 복음 준수 강조
② 제7일(토요일)을 안식일로 준수 강조
③ 재림 강조
④ 십일조 강조
⑤ 침례를 주장
7) 한국전래
① 전래
가. 1904년 하와이에 이민을 가려던 유은현과 손흥조(孫興祚) 두 사람이 일본 고오베에서 안식교 선교사 구니 야히데(國谷秀)

　　　　에게 전도받고 침례를 받음
　　　나. 손홍조가 임형주(林衡柱)를 만나 그를 개종시킴으로 본격활동
　　　다. 1904. 8.10, 9.13에 일본 안식교 책임자 필드(F.W.Field)
　　　　와 함께 평남 용강군 일대 대동강변에서 조직적 전도
(3) 크리스챤 사이언스(Christian Science)
　1) 발단
　　① 큄비(P.Quimby)의 최면술에 의하여 소녀시절부터 신경통의 고
　　　질을 앓던 것을 고침받은 과부 에디(Mary Baker Eddy)에 의해
　　　설립(1862)
　　② 큄비가 죽은 후 그녀의 병 고치는 능력과 "과학과 건강"이라는 책
　　　을 저술
　　③ 막대한 출판 수입과 재혼한 실업가 남편의 뒷받침으로 심리학.
　　　대학, 신문사 등을 설립하고 국제적인 기관을 조직하여 전파하기
　　　시작
　3) 주장
　　① 일원론적(물질의 존재를 부인하고 마음의 존재만을 주장)
　　② 범신론적(하나님은 모든 것 안에 있는 모든 것이다)
　　③ 이상론적(질병은 실재하는 것이 아니라 심리상태이다)
　　④ 기독교의 근본 교리를 부인하였다.
　　⑤ 극기를 주장
　4) 주요 교리
　　① 권위의 원천
　　　가. 성경과 관련된 열쇠로서 "과학과 건강"
　　　나. 에디부인의 저술들
　　② 신론
　　　가. 모든 것이 신이다
　　　나. 물질은 존재하지 않는다(범신론) : 뉴 에이지 운동에 영향
　　　다. 하나님은 선하고, 선한 것은 마음이다.
　　　라. 정신이 전부이며 물질은 없다.
　　　마. 하나님은 전능하고 인간을 창조하지 않았다.
　　　바. 우주는 창조자가 없고 동시에 존재하였다.
　　③ 인간론

가. 사람은 하나님과 함께 영원하다
나. 육체는 존재하지 않는다. 죄는 가상적인 허상이다.
④ 기독론
　가. 인간으로서 예수와 신적인 개념으로서의 그리스도를 구분(영지주의와 비슷)
　나. 그리스도는 과학적 치유 의사의 대표적 예이다.
⑤ 구원론 : 죄와 악은 존재하지 않는다는 것을 인식함으로서 온다.
⑥ 성령론 : 하나님과 구분되지 않음
⑦ 교회론 - 배타적
⑧ 종말론 : 사후에 시험 기간이 있고 성장하여 진리에로 올라가던가 아니면 멸절된다.
⑨ 실천
　가. 성례가 없다.
　나. 에디 여사의 허락 문서 없이는 교회정치와 교리를 변경시킬 수 없다.
　다. 모든 교회는 보스톤에 있는 모교회와 연결되어야 한다.
(4) 여호와의 증인(Jehovah's Witnesses)
　1) 창시자 : 챨스 러셀(Charles Taze rusell)
　　① 1852년 2. 16. 펜실바니아주 알레게니(Allegheny)에서 출생
　　② 아크레이(Achley)와 결혼했으나 난잡한 생활로 이혼당함
　　③ 1916. 10. 31. 사망
　2) 발단
　　① 17세 때 지옥불에 관해 한 행인과 토론 끝에 지옥이 없는 것으로 결론
　　② 18세 때 "주님의 재림의 목적과 그 방법(The Object and Manner of the Lord's Return)" 소책자 발간
　　③ 미국의 피츠버그 조합교회 교인으로 안식교 지도자인 페이튼의 글을 읽고 감화를 받고 교리를 기초
　3) 명칭 : '천년왕국 여명', '여명', '만국 성서 협회', '시온의 파수대 소책자협회' 등을 사용했으나 1931년 세계대회에서 현 명칭 사용(사 13:10근거)
　4) 주장

① 예수의 재림의 날자 예언
  가. 1872년이 아담 창조로부터 7,000년째 되는 해로 천년왕국이 시작되는 해라고 주장
  나. 1차 예언 : 1874년 재림할 것이라고 예언
  다. 2차 예언 : 1914년이 세상의 끝날이라고 함
  라. 3차 예언 : 1975년 이른 가을
② 그리스도의 신성 부인 : 피조자로 보며, 출생 전에는 미가엘이었다. 육신을 이루는 순간 영체를 떠나 우리와 같은 인간이 되었다. 따라서 삼위일체를 부인한다.
③ 예수의 부활은 육체 부활이 아니고 새로운 영체를 입은 것이고 승천 후에는 여호와의 최고 집행관이 됨
④ 죄의 삯은 사망이라는 구절을 강조 : 죽으면 멸망하고 영혼은 없어진다(영혼멸절설)
⑤ 창조 후 7,000년부터 그리스도의 왕국 실현
⑥ 모든 기성 교회는 마귀의 것
⑦ 병역 의무와 수혈을 거부
5) 주요 교리
  ① 권위의 원천 : 신세계 번역성경
  ② 신론
    가. 삼위일체 교리 부정(유일신론)
    나. 삼위일체 교리의 창작자는 사탄이라고 주장
  ③ 인간론
    가. 인간이 산 영이 되었으므로 영과 육을 구별할 수 없고, 죽으면 함께 죽는다
    나. 죄는 일반적인 것이 아니라 오직 불완전할 뿐이다.
    다. 영혼불멸설을 부정(불멸이란 말을 창시한 자는 사탄이다)
  ④ 기독론
    가. 그리스도는 한 속성만 있다. 그렇다고 신적인 것이 아니라 오히려 최초로 피조된 미가엘 천사나 대천사와 동일시한다(아리안주의적)
  ⑤ 구원론 : 믿음과 함께 하나님의 인정을 받는 행위를 통하여 온다.
  ⑥ 성령론 : 성령은 보이지 않는 활동력이다(하나님의 영이 아니라

비인격적인 힘)
⑦ 교회론 : 다른 모든 교회는 멸절될 것이다(배타적)
⑧ 종말론
　가. 개인적 종말 : 영혼은 잠을 자고 악한 자의 영혼은 멸절된다.
　나. 일반적 종말
　　1. 1914년에 그리스도가 재림했다.
　　2. 1975년 아마겟돈 전쟁 이후 천년왕국이 시작되었다.
　　3. 144.000명만 하늘나라에서 영원히 살고 나머지는 지상 낙원에서 살게 된다.
6) 실천
① 병역의무와 집총거부(완전 평화주의)
② 국가를 사탄으로 간주하여 반대함으로 정부와 불화(선거, 공직취임, 국기에 대한 경배, 서약 등 거부)
③ 수혈거부
④ 가정윤리의 파괴
⑤ 직업과 의무교육과 학업포기
⑥ 결혼을 거부하고 포교의 도구로 이용하고 있다.
7) 주요 지도자들
① 창시자 챨스 러셀(Charles Taze Rusell)
② 루터포드(J. F. Rutherford)
8) 한국전래
① 전래
　가. 1912년 홀리스터(R. R. Holister)선교사 부부가 내한함으로써 비롯됨
　나. 1915년 맥켄지 부부의 전도활동으로 본격화
② 활동
　가. 1914년 한국성경연구원에서는 활발한 문서활동 개시
　나. 1923년 뉴욕의 브르클린 워취타워협회에 한국 인쇄 공장 설치하여 본격적인 문서 선교 활동
　다. 1939년에 신사참배 강요시 이를 거부하고 전원 투옥 및 일부는 옥사당하기도 했으나 끝내 거부함
　라. 1945년 해방과 함께 재건

(5) 통일교
   1) 창시자 : 문선명
      ① 문용명으로 문경유와 김경계씨 사이에서 차남으로 1920. 1. 6 평북 정주군 덕언면 상사리 2221번지에서 출생
      ② 1945. 4. 28 최길선과 결혼 1957. 1. 8 이혼
      ③ 1960. 3. 1 한학자와 재혼
      ④ 1964. 8. 11 문선명으로 개명
   2) 발단
      ① 1945. 10 - 1946. 4.(6개월간) 파주군 소재 김백문씨의 이스라엘 수도원에서 이유성 새일교단 교주와 박태선이 함께 교리를 배움
      ② 1950. 12. 4 평양을 출발하여 남하하여 51. 1. 27 부산초량에 도착하여 엄덕문을 만나서 원리를 전하기 시작
      ③ 1951. 8 부산시 동구 범4동 범냇골에서 원리를 전하기 시작
      ④ 1952. 12. 1 이요한 목사가 입교
      ⑤ 1954. 5. 1 서울 성동구 북학동에서 "세계 기독교 통일 신령협회"로 공식 출범
   3) 통일교의 원리강론
      ① 원리는 문선명이 받은 계시에 의한 성경의 재해석이다.
      ② 원리는 기독교의 전 교파를 통일할 수 있는 교리이다.
      ③ 천지가 변해도 선생의 말은 변하지 않는다.
   4) 통일교의 신조
      ① 유일신이신 창조주 하나님을 인간의 아버지로 믿는다
      ② 신구약 성서를 경전으로 받든다.
      ③ 하나님의 독생자이신 예수님을 인간의 구주인 동시에 복귀된 선의 조상으로 믿는다.
      ④ 예수께서 한국에 재림하실 것을 믿는다.
      ⑤ 인류 세계는 재림하시는 예수님을 중심삼고 하나의 대 가족사회가 될 것을 믿는다
      ⑥ 하나님의 구원섭리의 최종목표는 지상과 천상에서 악과 지옥을 없애고 선과 천국을 세우는 데 있는 것으로 믿는다.
   5) 통일교의 주장

① 전체적인 창조목적과 개인완성을 이루므로써 하나님 앞에 선한 자녀가 된다.
② 하나님의 말씀과 심정에 의한 인격자가 되므로서 천주주관의 상속을 받는다.
③ 내적으로 부모의 심정을 지니고 외적으로는 종의 몸을 가짐을 행동의 기준으로 삼아 땅을 위해 눈물을, 인류를 위해 피를, 하늘을 위해 뿌리는 생활을 한다.
④ 창조의 본연의 참 사람이 됨으로써 하나님의 대신자가 되어 피조세계에 평화와 행복과 자유와 이상을 옮겨주고 아버지께 기쁨과 만족을 드린다.
⑤ 하나님을 죽심한 선의 주권과 선의 백성과 선의 국토를 회복함으로써 하나의 언어와 문화와 신정세계를 실현시킨다.

6) 주요교리
  ① 권위의 원천
    가. 성경
    나. 원리강론
  ② 신관
    가. 기독교의 예수만의 도움을 받아서는 안되고 한국의 조상들의 도움을 받아야 한다.
    나. 제물 앞에는 하나님도 머리 숙이는 법이다(말씀 146호, 25).
    다. 하나님도 사람과 같은 분이심에 틀림 없다(말씀 186, 8).
    라. 하나님도 해방의 대상이다(말씀 186, 36).
  ③ 기독론
    가. 문선명을 예수의 자리에 놓고 교리를 전개한다.
    나. 타락한 천사와 하와의 혈연 관계로 인하여 사단의 피가 있고, 아담과 하와의 성적관계로 인하여 더러운 피가 섞여 있어서 이들로 말미암아 출생한 모든 후손들은 혈통적인 더러운 피가 유전되어 있다.
    다. 타락된 인간은 그 자신의 힘으로써는 도저히 신의 창조 이상으로 복귀할 수 없기 때문에 그들은 구원을 위해서는 반드시 이성 성상의 원리에 따라서 창조 이상의 완전한 남성이 와야 하는데 그가 바로 후 아담으로 오신 예수라고 주장

라. 이 예수는 십자가에서 영적인 구원만 이룩하였고 육적인 구원
　　　　은 아직 성취하지 못하였다.
　　마. 아담과 하와의 육체적 타락에서 구원해 줄 재림주가 문선명이
　　　　라고 주장한다.
④ 인간론 : 인류는 삼단계로 타락했다.
　　가. 1단계 : 인정타락(認定墮落) : 하와와 천사장 루시엘의 영적
　　　　간음으로 불륜의 혈연관계로 더러운 악피 만들어냄
　　나. 2단계 : 결정타락(決定墮落) : 하와가 미완성기의 아담을 꼬
　　　　여서 육적인 간음
　　다. 3단계 : 판정타락(判定墮落) : 가인이 아벨을 살해한 것
　　라. 하와와 가인의 타락은 모자타락(母子墮落)이다.
⑤ 구원론
　　가. 중생이란 참부모가 타락된 우리를 다시 낳아 주는 역사를 말
　　　　한다(원리강론, 222).
　　나. 구원이란 간단히 말해서 복귀라고 할 수 있다(인류의 새로운
　　　　장래, 88).
　　다. 사탄까지도 해방시켜야 한다(말씀 174호, 22)
7) 통일교의 사명
　　① 기독교는 통일교의 형님으로 '가인'이다.
　　② 하나의 원리로서 종교 통일을 목표로 한 혁명운동의 가능성도 이
　　　　로써 알려진 것이다.
　　③ 기독교를 통해서는 예수와 성신의 한을 풀고 통일교는 하나님의
　　　　한을 푸는 것이다.
8) 통일교의 시대관
　　① 아담-아브라함(2,000년) : 父位責任分權時代(하나님이 책임을 지
　　　　는 시대) : 行義時代
　　② 아브라함-예수(2,000년) : 子位責任分權時代(예수님이 책임을 지
　　　　는 시대) : 信義時代
　　③ 예수-재림주(2,000년) : 聖徒責任分擔時代 : 侍義時代

※ 현대교회의 이단 종파에 대한 정리

| 구분 | 창시자 | 년도 | 발단 | 주장 |
|---|---|---|---|---|
| 몰몬교 | 조셉 스미스 | 1828 | 하늘의 계시를 받았다고 주장하면서 몰몬경 해석 | • 성령 세례 위해 사죄 세례 성령은 인격 아닌 힘<br>• 영혼은 나기 전에 선재<br>• 자기들만이 천년왕국<br>• 일부다처 허용 |
| 안식교 | 윌리엄 밀러 | | 침례교의 열성분자들 선지서 연구 결과 재림날짜를 발표 | • 1884년 재림심판 후 은혜의 문이 닫힘<br>• 안식일 엄수 주장<br>• 사신의 특권 주장<br>• 예수의 유죄성 인정<br>• 죽은 후 영혼은 무의식 |
| 여호와의 증인 | 찰스 러셀 | 1931 | 안식교 지도자의 글을 읽고 감동 | • 그리스도의 신성 부인<br>• 예수의 육체부활 부인<br>• 죄의 삯은 사망<br>• 7천년에 왕국실현<br>• 모든 기성교회는 마귀 것<br>• 병역의무 거부 |
| 크리스챤 사이언스 | 과부 에디 | | 자신의 병고침을 받고 "과학과 건강"을 출간 | • 일원론, 범신론, 이상론적<br>• 하나님은 선하다<br>• 정신이 전부이며 물질은 없다<br>• 인간창조 부인<br>• 창조없이 동시에 존재<br>• 기독교 기본교리 부인 |
| 통일교 | 문선명 | 1954 | 김백문의 이스라엘 수도원에서 교리를 배워 독자 교과 형성 | • 하나님도 같은 사람이기 때문에 해방의 대상이다<br>• 아담과 하와의 육체적 타락에서 구원해 줄 재림주가 문선명이다 |

## 10. 현대신학

(1) 슐라이에르마허 : 자유주의 신학의 아버지

1) 생애(Friedrich Daniel Ernst Schleimacher ; 1768-1834)
   ① 1768년 독일 동부 브레슬라우(Breslau)에서 경건파 목사의 아들로 출생
   ② 모라비안계 학교를 거쳐 할레 대학에서 칸트를 연구하고 졸업
   ③ 할레 대학과 베를린 대학에서 교수로 일생을 마침
2) 사상
   ① 교리의 중요성을 외면하고 종교를 하나의 감정에 불과한 것이다.
   ② 종교의 본질은 하나님에 대한 절대적인 의존 감정이다.
   ③ 신조나 성경보다 개인의 종교적 체험을 중시(주관주의)
   ④ 예수는 인류의 원형이며, 그가 당한 고난으로 인류와 완전히 결합되었다.
   ⑤ 죄란 인류의 타락에서 온 것이 아니라 세상 의식이 하나님 의식을 이기는 것이며 신의식과 자아의식의 연합의 결여에서 온 것이다.
   ⑥ 그리스도로 말미암아 하나님과 합일되어 귀의 감정이 회복될 때 구원에 이른다.
   ⑦ 영생이란 신과 인간과의 조화된 합일 상태이다. 이 영생의 상태는 시간적이 아니라 질적인 관계이다.
3) 저서
   ① 종교론(On Religion ; Speeches to Its Cultured Despisers, 1799)
      가. 종교란 감정이나 감정의 영역에 속한다(객관적 계시보다 직관과 감정이다)
      나. 종교란 무한히 감촉을 맛보는 것이다.
      다. 회의론에 대항하여 종교를 변호하려함
      라. 그가 변호한 종교는 급진적인 새로운 개념이 되고 말았다
      마. 교의나 교리는 종교가 아니다
   ② 기독론
      가. 예수는 인류의 원형이다.
      나. 예수는 제1 창조를 초월하는 제2 창조다.
      다. 성육신은 기적이며 초자연적인 사건이다.
      라. 그가 고난당함으로 인류와 완전히 결합되었다.
   ③ 기독교 신앙(The Christian Faith, 1821-1822)

가. 경건의 본질이란 아는 것도 행하는 것도 모두 아니다.
나. 절대적으로 의존하고자 하는 감정이나 또는 하나님과 관련되어 있는 감정은 그것과 동일한 것이다.
마. 신학의 척도는 신약성경의 교리에 의존한 것이 아니라, 신약성경에 기록된 경험에 의존한 것이다.
(2) 헤겔(George W. F Hegel : 1770-1831)
  1) 생애
    ① 스투트가르트(stutgart)에서 출생
    ② 튀빙겐 대학에서 공부, 피히테의 제자
    ③ 가정 교사, 신문 기자, 고교 교장, 하이델베르그 대학 교수, 베를린 대학 교수
    ④ 독일 관념론의 대표적인 학자
  2) 사상
    ① 관념론을 논리적으로 발전시켜 범신론으로 주장
    ② 쉘링(Schelling)의 세계관을 근거로 하여 체계화하려고 시도
    ③ 논리와 형이상학을 동일시
    ④ 철학과 종교는 모두 절대자에의 자각이며 역사는 실제적인 활동과 발전 과정이다.
    ⑤ 라이프니쯔의 주지설을 발전시켜 이성과 절대자를 동일시하고 이성은 논리적 과정 그 자체이다
    ⑥ 정.반.합의 변증법을 주장 : 변증법적 과정이란 실체의 진화를 따라 결국은 보통개념이 되므로 일체의 모습을 해결할 수 있다.
      가. 정 : 자연종교 : 중국과 인도의 종교
      나. 반 : 과도적 종교 : 페르샤, 유대, 헬라, 로마의 종교
      다. 합 : 종합적 종교 : 기독교
    ⑦ 삼위일체도 정반합의 원리로 해석 : 정(성부), 반(성자), 합(성령)
  3) 평가
    ① 주지적 입장으로 범신론적인 경향이다. 따라서 기독교와는 일치될 수가 없다.
    ② 그의 사상이 독일 신학계에 큰 영향을 끼침
    ③ 그의 변증법적 논리를 성경해석에 적용하였던 유물론적인 입장

④ 역사적 예수의 연구가 활발하게 전개됨
4) 저서 : 20여 권
① 정신현상학
② 철학개론
③ 법철학
④ 종교철학
⑤ 논리학
(3) 바우어(F. C. Baur : 1792-1860)
1) 생애
① 튀빙겐 출신으로 슐라이에르마허와 헤겔의 영향
② 스트라우스의 스승
2) 사상
① 스트라우스와 같은 방법으로 성경과 기독교 역사를 비판
② 성경을 하나님의 말씀보다 저자들의 견해요 주관으로 봄
③ 성경을 일반 문화사의 체계에 맞추어 분석, 분류 후 재편집 시도
④ 성경을 변증법적으로 연구
가. 정 : 베드로 등 원시사도
나. 반 : 바울적인 기독교
다. 합 : 3세기의 원시적 가톨릭교회
3) 저서
① 기독교 화합의 교리(1841)
② 삼위일체의 하나님과 성육신 교리(1847)
③ 기독교 교리사(1847)
④ 초기 3세기의 기독교회사(1853)
(4) 스트라우스(D. F. Strauss : 1808-1874)
1) 생애
① 튀빙겐에서 수학. 슐라이에르마허와 헤겔의 영향을 받음
② "예수전"을 발행하여 충격을 줌
2) 사상
① 예수는 역사적 인물이나 이적, 부활, 승천은 신화이다
② 역사적 가치로 보아 복음서 중 마태복음만 중요하고 요한복음은 가치가 없다

③ 이적은 사실상 불가능하니 역사적 가치가 없으나 형이상학적 관념으로 보면 큰 가치가 있다.
(5) 리츨(Albrecht Ritschl : 1822-1889)
   1) 생애
      ① 루터교 감독의 아들로 베를린에서 출생
      ② 할레, 본 대학 등에서 연구. 어드만의 감화를 받음
      ③ 칸트, 롯체, 슐라이에르마허의 영향
      ④ 튀빙겐(1852-64), 괴팅겐(1864-1889) 대학교수
   2) 신학 사상
      ① 신학과 철학을 분리시킴 - 신학의 기초는 기독교적 경험이다.
      ② 삼위일체, 신인양성, 선재 등의 교리는 우리들의 경험에 도달하지 못한다.
      ③ 그리스도의 사업은 하나님 나라를 세우는데 있으며 이를 위해 고난을 받아야 한다.
      ④ 교회 안에 그리스도의 정신이 있는데 그것이 그리스도의 역사이다.
      ⑤ 신학을 형이상학이나 자연종교로부터 독립시켜 그리스도로 말미암은 계시의 기초 위에 건설하려고 노력
      ⑥ 그리스도인의 구원은 교회의 교제에서만 경험된다고 강조
      ⑦ 기독교가 다른 종교와 다른 점을 강조하되 교회를 통해 나타나는 공동체 의식에서 그 가치를 찾으려고 한다.
      ⑧ 하나님 나라에 대한 가르침은 중요하다. 그는 하나님 나라에서 복음의 사회성을 강조하여 미국 신학자 라우젠부쉬(Walter Rauschenbusch)에 의해 주도된 사회 복음(Society Gospel) 운동에 큰 영향을 줌
      ⑨ 죄,십자가, 진노, 심판에 대해 무의미하게 보며 사랑에 넘친 아버지이신 하나님과 윤리의 교사이신 그리스도를 중요시 함
      ⑩ 가치 판단설 : 가치판단은 주관의 가치에 의하여 인상을 평가하는 것이다. 종교적 지식은 순전한 가치판단의 범위 안에 있다.
   3) 저서
      ① 칭의와 화해(The Christian Doctrine of Justification and Reconciliation, 1870-1874) 3권
      ② 경건주의 역사(History of Pietism, 1880-1886)

4) 평가
   ① 기독교를 하나의 도덕적, 사회적 실용종교로 전락시킴
   ② 헤겔 철학에 실증을 느낀 사상계에 청신함을 주어 독일 신학계를 주름잡음(카프탄, 헤르칸, 하르낙)
(6) 키에르케고오르(Soren Kierkegoard 1873-?)
   1) 생애
   ① 덴마아크 코펜하겐(Copinhagen) 출생으로 엄격한 부친 하에 우울, 변태성, 내성적 성격의 소유자
   ② 신학을 하였으나 목사가 되지 않은 것은 약혼자와의 파혼이 결정적인 상처였다.
   ③ 철학자, 신학자, 현대 실존주의의 아버지
   2) 사상
   ① 헤겔 철학을 연구하여 기독교 진리에 비할 바 못된다고 비판
   ② 신과 인간의 부조화를 말하고 실존적 인간의 모습을 강조
   ③ 인간적 실존론 3가지 모습을 강조
      가. 종교적 실존
      나. 윤리적 실존
      다. 미적 실존
   ④ 사상적 기초는 하나님과 사람 사이에 놓여 있는 무한한 심연으로 오직 그리스도가 다리를 놓아야 한다는 것
(7) 칼 바르트(Karl Barth)
   1) 생애
   ① 1886년 스위스 바젤에서 개혁파 목사의 장남으로 출생
   ② 베른, 베를린, 튀빙겐, 마르부르그에서 수학
   ③ 1911년 목사가 되어 농민과 노동자의 교회를 섬김
   ④ 본, 뮌스터, 바젤 대학 교수
   2) 신학
   ① 신관 : 실존적, 초월적, 범신론적 신관 소유
      가. 하나님은 만물을 지으시고 다스리시는 초월하신 하나님
      나. 죄인된 인간을 찾아오시는 사랑의 하나님
      다. 인간을 하나님의 거룩하신 영광의 자리에 올리려 하신다.
      라. 하나님은 도성인신하신 그리스도에게 계시하셨다.

② 성경관
　　가. 성경은 인간의 저작으로 오류가 있으며, 하나님이 계시를 사용하실 때에만 하나님의 말씀이 되어 질 수 있다고 주장
　　나. 성경에서는 하나님의 행위가 중요하며 인간의 행위는 하나님의 행위에 대한 응답적 행위에 불과
　　다. 하나님의 주체성이 성경에 나타나 있다. 이것이 계시라고도 하며 하나님의 말씀이라고도 한다.
　　라. 성경의 기록된 말씀과 선포된 말씀 그 자체는 계시가 아니다. 인간이 쓴 것으로 동일하지 않다.
③ 교회관
　　가. 교회는 의롭다함을 입은 죄인들의 집단이다.
　　나. 교회는 자기의 약한 것을 서슴없이 인정할 수 있을 만큼 강한 교회라야 한다.
　　다. 교회의 권위와 자유는 말씀 아래 있다.
④ 속죄관
　　가. 인간의 도덕적 정신이나 모험으로 죄를 사할 수 없다.
　　나. 죄사함은 하나님의 선언에 의하여 가능하다.
　3) 저서
　　① 로마서 주석(The Epistle to the Romans)
　　② 기독교 교의학(Christian Dogmatics, 1927)
　　③ 교회 교의학(Church Dogmatics, 1932)
(8)) 에밀 부룬너(Emil Burunner ; 1889-1966)
　1) 스위스의 변증법적 신학자로 칼 바르트의 동지
　2) 20세기 신교 신학의 방향을 변하게 한 사상가 중 1인
　3) 1차 대전 후 자유주의 신학에 반대
　4) 종교개혁의 중심 주제들을 강조한 운동 지도자 중의 한 사람
　5) 기독교 신앙의 독특성을 보존하여 신학과 인본주의 문화의 대화를 계속하려 함이 특색이다.
　6) "때의 어간", "계시와 이성" 등 저술
(9) 본훼퍼(Dietrich Bonhoeffer 1907-1945)
　1) 생애
　　① 독일의 블레스라우(Breslau:지금의 폴랜드)에서 출생

②　튀빙겐과 베를린 대학에서 수학 후 루터파 목사가 되었다.
③　히틀러의 치하에서 반대운동을 하다가 1937년에 투옥
④　1939 라인홀드 니이버의 초청으로 미국에서 교수
⑤　1943. 4. 4. 체포되어 1945. 5. 7. 플로센브르그 포로 수용소에서 교수형으로 처형당함
2) 사상
①　계시관 : 하나님이 취하시는 순간순간의 행위는 바로 계시이다
②　신관 : 교회 속에 하나님이 나타나시는 수직 관계가 아니라 교회 자체가 하나님이 나타나야 한다고 주장
③　그리스도의 양성 : 어떻게 오신 것이 중요한 것이 아니라 하나님으로서 성육신이 중요하다.
④　윤리관 : 윤리적 원칙만을 지키는 것이 아니라 하나님이 사랑으로 묶인 것이 윤리의 표준이다.
⑤　교회관 : 교회는 인류를 위해 봉사해야 한다.
⑥　하나님 없는 삶을 강조
⑦　무종교의 기독교 주장
3) 저서
①　성도들의 교제(조직신학 전공 논문, 1928) : 인간에게 하나님의 유용성으로서 공동체 생활의 신적 계획
②　행위와 존재(Acts and Being, 1930) : 계시관 신관, 그리스도의 양성에 관해 씀
③　제자도(Cost of Discipline, 1937) : 값싼 은혜가 아니라 값을 치른 은혜 주장
④　옥중시신(Letters and Papers from Prisonn, 1944)
⑤　저항과 복종
(10) 루돌프 불트만(Rudorf Bultmann ; 1884-1976) : 비신화화 신학
1) 생애
①　1844년 독일의 비펠쉬테드(Wiferstede)에서 출생
②　튀빙겐, 베를린, 말부르크 대학 졸업
③　말부르크, 브레슬라우, 깃센 대학에서 교수
2) 사상
①　신약학자로서 양식 비평의 방법론으로 접근한다

② 비신화화(demythologizing) : 복음서에는 신화가 있는데 이를 제거하려 한 것이 아니라 해석하려 했다.
③ 십자가 : 신앙을 위한 십자가는 항상 현재적이다.
④ 자유주의를 거부하고 실존주의를 주장한 자임
3) 저서
① 공관복음 전승사(History of the Synoptic Tradition, 1921) : 복음서 연구에 양식비평(Form Criticism) 도입
② 비신화화론
③ 신약성경과 신화(New Testament and Mythology, 1941)
(11) 폴 틸리히(Paul Tillich ; 1893-1965)
1) 생애
① 1886년 브란덴부르크(Brandenburg)에서 루터교 목사 아들로 출생
② 베를린, 튀빙겐, 할레, 블레스라우 대학 수학
③ 제1차 세계대전시 종군 목사
④ 1919년부터 베를린, 말부르크, 드레스덴, 라이프찌히, 프랑크푸르트 대학 교수
⑤ 1933년 사회주의에 관여했다는 이유로 나찌에 의해 해고당함
⑥ 1933-55년까지 미국 유니온 신학교에서 철학적 신학(Philosophical Theology) 교수
⑦ 1955-65년까지 하버드와 시카고 대학 교수
2) 사상
① 실존주의적 신학자
② 하나님을 존재의 근거로, 신앙을 궁극적인 관심으로 봄
③ 철학과 신학, 존재와 비존재, 내재와 초월 무한과 유한, 정신과 물질, 신교의 신앙과 가톨릭의 교리 등의 대응적 개념들을 조화 종합하려 함
④ 문화와 일반을 신학의 영역으로 삼음
3) 저서
① 조직신학(Systematic Theology, 1951-1963)
② 프로테스탄트 시대
③ 존재에의 용기

(12) 라인홀드 니이버(Reinhold Niebuhr 1892-1971)
　　1) 생애
　　　　① 미국 미조리주 라이트Wright)시에서 출생
　　　　② 1915년 부터 30년간 디트로이트 벧엘 복음주의 교회(Bethel Evangelical Church)에서 목회
　　　　③ 1928년 뉴욕 유니온 신학교에서 적용신학(Applied Christianity) 강의(1960년까지)
　　2) 사상
　　　　① 인간관 : 인간은 피조물인데 자유하면서 유한에 묶여 있다고 주장
　　　　② 신앙관 : 안정을 찾고자 함이 신앙이다
　　　　③ 인간의 타락 : 성경은 타락을 말함이 아니다. 이는 신학이다.
　　　　④ 하나님 나라 : 영원한 것이 아니라 더 좋은 세계를 건설하기 위한 것이다.
　　　　⑤ 예수와 역사와 사람 : 십자가는 그리스도를 죽인 세상에서의 악의 권능이다.
　　　　⑥ 부활 : 하나님의 공의 만족이다.
　　3) 저서
　　　　① 도덕적인 인간과 비도덕적인 사회(Moral Man and Immoral Society, 1932)
　　　　② 인간의 본성과 운명(Nature and Destiny of Man, 1941-1943)
　　　　③ 잘 길들여진 조소자의 비망록(Leaves from the Notebook of a Tamed Cynic, 1929)
(13) 몰트만(Jurgen Moltmann 1926-) : 희망의 신학
　　1) 생애
　　　　① 독일 함부르그에서 출생
　　　　② 1945-1948까지 벨기움과 브리테인에서 포로
　　　　③ 1952년 목사가 됨(26세)
　　　　④ 1967-튀빙겐에서 현재까지 교수로 지냄
　　2) 저서
　　　　① 십자가에 달리신 하나님(The Crucified God, 1973, 47세)
　　　　　　가. 신론을 십자가 전망으로부터 시작

나. 무감각하고 타계적인 신관념들을 종식시키고자 시도
　　　다. 하나님은 불변하시며 무감각하신 분이다
　② 희망의 신학(Theology of Hope, 1964, 38세)
　　　가. 바르트와 불트만을 계승하는 주요한 후속 신학자의 한 사람으로 인정받은 책
　　　나. 신약의 중심이 종말론이라고 보고 종말론을 신학의 중심부로 복귀시키려 애썼다
　　　다. 교회는 "미래를 겨냥하고 세상에 날려 보내진 화살"이다
　　　라. '미래'의 소망을 바탕으로 '현재'에서 사회를 변화시켜야 한다
　③ 성령의 능력 안에 있는 교회(The Church in the Power of the Spirit, 1975, 49세)
　　　가. 부활과 십자가와 오순절의 관점으로 세상에서 화목케하시는 하나님의 활동
　　　나. 교회는 "하나님을 향해서, 인류를 향해서, 하나님과 인류의 미래를 향해서" 열려 있어야 한다
　　　다. 교회는
　　　　1. 예수 그리스도의 교회가 되어야 한다.
　　　　2. 선교하는 교회가 되어야 한다.
　　　　3. 연합적이어야 한다.
　　　　4. 정치적이어야 한다.
　④ 삼위일체와 하나님의 나라(The Trinity and Kingdom of God, 1980, 54세)
　　　가. 고난당할 수 없는 하나님을 주장
　　　나. 하나님으로부터 버림받는 하나님
　　　다. 사회적 삼위일체론(Social Doctrine of the Trinity) 주장
　　　라. 삼위일체적 왕국론(Trinitarian Doctrine of the Kingdom)과 삼위일체적 자유론(Trinitarian Doctrine of Freedom) 주장

※ 독일의 자유주의 신학자 정리

| 이름 | 주요사상 | 주요저서 |
|---|---|---|
| 바우르 | • 헤겔의 변증법을 신약에 적용<br>• 신약의 저작권을 대부분 부인 | • 예수 그리스도의 사도인 바울 |
| 슐라이에르마허 | • 종교의 뿌리는 절대 의존감정에 있다 | • 종교론 |
| 스트라우스 | • 종교를 인간성의 종교로 전락시킴 | • 예수의 생애<br>• 신구 신앙 |
| 리츨 | • 형이상학의 거부<br>• 기독교의 윤리 사회적 차원을 거부<br>• 도덕성에 가치를 두는 신학의 개척자 | • 칭의와 화해에 관한 기독교 교리<br>• 신학과 형이상학 |
| 벨하우젠 | 문서설(JEDP)의 창시자 | 이스라엘 역사 |
| 하르낙 | • 고대교회 사가<br>• 사회복음 제창 : 하나님의 부성 및 인간의 형제성 강조 | • 기독교의 본질<br>• 교리사<br>• 3세기까지의 기독교 선교 확장사 |
| 슈바이쳐 | • 예수는 빗나간 종말론의 신봉자로 생각 | • 역사적 예수의 탐구 |
| 불트만 | • 실존주의적 신학자<br>• 신약에서 "비신화화" 주장<br>• 양식비평의 선구자 | • 케리그마와 신화<br>• 신약신학<br>• 예수와 그 말씀<br>• 공관복음의 형태 |
| 폴 틸리히 | • 실존주의적 신학자<br>• 하나님을 존재의 근거로, 신앙을 궁극적인 관심으로 봄 | • 신앙의 공동체<br>• 조직신학<br>• 존재에의 용기 |
| 칼 바르트 | • 신정통주의의 아버지로 전통적인 자유주의를 깨뜨림<br>• 바르멘 선언의 기초자<br>• 하나님의 절대적인 초월성을 강조<br>• 성경은 읽을 때에 하나님의 말씀이 된다<br>• 그리스도 안에서 모든 사람의 선택 | • 교회교의학<br>• 로마서 수석 |
| 본훼퍼 | • 바르멘 선언의 초안 작성에 조력<br>• 고백교회의 지도자<br>• 하나님 없는 삶을 강조 | • 제자가 치르어야 할 댓가<br>• 옥중서신 |

(14) 세속신학
   1) 세속신학의 주장
      ① 이 세상의 문제들이 그리스도인의 주된 관심사이어야 한다.
      ② 신학 역시 이 세속화 정신을 표현해야 한다.
      ③ 교회와 세계의 구별은 철폐되어야 한다.
      ④ 초자연주의를 최소한으로 감축시키려고 노력
   2) 대표자들
      ① 로빈슨(John Robinson) : 신에게 솔직히(Honest to God, 1963)
      ② 알티저(Altizer) : 기독교 무신론 복음
      ③ 밴뷰렌(Van Buren) : 복음의 세속적 의미
      ④ 하비콕스(Harvey Cox) : 세속도시
      ⑤ 플레쳐(J. Fletcher) : 상황윤리
      ⑥ 몰트만(Moltmann) : 소망의 신학
      ⑦ 고갈텐(Gogarten) : 하나님과 세상과의 사이에 있는 인간
      ⑧ 본훼퍼(Bonhoeffer) : 성도의 교제, 주님을 따름, 저항과 복종
      ⑨ 돈 큐핏(Don Cupit) : 하나님께 작별을 고함(Taking Leave of God, 1980)
(15) 현대신학의 5대 사학파
   1) 종교사학파
      ① 성경을 역사적으로 성립된 문서로 보고 비판적으로 검토
      ② 성경의 환경에 주목, 타종교와의 관계에서 기독교를 파악하고 문화의 산물로 봄
      ③ 기독교의 절대성과 성경의 무오성을 부정
      ④ 대표자 : 궁켈(H. Gunkel), 부세트(Busset), 부레데(Wilhelm Brede), 트륄취
   2) 양식사학파
      ① 성경을 문화 양식면으로 봄으로 복음서 시대의 문학적 유형을 검토
      ② 성경을 비신화화함
      ③ 성경의 영감성, 무오성, 통일성을 부인
      ④ 대표자 : 디벨리우스(Dibellius), 불트만(R. Bultmann)

3) 편집사학파
    ① 성경의 역사적 사실을 인정하고 신앙적 예수와 연결시켜 이해하려는 입장
    ② 기본적인 해석방법은 불트만과 같음
    ③ 성경의 내적 통일을 가지는 영감을 부정
    ④ 대표자 : 로빈손(Robinson), 케제만(Käsemann)
4) 전승사학파
    ① 스칸디나비아에서 발달된 독일계 학파
    ② 성경을 개별적이며 역사적 방법에 의해 이해
    ③ 성서문학의 단원, 단위에 대해 그 기원, 변화의 전 과정을 결합하여 현대의 최종적 형태를 이루기까지 분석하는 방법
    ④ 어떠한 전승이든지 각 시대마다 특징이 있음을 가정하고 그 역사를 밝히므로 자료의 의미를 올바르게 파악한다고 전제
    ⑤ 성경을 인간의 전쌘적 단계나 문학적 이해로 해석하려는 입장
5) 구원사학파
    ① 성경을 전체적으로 구원의 역사로 봄
    ② 성경의 여러 사건들을 모두 구원이라는 하나의 목적을 위한 부수적 발생사로 봄
    ③ 그리스도를 역사의 중심으로 보고 그 안에서 역사의 의미를 추구함
    ④ 창조와 재림을 신화로 봄
    ⑤ 성경의 재해석 또는 정통 신앙의 수정 방향에서 성경과 기독교를 이해
    ⑥ 대표자 : 벵겔(Bengel), 킴멜(Kimmel), 오스카 쿨만(Osca Culmann)

(16) 현대신학의 영향
    1) 역사적 연구의 발전 : 사료중시
    2) 성경 연구의 발전 : 성경 본문연구 및 고등비평
    3) 종교사의 발달 : 타종교 연구
    4) 종교심리학의 발달
    5) 예수의 역사적, 비평학적 연구

\* 근대사에 있어서 이성과 신앙의 갈등

| 이성 | 신앙 | 이성 | 신앙 | 이성 | 신앙 | 이성 |
|---|---|---|---|---|---|---|
| 르네상스 Renaissance | 종교개혁 Reformation | 정통주의 Oxthodoxy | 경건주의 Pietism | 이성주의 Rationalism | 고백주의 Confessional-ism | 과학주의 Scientism |
| 고전주의 Classicism | 멜랑톤주의 Melanch-thonianism | 혼합주의 Syncretism | 관용주의 Latitudin-arianism | 유니테리언 Unitarianism | 연합주의 Unionism | 자유주의 Liberalism |
| Mysticism 신비주의 | Humanism 인본주의 | Quietism 정숙주의 | Formalism 형식주의 | Supernatural-ism 초자연주의 | Criticism 비평주의 | Fondamental-ism 근본주의 |
| 신앙 | 이성 | 신앙 | 이성 | 신앙 | 이성 | 신앙 |

출처 : Lars P. Qualben, *A History of the Christian Church*, p.356.

## 11. 공산주의 등장과 기독교

(1) 공산주의의 성장
   1) 1903년 17명의 추종자
   2) 1917년 4만명의 당원으로 러시아를 정복
   3) 1957년 10억이상의 인구를 공산권으로 묶음
(2) 러시아 공산화의 이유
   1) 19세기 내내 러시아에 농민의 봉기로 사회의 불안정
   2) 일본(1904-1905)과 일차대전(1914-1917) 등 두 번의 패전으로 국민적 배신감과 새 질서 갈망
   3) 19세기를 지나는 동안 극단론자, 좌경사회주의자, 무정부주의자 등 혁명전 엘리트들이 존재
(3) 공산주의 혁명(1917-1918)
   1) 레닌(Vladimir Ilich Ulyanov;1870-1924)의 등장
     ① 공산주의의 이데올로기로서 통치
     ② 폭력적 수단의 사용을 촉구
   2) 스탈린에 의해서 전국을 수용소화한 피의 숙청이 자행

제3부 중세이후교회사 / 351

    3) 토지를 농민들에게 나누어 주었으나 곧 국가소유제로 전환(1922)
    4) 공산주의의 종교관
       ① 사적인 문제이며 인간 영혼의 개인적 영역에 속하는 문제다
       ② 관념의 유희로서 비열함이요 악명높은 전염병이다
       ③ 대중 위에 쏟아 부어지는 영적 압력이며 억압의 부산물이다
       ④ 인간상을 삼켜버리는 자본주의의 노예들이 마시는 일종의 영적 술과 같은 것이다
       ⑤ 교회의 박해와 강탈 자행(1922)
(4) 공산치하에서의 러시아 교회
    1) 길고 어두운 밤(1917-1929)
       ① 모스크바의 대주교 티콘(Tikhon)이 임종직전에 한 말
       ② 성직자의 무지와 계급제도가 정치제도를 무제한 후원
       ③ 12. 4. 교회의 소유지를 포함하여 개인 소유의 모든 땅이 국유화
       ④ 12. 11. 교회 관할의 모든 학교가 국가 감독으로 이관
       ⑤ 1918년 초 교회와 국가의 절대적인 분리가 선언됨
       ⑥ 1921년 기근과 전염병에 대한 교황과 켄터베리 대주교, 희랍정교회, 미국성공회에서 지원하였으나 교회 구제위원회를 해산하고 이 돈을 몰수
       ⑦ 1922년 사제 269명, 수도승 1,962명, 수녀 3,477명이 순교
       ⑧ 1923년 티콘은 외국의 압력으로 석방되면서 죄의 자백서를 쓰게 함으로 교회의 선지자적 기능 포기
       ⑨ 1925년 사제 16,540명, 감독 192명, 교구민 12,593명이 사라짐
       ⑩ 1926년 레닌그라드에서 완역된 러시아 성경 25,000부 출판
       ⑪ 1928년 성구사전 10,000부 출판
       ⑫ 1929년 예배와 반종교적인 선전의 자유로 수정
         가. 교회는 건물 안에서만 예배를 허용
         나. 종교에 대항하는 선전은 무제한 허용
    2) 교회에 대한 집중 공격(1917-1941)
       ① 러시아 정교회는 46,457개 에서 4,225개로
       ② 사제는 50,960명에서 5,665명으로
       ③ 부제는 15,210명에서 3,100명으로
       ④ 감독은 130명에서 28명으로

⑤ 수도원은 1,026개에서 38개로 줄어듦
3) 1944년 침례교회와 복음주의교회가 하나로 통합
4) 1962년 WCC에 두 개 교회(러시아 정교회, 침례교 복음주의 교회)가 가입
5) 1962년 종교 악법 제정을 강제로 발표
① 아이들에게 종교적인 명령과 사회적 의무 불이행
② 침례회 연합회는 전도를 위한 예배 불허
③ 18-30세 사이의 젊은이에게 세례주는 것은 최대한 억제
④ 아이들의 예배 참석 불가
(5) 현재의 상황
1) 고르바초프의 등장과 공산주의 포기
2) 옐친의 종교정책으로 인한 선교의 자유 보장

## 12. 파시즘의 등장과 기독교

(1) 파시즘의 등장
1) 1차대전 후의 이탈리아와 독일의 상황
① 이탈리아
가. 동맹파업이 계속되어 폭도들이 나라를 좌우
나. 동맹군에 가입하여 1차대전에서 승전했음에도 불구하고 전쟁의 결과에 실망
다. 가난의 만연과 지도자의 부재
② 독일
가. 베르사이유(Versalles)조약으로 치명적인 굴욕을 당함
나. 전쟁 발발 책임으로 천문학적인 복구배상을 요구
다. 라인강변(Lhineland) 땅을 연합국에 귀속
라. 인플레와 가난
마. 민족중흥을 위한 열망이 거국적인 지지를 받음
바. 아리아니즘(Arianism)의 대대적인 선전
2) 파시즘의 등장
① 1930년대 로마에서 파시즘과 국가사회주의가 등장
② 1933년 히틀러가 정권을 잡자 국민의 모든 생활과 활동을 획일화

(Gleichschaltung)하기 시작
③ 국가기강이 확립되고 고속도로 건설 등 국가의 재건 기미가 보임
④ 1936년 뉴렘버그(Nuremberg)에서 히틀러(Adolf Hitler)에게 14만이 넘는 당원들이 경의를 표함
3) 파시즘의 성격
① 19세기 말과 20세기 초에 있었던 지성주의와 과학주의에 대한 반발로 일어난 반이성적인 운동이다.
② 뭇솔리니나 히틀러는 합리적인 이성에 호소한 것이 아니라 즉흥적인 감정이나 상상력에 매력을 갖고 있었다.
③ 다윈주의(Darwinism)에 의한 적자생존의 법칙을 인간 사회에 적용
(2) 파시즘의 폐해
1) 국민 생활의 획일화
2) 적자생존의 투쟁의 법칙을 인간사회에 적용하여 투쟁을 조장
3) 공산주의는 계급투쟁이지만 파시즘은 냉혹한 종족투쟁의 필연성 확신
4) 지도자의 우상화 및 종교의 황폐화
5) 전체주의 초래
(3) 파시즘 하에서의 교회
1) 1929년 뭇솔리니는 로마 가톨릭교회와 라테란(Lateran) 조약을 맺음
① 교황은 바티칸시의 통치권을 인정받음
② 로마를 수도로 하는 이탈리아 국가를 인정해줌
③ 로마 가톨릭을 국교로 인정
2) 1933. 9. 10. 히틀러도 로마 가톨릭교회와 조약 체결
① 완전한 교회의 자율권을 보장하였으나 이행되지 않음
② 1939년 교회가 운영하는 학교들을 폐지
③ 교회의 지도자와 교사들은 총통에 대한 충성을 맹세해야 했다.
3) 히틀러의 개신교 이용정책
① 1922년 독일 복음주의 교회 연합회(German Evangelical Church Association) - 22개의 지방교회 연합체 구성
② 1933년 국가교회(Reichskirche)로 변환 - 아리안족 제일주의

(Aryan-paragraph) 결정
③ 이렇게 되자 비로소 그 마수를 알고 거부하자 수많은 사람들을 강제수용소로 유배

## 13. 에큐메니칼 운동
(1) 기독교의 연합운동
   1) 발단
      ① 19세기 말부터 개신교의 세계 선교가 전개되면서 선교활동상 범세계적인 교회 협력체의 필요성을 절감
      ② 세계가 조직을 필요로 하는 사회이므로 20세기의 시대적인 특징에 교회도 공감
      ③ 현대의 도덕적, 사상적 퇴폐가 만연됨에 따라 이에 대항하여 교회를 지키기 위해 세계교회의 연합을 절감
   2) 성격
      ① 교회협의회라는 명칭으로 연합운동을 전개
      ② 교파나 국가의 존재를 인정하며 각교단을 회원으로 하여 구성
      ③ 세계적인 연합조직
(2) 에큐메니칼 운동 약사
   1) 에큐메니칼 운동(Ecumenical Movement)
      ① 윌리암 템플(William Temple)이 처음으로 사용
      ② 세계 교회연합운동의 선구자는 존 모트(John R. Mott;1865-1955)
         가. 세계 동포주의자이며 복음주의자
         나. 전생애를 통하여 선교와 기독교 학생운동의 대의명분을 주장
         다. 세계 기독교 학생연맹의 결성에 결정적 영향
         라. 1948년 W.C.C. 창립대회(암스텔담)에서 명예의장
   2) 선교협의회의 출현
      ① 침례교 선교협의회(The Baptist Missionary Society;1792)
         가. 윌리암 케리(William Carey)의 도움으로 설립
         나. 윌리암 케리 자신이 인도에 선교사로 파송됨
      ② 런던선교회(The London Missionary Society)

가. 인도에서 월리암 케리와 함께 사역
나. 교파간의 연합사업 전개
③ 네델란드선교회 설립(1798)
가. 런던선교회와 상호협력
나. 발델캠프(Vanderkemp)의 남아프리카 선교여행
다. 모리슨(Morrison)의 중공선교
④ 교회선교회(The Church Missionary Society;1799)
가. 침례교선교회나 런던선교회보다 더 복음주의적인 원리에 입각하여 선교해야 한다고 주장하면서 설립
나. 헨리 마튼(Henry Martyn)이 최초의 선교사로 임명
다. 별 성과나 선교실적이 없음
⑤ 초교파적인 선교단체 웨슬리안 감리교 선교회(The Wesleyan Methodist Missionary Society1817-1818)
가. 1744년 죠지 휫필드(Gorge Whitefield)의 설교로 감동을 받음
나. 1786년 토마스 코크(Thomas Coke) 서부인도에 선교시작
다. 1811년 아프리카에서 선교사역 시작
3) 국제선교협의회(International Missionary Council;I. M. C.)
① 국제선교협의회
가. 1910년 에딘버러에서 개최
나. 신앙과 질서, 생활과 사업, 국제 선교협의회로 시작
다. 1925년 스톡홀름에서 제1차 생활과 사업 회의는 "교리는 달라도 봉사는 같게"라는 주제에 동의
라. 1937년 옥스포드에서 제2차 생활과 사업 회의는 W.C.C.를 배태하는 결정적인 모임
② 세계교회협의회(W.C.C.)와 W.C.C. 제3차 회의 때 통합
4) 초교파적인 선교대회의 개회
① 케리의 10년제 선교대회(The Decennial Conference) 제안
가. 1806. 5. 친구인 풀러(Andrew Fuller)에게 희망봉에서 10년제 선교대회 개최를 제안

나. 10년제 선교대회(The Decennial Conference)

| 구분 | 일시 | 장소 | 회원 | 토의 및 결의사항 |
|---|---|---|---|---|
| 1차 | 1872.12.26-1873.1.1 | 알라하바드 (Allahabad) | 19개 선교부 | 1)교회의 일치와 상호협력<br>2)10년제 선교사 총회촉구 |
| 2차 | 1882.12.28-1883.1.2 | 켈커타 (Calcutta) | 27개 선교부 475명 | 1)가장대규모의선교집회 |
| 3차 | 1892.12.29-1893.1.4 | 봄베이 (Bombey) | 50개 선교부 620명 | 1)자국선교부의역할기대<br>2)문서선교의 중요성 인식 |
| 4차 | 1902.12.11-18 | 마드라스 (Madras) | 55개 선교부 286명 | 1)1910년 에딘버러대회의 기틀 제공<br>2) 내적일치는 외적일치를 위한 중요성 인식 |

② 지역 협의체의 태동
   가. 1825. 11. 봄베이 선교단체를 결성
   나. 1830. 켈커다 선교단체의 정기적인 모임
   다. 1830. 마드라스 선교대회 개최
   라. 북부 인도 대회

| 구분 | 일시 | 장소 | 회원 | 토의 및 결의사항 |
|---|---|---|---|---|
| 1차 | 1855.9.4-7 | 켈커타 (Calcutta) | 6개 선교부 55명 | 1)복음의 진보와 여성의 교육에 관하여<br>2)유럽과 미국에 5년이내 100명 선교사 파송 요청 |
| 2차 | 1857.1.6-9 | 베나레스 (Benares) | 7개 선교부 31명 | 1)기독교문학과 본국사역자들의 사례와 훈련<br>2)신임선교사들을 위한 선교지 침서 |
| 3차 | 1862.12.26-1863.1.2 | 라호래 (Lahore) | 71명 | 1) '모두 하나이다' 라는 기도문 채택<br>2)교회성장을 위한 선교사들의 규범 |

마. 남부 인도 대회

| 구분 | 일시 | 장소 | 회원 | 토의 및 결의사항 |
|---|---|---|---|---|
| 1차 | 1858.5.19-5.5 | 오타카문드 (Ootacamund) | 8개 선교부 32명 | 1)교파논쟁의 해악 2)교회의 다양성을 인정 |
| 2차 | 1879.5.11-18 | 방갈로 (Bangalore) | 15개 선교부 118명 | 1)인도본국의 자립과 가치는 시기상조 2)교파간의 연합을 모색 |
| 3차 | 1900.1.2-5 | 마드라스 (Madras) | 26개 선교부 | 9가지 주제의 다양한 토론 |

바. 일본의 선교사 총회

| 구분 | 일시 | 장소 | 회원 | 토의 및 결의사항 |
|---|---|---|---|---|
| 1차 | 1872.9.20-25 | 요코하마 | 4개 선교부 17명 | 1)일본어 성경번역 위원회 결성 2)그리스도의 보편적 교회의 일치성 강조 |
| 2차 | 1883 | 오오사카 | 22개 선교부 106명 | 1)일본의 신흥종교의 자립에 관한 보고 2)동역자의 깊은 일치정신 |
| 3차 | 1900.10.24-31 | 도오쿄 | 52개 선교부 450명 | 1)하나됨을 위한 협력 2)일본연합선교대회 준비 |

사. 중국의 선교사 총회

| 구분 | 일시 | 장소 | 회원 | 토의 및 결의사항 |
|---|---|---|---|---|
| 1차 | 1877.5.10-24 | 상하이 | 20개 선교부 128명 | 1)중국에서의 교회성장을 위한 일치 2)문서보급을 위한 상임위원회 설치 |
| 2차 | 1890.5.7-20 | 상하이 | 36개 선교부 455명 | 1)성경번역 2)5년내 1000명의 선교사 파송을 자국에 건의 |

## ■ 에큐메니칼 선교대회표 ■

〈출처 : 전재옥 외 4인, 「에큐메닉스」(서울:성광문화사, 1988), p.18.〉

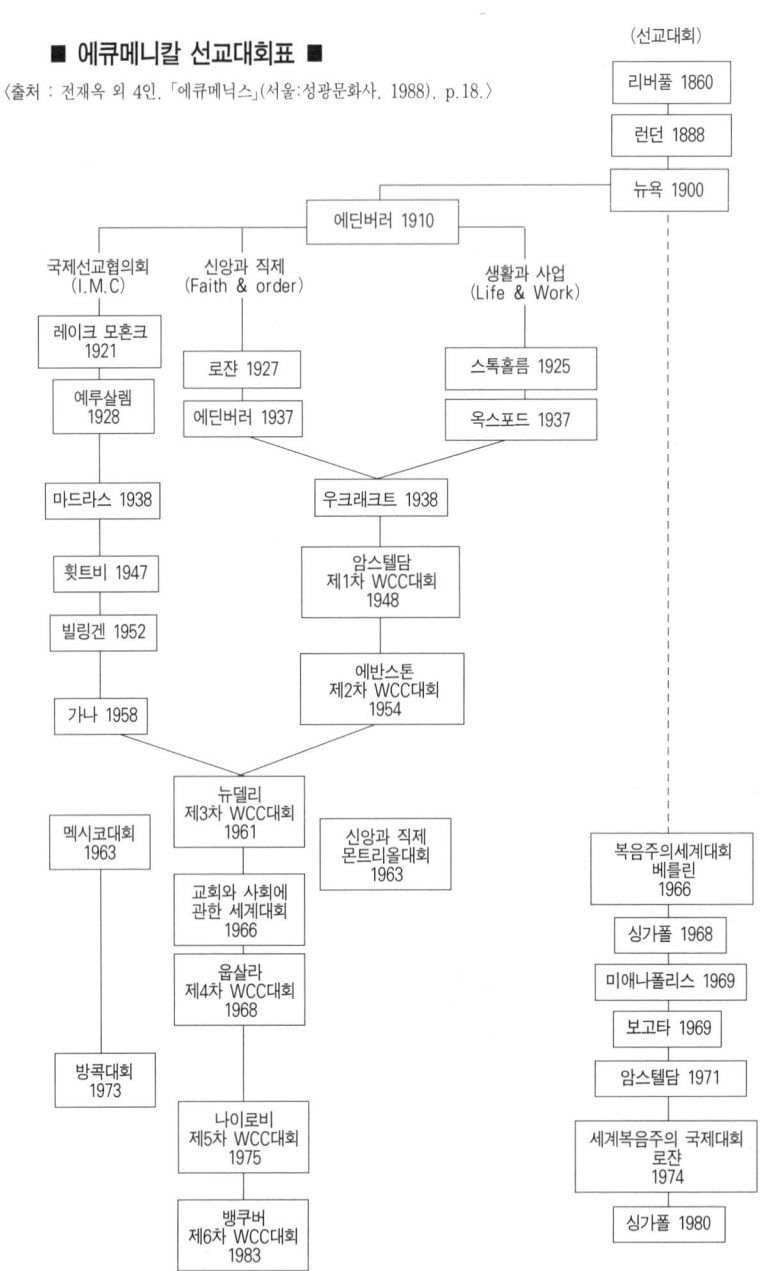

5) 한국의 에큐메니칼 운동 - 한국기독교교회협의회(K.N.C.C.)
    ① 창립
        가. 1964. 9. 3. 창립
        나. 장로회, 감리회, 성결교, 구세군, 그리고 국내의 각선교부와 교회 기관들
    ② 목적
        가. 회원상호간의 경험과 사상을 교환하여 친선과 협조를 도모
        나. 그리스도의 교훈 안에서 전도사업과 봉사사업을 증진
        다. 전체적인 기독교 연합운동 도모
(3) 대표적인 연합조직
    1) 복음주의자 연합회(N.A.E. ; 1941) : 미국의 복음주의 교단의 연합
    2) 개혁주의 연합회(R.E.S. ; 1946) : 개혁교회의 연합체
    3) 세계교회협의회(W.C.C. ; 1948) : 연합지상주의에 입각한 최대의 연합조직
    4) 국제기독교협의회(I.C.C.C. ; 1948) : 근본주의적 신학에 기초한 연합운동으로 W.C.C.에 대항하는 그룹
    5) 세계개신교연맹(W.A.R.C.)

**14. W.C.C.** (기독교의 가견적이며 조직적인 통합을 이루는 것-연합지상주의)

(1) W.C.C.
    1) 발단
        ① 1910년 세계 선교사회의가 주 태동의 원인
        ② World Missionary Movement 와 Life and Work Movement의 일환으로 모인 것이 그 뿌리임
    2) 정의 : '한 세계의 하나의 교회'라는 슬로건으로 출발한 기독교 최대의 연합체
(2) W.C.C.의 출범
    1) I.M.C.의 회의들에서 출발
        ① 1927년 제1차 신앙과 질서회의 (로잔)
        ② 1937년 제2차 생활과 사업회의 (스톡홀름)/W.C.C.창립안 제안

③ 두 회의가 연합하여 출발
2) W.C.C.의 출범
① 1938년 두 회의 대표자들은 W.C.C. 창립준비위원회 구성(우트레히트)
② 1948년 창립(화란 암스텔담)
3) I.M.C.도 제3차 대회 때에 귀속됨
4) 1971년 세계 기독교 교육협의회와 통합
(3) W.C.C.의 헌장(목적)
1) 그리스도 안에 예배와 공동생활을 통해 표현되는 같은 신앙과 같은 성만찬 잔을 나누는데 모든 교회가 하나이며 통일성을 가지고 있음을 볼 수 있게 하며, 온 세계가 믿을 수 있도록 이 통일성을 더 향상시킬 것.
2) 교회가 처한 곳곳에서 교회의 공통적인 증거를 보다 잘 알 수 있게 뒷받침을 할 것.
3) 교회의 세계적인 선교와 복음전도를 지원할 것
4) 인간의 요구들을 채우기 위해 봉사하는일, 국민과 국민 사이에 장벽을 부수는 일, 그리고 정의와 평화를 인류 가정생활에서 조장하는 일에 댜나 교회의 공통적 관심을 표현할 것
5) 교회의 통일성과 예배와 선교, 봉사를 새롭게 하는 일을 돌볼 것
6) 각국의 N.C.C.들과 지역별로 조직된 교회협의회, 교파 단위의 세계 연맹들, 그 밖의 에큐메니칼 단체들과 긴밀한 관계를 유지할 것
7) 신앙과 직제(Faith and Work)위원회, 생활과 사업(Life and Work), 국제 선교협의회 및 세계 기독교 교육협의회 사업들을 실천해 갈 것이다.
(4) 구성기구
1) 스위스 제네바 본부에 14개 분과위원회 약 300여명의 직원
2) 7명의 의장단과 158명의 중앙위원회, 각 분과위원회, 사무국
3) 100개국 이상 311개 교파가 참여
(5) W.C.C.의 회의

1) W.C.C.의 회의의 개관

| 구분 | 장소 | 일시 | 참가 | 표 어 | 특징 |
|---|---|---|---|---|---|
| 1차 | 암스텔담 (Amsterdam) | 1948. 8.22 | 43개국 147개 교단 350명 | 인간의 무질서와 하나님의 계획 (Man's Disorder and God's Design) | 에큐메니 칼리즘 |
| 2차 | 에반스턴(Evanston, Illinois) | 1954 | 54개국 179개 교단 520명 | 세계의 소망이신 그리스도 (Jesus Chrit, the Hope of the World) | 선교적 교회론 |
| 3차 | 뉴델리 (New Delhi, India) | 1961. 11 | 198개 교단 | 세상의 빛이신 예수 그리스도 (Jesus Christ, the Light of the World) | 세속적 교회론 |
| 4차 | 웁살라 (Uppsala) | 1968 | 235개 교단 904명 | 보라, 내가 만물을 새롭게 하노라 (Behold, I Make All Things New) | 정치적 교회론 |
| 5차 | 나이로비 (Nairobi, Kenya) | 1975. 11.23 -12.10 | 286개 교단 747명 | 자유와 연합이신 예수 그리스도 (Jesus Christ, Free and Unity) | 종말론적 교회론 |
| 6차 | 뱅쿠우버 (Vancouver, Canada) | 1983 | 930명 | 세상의 생명이신 예수 그리스도 (Jesus Christ, the Life of the World) | 성서적 교회론 |
| 7차 | 캔버라 (Cenbera, Austreilia) | 1991 | 317개 교단 | 오소서 성령이여, 만물을 새롭게 하소서 (Come, Holy Spirit, Renew the Whole Creation) | 성령론 |

2) 주요 결의내용
　① 제1차 1차 회의
　　　가. W.C.C.구성 결의
　　　나. 책임사회와 인간권리 및 종교적 자유에 대한 기본적인 성명서 채택
　　　다. 전쟁, 분열, 굶주림, 절망은 하나님의 심판이다
　　　라. 온 세상에 복음을 증거해야 한다
　　　마. 교회와 사회의 관계에 대한 토의
　　　　　제1분과 / 교회의 본질-살아계신 그리스도가 그를 증거할 증인들의 모임

제2분과 / 하나님의 계획에 대한 교회의 증언-교회의 공동과
업은 복음전파와 사회봉사이다.
제3분과 / 교회와 사회의 부조화-책임있는 사회건설
제4분과 / 교회와 국제적 부조화-독재와 제국주의를 물리치고
기본적인 인권과 종교적 자유를 위해 모든 노력을 기울여
야 한다.
② 제2차 회의
　가. 식민주의에 대한 비판과 인종차별의 문제를 제기
　나. 개발도상 국가에 대한 관심
　다. 인종문제에 대한 크리스챤의 자세, 분단된 세계에서의 공동적
　　인 삶에 관한 성명서 채택
　라. 교회의 소유만 주장하고 분열하는 것은 죄악이다
　마. 6개분과로 나누어서 토론
　　제1분과 / 교회의 분열을 비판하고 교회의 연합에 대한 토론
　　제2분과 / 교회 밖을 향한 교회의 선교-선교에 있어서 평신도
　　　역할 강조
　　제3분과 / 책임있는 사회-현존하는 모든 사회의 질서에 대한
　　　기준 설립
　　제4분과 / 세계 공동체를 위한 그리스도인의 투쟁
　　제5분과 / 인종적, 종족적 긴장 가운데 있는 교회-평화와 정
　　　의구현을 도모
　　제6분과 / 평신도와 직업에 관한 것
③ 제3차 회의
　가. 제3세계의 다음 사항에 촛점
　　1. 정치적인 독립과 민족주의
　　2. 산업 및 도시개발
　　3. 시골 및 농촌생활
　나. 러시아정교회와 희랍정교회의 가입-용공세력의 강화
　다. 그리스도의 독특성 견지 : 범종교주의 암시
　라. 봉사적 과업으로 혁명에 대한 기독교회의 지도 필요성 역설
　마. 교회의 연합으로 가견적 교회 모색
　바. I.M.C.와 통합

④ 제4차 회의
　가. 4대 주제(인종차별, 평화, 사회정의, 제3세계 발전)로 토의
　나. 선교의 갱신 : Missio Dei에 참여함이 선교이다
　다. 익명의 그리스도를 주장하면서 타종교와의 대화 모색
　라. 보편적 진리를 주장하므로 기독교의 유일성을 거부
　마. 혁명적 폭력원칙을 옹호-남아공의 게릴라 등에게 자금제공
⑤ 제5차 회의
　가. 16명의 천주교 및 불교, 힌두교, 모슬렘, 유대교 대표가 옵서
　　　버로 참석
　나. 나이로비보다 더 강력한 변화와 혁명에 중심을 둠-해방신학의
　　　승리
　다. 소련의 인권문제를 구체적으로 거론하면서 인권문제에 대하여
　　　강한 도전
　라. 영적 수직적 차원 강조
⑥ 제6차 회의
　가. 인종차별 투쟁 사업을 계속 강화
　나. 이교적이며 비기독교적인 종교의 영향으로 8개의 이슈로 토의
　　　1. 분열된 세상 속의 복음의 증거 : 예배의 중요성 언급
　　　2. 일치에로의 전진 : 성만찬적 비젼에서 일치 모색
　다. 핵전쟁의 위협에 대응하여 평화와 잔존의 문제
　라. 여성의 문제
⑦ 제7차 회의
　가. 4개의 소주제로 나누어 토의
　　　1. 생명을 주시는 성령
　　　2. 진리의 성령
　　　3. 하나되게 하시는 성령
　　　4. 변화시키고 정화시키는 성령
　나. 걸프전의 종식호소
　다. 호주 원주민의 박해 및 인종차별 문제
　라. 이화여대 정현경 교수의 주제 발표
　마. 중국교회 및 6개 교단 추가 가입

(6) W.C.C. 운동
  1) 정치문제
    ① 암스텔담 총회/교회는 정치적 정당과 일치될 수 없다.
    ② 에반스톤 총회/국가는 정의의 봉사자이다.
  2) 사회정의
    ① 정의는 메시야적 범주에 속한다.
    ② 정의는 사랑의 역사적인 형체이고, 제2의 형체이다.
    ③ 정의와 사랑은 분리될 수 없다.
  3) 일치운동
    ① 한 하나님, 한 그리스도, 한 성령, 한 교회를 믿는 기독교인들은 교파, 문화, 민족, 국가, 인종, 계층, 계급에 의하여 분열된 세계에서 하나가 되어야 한다.
    ② 일치 운동은 W.C.C.의 지상과제이다.
    ③ 1982년 페루 리마에서 세례, 성찬, 교역 (Baptism, Eucharist and Ministry)이라는 공동합의문서 작성
  4) 인종차별 반대
    ① 창립부터 인종문제를 중요한 문제로 인식
    ② 인종차별주의에 대응하는 프로그램 (Program to Combat Racism)에서 수행
  5) 가난한 사람들에 대한 관심
    ① 개발문제에 대한 교회의 참여 진흥
    ② 경제개발, 경제 성장을 위한 교육사업, 모범사업, 지원사업
    ③ 농민, 근로자, 도시 빈민을 위한 선교사업
    ④ 교회와 개발위원회, 도시농촌 산업선교부에서 수행
  6) 인권과 세계 평화에 대한 관심
    ① 하나님의 형상대로 피조된 인간의 존엄성 향유토록 하고 있다.
    ② 군비축소문제, 군국주의, 국제분쟁사태, 걸프전에 대하여 의견표명
    ③ 핵의 전면적인 반대의 입장
    ④ 교회 국제문제위원회에서 수행
(7) W.C.C.의 세 가지 성격
    ① 조직적 일치운동으로서 "신앙과 직제" (Faith and Order)
    ② 사회 참여를 향한 "생활과 사업" (Life and Work)

③ 세계 선교를 향한 "국제선교협회"(International Mission Council)
(8) W.C.C.의 Ecumenism
    1) 신학적 자유주의 및 혼합주의를 면치 못했다.
        ① 로마 카톨릭교회, 헬라정교회, 유니테리언 교회까지 가입케 함
        ② 불교, 힌두교, 유대교, 이슬람교 등과 함께 예배의식을 가짐
        ③ 선교지의 토착종교와 조화 및 교류를 꾀함
        ④ 비기독교적인 문화권과 연합을 모색하며 그를 위해 포괄적인 신앙과 신학을 주장
    2) 구령사업보다 사회 참여를 더 강조
        ① 사회적 기독교 형성을 지향
        ② 평화유지, 인권보장, 정의확립, 환경보존 등을 복음, 영혼구원보다 비중있게 다룸
        ③ 한때 반정부 게릴라들에게 헌금을 지원하는 등 적극적인 사회운동에 관여
        ④ 복음의 현실성만을 강조하며 사회, 정치, 국가 문제, 내정에 관여
    3) 복음적인 면보다 성례전적인 면에 치중하는 결과
        ① 교회의 통일성만을 지나치게 강조한 나머지 복음보다 성례전에 치중
        ② 말씀에의 순종보다 성찬에의 공동체적인 참여에 큰 의미를 부여
(9) W.C.C.의 의의
    1) 봉사를 중심으로 전 세계적 교회 연합을 이룬다는데 의의가 있다.
    2) 교리와 봉사의 구분이 명확치 않으므로 혼합절충주의적 진리가 탄생
    3) 목적이 수단을 정당화 - 극단주의적 행동주의로 발전
(10) W.C.C.와 칼빈주의의 차이점
    1) 칼빈주의 5대 교리를 부인한 적은 없으나 전체적인 사상에서 부인하고 있다.
    2) 본질적인 교리의 상이한 해석을 허용함으로 기독교 신앙의 본질을 왜곡
    3) 유일한 종교가 아니라 범종교적인 경향이 있다.
    4) 익명의 그리스도를 주장하므로 기독교의 유일성을 거부한다.
    5) 보편적 주님을 주장함으로 기독교가 유일한 종교가 아님을 천명함
    6) 실제적으로 종교개혁을 무시

7) 선교의 강조
   8) 로마 카톨릭교회와의 타협을 중시한다.
   9) 현대주의와 공산주의, 신정통주의와 타협하려 한다.
(11) W.C.C.의 이단성
   1) 교리적 포용주의
   2) 종교개혁 경시
   3) 마침내 배교할 기미가 뚜렷히 보이기 때문
   4) I.C.C.C.의 W.C.C.에 대한 공격
      ① 이미 성령이 계시지 않은 사탄의 기관이다.
      ② 현대의 바벨탑 운동이다.
(12) 한국교회와 W.C.C.
   1) K.N.C.C.의 발전
      ① 48년 W.C.C. 창립총회에 장로회 총무인 김관식 박사 참가
      ② 50년 6. 25.로 남궁혁 총무의 납치 - 와해 상태
         가. 51. 9. 5. 제5차 총회시 전시 비상사태시 선출했던 유호준 목사를 총무로 추인
         나. 53. 9. 24. 서울로 복귀하여 기독교서회에서 업무 계속
      ③ 기독교 장로회의 가입
         가. 53년 W.C.C. 지지 성명
         나. 54. 8. 에반스톤 총회에서 정식으로 가입
      ④ 70년 K.N.C.C.를 "한국 기독교 교회 협의회"로 개칭
   2) 사회운동 참여
      ① 72. 11. 유신 반대
      ② 73. 5. 한국 교인 신앙선언 발표
      ③ 76. 3. 구국선언문 발표

## 현대교회사 연구를 위한 참고문헌 목록

Abbott, Walter M., Ed. *The Documents of Vatican II.* New York : Guild Press, 1966.
Altizer, Thomas. *The Gospel of Christian Atheism.* Philadelphia : The Westminster Press, 1966.
Baker, Robert A. *The Baptist March in History.* Nashville: Convention Press Cole, Edward B. The Baptist Heritage. Elgin,Ill: David C. Cook Pub., 1976.
Bainton, R. *Women of the Reformation from Spain to Scandinavia.* Boston : Beacon Press, 1974.
Barth, K. *Die Kirchliche Dogmatik. I-IV.* Zurich : Theologicher Verlagm 1967-1981.
------. *Church Dogmatics.* 4Vols. Edinburgh : T. & T. Clark, 1975.
------. *The Epistles to the Romans.* Oxford : Oxford University Press, 1933.
------. 「복음주의 신학입문」. 이형기역. 서울 : 크리스챤다이제스트, 1990.
Berkouwer, G. C. *The Second Vatican Council and the New Catholicism.* Grand Rapids : Wm. B. Eerdmans, 1965.
Bonhoeffer, Dietrich. *The Cost of Discipleship.* New York : Collier Books, 1961.
Brinton, Crane. *The Shaping of the Morden Mind.* New York : The New American Library, 1953.
Brown, Delwin, James, Jr., E. Ralph, Reeves, Gene ed. *Process Philosophy and Christian Thought.* Indianapolis : Bobbs-Merrill, 1971.
Brown, Robert McAfee. *The Ecumenical Revolution.* Gaeden City : Wm. B. Eerdmans, 1978.
Bultmann, Rudolf. *Jesus Christ and Mythology.* New York : Charles Scribner's Sons, 1958.
------. *Kerygma and Myth* : Vol II. Hans Werner Bartsch,ed. New York : Harper and Row, 1961.
Burtner, Robert W. & Robert E. Chiles. *John Wesley's Theology.*

Nashville : Abingdon Press, 1954.
Cairns, Earle E. *The Christian in Society*. Chicago : Moody Press, 1960.
Chadwick, Owen. *The Secularization of the European Mind in the Nineteenth Century*. Cambridge : Cambridge University Press, 1975.
Church, R. W. *The Oxford Movement*. Chicago : University of Chicago Press, 1970.
Coutts, General Frederick. 「구세군 발전사」. 권성오역. 서울 : 대한기독교출판사, 1981.
Cox, Harvey. *The Secular City*. London : SCM Press, 1956.
Crystal, William G. 「청년, 나인홀드 니이버」. 안영혁역. 서울 : 엠마오, 1992.
Culmann, O. 「그리스도와 시간」. 김근수역. 서울 : 솔로몬말씀사, 1987.
Detzler, Wayne A. *The Changing Church in Europe*. Grand Rapids : Zondervan, 1979.
Drewery, Mary. *William Carey : Shoemaker and Missionary*. London : Hodder and Stoughton, 1978.
Fletcher, Joseph. *Situation Ethics : The New Morality*. Philadelphia : Westminster Press, nd.
Ford, Davis F. Ed. *The Mordern Theologicns*. 2Vols. New York : Basil Blackwell, 1989.
Gonzalez, Justo L. 「근대교회사」. 서영일역. 서울 : 은성, 1987.
------. 「기독교 사상사(상,중,하)」. 이형기, 차종순역, 서울 : 대한예수교장로회 총회출판국, 1988.
Geen, V. H. H. *John Wesley*. London : Nelson, 1964.
Gutierez, G. 「해방신학」. 허병성역. 서울 : 매래사, 1986.
Hardon, John A. *Christianity in the Twentieth Century*. Garden City : Doubleday & Company Inc., 1971.
Heron, James. 「청교도 역사」. 박영호역. 서울 : 기독교문서선교회, 1982.
Hoffecker, W. Andrew. 「프린스톤 신학사상」. 홍치모역. 서울 : 한국로고스연구원, 1991.
Hogg, William Richey. *Ecumenical Foundation*. New York : Harper & Brothers Pub., 1952.

Hudson, Winthrop S. *American Protrstnatism*. Chacago : Thw University of Chicago Press, 1961.
------. *The Great Tradition of the American Churches.*. New York : Harper & Brothers, 1953.
Hurley, J. *Man and Woman in Biblical Perspective*. Grand Rapids : Eerdmans, 1975.
Huxley, Elspeth. *Livingstone and His African Journey*. New York : Saturday Review Press, 1974.
Keysor, Charles W. *Our Methodist Heritage*. Elgin,Ill : David C. Cook Pub., 1976.
Kirk, J. Andrew. *Theology & the Third World Church*. Donerws Grove : IVP, 1983.
Kuiper, B. K. *The Church in History*. Grand Rapids : Wm. B. Eerdmans Pub. Co., 1978.
Kung, Hans. *Freud and the Problem of God*. New Heaven : Yale University Press, 1979.
Latourette, Kenneth. 「기독교사(상,중,하)」. 윤두혁역. 서울 : 생명의 말씀사, 1983.
Levine, Lawrence W. *Defender of the Faith*. New York : Oxford, 1965.
Livingstone, James C. *Mordern Christian Thought*. New York : McMillan Pub. Co., 1971.
Lloyd-Jones, D. M. 「청교도 신앙-그 기원과 계승자들」. 서문강역. 서울 : 생명의 말씀사, 1990.
Mackay, John A. 「에큐메닉스:세계교회운동원론」. 민경배역. 서울 : 대한기독교서회, 1966.
Macquarrie, John. 「20세기 종교사상」. 한승홍역. 서울 : 나눔사, 1989.
Marsden, George M. *Foundamentalism and American Culture*. Oxford : Oxford University Press, 1982.
------. 「미국의 근본주의와 복음주의 이해」. 홍치모역. 서울 : 성광문화사, 1992.
McLoughlin, William G. *Isaac Backus and the American Pietistic Tradition*. Boston : Little, Brown and Co., 1967.
McNeill, John. *Mordern Christian Movement*. New York : Harper &

Row, 1954.
Moltmann, Jurgen. 「희망의 신학」. 전경연, 박봉랑역. 서울 : 대한기독교출판사, 1982.
Moorman, John R. Humpidge. *A History of the Church in England*. Wilton : Morehouse Barlow, 1967.
Morgan, Edmund S. *Visible Saints : The History of Puritan Idea*. Ithaxa : Cornell Press, 1963.
Neill, Stephen. *A History of the Christian Missions*. Middlesex : Penguin Books Ltd., 1964.
------. *The Christian Society*. New York : Harper & Brothers, 1952.
------ Ed. *Twentieth Century Christianity*. Garden City : Doubleday & Company Inc., 1963.
Niebuhr, H. Richard. *The Kingdom of God in America*. New York : Harper & Brothers, 1937.
Noll, Mark A. ed. *The Princeton Theology 1812-1921*. Grand Rapids : Baker Book House, 1983.
Praamsma, L. 「20세기의 교회」. 박종칠역. 서울 : 개혁주의 신행협회, 1985.
Pranz, A. 「교회사」. 최석우역. 서울 : 분도출판사, 1982.
Robinson, John A. T. *Honest to God*. London : SCM Press, 1963.
Sandeen, Ernest R. *The Roots of Fundamentalism*. Chicago : University of Chicago Press, 1970.
Seeberg, R. 「기독교 교리사(중,근세편)」. 김영배역. 서울 : 엠마오, 1982.
Troeltsch, Ernst. *Historical Protestnatism : An Historical Introduction to Protestant Theology*. Englewood Cliffs : Prentice-Hall, Inc., 1971.
Wells, David F. *Reformed Theology in America : History of Its Modern Development*. Grand Rapids : Wm. B. Eerdmans Pub., 1985.
------. 「프린스톤 신학」. 박용규역. 서울 : 엠마오, 1992.
------. 「웨스트민스터 신학과 화란 개혁주의」. 박용규역. 서울 : 엠마오, 1992.
------. 「남부 개혁주의 전통과 신정통신학」. 박용규역. 서울 : 엠마오, 1992.
Van-Til, Conellius. *The Defense of the Faith*. Phillipsburg : Presbyterian and Reformed Pub. Co., 1980.
Witherow, Thomas. 「장로교회의 성경적 근거」. 이국진역. 서울 : 아가페문화

사, 1991.
Woodbrige, John, Mark Noll & Nathan Hatch. 「기독교와 미국」. 박용규 역. 서울 : 엠마오, 1992.
간하배. 「현대신학 해설」. 서울 : 성광문화사, 1975.
김경재. 「폴 틸리히」. 서울 : 대한기독교서회, 1970.
김광채. 「근대.현대교회사」. 서울 : 기독교문서선교회, 1990.
김동욱 편. 「포스트모더니즘의 이해」. 서울 : 문학과 지성사, 1990.
김영한. 「바르트에서 몰트만까지」. 서울 : 대한기독교출판사, 1982.
김의환. 「기독교회사」. 서울 : 성광문화사, 1982.
나용화. 「민중신학 평가」. 서울 : 기독교문서선교회, 1987.
맹용길. 「현대신학사상」. 서울 : 대한기독교출판사, 1984.
민병소. 「기독교 종파운동사」. 서울 : 성광문화사, 1987.
박기민. 「외래 신흥종교 연구」. 부산 : 혜림사, 1986.
박아론. 「현대신학연구」. 서울 : 기독교문서선교회, 1989.
박영관. 「이단종파비판」. 전2권. 서울 : 예수교문서선서회, 1979, 1984.
서남동. 「민중신학 탐구」. 서울 : 한길사, 1983.
안병무. 「민중신학 이야기」. 서울 : 한국신학연구소, 1990.
이화선. 「민중신학 비판」. 서울 : 성광문화사, 1989.
NCC신학연구위원회 편. 「민중과 한국신학」. 서울 : 한국신학연구소, 1982.
전재옥 외3인. 「에큐메닉스 : 선교와 교회 일치」. 서울 : 성광문화사, 1988.
정성구. 「칼빈주의 연구」. 서울 : 한국칼빈주의연구원, 1992.
한국복음주의 신학회 편. 「성경과 신학 : 한국교회와 이단」. 제12권. 서울 : 기독지혜사, 1992.
한국기독교사회문제연구원편. 「정의, 평화, 창조질서 보존 세계대회 자료집」. 서울 : 한국기독교사 회문제연구원, 1990.
Lausane Covenant. 조종남역. 서울 : 생명의 말씀사, 1986.
「제2차 바티칸공의회 문헌」. 서울 : 한국천주교 중앙협의회, 1969.

# 제 4 부 · 장로교회사

# 제 1 장
# 장로교회의 조직

## 1. 장로교회의 조직

(1) 장로교회의 원류
  1) 장로교회의 원류는 만인제사설에 입각한 의회정치의 개념에 근간을 두고 있다.
  2) 이는 초대교회에서 주장된 것이며 종교개혁의 정신을 가장 잘 반영하고 있는 교회 제도이다.
  3) 장로회(Presbytery)란 말이 영어로 문자화된 계기
    ① 최초로 1573년 런던의 산디스 감독이 쮜리히(Zurich)에 있는 불링거에게 쓴 글에서 나타남
    ② 1610년 린(Rhine) 대회에서 "회중과 노회"란 말이 사용됨
  4) 장로회수의란 말은 1644년 길레스피(George Gillespie)가 낮고소(Recriminations)에서 특별노회(Particular Presbyteries)와 고전적 노회(Classical Presbyteries)라는 말을 제네바 예식서의 교회재판소(Consistory)에다 적용시켰다.
(2) 장로교회의 조직
  1) 당회(Kirk-Session)
    ① 스코틀랜드 스타일로서 장로교회에서 가장 하위의 행정기구
    ② 개교회에 국한한 교회의 입법과 사법과 행정을 관장하는 기구

③ 안수를 받고 취임한 목사와 치리권(Ruling Eldership)을 가진 장로들로 구성
④ 당회원은 종신직분이 아니라(유럽 1년, 미국 3년) 휴직 중일 때나 재선을 받지 못할 때 당회원이 될 수 없다.
⑤ 당회의 사회 즉 당회장은 반드시 목사가 되어야 한다.
2) 노회(Presbyterian)
① 장로교회의 모든 행정체제의 원천
② 해당 지역 내에 있는 모든 목사들과 개교회에서 치리권을 가진 총대 장로들로 구성
③ 통상 6개월에 한번씩 모인다.
3) 대회(Synod)
① 노회의 상회기관으로서 프랑스 장로교회에서 유래되었다.
② 노회는 5개 이상교회로, 대회는 3개 이상 노회로 구성하는 것이 세계적인 관례이다.
③ 대회는 통상 6개월에 한번씩 모인다.
4) 총회(The General Assembly)
① 장로교회의 최고의 상회로서 전교회의 재판소로 대표함
② 교회의 신앙문제에 대한 최고의 해결권을 보유
③ 총회는 장로교회가 발전함에 따른 하나의 의결기관이지 다른 특권이 없음
(3) 웨스트민스터 신앙고백서에서의 장로교회 정치기구
1) 교회직원
2) 목사(Pastor)
3) 교사 또는 박사(Teacher or Doctor)
4) 다른 관리자(Other Church-Governors)
5) 집사(Deacon)

## 2. 역사상 장로교의 조직

(1) 역사상 최초의 장로교 노회의 조직
1) 1555년 세계에서 최초의 장로교회를 프랑스에서 조직
2) 제네바의 모델을 따라 장로와 집사를 선출하고 소요리문답서를 채택

(2) 첫번째 장로회 대회(Synod) : 첫번째 국가적 대회(National Synod)
　　1) 일시 : 1559년 5월 25일
　　2) 장소 : 극비리에 프랑스 빠리에 있는 성 겔마인(St. Germain)집에서
　　3) 모인 수 : 15개 교회
　　4) 프랑스 교회를 위한 신앙고백(信仰告白)과 훈련교서(訓練敎書)를 내놓음
(3) 최초의 장로교 총회
　　1) 1560년 12월 20일 스코틀랜드 장로교회
　　2) 40명의 회원이 모임(목사는 6명뿐)

### 3. 장로교회의 신조들

(1) 사도신경(The Apostles' Creed)
(2) 니케아 신조(Nicea Creed)
　　1) 325년 니케아 회의에서 작성되었다고 하지만
　　2) 381년 콘스탄티노플 회의에서 작성되었다.
　　3) 니케아 신조의 골자
　　　　그리스도는 완전한 하나님(아리우스 반대)이시며, 완전한 인간(아폴리나리스 반대)이심을 확증
(3) 스코틀랜드 신앙고백서(Scots Confession)
　　1) 1560년 8월 스코틀랜드 국회에서 만장일치로 결의한 고백서
　　2) 죤 낙스(John Knox)를 비롯하여 6인의 죤(John)이 작성
　　3) 프랑스와 프랑크푸르트, 제네바에서 형성된 각종 신앙고백서를 참조하여 작성
　　4) 1559년 파리에서 통과된 프랑스 고백서가 결정적인 영향을 줌
　　5) 1560년 채용은 하였으나 메리(Mary)여왕이 승인을 하지 않음으로 그가 폐위될 때까지 공식적인 신앙고백서가 되지 못했다.
　　6) 웨스트민스터 신앙고백서(1647년)까지는 가장 권위있는 신앙고백서
(4) 스위스 신앙고백서(Helvetic Confession)
　　1) 제1 스위스 신앙고백서 : 1536년 루터(Luther)와 쯔빙글리파(Zwingli)가 칼빈주의(Calvinism)가 전파되기 전에 화해를 시도하는 의미에서 이루어진 것
　　2) 제2 스위스 고백서는 칼빈주의가 전파된 후에 작성

3) 원래는 1561년 쮜리히(Zurich)의 쯔빙글리의 후계자 하인리히 불링거(Heinrich Bullinger)의 개인적인 신앙고백이었음
4) 1566년 3월 12일 프레드릭 3세(Frederick III)가 자기의 개혁신앙을 정돈하기 위해 불링거의 고백서를 일부분 수정하여 공인 출판
5) 스코틀랜드 신앙고백서와 유사점을 가지고 있으며 웨스트민스터 신앙고백서의 결핍보다 정밀성을 가지고 있다.

(5) 웨스트민스터 신앙고백서(The Westminster Confession of Faith)
  1) 웨스트민스터 총회(1643.7.1-1649.2.22)에서 3년간(1643-46) 작성
  2) 칼빈 사상의 대표적인 신앙고백서로 모든 장로교회의 표준문서가 됨

(6) 미국 장로교회의 웨스트민스터 신앙고백서 수정 일지

| 구 분 | 연 도 | 수 정 내 용 |
|---|---|---|
| 1차 | 1788 | • 1903년 신앙고백에 대한 6개 안을 수정하고 3개의 장을 추가함 |
| 2차 | 1904 | • 성령에 관하여(Of the Holy Spirot)<br>• 선언문(Declaration Statement)<br>• 하나님의 사랑과 선교에 관하여(Of the Love of God and Mission)<br>• 모든 인류에 대한 하나님의 사랑과 유아로 죽은 모든 사람의 구원을 확인하는 내용 |
| 3차 | 1967 | • 기독론적으로 고침<br>• 성경무오와 권위를 제거<br>• 수직적인 면보다는 수평적인 면을 강조<br>• 윤리와 도덕을 강조<br>• 하나님의 사랑과 화해를 강조 |

## 제 2 장
## 종교개혁과 장로교회

### 1. 장로교회의 실질적인 훈련장 스위스 장로교회

(1) 칼빈과 장로교회
  1) 칼빈의 개혁운동
    ① 칼빈과 장로교회는 밀접한 관계가 있을 뿐만 아니라 세계교회에 지대한 영향을 끼친 사람
    ② 1536. 7 스트라스부르그로 가는 도중 화렐(W. Farel)을 만나 제네바에서 계속 개혁사업을 함
    ③ 1537년 급격한 개혁의 역반응으로 추방되어 스트라스버그에서 3년간 이민자들의 목회를 하면서 집필
    ④ 1541년 제네바로 귀환 초청을 받아 종교개혁을 지도(23년간)
    ⑤ 그러나 칼빈은 장로교회의 창시자는 아니다.
  2) 칼빈의 장로회 정치제도의 정의
    ① 칼빈은 딤전4:14에 나오는 프레스부테리온($\pi\rho\epsilon\sigma\beta\upsilon\tau\epsilon\rho\iota o\nu$)과 고전5:4의 프레스부테리움(Presbyterium) 또는 콜레기움(Colleuium) 세니오룸(Seniorum)의 역할이 초대교회에서 가장 큰 비중을 차지했다고 하였다.
    ② 칼빈의 "1537년 신조"(Articles of 1537)과 1541년의 "교회 예식서"(ecclesiastical ordinance)에서 장로직의 태아를 발견케 한

다.
3) 칼빈의 장로회주의의 시도
① 제네바에 있는 모든 목사들과 시정장관에 의하여 선출된 12장로들과 함께 제네바시와 교회를 다스리는 협의체를 만들었다.
② 스트라스부르그에서 부커를 만난 이후 교회 직분을 4종류로 보고 목사(pastor), 교사(teacher), 장로(elder), 집사(deacon)로 못 박고 명확하게 정의하였다.
(2) 칼빈의 제네바 개혁운동
1) 개혁 전의 정치 조직
① 제네바시는 자치권이 있었다.
② 시정은 평의회, 200인회, 시민총회에 의하여 지배되고 있었다.
2) 개혁운동
① 1521년 루터의 저서로 동요, 32년에는 일반인의 동료가 일기 시작
② 파렐의 개혁운동의 성공으로 제네바 개혁당에게 힘과 자극을 줌
③ 칼빈은 3인의 목사 중 한사람으로 급속한 개혁을 시도
④ 200인 의회는 미사금지.
3) 개혁의 내용
① 교회법 제정
가. 교회정치: 감독없이 국가의 지배를 받지 않는다.
나. 교회의 직원
1. 목사(목사회 선정, 시 의회부에 회부, 교회의 동의) : 성경해석과 설교담당가 장로 : 정치 담당
2. 집사 : 재정담당
3. 교사 : 신학교수와 시의 종교교육 담당
다. 교인: 전 시민으로 신앙고백을 하여야 한다.
② 평의회 조직
가. 목사 5인, 장로 12인으로 조직
나. 주로 풍속개량, 도덕 고취의 목적
다. 칼빈은 목사 회원이었으나 성경해설가로 특별한 지위를 가지고 있었다.
라. 교회는 추방권을 소유하고 형법상의 처분권이 없음
마. 교회에서 추방된 자는 일반 법정에서 형벌 관장하되 실제로는

평의회의 정하는대로 됨(1542-46까지 58명을 사형하고 78명을 추방함)
(4) 칼빈의 제네바 통치이념
   1) 역사적 시점에서 제네바에서 기독교적 이상을 현실적으로 실현하고자 했다.
   2) 교회와 국가의 상호 밀접한 관계를 협력을 촉진, 교회를 교회답게 만들기 위해 교회법을 조직 정비
   3) 시민에게 요리문답을 교육하고 사회를 위해 도덕을 강조하며 법질서를 회복시켰다.
   4) 종교적 교육을 위하여 제네바 대학을 설립
(3) 쯔빙글리(Ulrich Zwingli;1484-1531)와 스위스의 종교 개혁
   1) 칼빈과 함께 스위스의 종교 개혁자
   2) 루터와는 아무런 연락이 없이 거의 동시대에 종교 개혁에 착수
   3) 67개 조의 논조를 걸고 토론하여 시의회에서 통과, 1528년에는 베른에서도 다년간의 논쟁을 거쳐서 프로테스탄트의 승리를 가져오게 함
   4) 교회정치의 주권은 교회에 있다
   5) 교권의 배격과 민주헌법 주장
   6) 대회의 조직: 목사, 각 교회 대표 2명, 정부 대표 8명
(5) 평가
   1) 칼빈은 장로교회의 원류를 형성할 수 있는 사상적인 기반을 제공함
   2) 제네바는 칼빈의 이러한 사상적인 면을 실질적으로 적용, 시험을 함

## 2. 장로교회의 발상지 프랑스 장로교회

(1) 개혁자들
   1) 마가레트(Margart ; 프랑소와 1세의 누이)
     ① 신교도는 아니었고 개혁사상을 동정하고 보호함
     ② 1527년 나바르 왕과 결혼하여 그곳을 개혁자들의 은신처를 제공함
   2) 칼빈
     ① 프랑스에 거주하지 않았으나 여러 방면으로 지원
     ② 교회의 지도자들은 제네바에서 교육을 받은 자들로 1567년까지 120명의 목사를 파견

(2) 개혁을 위한 사건들
　　1) 위그노 사건 발생
　　　① 위그노 전쟁(1562-1570)
　　　② 예배의 자유와 평등의 권리가 허용
　　2) 성 바돌로매 축일 사건
　　　① 1572. 8. 24 가톨릭파의 위그노를 살해한 사건
　　　② 신교의 세력이 크게 약화되어 전국 전반적인 개혁을 이루는데 실패
(3) 장로교회의 조직
　　1) 1555년 세계에서 최초의 장로교회를 조직
　　　① 프랑스 신교도들은 금식하고 22세의 르마콩(John le Macon)을 목사로 선출
　　　② 제네바의 모델을 따라 장로와 집사를 선출하고 소요리문답서를 채택
　　2) 첫번째 장로회 대회(Synod) : 첫번째 국가적 대회(National Synod)
　　　① 일시 : 1559년 5월 25일
　　　② 장소 : 극비리에 빠리에 있는 성 겔마인(St. Germain)집에서 열림
　　　③ 모인 수 : 15개 교회
　　　④ 업적 : 프랑스 교회를 위한 신앙고백(信仰告白)과 훈련교서(訓練敎書)를 내놓음(찬듀 목사가 초안한 것으로 Confessio Gallica라 불리움)
　　3) 로체레대회(Rochelle Synod : 1571년)
　　　① 의장 : 칼빈의 제자인 베자(Theodore Beza)
　　　② 참가 : 참석한 교회는 2,150여개 교회
　　　③ 참석자 : 나바레(Navare)의 여왕과 그녀의 아들 콘데의 왕자, 제독 콜리니(Coliny) 백작 등이 참석
　　4) 포이시대회(Poissy Synod)
　　　① 일시 : 1561년 9월 9일
　　　② 의주 : 신구교 대표자들이 동등한 입장으로 가진 모임
(4) 프랑스 장로교회의 영향
　　1) 빠리교회가 제네바교회보다 앞서 장로교적이었다.
　　2) 교회 법원이나 당회는 개교회가 임명한 대로 승인이 되는 것이었다.

3) 개교회 당회와 법원은 연례적으로 선출된 장로와 집사들에 의하여 구성
4) 스코틀랜드 장로교회의 헌장이 제네바보다 프랑스 장로교회 것을 따를 정도로 장로교회 형성에 결정적인 영향
(5) 프랑스교회가 가장 먼저 장로교 제도가 정착된 이유
프랑스교회가 로마교회와 국가, 양면에서 주는 십자가를 지는데서부터 보다 완전한 길을 택하고자 한 원인에 있었으며 강력한 대응책을 강구할 수 밖에 없는데서 대회나 총회의 권위를 가장 높게 둔 것으로 본다.
(6) 오늘의 프랑스 장로교회
1) 낭트칙령의 취소 후의 후유증
① 신교목사들은 15일 내로 프랑스를 떠나야 했다.
② 20년 후 심각한 신교 폭동이 세베네(Cevennes)에서 일어남
③ 그러나 40년 후 신교도들은 화란, 독일, 영국, 스위스, 미국으로 망명
2) 1789년 프랑스 혁명 이후
① 국민총회를 소집하여 모든 성직자들이 새로운 헌정에 서약을 강요받음
② 1792년 1월에는 공화국이 선언되고 1793년 1월에는 왕을 처형
③ 1792년 9월 23일을 기하여 달력을 변경
가. 7일제 주간(週間)은 10일제의 순간(旬間)으로 바뀌고
나. 한달을 30일로 하여 남은 5일을 공휴일로
그결과 교회가 18개월 동안 폐쇄되었다.
④ 오늘날에는 가톨릭이 성행하고 장로교인은 100만 안팎이다.

## 3. 장로교회의 조직적인 발전의 산파 스코틀랜드 장로교회

(1) 발단
1) 독립심이 강하여 영국의 지배를 꺼렸을 뿐아니라 프랑스 왕실과 혼인관계로 친밀한데 프랑스는 종교개혁 사상을 받아 들임으로 영향
2) 대학이 설립되기 이전 옥스퍼드에 유학한 학생들이 위클리프의 사상에 영향을 받았음

3) 학생들이 귀국할 때에 루터의 저술을 반입하여 개혁운동의 소개
　　4) 칼빈의 영향을 받아서 종교개혁이 활발
(2) 존 낙스(John Knox ; 1504-1572)의 개혁운동
　　1) 조오지 휘셔트를 1545년에 만남(그의 제자)
　　2) 영국교회의 에드워드 6세의 궁정목사가 됨
　　3) 1554년 메리여왕의 박해를 피해 제네바로 갔다가 거기에서 칼빈을 만남
　　4) 제네바에서 5년간 영국인 교회 목사로 시무
　　5) 1559년 5월 2일 귀국하여 개혁운동 실행
　　　① 주둔하고 있던 프랑스군을 영국군이 무찌르고 신교를 국교로 공인(1560)
　　　② 스코틀랜드 신앙고백서 작성(1560)
　　　③ 칼빈주의에 기초한 장로교회의 조직을 법제화(1561)
(3) 스코틀랜드 신앙고백서의 제정
　　1) 배경
　　　① 존 낙스는 귀국하여 설교자들을 보호하기 위해 모인 총회에서 설교
　　　② 설교도중 개혁자들은 법외자들로서 법의 보호를 받을 수 없다는 소식을 전해들음
　　　③ 다음 날 한 신부가 흥분된 군중 앞에서 미사집전을 시도하자 그들은 수도원을 부수고 들어가 약탈을 자행
　　　④ 이에 여왕의 섭정들이 이들을 진압하기 위해 공격하자 글렌케른(Glencairn)백작이 개혁자들을 위해 맞섬으로써 시민전쟁이 발발
　　　⑤ 1559년 10월 개혁자들이 에딘버러로 진군하여 의회를 소집하고 섭정을 퇴위시키고 잉글랜드와 조약을 체결
　　　⑥ 1560년 6월 여왕이 죽고 회중들이 스코틀랜드의 주인이 됨
　　2) 신앙고백서의 작성
　　　① 승리한 자들이 의회를 소집하여 다음의 사항을 모범을 제정할 것을 의뢰
　　　　가. 개혁교리와 훈련
　　　　나. 성례전의 집례
　　　　다. 교회 재산의 분배
　　　② 이에 4일만에 제정된 것이 바로 스코틀랜드 신앙고백서(Scots

Confession)이다.
③ 6일의 존(Knox, Spottiswood, Willock, Row, Douglas, Winarm)이 이를 담당
3) 내용
① 특징
가. 종교개혁의 근본적이고도 보편적인 진리를 포함
나. 사도들의 가르침, 니케아 신조 등을 포괄
② 주요교리들
가. 칼빈주의 5대교리의 채용
나. 진정한 교회란 하나님의 말씀과 성례전의 바른 선포와 집례, 교회적 훈련을 바르게 집행하는 것
다. 성경의 권위는 사람이나 천사가 아닌 오직 하나님으로부터 오는 것
4) 의의
① 장로교회의 제도적이고 고백적인 모습이 갖추어짐
② 칼빈주의에 기초한 장로교회의 조직을 법제화
③ 후대의 장로교의 신앙고백서의 기준문서가 됨
(4) 멜빌레의 장로회 제도 발전
1) 생애(Andrew Melville ; 1545-1622)
① 발도비(Baldovy)에서 출생하여 빠리에서 수학한 후 제네바에서 교수로서 활동
② 1574년 스코틀랜드에 귀국
③ 1575년 총회 총대가 되어 당시 감독제도냐 장로회 제도냐로 교회는 고민하고 있던 스코틀랜드 교회에 장로회주의 정착에 결정적인 공헌
④ 1582년 스코틀랜드 장로회 총회장
⑤ 여러차례 목숨에 위협을 가하였으나 개의치 않고 장로회주의를 주장하다가 세단(Sedan)에서 사망
2) 장로회주의에 공헌을 한 주장들
① 감독(Bishop)이란 교회의 모든 성도들을 돌보는 목사(Pastor)에게 속한 것이며 교회르 세우고 감찰하기 위해 형제들에 의해 선출된 목사(Minister)에게 적용된다고 주장

② 안수받은 목사는 하나님께로부터 성별받은 자로서 말씀 선포와 성례전 집행과 결혼 주례와 영적으로 문제있는 자를 돌보는 일을 한다.
　　　③ 장로는 교인을 돌보며, 연례적으로 선출되어야 하며, 교회 행정에 있어서 평신도의 대표로서 목사를 돕는 일을 해야 한다.
　　　④ 집사는 불쌍한 사람을 돕는 일을 한다.
　　　⑤ 교회 공직자로서 목사 또는 감독, 장로, 집사, 교사 또는 교수가 있다.
　　　⑥ 목사는 반드시 하나님으로부터 소명을 받은 자로서 안수받은 자라야 한다.
　　3) 감독직의 거래를 반대하고 장로회 체제를 주장
　　4) 제2훈련교서(The Second Book of Discipline)
　　　① 1578년 멜빌레가 주도, 1581년 총회에서 통과
　　　② 스코틀랜드 장로교회를 명백히 보여줌
　　　③ 국정과는 다른 교회정치를 명백히 주장하여 시정과 교회정치를 분리
　　5) 노회의 조직
　　　① 프랑스 장로교회의 영향을 받음
　　　② 모든 목사와 한 교회에서 한 명씩의 장로들로 구성
　　6) 평가
　　　① 낙스 사후 스코틀랜드 장로회주의를 발전시킨 사람
　　　② 스코틀랜드 장로교회의 모든 교리를 제시한 사람
(5) 장로교회의 조직적인 발전
　　1) 스코틀랜드 장로교 총회
　　　① 1560년 12월 20일
　　　② 40명의 회원이 모임(목사는 6명뿐)
　　2) 1638년 국가계약서(National Covenant)
　　　① 목사, 귀족, 신사, 농민대표들이 그레프라이에(Greyfriars')에 모여서 의견일치
　　　② 스코틀랜드교회의 교리들과 체제들이 보장될 것을 요구
　　　③ 제임스와 찰스 왕이 도입한 감독제 요소를 부인하고 장로회주의로 환원

3) 명예혁명(Glorius Revolution)
   ① 국가계약서 관계로 시민전쟁이 발발
   ② 1643년 스코틀랜드와 영국의회가 왕에게 대항하는 신성동맹계약(Solemn League and Covenant)을 맺음
   ③ 1688년 명예혁명이 일어나 오렌지 윌리엄(William of Orange)과 그의 아내 메어리(Mary)를 초청하여 왕으로 옹립
   ④ 1690년 장로교회는 스코틀랜드의 국가교회로 회복
4) 장로교회의 제도적 확립
   ① 윌리엄의 사후 평신도 위원회가 부활되어 스코틀랜드 교회를 주장
   ② 1733년 연합장로교회 구성
   ③ 1847년 분리교회와 구원교회(Relief Church)가 모여 연합장로교회 구성
   ④ 1843년 대분열로 스코틀랜드 자유교회(The Free Church of Scotland)결성
   ⑤ 1900년 스코틀랜드 자유교회(The Free Church of Scotland)는 스코틀랜드 연합장로교회(The United Presbyterian Church of Scotland)와 연합하여 스코틀랜드 연합자유교회(The United Free Church of Scotland)를 구성
   ⑥ 1929년 스코틀랜드 장로회주의 대부분을 차지하는 두 교회(스코틀랜드교회와 연합자유교회)는 스코틀랜드교회(Church of Scotland)로 합동

## 4. 최초의 노회를 조직한 아일랜드 장로교회

(1) 개혁운동
   1) 빗텐베르크에서 루터에게서 수학한 1540년 깃세르 이이나르센(Gisser Einarsen)이 루터 교회감독으로 개혁 추진
   2) 루터의 신약성경이 아이슬랜드어로 번역됨
   3) 1554년 신교가 이 섬을 지배하게 되었다
   4) 장로교회제도가 최초로 소개된 것은 성 패트릭(Patrick)에 의해서임
(2) 장로교의 조직
   1) 최초의 노회 조직

① 아일랜드가 신교화로 가톨릭교도들이 1641년 폭동을 일으켜 신교의 주민들을 살해
② 폭동 진압을 위해 스코틀랜드는 몬로(Monro)장군 휘하에 1만명의 군대를 파견
③ 폭동 진압군은 하나의 교회 회중으로 조직 : 군목과 군인인 장로가 있어 활동
④ 이것으로 인하여 최초의 노회 조직
    가. 1642년 캐릭퍼거스(Carrickfergus)에서 목사가 5인, 장로가 4인으로 조직
    나. 울스터(Ulster)지역을 근거로 하여 연대 단위 교회를 기초로 하여 조직
  2) 아일랜드 대회(Sucession Synod) 조직
  3) 1840년 아일랜드 장로교 총회(General Assembly of the Presbyterian Church in Ireland) 조직
(3) 미국 장로교에 미친 영향
  1) 1683년 미국에 최초로 정착한 스코트 아이리쉬 이주민들이 목사를 보내줄 것을 요청
  2) 아일랜드의 라간노회(Laggan Prebytery)는 매케미(Rev. Francis Makemie)를 파송
    ① 1683년부터 미국 메릴랜드 동부에서 활약
    ② 1706년 필라델피아 근교에서 최초의 미국장로회를 창립
(4) 오늘날의 아일랜드 교회
  1) 1840년 외지선교 착수
  2) 1892년까지 예배시 악기 사용금지, 1895년 까지 비성경적 찬송금지
  3) 아일랜드 장로교회야 말로 가장 완전한 정통이요, 보수적이요 신앙과 질서 등에 있어서 가장 건전하고 능동적인 교회로 성장
  4) 아일랜드의 정치적 분할상황과 장로교회
    ① 1916년 영국에 대한 폭동
    ② 1920년 영국의회는 남북아일랜드로 나누어 독립시킴
    ③ 남 아일랜드는 민주정체로 독립
      가. 1921-1937년까지 "자유 아일랜드"로 부름
      나. 1937-1949년가지 "에이레"(Eire)로 부름

다. 1949년 부터는 "아일랜드 공화국"이 됨
라. 95%가 구교도로 구성
④ 북 아일랜드는
가. 울스터(Ulster)지역의 6개 주로 영국 왕국에 부속
나. 75%가 장로교회를 중심한 신교도
⑤ 이로 인해 계속적인 종교적, 인종적, 지리적 분쟁을 낳고 있음

## 5. 장로교회의 정신적 근거를 제공한 영국 장로교회

(1) 개혁운동의 발단
  1) 원인: 헨리 8세(Henry VIII)의 중혼문제로 교황청과의 대립에서 파생
    ① 헨리 8세는 열렬한 로마 가톨릭교도로서 처음에는 루터를 비난함
    ② 헨리 8세는 교황의 강요로 형수 캐더린과 결혼했으나 15년간 메리 외에는 아이가 없자 이혼하고 앤 볼린과 재혼하려고 함
    ③ 결혼의 정당성을 허락할줄 알았던 교황이 이를 거절하자 1533년 궁녀 앤 볼린(Ann Bolin)과 재혼하였으나 이를 교황청이 반대함
    ④ 헨리는 로마교회로부터 탈퇴를 선언
  2) 결과
    ① 1536년 10개 신조(Ten Articles)
      가. 성경의 권위를 주장
      나. 고대의 3대 신조와 첫 4대 종교회의 인정
      다. 세례는 구원을 말하며, 고해성사와 사면은 합당하고 필요
      라. 화체설 주장
      마. 성상과 성지숭배의 인정
      바. 중세교회의 세운 각종 제도를 그대로 인정
    ② 1543년 수장령을 발표하고 교황청과 국교를 단절
    ③ 이어서 수도원을 해산하고 재산을 몰수하여 황실 귀속 재산으로 회수
    ④ 그러나 여전히 구교적으로 계속 고수하면서 심지어 화체설을 부인하는 자를 화형에 처하기까지함
(2) 개혁운동의 경과
  1) 헨리 8세

① 루터의 저서를 금하였으나 중혼문제로 교황과 대립하고 끝내는 단교
② 교황에게 납세와 재판청구를 금지하고 황제가 영국교회의 머리임을 선포
③ 수도원을 폐지하고 교회의 토지와 재산을 왕실에 귀속
2) 에드워드 6세
① 칼빈주의를 취하고 중요한 감독직위에 신교도 배치
② 신교에 입각한 기도서와 42개조 신조를 작성(크랜머의 기초)
③ 그러나 근본적인 변혁은 없었다.
3) 메어리 : 캐더린의 소생으로 가톨릭교 부활에 힘을 씀
4) 엘리자베드
① 헨리 8세와 앤볼린의 소생으로 신교적임
② 크랜머의 지도하에 신교신앙을 가지고 신교의 기치를 들고 의식에 치중한 영국국교를 강요
③ 수장령 재천명(1559)
④ 예배의 통일령(1559) : 기도서와 교리요목에 의한 철저한 단일화 작업
⑤ 39조 신조를 작성(1563)
⑥ 46년간 치세하면서 교리가 확립되어 영국교회(Anglican Church)의 국교로 기틀 닦음.
(3) 영국에서의 장로교주의의 발전과 쇠퇴
1) 장로회주의 발전의 기틀
① 신교에 입각한 기도서와 42개조 신조를 작성(크랜머의 기초)
가. 1553년 개혁교회의 신조로 고안
나. 크랜머와 감독들에 의해 1549년 착수하여 1552년 완성
② 39조 신조를 작성(1563)
가. 엘리자베스의 장로교회주의 혐오로 나온 것으로 42개 신조에서 3개조를 삭제
1. 20조에서 "교회는 의식과 예식의 법 제정의 권한을 가졌으며 신앙논쟁에 대한 권위를 가진다"를 삽입
2. 29조에서 "범죄자는 성만찬에서 그리스도의 몸을 의미하는 성만찬을 먹을 수 없다"를 삭제하였으나 감독들이 고집함

　　　　으로 여왕이 승복
　　3. 그러나 결국은 장로회주의의 기초를 놓는 결과가 됨
2) 의회에 대한 권고와 그 반대
　① 1572년 장로회주의 원리를 결정적으로 옹호하는 "의회에 대한 권고"가 기초됨
　② 거의 같은 시기에 목사와 평신도들로 구성된 몇몇의 "노회"(Presbyteries)의 조직이 영국교회에서 활동코자 노력
　　가. 엘리자베드의 반대
　　나. 토마스 카트라이트(Thomas Cartwright)박사를 케임부리지 교수직에서 박탈
　③ 청교도들로 하여금 영국교회의 반가톨릭적 의식(the semi-Cathoric Ritual of English Church)을 지키도록 강요
　　가. 이에 청교도들은 미국의 플리머스(Plymouth)에 식민지를 세움
　　나. 의회군의 승리로 1649년 챨스의 처형
2) 장로회 주의의 승리
　① 청교도들은 대부분 장로교주의자들이었다.
　② 1642년 의회는 감독제(Episcopacy)를 폐지하고 웨스트민스터회의를 소집
　③ 1662년 통일교서(Act of Uniformity) 제정
　　가. 공화국적인 잔재를 쓸어버리고 감독제의 승리
　　나. 영국국교회에서 안수받지 않은 자를 재안수토록 함
　　다. 신교 목사의 2,000여명이 실직하고 장로교는 거의 소멸
　④ 1688년 명예혁명으로 신교의 승리
　⑤ 1689년 신교의 자유령(Act of Toleration)이 발표
3) 쇠퇴
　① 1690년 일치의 원칙(Heads of Agreement)으로 서로 격려하여 세력형성에 도움
　② 그러나 이것이 미국식민지 내에서의 협력은 촉진했으나 영국에서는 성공적이지 못함
　③ 1715년 550개 이상의 장로교회가 1772년에는 겨우 302개로 줄어듬
　　가. 정통성의 결여

　　　　나. 조직의 결핍
　　　　다. 목사들의 교육수준 저하
　　4) 재기
　　　　① 웨슬레의 영향으로 신교운동은 재기하기 시작
　　　　② 스코틀랜드에서 훈련받은 목사들이 대거 유입되어 국경지역에서부터 소생
　　　　　가. 1836년 스코틀랜드 식의 대회조직
　　　　　나. 1843년 스코트랜드 자유교회와 연합
　　　　　다. 1844년 스코틀랜드 목사들의 영국교회 임직
　　　　③ 1876년 장로교회가 하나로 연합하자 영국장로교회도 발전하기 시작
　　　　④ 1890년대 말에 케임부리지 대학에 웨스트민스터 대학이 설립
　　　　⑤ 1921년 장로회 총회의 조직
(4) 웨스트민스터회의(The Westminster Assembly of Divine)
　　1) 기간: 1643. 7. 1-1649. 2. 22
　　2) 목적
　　　　① 교회의 신조와 정치 의식 등을 새로 제정하기 위하여
　　　　② 스코틀랜드와 아일랜드에까지 이를 획일화시키려고
　　2) 참석자 : 성직자 121명, 귀족(상원의원) 10명, 하원의원 20명, 기타 4명, 스코틀랜드 대표 8명 계 163명
　　3) 과정 : 처음에는 영국교회 신조인 39개조를 수정하려다가 중지하고 아일랜드 신조를 기초로 웨스트민스터 신조를 작성
　　4) 결과
　　　　① 예배모범 채택
　　　　② 교회 정치 채택
　　　　③ 신앙 고백서인 대소요리 문답을 작성 및 채택
　　　　　가. 대요리 문답 196개항 : 교역자들이 강단에서 해설하기 위한 것
　　　　　나. 소요리 문답 107개항 : 어린이 신앙교육을 위한 것
　　　　　† 십계명, 주기도문 해설과 칼빈주의 형태에 따른 교리체계를 진술함
　　　　④ 1647년 스코틀랜드 국회에서 채용

8) 의의
   ① 웨스트민스터 신앙고백서는 전세계 장로교회의 신앙고백의 표준문서가 됨
   ② 한국장로교회에서도 1917. 9. 1. 제6회 총회에서 웨스트민스터 표준문서를 수정 채용
   ③ 웨스트민스터 신앙고백서은 하이델베르크 신앙고백서와 함께 개신교에서 가장 많이 사용됨
(5) 오늘날의 영국 장로교회
   1) 19세기 영국으로 이주해 온 스코틀랜드 장로교인들이 영국의 장로교를 소생시킴
   2) 1836년 스코틀랜드 총회 산하의 대회를 영국에 조직
   3) 1843년 스코틀랜드 교회의 분열로 영국교회는 대부분 스코틀랜드 자유교회에 속함
   4) 분열 직후 스코틀랜드 연합장로교회 산하 대회가 영국에 조직
   5) 1876년 이 두 교회가 연합하여 영국 장로교회(Presbyterian Church of England)를 구성
   6) 케임브리지 대학 내에 웨스트민스터 대학을 설치
   7) 1921년 총회 구성
   8) 현재는 연합개혁교회(The United Reformed Church)로 합병되어 있음

## 6. 네델란드의 종교개혁과 장로교회

(1) 개혁 운동
   1) 다른 지역에 비하여 개혁이 비교적 늦었으나 가장 먼저 순교자를 냄
   2) 국왕 찰스 5세와 필립 2세의 가톨릭적 억압에도 불구하고 국민들이 신교를 환영
   3) 신교지도자들이 동맹하여 구교의 탄압에 반격을 가함
   4) 칼빈주의 교회가 루터주의 교회를 능가
   5) 칼빈주의적 벨직 신앙고백서를 채택(1561)
   6) 1577년 재세례파의 종교의 자유를 허락
      † 도르트회의를 통해 아르미니우스 사상을 정죄하고 칼빈주의 5

대교리로 개혁교회의 기초를 삼음
(2) 우트레히트 조약
    1) 1579년 1월 29일 홀란드, 질랜드, 젤더, 주트펜, 우트레히트, 오베셀, 그로닝겐이 함께 우트레히트에서 모여 축제를 벌이고 조약
    2) 이 조약은 연합주의 건설의 초안-7개주 연합
    3) 1581년 6월 윌리엄을 종신 총통으로 선출
    4) 1582년 3월 18일 로마 천주교도(Juan Jaureguy)에 의해 저격당함
    5) 1584년 7월 9일 제날드라는 천주교도로부터 암살당함
    6) 윌리엄의 아들인 17세의 소년을 총통으로 옹립
(3) 네델란드교회 신앙고백
    1) 네델란드의 개혁신앙 유입경로
       ① 빗텐베르크로부터 루터의 복음
       ② 쯔빙글리의 사상
       ③ 남쪽지역에서는 칼빈의 사상
          그러나 점차로 칼빈주의 사상이 우세
    2) 1559년 프레미쉬(Flemish)의 젊은 목사 구이도(Guido)와 윌리엄의 종군목사 모데터스(Modetus)가 준비
    3) 프랑스교회 신앙고백(Confessio Gallia)에서 초안한 "벨직 콘페션"(Belgic Confession)이라고 한다.
(5) 화란교회의 조직
    1) 1563년 박해가 절정이었을 때 신교대표들이 모여서 대회를 이룸 : 제네바의 교회 예식서를 그대로 유입
    2) 장로교회의 제도로 목사, 교사, 장로, 집사로 조직
    3) 도르트회의(Dort ; 1574년) : 여기에서 장로교회제도 채택
    4) 화란장로교회의 특징
       ① 당회(Kirk-Session)가 없다 : 따라서 당회는 목사와 장로들과 교회중심으로 구성되어 있는 일종의 노회의 구실을 하고 있다.
       ② 교회가 교회로서의 숙고성이 결여되어 있다.
    5) 도르트회의(Dort ; 1618)
       ① 목적 : 칼빈파와 알미니우스파 간의 분쟁을 종결짓고 알미니우스파를 제재할 목적으로 소집
       ② 일시 : 1618. 11. 13 - 1619. 5. 6

③ 장소 : 화란의 국회
④ 참석자 : 총 97명(영국, 스위스, 독일 27명, 내국인 70여명)
⑤ 경과
   가. 회의는 6개월간 총 145회나 열림
   나. 4월부터 신조의 기초를 작성
   다. 1619. 5. 6 도르트신조를 공포
⑥ 결의 사항
   가. 제 1 회기 : 주로 행정문제를 다루면서 새로 성경을 화란어로 번역하도록 의결
   나. 제 2 회기 : 알미니우스 정죄, 칼빈주의 5대 교리 제정
⑦ 의의
   가. 칼빈주의에 기초한 신조를 채택함으로 성경적인 교회의 정초를 완성
   나. 후에 웨스트민스터 신앙고백서 작성에 직접적인 영향을 줌
(6) 현재의 화란교회
  1) 1837년 국가교회에 속해있던 자들이 모여 독자노선의 개혁교회를 형성
  2) 1847년 국가의 탄압으로 대부분의 교직자가 떠남
  3) 1853년 대회에서 모든 목사들이 성령과 본질(the Spirit and Essence)만 동의토록 강요받음
  4) 1886년 카이퍼(Abraham Kuyper)에 의해 소집되어 두 교회가 하나로 합동
   ① 캄펜(Kampen)과 암스텔담(Amsterdam) 신학교를 합동
   ② 이를 네델란드 개혁교회(Christian Reformation Church)라고 한다.

## 7. 카나다 장로교회

(1) 카나다의 역사
  1) 1713년 대영제국은 프랑스로부터 지금의 노바 스코티아(Nova Scotia)를 인도받음
  2) 1763년 전카나다를 인도받음
(2) 장로교의 역사

1) 몇몇의 스코틀랜드 교파가 각각 자파의 지부를 세움
   ① 이것이 1845년에는 동부지방에 5개, 서부지방에 3개의 지부가 설립됨
   ② 23년간의 합병노력으로 4개의 지부로 줄어들게 되었다.
      가. 스코틀랜드 교회 : 동부와 서부에 각각의 그룹
      나. 연합교회와 자유교회 : 동부와 서부에 연합 사역
2) 카나다 장로교회 결성
   ① 1875년 4개의 그룹이 모여서 결성
   ② 1925년 카나다 장로교회가 감리교회, 회중교회와 연합하여 "카나다 연합교회" 결성

## 8. 웨일즈 장로교회

(1) 웨일즈의 부흥운동
   1) 1735년 웨일즈에는 옥스포드에서 교육을 받은 평신도 전도자인 하웰 헤리스(Howell Harris)의 노력으로 큰 종교적 부흥이 일어남
   2) 이러한 웨일즈의 부흥운동이 지속적으로 일어나게 됨
   3) 부흥운동의 확산
      ① 존스톤 박사가 인도에 가서 소개하자 인도에서도 크게 부흥운동이 일어남
      ② 중국에 가서 소개하였으나 중국은 냉담한 반응
      ③ 1906년 이를 한국교회에 소개함으로 1907년 한국교회 대부흥운동에 있어서 하나의 기폭제 역할을 함
(2) 장로교의 조직
   1) 1811년 웨일즈 칼빈주의적 감리교회(Calvinistic Methodist Church of Wales)가 조직
      ① 정치형태면에서는 완전한 장로회주의였다
      ② 노회에 해당하는 지역회합은 매달 회합(수년 뒤는 반년에 한번씩 모임)
   2) 총회의 조직
      ① 대부분의 웨일즈 교회들이 칼빈의 이름을 사용하기를 즐김
      ② 많은 선교와 활발한 활동을 하고 있음

# 제 3 장
# 미국 장로교회

(1) 미국 장로교회사의 개관

| 연 도 | 특 징 |
|---|---|
| 1870-1930 | 현대주의와 근본주의 논쟁 |
| 1930-1960 | 1,2차 대전, 신정통주의 논쟁, Ecumenical, Missionary Movement |
| 1960-현재 | 토착화 운동(Left wing), 복음주의 운동(Right wing) |

(2) 미국 장로교회의 신학적인 유형과 대표적인 학자들
   1) 프린스턴 신학
     ① 아키발드 알렉산더(Archibald Alexander ; 1772-1851)
     ② 찰스 핫지(Charles Hodge ; 1797-1878)
     ③ 에이 에이 핫지(A. A. Hodge ; 1823-1886)
     ④ 벤자민 워필드(Benjamin B. Warfield ; 1851-1921)
     ⑤ G. 보스(Geerhardus Vos)
   2) 웨스트민스터 신학
     ① 그레샴 메이첸(J. Gresham Machen ; 1881-1937)
     ② 코넬리우스 반틸(Cornelius Van Til)
     ③ 에드워드 영(Edward J. Young ; 1907-1968)
     ④ 스톤하우스(Ned Bernard Stonehouse ; 1902-1962)

⑤ 존 머레이(John Murray)
3) 화란개혁주의 학파
① 루이스 벌코프(Louis Berkhof)
② 헤르만 도이벤트(Herman Dooyeweerd ; 1894-1965)
4) 남부 개혁주의 전통
① 로버트 루이스 답네(Robert Lewis Dabney ; 1820- )
② 제임스 헨리 돈웰(James Henry Thornwell)
5) 신정통주의

## 1. 미국에 건너온 장로교인들

(1) 영국의 청교도들의 이주
1) 청교도들로 하여금 영국교회의 반가톨릭적 의식(the semi-Cathoric Ritual of English Church)을 지키도록 강요
2) 이에 청교도들은 신앙의 자유를 찾아서 미국의 메사추세츠주 플리머스(Plymouth)에 식민지를 세움
3) 이들은 엄격한 칼빈주의자들로서 1620-40년 사이에 21,000여명의 청교도들이 집단으로 이주
4) 코튼 마더(Cotton Mather)는 1620년과 1640년 사이에 이들 중 4,000여명이 뛰어난 장로회주의자들이었다고 주장
(2) 프랑스의 위그노
1) 1685년 루이 14세가 낭트칙령을 폐지하고 신교도들의 개종을 강요
2) 박해로부터 도망하여 미국의 뉴잉글랜드에 정착(일부는 뉴욕과 버지니아, 남 캐롤라이나, 죠오지아 등에 정착)
3) 대부분 칼빈주의자들로 장로회주의 신봉자들
4) 1687년 남캐롤라이나의 챨스톤(Charleston)에 한 교회를 형성
5) 1722년 남캐롤라이나 노회가 결성(미국 시민혁명 기간 동안 소멸됨)
(3) 화란의 거지들
1) 1623년에 뉴욕에 정착
2) 대부분 칼빈주의자들로 장로회체제를 신봉
3) 미국이 네델란드 개혁교회(Dutch Reformed Church)창립 : 완전한 장로교 형태

(4) 스코틀랜드인
　　1) 남북 캐롤라이나와 다른 식민지에 정착
　　2) 일부는 1685년 장로회 계약자(Covenanters)들이 스코틀랜드 살육 시기(殺戮時期)를 피하여 뉴저지에 도착
　　3) 미국장로교회 설립에 핵심적인 공헌
(5) 북아일랜드인(Scot-Irish)
　　1) 1705-1775년 사이에 약 50만이상이 이주한 것으로 추산
　　2) 미국에서 최대의 장로회 도시인 피츠버그의 기초를 놓음
(6) 독일의 팔라틴
　　1) 1700-1770년 사이 독일에서 이주하여 펜실바니아에 정착
　　2) 대부분이 칼빈주의자로 장로교인
　　3) 미국의 독일개혁교회 결성 : 완전한 장로교 형태
　　4) 해가 지남에 따라 미국장로교회에 가입

## 2. 장로교회의 설립과 발전

(1) 미국 장로교회의 아버지 매케미(Francis Makemie ; 1658-1708)
　　1) 생애
　　　① 북아일랜드에서 출생으로 스코틀랜드에서 교육받음
　　　② 25세의 나이로 미국 선교사로 파송
　　　③ 미국에서 개인적인 사업을 하면서 전도사역
　　　④ 미국의 장로교의 아버지란 별명을 얻음
　　　⑤ 1708년 50세의 일기로 사망
　　2) 미국장로교 설립
　　　① 메릴랜드 주 협의회의 일원인 콜로넬 윌리암 스티븐스(Colonel William Stevens)가 1680년 아일랜드 라간노회에 메릴랜드와 버지니아에 목사를 파견해 줄 것을 요청
　　　② 1680(혹81이나 83)년에 라간(Laggan)노회에 의해 선교사로 파송
　　　③ 메릴랜드 동편 해안과 버지니아에 많은 장로교회를 설립
　　3) 노회(The Presbytery, 혹은 General Presbytery)의 설립
　　　① 1706년 필라델피아 근교에서 최초의 미국장로회를 창립
　　　② 7명의 목사와 특정 장로가 참석

③ 확실치는 않으나 12월 27일 존 보이드를 임명하기 위한 노회로 봄
④ 뉴저지와 롱아일랜드의 몇몇 청교도 장로교회들이 합세
⑤ 1716년에는 17명의 목사로 증가
(2) 대회(General Synod)의 설립
　1) 노회의 분립 : 노회를 4개로 분립하는 것이 타당하게 여기고 분립
　　① 필라델피아 : 펜실베니아의 교회들
　　② 뉴 캐슬 : 델라웨어의 교회들
　　③ 스노우 힐 : 메릴랜드의 교회들
　　④ 롱 아일랜드 : 뉴욕과 뉴 저지의 교회들
　2) 대회의 조직
　　① 1717. 9. 17 4개의 노회 중 3개의 노회가 필라델피아에 모여 최초의 대회(Synod) 조직
　　② 스노우 힐 노회는 존재하지 않음
　　③ 당시의 교세는 17명의 목사와 49개의 교회, 3,000여명의 전도자 보유
　3) 1729년 결의 채택
　　① 대회 창립 후 웨스트민스터 신앙고백과 요리문답의 교리 찬성여부로 논란
　　② 1729년 필라델피아 대회는 웨스트민스터 신앙고백과 요리문답을 필라델피아 대회의 교리적 표준으로 채택
　　③ 심사로 인하여 거부하면 목사직에서 물러나야 했다.
(3) 제1차 대각성 운동
　1) 부흥운동의 선각자들
　　① 제이콥 프렐링후이젠(Jakob Frelinghuysen)
　　　가. 뉴저지의 라리탄(Raritan)에 있는 화란 개혁교회의 목사
　　　나. 1720년 후반에 자칭 그리스도인이라고하는 자들에게 회개화 중생의 새로운 영적인 생활을 하고 있는 분명한 증거가 있어야 한다고 주장
　　② 조나단 에드워드(Jonathan Edward)
　　　가. 마사추세츠의 노르탐톤(Northampton)의 회중교회 목사
　　　나. 1734년 생활을 변화시키는 설교를 시작
　　　다. 300명 이상이 회개하고 뉴잉글랜드 지역으로 확산

③ 조오지 휫필드(George Whitefield)
   가. 영국의 웨슬레의 친구로 미국에 자주 여행하면서 설교
   나. 1738년과 1770년 사이에 대활약
④ 길버트 테네트(Gilbert Tennet)
   가. 윌리암 테네트(William Tennet)의 아들
   나. 1728년 프렐링후이젠의 영향으로 새로운 생활의 필요성을 효과적으로 역설
2) 이 제1차 대각성운동으로 미국은 점차 기독교 국가가 되어야 한다고 결정
   ① 새로운 가치관과 확신을 가져다 주었다
   ② 미국내 민주주의의 발달에 크게 공헌
   ③ 선교에 관심을 가지게 됨
(4) 대회의 분열
  1) 신구파의 분열
     ① 1738년 설립된 뉴 브룬스윅(New Brunswick)노회의 부흥과 신파(New-side)의 지도자인 길버트 테네트의 독설과 분열 위기
     ② 1741년 필라델피아 대회에서 대회 회원들이 신파(New-side)와 길버트 테네트의 독설을 접수하고 변칙적인 방법으로 뉴 브룬스윅(New Brunswick)노회가 더 이상 대회에 속한 것이 아니라고 선언
     ③ 필라델피아 대회는 분열
        가. 구파(Old-side) : 필라델피아 대회(3개 노회 ; 필라델피아, 도네갈, 뉴 캐슬)
        나. 신파(New-side) : 1745년 뉴 브룬스윅 노회는 뉴 케슬 노회와 연합하여 뉴욕대회(New York Synod)를 형성(5개 노회 : 써포크, 뉴욕, 뉴 브룬스위크, 말링톤, 또 다른 뉴 캐슬)
  2) 신구파의 정책
     ① 구파 : 미국교회 목사는 뉴잉글란드나 구 대륙의 대학에서 철저히 교육을 요구
     ② 신파 : 구 대륙이 신대륙의 목사들을 어떻게 교육해야 하는지 모르기 때문에 거부하고 윌리암 테네트(William Tennet)가 통나무 대학(The Long College)을 설립하여 목회자를 양성

③ 윌리암 테네트(William Tennet)
  가. 통나무 대학 설립
  나. 1746년에 설립인가
  다. 후에 프린스턴 대학교(Princeton University)
  라. 그 대학은 대학의 어머니가 되었다.
(5) 1758년의 재결합
 1) 1746년 연합대회가 트렌톤에서 재결합 가능성을 타진
  ① 필라델피아 대회가 1741년에 받아들였던 테네트파에 대한 항의
  ② 신앙과 본질적인 필수조항이라는 문구에 대한 일치하지 않는 해석
 2) 1758년 뉴욕-필라델피아 대회(Synod of New York and Philadelphia)로 결합
  ① 웨스트민스터 표준문서에 근거하여 결합
  ② 98인의 목사와 200여개의 교회와 10,000여명의 회원들로 구성
(6) 미합중국장로교회 총회의 조직
 1) 총회 조직의 역사적 배경
  ① 혁명의 성공적 독립의 달성으로 애국적 국가주의 정신이 전 미국을 휩쓸었다.
  ② 많은 교파들이 교단을 국가적인 배경 위에 조직하려 했다.
 2) 1788년 뉴욕-필라델피아 대회는 16개의 노회를 4개의 대회로
  ① 뉴욕-뉴저지 대회
  ② 필라델피아 대회
  ③ 버지니아 대회
  ④ 캐롤라이나 대회
 3) 1789. 5. 21. 미합중국장로교회 총회(The General Assembly of Presbyterian Church in the United State of America)조직
  ① 조지 워싱턴이 미국 초대 대통령으로 취임한지 3주만에 결성됨
  ② 총회 안에는 4개 대회, 16개 노회, 177인의 목사와 111인의 목사 후보생, 419개의 교회들로 구성
  ③ 이미 1788년에 웨스트민스터 신앙고백서를 수정하여 교회의 신조로 채택
  ④ 필라델피아의 제2 장로교회에서 존 위더스푼(John Witherspoon)의 사회로 열림

(7) 대각성운동(The Great Awakening ; 1798-1801)
    ① 1799년 제임스 맥그레디(James McGready)목사가 켄터기 호간 마을의 불신자 회개를 위해 기도를 선포
    ② 2년동안 이 운동이 확산
    ③ 야외집회(Camp Meeting)가 처음으로 등장
(8) 교회의 성장
    1) 교회의 성장
        ① 총회 조직 당시 419개의 교회가 1803년에는 511개 교회로 성장
        ② 1830년 대에는 173,000여명의 회원으로 증가
        ③ 최초의 주일학교가 미국 내에 퍼져나갔다.
    2) 프린스턴 신학교의 설립
        ① 3개의 신학교 설립안인 "㉮ 중앙 지역에 강력한 하나의 신학교 ㉯ 북쪽에 하나, 남쪽에 하나씩의 신학교, ㉰ 대회마다 하나의 신학교"라는 안 중에서 ㉮안을 채택
        ② 1812년 8월 총회는 뉴저지 프린스턴에 학교 세우고 3명의 학생으로 문을 열었다.
        ③ 당시의 교수로는 알렉산더(Archibald Alexander), 밀러(Samuel Miller)였다.
    3) 다른 신학교의 설립
        ① 1818년에 아우번
        ② 1824년 버지니아 유니온
        ③ 1827년 웨스턴
        ④ 1828년 콜럼비아
        ⑤ 1829년 레인
        ⑥ 1830년 맥코믹
        ⑦ 1836년 뉴욕의 유니온

## 3. 4개의 장로교회로 분열

(1) 컴버랜드 장로교회(Cumberland Presbyterian Church) 설립
    1) 트란실바니아(Transylvania) 노회와 컴버랜드 노회가 교육받지 못한 목사를 임명

2) 이들중 일부가 웨스트민스터 신앙고백서가 숙명론이라고 거부
3) 켄터기 대회와 총회의 결의로 1810년 컴버랜드 노회 대다수가 분열
(2) 유니온 계획에 의한 분열
1) 1830-61년 사이 미국인들에게 중요한 문제는 노예문제였다.
2) 노예제도에 대한 반대운동의 심화
① 장로교의 노예제도 탄핵의 시발은 죠지 본(George Bourne) 극단적인 노예폐지론자인 윌리암 로이드 개리슨(William Lloyd Garrison)에게 영향
② 또 한 방향은 챨스 피니의 부흥운동의 영향을 받은 뉴욕주의 벽촌
3) 장로교인들과 노예제도
① 일부는 즉각적인 폐지를 요구 : 뉴잉글런드 지역
② 일부는 긍정적인 선으로 받아들이고 이 제도를 보호을 원함 : 남부
③ 점진적인 해방을 주장하는 중도파의 주장은 미약
4) 교회의 반응들
① 1787년 점진적인 해방을 주장하는 중도적 의견이 대두
② 1818년 총회에서는 유래없이 강경한 어조로 노예해방 주장
③ 1832년 이후 이 문제가 너무나 격렬
④ 1836년 총회는 투표로 무기한 연기 결정
⑤ 이후 교회들은 각각 선교활동에 주력
5) 분열의 원인들
① 1837년 이전의 보수파와 진보파의 불길한 논쟁이 계속됨
② 보수파의 1801년 조합교회와의 통합에 대한 불만이 가중
6) 유니온 계획으로 인한 보수파(Old School)과 진보파(New School)의 대립
① 유니온 계획(Union Plan)
가. 1798-1801년 사이 부흥운동의 영향으로 장로교회는 중부와 서부 뉴욕에 선교사 파송
나. 이 빈곤한 지역에서 두 교회가 서로 경쟁할 것인가 협력할 것인가로 갈등
다. 1800년 요나단 에드워드가 유니온 계획을 제안하여 양쪽에서 모두 채택
라. 회중교회는 불만이 없었으나 장로교회는 "장로회중"

(Presbygational)이라고 비난
② 보수파(Old School)
가. 회중교인들과 함께한 1801년의 유니온 계획을 거부
나. 이 계획에 의해 설립된 교회는 진정한 교회가 아니라고 단정
다. 장로교회는 자체교파의 교회 위원회를 가져야 한다고 주장
③ 진보파(New School) : 회중교회적 배경을 갖고 있어서 유니온 계획과 타교파의 기관에 만족
7) 분열
① 1835년 보수파의 회원들이 "불건전한 교리의 보급과 훈련의 방종"이라는 것을 배포
② 1837년 보수파 대다수를 차지한 총회는 유니온 계획에 의해 조직된 4개의 대회는 더 이상 장로교회에 소속될 수 없다고 선언
가. 웨스턴 리저브(Western Reserve) 대회
나. 유티카(Utica) 대회
다. 제네바(Geneva) 대회
라. 제네스(Genesee) 대회
③ 장로교회는 같은 공식적 명칭(The Presbyterian Church in the United State of America)과 같은 교리적 표준과 같은 교구를 가졌으나 완전히 분열
8) 스프링 박사의 결의안 채택에 남부교회들이 반발하고 미국 남부 연방 정부 장로교회 설립
9) 4개의 장로교회로 분열
① 북부의 진보파 장로교회
② 남부 두 회원을 가진 보수파 장로교회
③ 남부에 생긴 장로교회
④ 미국 남부 연방 정부 장로교회

## 4. 남장로교회

(1) 남장로교회의 설립경과
1) 1861년 4월 12일 남부연합군은 찰스톤 항구에 있는 북부연방군의 요새인 섬터(Sumtor)를 공격

2) 포격한지 5주 만에 보수파의 총회가 필라델피아에서 열림
① 총회 제 3일에 뉴욕의 가디너 스프링(Gardiner Spring)박사의 위원회 안이 묵살됨
② 며칠 후 스프링박사는 다시 북부 연방의 대의에 교회를 위탁할 것을 결의토록 제안
③ 여론의 압력으로 스프링 결의안(Spring Resolution) 채택
3) 부수파 교회의 남장로회는 총회의 이러한 결의에 반대
① 미국 남부 연방 장로교회(Presbyterian Church in the Confederate State of America)를 조직하기 위해 탈퇴
② 1861년 12월 4일 죠지아주 어거스타에서 결성
   가. 벤쟈민 팔머 박사가 의장
   나. 죠셉 윌슨 박사가 총무
③ 1864년 장로교회의 연합대회(United Synod)와 병합
(2) 미국장로교회(Presbyterian Church in the United State)를 결성
1) 1865년 전쟁이 끝나자 이 병합된 남부교회는 미국장로교회를 결성
2) 1874년 미조리 주의 보수파 대회 중 일부는 이 남부교회에 가담
(3) 남장로교회의 조직 및 정책
1) 조직
① 부서 대신 4개의 실행위원회를 조직
② 북장로교보다 더 자치권을 많이 줌
2) 위원회에 부여된 권한
① 세계선교
② 국내 선교
③ 출판
④ 교육
3) 개개교회 회중들과 노회에 더 많은 자치권을 부여
(4) 장로교회의 일부 재통합으로 3개가 된 장로교회
1) 1857년 진보파가 반 노예정책을 발표
① 남부에 있던 진보파가 탈퇴
② 1858년 미국장로교회 연합대회(The United Synod of the Presbyterian Church in the U.S.A.)를 만듬
③ 남북전쟁 발발후 남부연합대회(The United Synod of South)

가 됨
2) 1864년 진보파의 남부파는 미국 남부연방장로교회(Presbyterian Church in the Confederate State of America)와 연합하여 보수파로 흡수됨
3) 결과 : 세 개의 장로교가 됨
   ① 남부의 압도적인 보수파 교회
   ② 북부의 보수파 교회
   ③ 북부의 진보파 교회
4) 남북 장로교회 간의 깊은 불신은 더욱 깊어져 가게 되었다.
   ① 북부 보수파교회의 피츠버그 총회에서 노예제도에 반대하는 진보파에 많이 가까워짐
   ② 전쟁 중 보수파는 남부노회들에 대해서 그들의 권한을 보류시킴
   ③ 1865년 총회의 무례함
      가. 남부의 목사들은 죄를 고백하고 노예제도를 신성한 법칙으로 간주한 실수를 회개하라고 선언
      나. 이 총회로 인하여 남부교회와 북부교회의 재연합을 불가능하게 했을 뿐 만아니라 국경주의 반대를 일으켰다.
   ④ 1865년 가을 켄터키 루이스빌의 노회는 반노예적이고 정치적 발언을 비판하는 선언과 증언(Declaration and Testimony)을 채택
   ⑤ 1866년 선언과 증언을 정죄
   ⑥ 북부에서 탈퇴한 켄터키 노회(1867년)와 미조리 노회(1873년)를 남장로교회가 받아들임

### 5. 북장로교회의 재통합

(1) 통합을 위한 노력들
   1) 1865년 5월 북장로회는 재통합을 위한 불가능한 조건을 제시
   2) 1865년 12월 남장로회는 미국 국적을 강조한 미국장로교회(The Presbyterian Church in the United States)라는 공식명칭을 결정
   3) 1870년 북부의 보수파와 진보파 장로교인들의 재결합은 이루어졌다.
(2) 남북전쟁

1) 남북전쟁 중에는 초교파적인 정신이 강하게 작용했다.
2) 1861년 전선에 있는 사람들을 돕기 위한 뉴욕의 기독교 협회(Christian Commision)이 조직되었다.
    ① 250만 달러 이상을 모금
    ② 성서공회는 100만권 이상의 성서를 제공
    ③ 소책자 협회(Tract Society)에서도 수천권의 종교서적 제공
3) 남북전쟁은 미국역사의 분수령임과 동시에 교회에도 역사적인 사건이 되었다.

(3) 재통합
1) 통합의 외부적 원인 : 정치적 정부의 연합, 사업단체의 연합은 교회의 연합을 강압하는 분위기로 몰고감
2) 통합의 내부적 원인
    ① 복음의 전파
    ② 초교파적인 협력
    ③ 신학자의 변화로 대립의 극복
3) 1869년 재통합
    ① 웨스트민스터 신앙고백서를 근거로 "간단하고도 순전하게" 재통합
    ② 통합된 이름은 미합중국장로교회(The Presbyterian Church in the United States of America)로 분리 이전의 이름을 사용
4) 결과 : 하나의 미합중국장로교회(The Presbyterian Church in the United States of America)에서 분리되었던 4개의 교단이 북부가 재통합함으로 통합된 남부교회와 더불어 2개로 되게 되었다.

(4) 컴버랜드 장로교회와 통합
1) 1810년 컴버랜드 장로교회가 분열
2) 1906년 미합중국 장로교회와 재연합

## 6. 사회의 변화와 새로운 신학사조의 대두

(1) 진화론과 성경 비판주의의 대두
1) 1859년 찰스 다윈의 「종의 기원」(Origin of Species) 출판으로 진화론이 대두
2) 독일신학자들의 고등비평(higher criticism)이 성경에 적용

3) 1880-1년 유니온 신학교 교수 브릭스(Charles A. Briggs)가 강연을 통하여 새로운 신학사조를 장로교에 도입
① 이에 1892년과 1893년 총회는 성경 원전의 무오성을 선언
② 1893년 브릭스 교수를 정직
(2) 교리의 개정
1) 1889년 15개의 노회의 웨스트민스터 신앙고백의 개정 청원
2) 1903년 신앙고백에 대한 6개 안을 수정하고 3개의 장을 추가함
① 성령에 관하여(Of the Holy Spirit)
② 선언문(Declaration Statement)
③ 하나님의 사랑과 선교에 관하여(Of the Love of God and Mission)
3) 모든 인류에 대한 하나님의 사랑과 유아로 죽은 모든 사람의 구원을 확인하는 내용
(3) 근본주의의 대두
1) 기독교의 미국의 사고방식에 의한 재해석이 요구되었다.
2) 특히 고등비평에 대한 기독교의 본질이 위기를 맞게 되었다.
3) 1909년 「원칙 : 진리의 증언」(The Fundamentales A Testimony of the Turth)이라는 12권의 시리즈 출간
4) 「원칙 : 진리의 증언」의 내용
① 그리스도의 동정녀 탄생
② 육체적 부활
③ 성경의 무오성
④ 대속적 속죄
⑤ 그리스도의 임박한 육체적 재림
5) 이에 대하여 장로교회의 신문과 행정기관의 열띤 논쟁이 벌어지게 됨
6) 1910, 1916, 1923년 총회는 이 5개의 조항을 〈필수교리〉로 인정
7) 1927년 총회는 근본주의 강령채택을 거부
 "총회는 노회와의 협조없이 〈필수교리〉와 같은 독특한 교리를 선택하여서 모든 목사를 거기에 구속시킬 수가 없다"고 선언
(4) 사회복음주의(Social Gospel)의 대두
1) 1830-40년 사이 산업혁명이 미국에 유입
2) 기독교 안에서는 개인구원을 강조

3) 1854년 스테판 콜웰(Stephan Colwell)이 신교목사를 위한 새로운 행동 근거(New Themes for Protestant Clergy)라는 책을 출판
4) 1903년 장로교는 노동자부(Workingman's Department)를 설립
5) 이 때에 사회복음주의가 대두
   ① 인간 궁핍의 모든 분야에 하나님의 임재를 강조
   ② 인간과 사회 자체의 개선과 무능력 강조
   ③ 기독교에 대한 지나친 개인적인 개념을 교회와 하나님의 왕국에 대한 보다 유기적인 개념으로 대치하려고 했다.
(5) 제1, 2차 세계대전 중(1914-1945)의 미국장로교회
   1) 두 차례의 세계대전은 국가적, 종교적 위기를 가져오게 되었다.
   2) 이 시기는 근본주의와 현대주의 사이에서 신정통주의가 대두하게 된다.
   3) 경제적 호황(1차대전후 10년간)과 대불황(그후 10년간)은 교회를 위축시켰다.
   4) 2차대전에 있어서 교회는 전쟁에 참전하는 십자군 정신보다는 전쟁 종식을 위한 세계질서운동(World Order Movement)에 적극적이었다.
   5) 2차대전 후 십여년동안 교회는 종교적 흥미가 증가하였다.
(6) 신정통주의(Neo-Orthodoxy)의 대두
   1) 1919년 칼 바르트가 1차대전의 상처를 안고 다음 명제로 주장
      ① 인간에게 중요한 것은 자신이 죄인이라는 것
      ② 하나님 앞에 바른 결정을 내려야 하는 실존이다.
   2) 주장
      ① 크리스챤의 생활이란 하나님과 인격적인 만남이다.
      ② 그리스도를 통하여 계시된 그 하나님을 신뢰하는 것이다.
      ③ 성경이란 하나님의 자기 계시의 기록으로 성령은 믿는 자에게 성경이 되게 하신다.
   3) 미국교회의 반응
      ① 근본주의와 현대주의 사이의 중립점으로 보았다.
      ② 현대의 비평적인 성경학자들의 결론을 받아들이는 대신 불가항력적 은혜로 성령의 역설적 접촉점을 통하여 개개인의 인간에게 자신을 나타내시는 하나님으로 양보
(7) 여성의 지위 확대

1) 미국장로교회에서의 여성의 역할 증대
   ① 1870년 여성 외국선교회(Woman's Foreign Missionary Society) 조직
   ② 1879년 여성 국내선교회(Woman's Board of Home Missions)조직
2) 여성의 헌법적 보장과 활동
   ① 1915년 헌법을 개정하여 여집사 제도 도입
   ② 1923년 여자도 모든 초교파적 기관과 총의회(General Council)의 임원으로 선출될 수 있도록 함
   ③ 1930년 헌법을 개정하여 여성장로제 도입
   ④ 1948년 헌법의 완전한 개정
   ⑤ 1956년 여성교역자 제도 도입
(8) 에큐메니칼 운동(Ecumenical Movement)의 대두
   1) 에큐메니칼(Ecumenical)이란 인간이 거주하는 모든 세계(the whole inhabited world), 또는 전세계(worldwide)라는 의미
   2) 에큐메니칼 운동의 3가지 원칙적인 근원
       ① 외국선교 (World Mission)
       ② 삶과 사역운동(Life and Work Movement)
       ③ 신앙과 직제운동(Faith and Order Movement)
   3) 에큐메니칼의 운동 기구 : 세계교회협의회(WCC)의 탄생
       ① 1910년 선교협의회(The World Missionary Conference)조직
       ② 1921년 국제 선교협의회(International Missionary Council) 조직 준비
       ③ 스웨덴 스톡홀름대회(1925년)와 영국 옥스포드 대회(1937년)에서 더욱 발전
       ④ 1927년 스위스 로잔에서 최초로 회의
       ⑤ 1937년 스코틀랜드 에딘버러 회의
       ⑥ 1948년 화란의 암스텔담에서 세계기독교 협의회(World Council of Churches) 탄생
       ⑦ 1950년 8개의 연맹이 모여 미국교회협의회(National Council of Churches of Christ in U.S.A) 조직

* 유럽과 미국의 신학사조 변천 비교

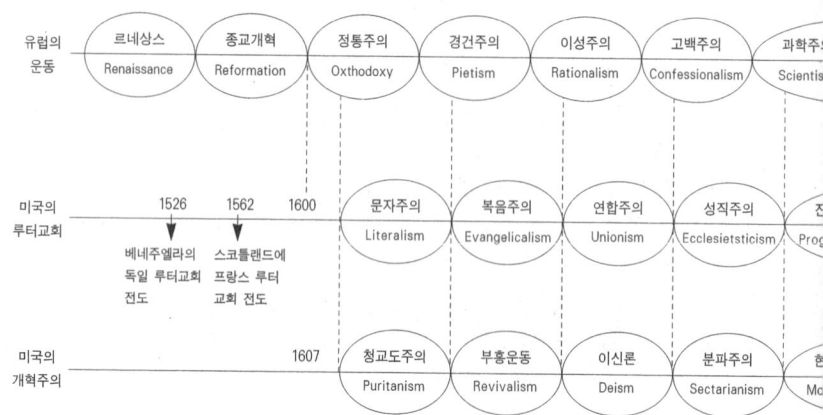

출처 : Lars P. Qualben, *A History of the Christian Church*. p.470.


### 7. 북미 연합 장로교회

(1) 스코틀랜드 비국교도교회 즉 계약자와 탈퇴자의 대표자의 이주
   1) 북미연합장로교회는 원래 미국에 있는 스코틀랜드 비국교도(dissenting)교회 즉 계약자(Covenanters)와 탈퇴자(Seceders)의 대표자였다.
   2) 이들은 국내의 사정상 강한 독립성을 지니고 있었던 이들은 뉴욕, 펜실바니아 동남부, 북캐롤라이나에 이주하여 살았다.
      ① 1751년 존 커드비트슨(John Cuthbertson)이 목사로서 최초로 이주
      ② 1753년 탈퇴자들의 무리들이 펜실베니아 연합노회(Associate Presbytery of Pennsylvania)를 결성
      ③ 1774년 커드버트슨과 함께 수명의 목사들이 미국개혁교회(Reformed Presbytery of America)를 조직
      ④ 1782년 계약자들과 탈퇴자들이 연합하여 연합개혁교회(Associate Reformed Church)를 결성

3) 1820년대에 여러 개의 독립집단으로 분열됨
4) 캐롤라이나 노회는 연합개혁교 대회(General Synod)가 된 노회를 조직하고 남부에 위치
5) 1856년 개혁교회 총노회를 세우기 위해 재결합
(2) 북미 연합장로교회의 탄생
  1) 1858. 5. 26. 북미 연합 장로교회의 탄생
    ① 연합 개혁교 대회(General Synod of the Associate Reformed Church)의 대표와 연합 개혁교 대회(Synod of Associate Reformed Church : 탈퇴자들)의 대표가 피츠버그 황금의 삼각지에서 합동
    ② 미국에 있는 계약자와 탈퇴자의 직계교회적 후손들을 포함 251,344명의 대교단이 됨
  2) 이 교단에 포함되지 않은 계약자와 탈퇴자들
    ① 개혁장로교회(Reformed Presbyterians)
    ② 남부의 연합개혁장로교회(Associate Reformed Presbyterian Church) : 27,467명
    ③ 북미 개혁장로교회 대회(Reformed Presbyterian Church in North America : General Synod) : 1,279명
    ④ 북미 개혁장로교회(보수파)(Reformed Presbyterian Church in North America : Old School) : 6,382명
    ⑤ 북미 연합장로교회(Associate Presbyterian Church of North America) : 470명
  3) 연한장로교회는 연합 당시의 교리
    ① 웨스트민스터 신앙고백과 대소요리문답
    ② 18개 선언문으로 되어 있는 "공평한 증거"(Judicial Testimony)
      가. 노예제도 반대
      나. 맹세에 의한 비밀집단의 회원과 상호교류 반대
      다. 교회의 독특한 교의를 지지하는 사람만 성찬예식에 초대할 것
      라. 계약의 원칙을 고수할 것
      마. 예배시 노래를 위하여 시편을 직접 사용할 것
    ③ 위 5개항 중 1항을 제외하고는 1925년 공식적으로 포기

(3) 북미 연합장로교회의 발전
   1) 각종 기구의 정비
      ① 1875년 녹스빌 대학(Knoxville College)을 노예해방을 위해 설립
      ② 1883년 여성선교회(Woman's General Missionary Society) 설립
      ③ 1888년 기독청년 면려회(Christian Endeavor)가 발생
      ④ 1889년 기독청년연합회(Toung People's Christian Union) 조직
      ⑤ 1923년 각기관의 통합 및 정리
   2) 선교활동
      ① 1884년 앤드류 고든(Andrew Gordon)을 인도의 개척선교사로 파송
      ② 1900년 인도, 파키스탄, 이집트, 수단에 선교 시작
      ③ 9919년 아비시니아 선교
   3) 교리의 정비
      ① 1919년 새시대의 재건사업의 일부로서 신앙고백(Statement of Faith) 보완을 만장일치로 가결
      ② 1925년 웨스트민스터 신앙고백을 현대문으로 요약하고 살짝 변경한 고백서(Confessional Statement)를 채택
      ③ 이 고백서는 1858년의 18개 선언문 중 '공평한 증거'를 대신함으로써 교단의 특수성을 스스로 폐기
(4) 미합중국 연합장로교회(The United Presbyterian Church in the U. S. A)
   1) 미합중국 연합장로교회의 탄생
      ① 1934년 교단합동을 위한 노력이 본격화
      ② 1951년 공식적인 협상을 계속 : 남장로교를 포함한 합동이 모색됨
      ③ 1955년 우선 두 교단의 합동계획안을 결정, 그 다음해 노회에 수의
      ④ 1957년 양 교단이 최후의 비준이 가결됨
      ⑤ 1958년 5. 28. 미합중국 장로교회와 북미 연합장로교회가 피츠버그에서 합동
         † 이 합동으로 미국의 중요한 장로교단의 탄생
   2) 세 가지 교리적 기준 : 웨스트민스터 신앙고백과 대.소요리문답
   3) 세 가지 행정기준에 합의

① 하나님을 경배하기 위한 지시
② 행정의 형태
③ 규칙서

### 8. 미국장로교회의 재결합

(1) 결합을 위한 노력
  1) 재결합의 배경들
    ① N.C.C의 활동
    ② 미국의 신학적 경향이 진보주의로 이미 흐름
    ③ 교회가 교리 중심에서 삶 중심으로 변화
  2) 재결합의 원인들
    ① 연합노회(Union Presbyteries)활동
    ② 화해계획(the Peacemaking Program)에 의한 5년간의 노력
    ③ 동성연애자들에 대한 교회의 입장을 통일(U.P.C는 1978, P.C.U.S는 1979년 "회개치 않는 동성연애 습관은 교회헌법에서 말하고 있는 안수조건과 맞지 않는다")
(2) 미합중국장로교회(P.C.U.S.A)의 역사적인 재결합
  1) 1983. 6. 10. 조지아 아틀랜타에서
  2) 미국연합장로교회(U.P.C)와 미국 남장로교회(P.C.U.S)의 재결합
  3) U.P.C에서 151개 노회, P.C.U.S.A에서 53개 노회가 찬성(나머지 8개노회는 P.C.A를 결성)
  4) 이 결합으로 122년간의 분열을 종식
(3) 미국장로교회(P.C.A)의 결성
  1) 1972년 많은 보수주의자들이 미국장로교회를 결성하기 위하여 떠났다.
  2) 1982년말 P.C.A는 805개의 교회로 성장

### 9. 최근의 동향

(1) 제3세계 신학의 대두
  1) 흑인신학
  2) 해방신학
  3) 희망의 신학

(2) 신앙고백의 개정(1967)
   1) 배경 : 칼바르트의 신정통주의의 신학이 미국의 신학적 경향으로 웨스트민스터 신앙고백서를 개정할 필요를 느낌
   2) 개정방향
     ① 종교개혁시대의 세 개의 신앙고백을 웨스트민스터 신앙고백과 소요리문답에 첨가하고, 대요리 문답은 제외
       † 세 개의 신앙고백
       가. 스코틀랜드 신앙고백(Scots Confession)
       나. 하이델베르크 신앙고백(Heidelberg Confession)
       다. 제2 헬베틱 신앙고백(The Second Helvetic Confession)
     ② 이 신앙고백 문서 앞에 니케아 신조와 사도신경을 덧붙임
     ③ 히틀러 독재정권에 대한 독일교회의 신앙고백(Confessing Church of Germany)의 산물인 바르멘의 신학선언(Theological Declaration of Barmen)을 포함
   3) 개정의 특색
     ① 기독론적으로 고침
     ② 성경무오와 권위를 제거
       목사 임직시 문답에서 다음과 같이 바꿈
       "그대는 신구약 성경이 보편적인 교회 안에서 예수 그리스도에 대한 유일하고 권위있는 증거임과 성령을 통하여 하나님이 그대에게 하시는 말씀임을 받아들이는가?"(완전한 신정통주의적인 입장)
     ③ 수직적인 면보다는 수평적인 면을 강조
     ④ 윤리와 도덕을 강조
     ⑤ 하나님의 사랑과 화해를 강조
(3) 최근의 동향
   1) 1956년 여성도 교역자로 임명 받을 수 있도록 허용
   2) 1966년 총회에서 크리스챤 선언 및표
   3) 1971년 최초로 여성총회장 선출

## 장로교회사 연구를 위한 참고문헌 목록

Marty, Martin & R. Scott Appleby. *Foundamentalisms Observed*. Chicago : The University of Chicago Press, 1991.
Noll, Mark A. ed. *The Princeton Theology 1812-1921*. Grand Rapids : Baker Book House, 1983.
Lingle, Walter L. 「세계장로교회의 역사와 신앙 이야기」. 이종전역. 서울 : 예루살렘, 1991.
Longfield, Bradley. 「미국 장로교회 논쟁」. 이은선역. 서울 : 아가페문화사, 1992.
Marsden, George. 「미국의 근본주의와 복음주의 이해」. 홍치모역. 서울 : 성광문화사, 1992.
Rogers, Jack. *Presbyterian Creeds : A Guide To The Book Of Confessions*. Philadelphia : The Westminster Press, 1985.
Sung-Tae, Kim. *Contextualization and the Presbyterian Church in Korea*. Ph. D. Dissertation. Fuller Theological Seminary.
The General Assembly of the Presbyterian Church in the United States ed. *The Confession of Faith*. Atlanta : The General Assembly of the Presbyterian Church in the United States, 1965.
Wells, David F. 편. 「프린스톤 신학」. 박용규역. 서울 : 엠마오, 1992.
------. 편. 「웨스트민스터 신학과 화란 개혁주의」. 박용규역. 서울 : 엠마오, 1992.
------. 편. 「남부 개혁주의 전통과 신정통신학」. 박용규역. 서울 : 엠마오, 1992.
Witherow, Thomas. 「장로교회의 성경적 근거」. 이국진역. 서울 : 아가페문화사, 1991.
Woodbrige, John, Mark Noll & Nathan Hatch. 「기독교와 미국」. 박용규역. 서울 : 엠마오, 1992.
간하배. 「한국 장로교 신학사상」. 서울 : 실로암, 1988.
김의환. 「기독교회사」. 서울 : 성광문화사, 1982.
손병호. 「장로교회사」. 서울 : 대한예수교 장로회 총회 교육부, 1980.
------. 「장로교회의 역사」. 서울 : 그리인, 1993.

# 제 5 부 · 한국교회사

제5부 한국교회사 / **421**

# 제 1 장
# 가톨릭교회

## 1. 가톨릭의 전래과정

(1) 일본을 통한 접촉
  1) 임진란 중(1592-1598)에 일본 예수회 신자였던 고니시 유키나가(小西行長)가 일본군을 위하여 종군신부를 요청
  2) 포르투갈의 신부 그레고리오 세스페데스(Gregorio de Cespedes)가 입국하여 고니시의 진지였던 경남 웅천(熊川)에서 종군
  3) 이 사실을 일본의 고메스 교구장에게 보고
  4) 임란의 포로로 끌려갔던 사람들이 거기서 전도를 받고 천주교 신자가 됨
(2) 청나라를 통한 접촉
  1) 병자호란으로 청나라에 인질로 끌려갔던 소현세자(昭顯世子)가 북경에서 독일인 신부 아담 샬(J. Adam Shall von Bell, 湯若望)과 접촉(1644년경)
  2) 소현세자는 귀국 후 곧 사망함으로써 아담 샬의 왕족을 통한 전도 계획이 무산됨
  3) 한국인 실학자들의 학문적인 관심을 가지고 접근하게 됨
  4) 실학의 발달로 마태오 리치의 〈천주실의(天主實義)〉 등이 학문의 연구 대상으로 들어옴
  5) 1777년 유학자 권철신(權哲身), 정약용(丁若鏞) 등이 기독교 서적을

읽고 이 벽(李檗)씨와 함께 교인이 됨
         6) 허 균(許筠)이 기도문을 소개
     (3) 자발적인 신앙
         1) 이승훈(李承薰)이 북경에서 영세를 받아(영세명:베드로) 천주교 서적을 갖고 입국(1874. 2. 起源)
         2) 북경에서 돌아온 이승훈은 정약용 형제들과 권철신 형제 등과 함께 현재의 명동성당 자리인 김범우(金範寓)의 집에서 주일마다 모여 예배를 드림(1875)
     (4) 외국의 선교사들의 내한
         1) 1794년 12월 중국인 신부 주문모(周文謨)가 밀입국하여 전도하다가 체포되어 사형당함
         2) 그후 프랑스인 신부들이 계속하여 입국
             ① 1835년 모방(P.P.Moubant, 羅佰多祿), 암베르(L.M.J.Ambert, 范世亨) 신부
             ② 1836년 필립반(라신부)
             ③ 1837년 샤스땅(J.H.Chastan, 鄭牙各伯) 신부
             ④ 1838년 임벗(원신부)
             ⑤ 1845년-65년까지 17명 선교사 입국
     (5) 한국인 최초의 신부 김대건(金大建)
         1) 상해에서 한국인 최초로 신부 서품(1845. 8. 17)
         2) 연평도에 잡혀 새남터에서 한국인 신부의 최초 순교(1846. 9. 15. 당시 25세)
     (6) 전래 당시의 천주교인들의 신앙행태
         1) 실학 사상의 학문적인 접근으로서 접촉하기 시작하게 됨
         2) '천주실의' 등을 통한 천주교 윤곽만을 배움
         3) 성경을 본 적도, 읽지도, 가르치지도 못한 상태에서의 신앙
         4) 영세를 받고 영세명을 얻고, 십자가나 묵주를 가짐으로써 신자의 증표로 삼음

## 2. 천주교의 박해

(1) 천주교 최초의 순교자 김범우
  1) 북경에서 돌아온 이승훈이 정약용 형제들, 권철신 형제 등과 함께 예배하고자 할 때에 자신의 집(현재의 명동성당 자리)을 제공하였음(1875)
  2) 체포(1785)되어 고문으로 인해 충청도 유배지에서 죽음(1787)
(2) 신해교난(辛亥敎難, 1791)
  1) 정조 때 윤지충(尹持忠)과 권상연(權尙然)이 제사를 폐하고 조상의 신주를 불사른 사건으로 발단
  2) 윤지충은 참형, 홍문관에 소장되었던 양서들을 소각
(3) 신유교난(辛酉敎難, 1801) : 3,000여명 순교
  1) 사도세자(思悼世子) 문제로 시파(時派)를 거세할 때 시파에 동정적이던 남인(南人)인 천주교도들을 박해
  2) 결과
    ① 이가환(李家煥), 권철신, 이승훈, 정약종, 주문모 등 참수
    ② 정약용 유배
  3) 평가 : 종교에 대한 정치적인 이용의 희생제물
(4) 황사영(黃嗣永)의 백서(帛書)사건
  1) 황사영이 북경 주교에게 보내는 글에서 발단
    ① 당시 한국의 정치상황과 교난에 대한 자세한 보고
    ② 한국의 경제적 빈곤에 대한 경제원조 요청
    ③ 서구 기독교국 군사를 이끌고 와 왕에게 선교를 용납하도록 할 것
    ④ 우리나라는 망하여도 성교(聖敎)의 표는 남아 있어야 할 것임 등을 주장
  2) 결과
    ① 대역모 반역죄로 황사영은 참형, 그 가족들은 유배(1801. 11)
    ② 그외 300여명이 순교
  3) 평가
    ① 최초로 외국에 한국의 상황을 알리려 함
    ② 최초로 교회가 외세에 의존하려는 발상을 한 것
(5) 기해교난(己亥敎難, 1839) : 200여명 순교
  1) 정하상(丁夏祥, 정약종의 아들)의 호교론 : 상재상서(上宰相書)

① 첫부분 : 교지
② 둘째부분 : 기독교의 변호론
③ 세째부분 : 천주교 신자도 왕의 적자임을 말하여 온정을 호소
   2) 헌종(憲宗) 5년에 정하상의 호교론(護敎論)에 대하여 이지연의 서학 박멸 주장으로 발단
   3) 결과
      ① 정하상 등 200여명 순교
      ② 프랑스 신부 모방(Maubant), 임베루(Imbert), 샤스땅(Chastan)의 군문효수(軍門梟首)
   4) 평가 : 한국 최초의 호교론인 "상재상서"
(6) 한국인 최초의 신부 김대건
   1) 상해에서 한국인 최초로 신부 서품(1845. 8. 17)
   2) 연평도에 잡혀 새남터에서 한국인 최초로 순교(1846. 9. 15. 당시 25세)
(7) 병인교난(丙寅敎難, 1866) : 신부 7명등 8,000여명의 순교
   1) 대원군의 정책 실패와 심경의 변화로 일어난 대규모 박해
   2) 결과
      ① 남종삼(南鍾三)과 베루네(Simon Francis Berneux, 張敬一) 주교 등 신부 7명과 8,000여명이 순교
      ② 많은 신자들이 산간벽지로 피난하여 화전민이나 옹기장이로서 생계유지
   3) 평가
      ① 6년간이나 지속적인 박해를 가함
      ② 통치의 수단으로 종교를 이용하려던 것의 좌절에 대한 보복

### 3. 선교의 자유의 단서를 제공한 조약

(1) 1866년 한국과 프랑스 사이에 맺어진 조약 제9조 2항에서 "교회"(敎誨)라는 문구의 삽입
(2) 교회란 "가르친다"는 말로 기독교의 교리의 의식을 가르칠 수 있다고 프랑스 신부들이 자의적으로 해석하여 포교를 전개
(3) 이 문제로 정부와 여러차례의 협상이 있었음

(4) 결국 프랑스 정부의 강력한 주장과 조선 정부의 양보로 포교가 공인됨

## 4. 희랍 정교회의 전래

(1) 1900년 러시아 정식 선교사 입국하였으나 러일전쟁으로 철수
(2) 강화조약을 맺음으로 재입국했으나 혁명으로 중단
(3) 남은 교인들이 현재 정동에 한인 신부 주도로 회집(미국 희랍교회 소속)

## 제 2 장
# 개신교회

## 1. 개신교의 전래

(1) 선교사 입국 전의 접촉
　　1) 1653년 화란인 하멜 등 36명이 제주도에 표류
　　2) 1832년(純祖 2년) 화란 선교사 카알 구츨라프(Karl Friedrich August Gutzlaff)가 만주에서 한국인에게 선교 및 주기도문의 번역
　　3) 1866년 스코틀랜드 선교사 토마스(Robert Jermain Thomas)가 대동강변에서 순교
　　4) 1872년 존 로스(John Ross ; 1842-1915)와 맥캔타이어(John McIntyre)가 만주에서 개척 전도
　　5) 1876년 외국에서 로스 목사에게서 한국인이 세례를 받음(백홍준, 이응찬, 이성하, 김진기)
　　6) 1882년 로스 역(누가, 요한복음)성경이 발행 반포
　　7) 1882년 12월 수신사(修信使)의 일원으로 이수정이 일본에 가서 입신
　　8) 1883년 백홍준이 '노끈 성경'을 가지고 입국
(2) 선교사의 입국과 전도
　　1) 1884년 의료 선교사 알렌 부부가 입국(미 북장로회 선교사)
　　2) 1885년 미 장로교 선교사 언더우드 목사 한국에 옴
　　3) 1885년 감리교 목사 아펜젤러의 입국
　　　　그 후 계속하여 많은 선교사가 입국하여 활발히 선교

(3) 한국선교의 특징
   1) 선교사 입국 전에 많은 접촉으로 먼저 구도자가 생김
   2) 선교사 입국 전에 성경이 번역되어 선교사가 현지어 성경을 가지고 입국한 최초의 예
   3) 선교시 한국의 상황을 고려하여 의료와 교육선교를 먼저 하고 복음을 전파
   4) 상류층보다는 하류층을 주 선교대상으로 삼고 하류층부터 구도자가 다수 생기기 시작
   5) 체계적인 선교정책으로 선교의 효율 극대화(네비우스 선교정책, 선교지 분할 등)

## 2. 선교사 입국 전 신교의 중요사건들

(1) 최초의 신교 입국자 하멜(Hamel)
   1) 1653년 화란 개신교인 하멜이 동료 36인과 제주도에 표류
   2) 13년간 억류 후 탈출
   3) "하멜표류기"와 "조선왕국기"를 저술(1668)
   4) 한국을 최초로 서방세계에 소개(Coeree, Corea라는 이름으로)
(2) 구츨라프(Karl C. Gutzlaff)와 주기도문 번역
   1) 하멜 표류기를 읽은 칼 구츨라프가 화란 선교사로 임명을 받아 한국에 오기를 소원
   2) 1832년 7월 17일 동인도 회사원들의 통역으로 상선을 타고 군산만 고대도에 상륙
   3) 중국어로 된 한문 성경을 가지고 와서 2개월간 전도하던 중 우리 글로 번역
   4) 이는 세종대왕이 훈민정음을 창제 반포한 지 386년 만에 우리 글자로 성경의 몇 구절인 '주기도문'을 번역
   5) 그는 또한 감자와 그 재배법을 전수하기도 했다.
(3) 최초의 신교 순교자 토마스(Robert J. Thomas)
   1) 중국에 파송되었던 스코틀랜드 선교사 토마스가 미국의 상선 제너널셔먼호의 통역으로 한국에 옴
   2) 한국 정부의 경고에도 불구하고 계속적인 적대행위 및 만행으로 인

하여 한국과 교전
- 3) 한국군의 화공으로 상선이 격침 될 때, 토마스는 헤엄쳐 나와 언덕에 올라와 한문 성경을 전하면서 순교(1866. 9)

(4) 토마스 선교사 이후의 선교사들의 활동
- 1) 1867년 마티어는 산동서 토마스의 안부를 알려교 진남포 부근에 2개월간 전도
- 2) 1867년 콜벧이 토마스의 안부를 알기 위해 장연 목동포에 1주일 유하여 성경반포
- 3) 1873년 스코틀랜드 선교사 존 로스가 국경에 와서 한국어도 배우고 성경 번역 반포

(5) 최초의 신교 수세자
- 1) 1876년 만주
- 2) 백홍준(白鴻俊), 이응찬(李應贊), 이성하, 김진기, 이익세 등
- 3) 로스 선교사가 세례를 베품

(6) 최초의 한글 성경 번역 로스(John Ross)역
- 1) 로스는 만주에 파송된 스코틀랜드 장로교 선교사
- 2) 1882년 서상륜(徐相崙)의 도움으로 누가복음을 번역(최초의 성경번역)
- 3) 이어서 요한복음도 번역
- 4) 1883년 마태복음, 마가복음, 사도행전을 번역 인쇄
- 5) 1887년 신약전서인「예수성교전서」를 출판
- 6) 로스는 이 번역에서 "하나님"이란 용어를 처음으로 사용함
- 7) "하나님"이란 용어는 훗날에 언더우드가 확정함

(7) 이수정(李樹廷)의 일본에서의 성경 번역
- 1) 1882년 이수정은 신사유람단의 일원으로 도일
- 2) 이수정은 농학자인 쯔다센(津田仙)으로부터 전도를 받고 1883년 동경 노월정(露月町)교회에서 세례를 받음
- 3) 1883년 한문성경에 토를 단 형태인 사도행전과 사복음서의 번역인「縣吐漢韓新約聖書」를 완성
- 4) 1884년 순 우리말로된 마가복음인「신약마가젼복음셔언해」를 번역 인쇄
- 5) 이 성경은 1885년 언더우드와 아펜젤러가 한국에 입국할 때에 들고 들어온 성경이 된다.

(8) 백홍준의 노끈성경
　　1) 1876년 백홍준은 로스선교사에게서 세례를 받음
　　2) 1883년 만주로부터 로스의 번역성경을 한국 반입 시도
　　3) 검역소를 통과하기 위하여 복음서를 뜯어 한장 한장 노끈으로 꼬아서 그 노끈을 합하여 굵고 긴 끈을 만들어 낡은 종이로 싸서 그 속에 복음서를 감추고 끈으로 묶어서 반입
　　4) 이렇게 의주로 무사히 반입에 성공
　　5) 이것을 다시 책으로 만들고 그 성경을 의주, 강계 등지에 배포하면서 전도
(9) 존 로스의 성경번역 사업
　　1) 로스 : 만주에 파송된 스코틀랜드 장로교 선교사
　　2) 성경번역
　　　① 1882년 서상륜의 도움으로 누가복음을 번역(최초의 성경번역)
　　　② 이어서 요한복음도 번역
　　　③ 1883년 마태복음, 마가복음, 사도행전을 번역 인쇄
　　　④ 1887년 신약전서인「예수성교전서」를 출판
　　3) 평가
　　　① 최초로 성경을 한글로 번역
　　　② "하나님"이란 용어를 처음으로 사용함("하나님"이란 용어는 훗날 언더우드가 확정함)
　　　③ 문서선교의 중요성을 일깨워 줌
(10) 이수정과 그의 활동
　　1) 생애
　　　① 1882년 9월 수신사(修信使) 박영효(朴永孝)의 비공식 수행원으로 일본을 방문
　　　② 일본에서 농학자인 쯔다 센(津田仙)의 전도로 입신
　　　③ 1883년 동경 노월정 교회에서 세례를 받음
　　2) 성경번역
　　　① 미국성서공회 일본주재 선교사 헨리 루미스(H. Loomis)의 지원을 받아 성경 번역에 착수
　　　② 1883년 한문에 토를 단 형태인「현토한한신약성서」를 발간
　　　③ 1884년말 순 한글로 된 마가복음번역인「신약마가젼복음서언해」

를 발간
- 3) 전도사업
  - ① 전도목적으로 한「랑자회개」(浪子回改)를 번역
  - ② 프로테스탄트교인으로서 최초의 신앙고백인 '고백문'을 일본 교회잡지「六合雜誌」에 게재
- (5) 선교사가 들어오기 전의 한국교회
  - 1) 송천(솔내)교회
  - 2) 황해도 장연군 대구면 솔내
  - 3) 1884년 설립

## 4. 선교사들의 입국과 교회의 설립

- (1) 1884년의 한국 교회사적 의미
  - 1) 2월 리드(Gilbert Reid)가 교육 및 의료사업 청원
  - 2) 엘린우드(Ellinwood) 주도로 의연금으로 한국 선교사 물색
  - 3) 헤론(John Heron) 청원으로 파송-일본에서 되돌아감
  - 4) 상해에서 활동하던 의사 알렌(Allen)이 7월 22일 고종의 허락받음
  - 5) 10월 14일 상해 출발, 10월 3일 제물포에 입국
  - 6) 소래교회의 설립
- (2) 선교사들의 입국
  - 1) 초기의 선교사들
    - ① 1884. 9. 20. 알렌 의료 선교사 부부(미 북장로회): 제물포
    - ② 1885. 4. 5. 언더우드 선교사 부부(미 북장로회): 제물포
    - ③ 1885. 4. 5. 아펜젤러 선교사 부부(미 북감리회): 제물포
  - 2) 각 교파의 선교사 입국 일지
    - ① 호주장로교회(1889) : 데이비스(J. H. Davis)목사와 그 누이
    - ② 독립전도단(1889) : 카나다 토론토대학 YMCA에서 게일(Gale) 박사 파송
    - ③ 카나다 침례교회(1889) : 펜윅(M. C. Fenwick)
    - ④ 영국 성공회(1890) : 코르프 신부(C. J. Corfe)
    - ⑤ 미국 남장로회(1892) : 이눌서(Reynolds), 전위렴(Jun Kin) 등

⑥ 카나다 장로회(1894) : 맥켄지(McKenzie)
⑦ 미국 남감리회(1896) : 리드(C. F. Reid)
⑧ 헬라 정교회(1900)
⑨ 안식교(1904)
⑩ 성결교(1907) : 동양선교회로서 전래
⑪ 구세군(1908)

## 5. 선교사들의 선교

(1) 선교사들의 선교활동
　1) 의료선교
　　① 알렌(H.N.Allen, 安連)의 의료선교(미 북장로회 ; 1884년 내한)
　　　가. 광혜원 설치(1885)
　　　나. 후에 세브란스병원이 됨
　　② 스크랜톤(W.B.Scranton)의 의료선교(미북감리회 ; 1885년 내한)
　2) 교육선교
　　① 배재학당(1885) : 아펜젤러(H.G.Appenzeller)
　　② 이화학당(1886) : 스크랜톤 여사(M.F.Xeranton)
　　③ 구세학당(경신학교전신) : 언더우드(H.G.Underwood)
　　④ 정신여학교(1887) : 간호원으로 내한한 엘리즈가 설립
　　⑤ 연희전문학교(1915) : 언더우드
　3) 문화 및 출판사업
　　① 출판 : 천로역정, 한국유기, 독립신문 등
　　② 찬송가 편찬
　　③ 주간 신문 잡지 : 조선 그리스도인 회보, 그리스도 신문, 예수교회보, 기독신보, 신학지남
　　④ 매서인을 통한 성경의 판매 보급
(2) 초기 한국교회의 효과적인 선교정책들
　1) 의료선교
　2) 교육선교

3) 문화사업을 통한 선교
4) 네비우스 선교정책의 도입
5) 선교지의 분할로 효과적인 전도
(3) 선교지의 분할
  1) 발단
    ① 하나의 나라에 여러 개의 교파가 선교할 때에 야기되는 갈등과 마찰을 피하기 위해 분할을 추진
    ② 교계예양(敎界禮讓)이라고 불리움
  2) 목적
    ① 가장 빈번한 마찰의 요인이 되고 있는 사업의 중첩을 피하기 위해
    ② 돈과 시간과 힘의 낭비를 줄이기 위해
  3) 분할 원칙
    ① 인구 5천명 이상되는 도시는 공동으로 시행한다.
    ② 인구 5천명 미만되는 도시는 한 선교사에 의해 준선교기지가 설정되었으면 선교지를 점유한 것으로 인정하고 다른 교파는 선교하지 않는다.
    ③ 선교하려는 자는 아직 선교되지 않은 지역에 가서 선교토록 강력하게 권고한다.
    ④ 각 교인들은 교파 소속을 옮길 자유가 있으나 담임목사의 추천장이 없이는 불가하다.
    ⑤ 서로 다른 교회의 규칙들을 상호 존중한다.
    ⑥ 조사, 학생, 교사, 보조인 등은 다른 선교회로부터 지원받아서는 안된다.
    ⑦ 문서는 무상공급은 금지하며 반드시 판매해야 한다.
  4) 분할 내용
    ① 장로교
      가. 북장로교 : 평안도, 황해도, 경상북도
      나. 남장로교 : 전라도
      다. 호주 장로교 : 경상남도
      라. 카나다 장로교 : 함경도
    ② 감리교
      가. 북감리교 : 평북 태천, 박천, 영변, 회천, 평남 강서, 강원도

　　　　1/3, 서울남부, 충남
　　나. 남감리교 : 강원도2/3, 연안, 해주, 원산이남 지역
5) 결과
　① 5천명 이상되는 도시는 장로교와 감리교가 동시에 전도
　② 1936년까지 장로교와 감리교 사이의 협정은 잘 준수됨
　③ 장로교 총회에서 강원도 춘천과 황해도 해주에 전도목사를 파송
　　함으로 협정이 파기
6) 평가
　① 효과적인 전도를 위한 전략으로 상당한 효과를 거둠
　② 교파간의 경쟁이 사라짐으로 전도운동의 느슨함

(4) 한국에 세워진 지역별 최초의 교회들

| 지 역 | 교 회 이 름 | 년 도 | 설 립 자 |
|---|---|---|---|
| 황해도 | 소래교회 | 1884 | 서상륜, 서경조 형제 |
| 인천 | 내리감리교회 | 1884. 7 혹 1886. 4 | 아펜젤러 |
| 서울 | 새문안교회 | 1887 | 언더우드 |
| 평양 | 장대현교회 | 1893 | 마펫 |
| 부산 | 초량교회 | 1893 | 배위량 |
| 원산 | 명석동교회 | 1893 | 소알론 |
| 군산 | 구암교회 | 1895 | 전위렴 |
| 대구 | 대구제일교회 | 1896. 1 | 배위량 |
| 전주 | 서문교회 | 1906 | 최의덕 |
| 광주 | 양림교회 | 1904. 12 | 벨 |
| 군산 | 개복동교회 | 1904 | 전위렴 |

(5) 한국 기독교에서의 최초의 기록들

| 구 분 | 이 름 | 년 도 | 구 분 | 이 름 | 년 도 |
|---|---|---|---|---|---|
| 개신교인 | 화란인 하멜과 그 일행 36인 | 1653 | 선교사 | 구츨라프(독일) | 1832. 7. 17 |
| 주기도문 번역 | 구츨라프(독일) | 1832 | 성경 | 로스역(누가복음) | 1882 |
| 한국주재 선교사 | 알렌(미북장로교 의료선교사) | 1884. 9 | 한국인교회 | 소래교회(황해도 장연, 서경조) | 1884. 12 |

| 구 분 | 이 름 | 년 도 | 구 분 | 이 름 | 년 도 |
|---|---|---|---|---|---|
| 근대식 병원 | 광혜원(알렌 이후 제중원) | 1885. 4 | 근대식 교육기관 | 베제학당(아펜젤러) | 1885. 8 |
| 근대적 여성 교육기관 | 이화학당(스크랜톤 부인) | 1886. 5 | 조직교회 | 새문안교회(언더우드) | 1887. 9. 27 |
| 한국내 개신교 세례교인 | 노춘경 조사(언더우드가) | 1886. 7 | 한국내 개신교 유아세례 | 서병호(서경조의 아들) | 1887. 9 |
| 수요예배 | 승동교회 | 1893. 10 | 여전도회 | 평양 장대현교회 | 1899. 2 |
| 장로 | 김종섭(평양), 서경조(소래) | 1900. 12 | 목사 | 김창식, 김기범(미감리회) | 1901. 1 |
| 새벽기도회 | 길선주 장로(평양장대현교회) | 1906. 8 | 장로교노회 | 대한국예수교장로회(독노회) | 1907. 9 |
| 장로교목사 | 양전백, 길선주, 방기창, 송인서, 서경조, 이기풍, 한석진 | 1907. 9 | 한국인 선교사 | 이기풍목사(제주도에 파송) | 1907. 10 |
| 성가대 | 평양 장대현교회 | 1910. 10 | 장로교 총회 | 대한 예수교 장로회 총회 | 1912. 9. 1 |
| 여목사 | 전밀라, 명화용(감리교) | 1955 | 신학교 | 평양신학교 | 1901 |

## 6. 한국장로교회의 선교정책 : 네비우스 선교정책(Nevius Methods)

(1) 선교정책의 필요성
    1) 당시의 선교사들은 신학교를 마치고 선교지로 파송된 선교사들이었다.
    2) 대부분은 목회경험이 없었고 선교경험도 없었다.
    3) 경험 미숙만이 아니라 선교부가 서로 달라서 선교의 방향도 달랐다.
    4) 어떤 통일된 선교정책의 필요성을 선교사들 자신이 절감하고 있었다.

(2) 네비우스(John L. Nevius)
    1) 1829년 뉴욕에서 태어나 프린스턴 신학교를 졸업
    2) 1854년 중국에 도착 30년 넘게 치후지역에서 선교활동

3) 1885년 선교방법(The Methods of Mission Work)이란 논문을 상해에서 발간되는 *The Chiness Recorder*에 발표
4) 1886년에는 소책자로 발간
5) 중국 산동성에서 자신이 이 방법을 시도해 보았으나 효과를 거두지 못했음
6) 1890년 6월 미국에 가는 도중 서울을 방문하여 언더우드와 약 2주간 함께 지냄
7) 이 때에 선교정책을 제시
(3) 네비우스 선교정책의 목표
1) 독립하고 자립하며 진취적인 토착교회 수립
2) 선교지에서의 선교 착수, 새신자 관리, 신앙공동체 관리, 교인훈련과 교육, 사경회, 신조와 교리, 교회 규칙, 교회조직, 타교파와의 관계, 학교와 의료사업, 타종교와의 관계, 교인들의 경제생활등 광범위한 방법을 제시
(4) 네비우스 선교정책의 내용
1) 누구나 그리스도를 발견하고 그 자리에서 지속적으로 일을 할 수 있도록 하게 하고 각자는 독자적으로 그리스도를 위해 일하는 사람이 되어야 하며 직업에 의해 스스로 살아나가고, 이웃들 사이에서 그리스도와 함께 사는 것을 가르친다.
2) 교회의 운영 방법과 기구를 지방교회가 관리하고 경영할 수 있는 범위 내에서 발전시킨다.
3) 교회 자체가 인원과 재력을 제공할 수 있는 한 훌륭한 자격이 있어 보이는 사람을 뽑아 이웃을 사람에게 복음 전도의 임무를 맡긴다.
4) 지방 사람들에게 그 지방의 건축양식으로 지방교회가 감당할 수 있는 크기의 예배당을 짓게 한다.
(5) 한국장로교 선교부 공의회가 제정한 규칙
1) 전도의 목표는 상류층보다 근로계급
2) 부녀자의 귀도와 청소년의 교육을 특수목적으로 한다.
3) 초등학교를 설치 재학한 남학생들을 교사로 양성하여 각 지방에 파송
4) 교역자 배출을 준비
5) 조속한 시일내에 정확한 말로 성경을 번역

        6) 순한글을 사용함이 목표
        7) 자립하는 교회와 헌금하는 교인수 증가에 목표
        8) 자전을 위하여 전도인을 철저하게 훈련
        9) 환자를 이용하여 전도
        10) 지방의 입원환자의 철저한 사후관리
    (6) 네비우스 선교정책의 정신
        1) 백낙준의 요약
            ① 자립(自力運營 ; Self-Support)
            ② 자전(自進傳道 ; Self-Propagation)
            ③ 자치(自主治理 ; Self-Government)
        2) 그러나 진정한 정신은 성경을 바로 알게 하여 성경을 바로 교육하는 데 있음
    (7) 평가
        1) 사경회에 영향을 끼쳤으며 이 사경회는 한국교회 부흥에 결정적인 영향을 끼침
        2) 교회의 질저하를 가져오는 선교정책을 서슴치 않았다.
            ① 교역자의 수준을 한국인 수준보다 약간 높게함
            ② 선교초기에 교회지도자의 유학금지 등

## 7. 사경회(査經會)

(1) 사경회란
    1) 성경을 공부하는 신자들의 모임
        ① 성경을 배우고 성경을 실천하고자 하는 삶을 가르친 모임
        ② 말씀을 통하여 죄의 회개와 전도의 사명과 크리스챤으로서의 삶의 책임을 주장
    2) 처음에는 교회의 지도를 훈련하고자 개설
    3) 후에는 모든 신자들의 참여로 교회 부흥운동의 중추가 되었다.
(2) 사경회의 시작
    1) 1890년 네비우스 선교정책에 의해서 개설
    2) 언더우드 선교사 집에서 시작
    3) 최초로 7명이 모여 시작

① 의주에서 백홍준(白鴻俊), 김관준
② 솔내에서 서경조(徐景祚), 최명오(崔明悟)
③ 서울에서 서상륜(徐相崙), 정공빈(鄭公斌), 홍정우
(3) 사경회의 목적
   1) 한국교회 지도자들의 훈련
      ① 네비우스 선교정책에 의한 지도자 양성
      ② 선교지역의 광대로 인한 선교사들의 능력의 한계로 한국교회 지도자 양성에 필요성 절감
      ③ 한국 초대교회의 훌륭한 교회 지도자는 거의 사경회 출신들이었음
   2) 평신도의 조직적 훈련
      ① 1892년부터 일반 신자들의 참여가 시작됨
      ② 일반 신자들의 참여는 신자 자신들의 자발적인 참여로 확대되게 되었다.
      ③ 성경을 배우고 성경을 실천하고자 하는 삶을 배움
      ④ 말씀을 통하여 죄의 회개와 전도의 사명을 느끼고 생활화
(4) 사경회의 모임 방법
   1) 초기에는 일종의 신학반으로서 모임
   2) 성경을 배우려는 학생들이 자발적으로 모여들어 가르침
   3) 사랑방에서 부정기적으로 선교사가 방문하면 그 기간 동안 집중적으로 배우는 방법
   4) 선교사가 사람들을 데리고 가서 그 지방 사람들과 함께 사경회를 열기도 함
(5) 사경회의 대상
   1) 대상별 : 조사 혹은 신학생을 위한 사경회, 전도부인을 위한 사경회, 목회자 부인을 위한 사경회, 제직을 위한 사경회, 주일학교 교사를 위한 사경회
   2) 성별 : 남녀가 유별하였기 때문에 남녀의 사경회가 따로 열렸다
   3) 지역별 : 개교회, 연합, 구역사경회, 도사경회(都査經會)
(6) 사경회의 평가
   1) 한국교회의 성장에 미친 영향
      ① 교회의 조직적인 훈련

② 교회의 질적이며 양적인 성장
2) 한국교회의 조직에 미친 영향
① 한국인 지도자들의 역할 확대
② 여성들의 지위확대
③ 교회의 연합활동
④ 전도회의 조직
3) 1907년 부흥운동에 미친 영향
① 1907년 부흥운동은 사경회의 연장선상에서만 생각할 수 있음
② 말씀에 대한 강렬한 요구는 교회의 부흥을 가져온다는 교훈을 가르쳐 줌

## 8. 1907년의 한국교회의 부흥운동

(1) 발단
　　1) 1890년 네비우스 방법이 채택되어 사경회와 성경 연구열의 고조
　　2) 1903년 원산의 기도회
　　　① 미남감리회 중국선교회 소속 여선교사 화이트(Mary Culler White)의 내한 기도회 모임
　　　② 하디 선교사(R.A.Hardie, 河鯉泳)는 자신의 선교지에 뚜렷한 성과가 없는 것을 인하여 고백하면서 회개하는 가운데 성령의 뜨거운 역사를 체험
　　　③ 1904년 1월 원산에서 열린 교파별 연합 기도회에서 캐나다 장로회 선교사 럽(A.F.Robb)이 성령 체험
　　　④ 1905년 8월 평양에서 선교사 중심의 성령의 체험으로 전국을 강타
　　3) 존스톤 박사가 내한하여 영국 웨일즈 지방의 대부흥 소식을 전하면서 한국교회의 부흥을 촉구
(2) 부흥운동의 경과
　　1) 선교사들의 준비
　　　① 하디목사 초청 부흥회를 개최
　　　② 신년사경회를 위하여 선교사들이 매일 정오에 모여서 기도회
　　2) 평양 장대현교회의 신년사경회(新年査頸會)

① 1907년 1월 6일부터 10일간 열린 평양 장대현 교회의 신년사경회가 열림
② 1월 14일에는 모든 이가 성령이 강림하는 체험
(3) 전국적인 부흥운동으로 확산
1) 남녀노소, 유무식자, 선교사, 국내 교역자, 신구신자를 막론하고 성령의 감화를 받음
2) 각자의 죄와 과실과 결함을 자복, 반목질시를 화해친애로
3) 비상한 체험 획득, 새로운 사랑과 봉사의 새 능력을 충분히 받음
4) 학교는 2주간 휴학하였고, 일반 사무 중지. 상가는 철시까지 한 후 오직 기도에만 힘을 썼다.
5) 이 운동의 확장이 한국내 만이 아니라 만주, 봉천, 여러 교회와 중국의 각 도시 교회에까지 퍼져나가 전 세계 각 교계에 적지 않은 충격을 주어 주목을 끌게 되었다.
(3) 결과 및 평가
1) 전도에의 새로운 도전
① 활발한 전도운동의 전개
② 날연보 운동
③ 백만인 구령운동
2) 교회의 양적인 팽창
3) 경건한 교회상 확립 : 기독교의 순수한 신앙과 정신이 한국교회에 뿌리를 내리게 됨
4) 한국인 신자와 선교사 간의 이해를 증진하는 계기가 되었다.
5) 한국인의 도덕 재무장 운동 : 한국교회와 교인에게 도덕적인 향상에 지대한 공헌
6) 교회의 연합운동 및 활동
7) 교회의 내적인 요소의 변화
① 소규모 집회에서 대규모 집회로 변모하게 되었다.
② 한국교회의 주체가 선교사에게서 한국인에게로 넘어오게 되었다.
8) 성경공부와 기도회가 부흥의 원동력이 되었다는 점이다.
9) 한국인의 역사적 상황에 반응하는 능력을 준비하게 함
10) 선교하는 교회상 확립
11) 부정적인 평가

① 민족주의 교회에서 비정치적 교회로 변모
② 한국교회의 비정치성 내지는 몰역사성은 후에 나쁜 영향으로 등장

### 9. 백만인 구령운동

(1) 년대 : 1909년-1910년까지 일어남
(2) 성격
   1) '백만인을 그리스도에게'란 표어로 일어나 대규모 전도운동
   2) 1907년의 부흥운동이 쇠잔해지자 이를 이어가려는 운동이다.
   3) 100만명은 당시 인구 1천만명의 십일조이다.
(3) 경과
   1) 1909년 개성 지역 남감리회 소속 선교사 3명이 1주간 입산 기도 후 그 중 한 사람인 스톡스(M.B.Stokes) 목사가 1년 안에 5만인을 전도하게 해 달라는 기도를 하므로 시작되었다.
   2) 1909. 9. 13차 남감리회 선교연회가 서울에서 개최되면서 '20만명의 심령을 그리스도에게'란 표어로 개최
   3) 이 회의 폐회 직후 복음주의 통합 공의회에서는 "백만 심령을 그리스도에게"라는 표어로 운동 전개
     † 당시의 신자가 80,000명 밖에는 안되었는데 이를 목표로 세운 일은 대단히 놀라운 일이다.
   4) 1910년 9월 19일 장로회 제4회 독노회에서 백만명 구령 운동을 통과시킴
(4) 방법
   1) 날연보(헌일) : 하루를 정하여 전도하는 날로 정함
     황해도 재령에서 신청한 전도일수가 일만일, 평양에서 천명이 개인 전도에 헌신한 날 수가 이만여 일 등 모두 10여만 일의 전도일수가 약속됨
   2) 문서 전도 74만 권이 넘는 마가복음 쪽복음이 전도에 사용됨
(5) 결과
   1) 민족의 자각을 일깨움
   2) 일제로 하여금 기독교 탄압의 구실을 줌

3) 105인 사건 유발
4) 결과는 대단히 미진하였다(목표의 1:10정도).
(6) 의의
  1) 1910. 8. 29 한일합방으로 좌절감에 빠진 한국인에게 영적인 각성을 주어 새로운 목표에 도전토록 자극함
  2) 민족의 활로는 하나님 나라의 확장임을 알고 교회의 사명을 자각
  3) 당시 80,000여명의 신자로 100만명의 포부를 안은 엄청난 계획

### 10. 일제에 의한 교회의 수난

(1) 일제의 교회 핍박
  1) 초기의 회유정책
    ① 친일적 서양인과 선교사들을 통해 식민통치의 협조를 유도 (Stivenson, Arther Brown 목사, Harris 감독 등)
    ② 정교분리정책을 통한 종교의 사회, 정치참여를 봉쇄
    ③ 기독교 단체에게 금품 공세
      가. 황성 기독교청년회(YMCA)
      나. 평양 메도디스트 교회당 건립시
      다. 다수의 기독교 지도자들에게
    ④ 일본 조합교회의 조선 진출로 한국기독교 세력을 약화를 노림
  2) 중기의 탄압정책
    ① 종교의식의 간섭
      가. 예배와 사경회의 내용과 과정을 감시
      나. 일부 찬송가 가사를 문제삼아 금지
    ② 105인 사건을 통해 기독교를 강압하여 기독교 탄압을 위한 법령의 제정
    ③ 기독교의 활동을 제한하는 법률들을 제정
      의료행위에 관한 법률(1913)
    ④ 포교규칙의 제정(1915)
      가. 1915. 10. 1 포교규칙 19조 발표
      나. 1917년 개정된 법에는 더욱 강화되어 규정을 삽입
      다. 설교소 및 교회당 설치, 교회 유급직원 채용시 허가제

⑤ 사립학교법의 개정으로 탄압(1915)
　가. 기독교 계통 학교의 재정 봉쇄
　나. 성경 및 예배의식 금지
　다. 기독교 계통 학교 폐쇄
3) 말기의 박해 시기
　① 일제는 신사참배를 관철하고 기독교의 어용화를 추진
　② 1941년 미국과의 전쟁 발발
　　가. 선교사 추방
　　나. 교회 재산의 동결
　　다. 교회 지도자의 검속
　③ 1942년 한국교회 말살정책의 일환으로 "조선혁신교단(朝鮮革新敎團)" 성립시킴
　④ 성경의 변개요구
　　가. 모세오경과 계시록을 성경에서 삭제 요구
　　나. 찬송가 가사의 변개 및 삭제 요구
　⑤ 1943년 이후 교회의 간섭
　　가. 교회 내에서 국기에 대한 배례 및 황성요배(皇城遙拜) 강요
　　나. 출전 장병 무운 장구를 위한 묵도 강요
　　다. 황국신민서사 제창 강요
　　라. 집회 명칭의 변경을 강요
　　마. 휴일근무로 주일을 폐지
　　바. 교회 종을 전쟁무기 제조를 위해 수탈
　　사. 연보를 헌납금으로 바치도록 강요
　　아. 교회 지도자들에게 "미소기바라이"(淸淨)의식, 곧 천조대신의 이름으로 세례를 받게 함
　⑥ 1944년 "일본 기독교 조선교단" 결성 : 한국 내 모든 교단을 통합
　⑦ 1945년 8월 한국교회지도자 다수를 살해할 계획을 추진중 해방으로 무산됨
(2) 105인 사건
　1) 선천의 압록강 철교 개통식에 참석하려던 총독을 살해하려 했다는 거짓 사실을 가지고 다수를 체포

2) 1910. 12. 29 데라우찌(寺內) 총독의 암살음모로 민족독립운동을 주도할 가능성이 있는 인물을 제거하기 위한 술책
3) 1911.10 - 1912 초까지 6-700여명 체포
4) 1912년 5월 122명을 일제히 기소 그 중 107명이 기독교인
5) 1912. 9. 28. 105인에게 유죄 판결을 내림
(3) 3.1운동에서의 기독교인의 역할
  1) 삼일운동의 원인
    ① 한국인의 독립에 대한 갈망
    ② 일제의 엄한 군정과 횡포
    ③ 민족성 말살의 기도
    ④ 사법기관이나 행정기관에서의 한국인 배제 및 차별
    ⑤ 임금, 교육, 법 적용에 있어서 한국인 차별대우
    ⑥ 언론, 집회, 결사의 자유 박탈
    ⑦ 종교의 자유의 제한
    ⑧ 한국인 해외여행과 유학 금지
    ⑨ 비옥한 토지의 약탈
    ⑩ 공창제도 및 마약 방임 등 한국 청년 비도덕화 퇴폐 풍조 조장
    ⑪ 만주로 한국인 강제 이민
    ⑫ 일본을 위한 개선과 한국인에 대한 착취
  2) 기독교인의 역할
    ① 33인중 16인이 기독교인
      가. 장로교
        길선주(목사, 평양 장대현교회), 이병조(목사), 양전백(목사, 선천 천북교회), 유여대(목사, 의주 동교회), 이명룡(장로, 더 홍교회), 이승훈(장로, 정주 오산학교 설립자)
      나. 감리교
        이필주(목사, 서울 정동교회), 김창준(전도사, 중앙예배당), 이갑성(세브란스병원 사무원), 박희도(WMCA 청년부 간사, 중앙예배당 전도사), 박동완(기독신보사 서기), 신홍식(목사, 평양 남산현교회), 신석구 (목사), 오화영(목사, 서울 종교교회), 정춘수 (목사, 원산), 최성모(목사, 해주 남본정교회)
  3) 기독교인의 역할

① 33인중 절반이 기독교인으로 주도적인 역할을 함
② 당시의 유일한 조직체가 종교단체밖에 없었음
③ 따라서 만세운동이 교회를 중심으로 일어나 사실상 주도했음
④ 기독교의 참여 없이는 신속히 전국적으로 확대되지도 오랫동안 지속되지도 못했을 것이다.
4) 피해
① 이로 인하여 목사와 장로와 교인들에 대한 무차별 탄압이 시작되었다.
가. 체포 : 3,804명
나. 체포된 장로.목사 : 134명
다. 기독교 관계 지도자 체포 : 202명
라. 감금된 남자 신자 : 2,125명
마. 감금된 여자 신자 : 531명
바. 매맞고 방면된 자 : 2,162명
사. 사살된 자 : 41명
아. 수감중인 자 : 1,642명
자. 매맞고 죽은 자 : 6명
② 파괴된 교회당 : 12개소
(4) 일제의 신사참배(神社參拜) 강요
1) 신사란
① 일본인의 조상신(祖上神), 곧 국조신(國祖神), 전쟁신, 무사신(武士神), 영웅신을 모시는 다소 복잡한 사당
② 후일에 천황을 인간의 몸으로 태어난 현인신으로 숭배하면서 신사 참배가 곧 충성과 존경을 나타내는 일종의 종교행위로 등장하기에 이른다.
2) 경위
① 1920년대 조금씩 거론
② 내선일체(內鮮一體) 강화와 한국민족 말살정책의 일환으로 한국어 사용을 금지 및 창씨개명(倉氏改名)등과 함께 신사를 곳곳에 건립하고 참배케 함
③ 1930년대에 와서는 대륙침략을 강화하는 시기로 국력과 국가 정신을 한 곳으로 귀의시키려는 의도로 자행

④ 1931년 국가의식으로 강조되면서 시작
⑤ 1930년대에 와서는 본격적인 강요가 이루어져서 일반 학교에서 기독교 학교, 평양 신학교까지 강요
⑥ 1935년 11월 평양에서의 교장 회의 때에 학교의 신사참배 요구 - 평양숭실학교장 매큔(G.S.McCune, 尹山溫)과 숭의여고 교장 선우리(V.L.Snook)에게
⑦ 1937. 9. 노구교사건으로 미션계 학교에도 본격적으로 신사참배 강요
3) 조직적인 신사참배 강요 : 다음의 내용을 모든 기독교인에게 묻고는 대답에 따라 처벌
① 신사참배가 국민의식이냐, 종교의식이냐?
② 천조대신(天照大神)이 높으냐, 그리스도가 높으냐?
③ 국가가 첫째냐, 종교가 첫째냐?
4) 교회들의 신사참배의 결의
① 교회에 대한 회유와 탄압으로 거의 모든 교단이 신사참배를 결의
② 천주교
　가. 1918년 '신사는 다른 신을 위하므로 참배할 수 없다'
　나. 1936. 6. 5. 로마 교황청의 포고령으로 일제히 신사참배에 동조
　　- '신사참배는 종교적 행위가 아닌 애국적 행사이므로 그 참배를 허용한다'
③ 감리교
　가. 1936. 6. 감리교는 신사참배를 결의
　나. 9월 3일 이를 통독부에 통보함으로 박해를 면함
④ 장로교
　가. 1938. 9. 9일에는 제27회 조선 예수교 장로회 총회에서 결의 통과
　나. 회장 홍택기(洪澤麒)가 불법으로 가결
　　- "신사참배는 종교의식이 아니요 국가의식이므로 받아들인다"
　다. 한부선, 배위량(W.M.Baird, 裵偉良) 선교사는 불법을 선언
　라. 9월 10일에 회장 홍택기, 부회장 김길창(金吉昌)의 안내로 평양 신사를 참배

⑤ 결과
  가. 1943년 총회는 해산되고 일본 기독교단 조선교단으로 대체됨
  나. 해방시까지 일본 기독교단에 예속
(5) 신사참배 강요에 대한 한국교회의 저항운동
  1) 운동의 발단
    ① 1937년 전주에서 '신사참배는 우상숭배다'라는 플턴(Fulton)성명을 발표 - "학생들과 교직원들에게 신사참배를 시키기 보다는 차라리 학교를 폐쇄하도록" 허락
    ② 1937. 9. 노구교사건으로 미션계 학교에도 본격적으로 신사참배 강요
      † 많은 학교가 자진 폐교하거나 폐교당했다.
    ③ 평양신학교도 신사참배 거부로 폐교당함
    ④ 장로회 총회의 신사참배 가결로 반대운동의 본격화
  2) 주요인물
    ① 평양 : 주기철 목사
    ② 평북 : 이기선 목사
    ③ 부산 : 한상동 목사
    ④ 평남 : 이주원 전도사
    ⑤ 순천 : 손양원 전도사,
    ⑥ 재건파 : 최덕지 목사
    ⑦ 여성 : 안이숙, 조수옥
  3) 한상동(韓尙東)의 구체적인 반대운동안
    ① 신사참배한 노회를 해체
    ② 참배를 거부한 신자만으로 새로운 노회 조직
    ③ 참배를 거부한 동지들 간의 상호원조
    ④ 가정 예배, 동지규합에 노력할 것
      † 한상동 목사의 체포로 실행되지 못함
  4) 결과
    ① 투옥 2,000명
      가. 한상동 목사를 비롯한 수많은 사람이 투옥
      나. 출옥성도들
        이기선, 김린희, 김형락, 박신근, 김화준, 고흥봉, 서정환, 장두희, 양대록, 최정민, 이광록, 한상동, 이현숙, 최덕지,

　　　　이주원, 방계성, 오윤선, 주남구, 손양원, 김두석, 김영숙,
　　　　엄애나, 이술연, 김야모, 안이숙, 손명복, 조수옥 등
　　② 200여 교회가 폐쇄
　　③ 50여명의 순교
　　　　가. 장로교 : 주기철, 최봉석, 최상림, 박관준, 서정명, 허원훈,
　　　　　　　　　　김윤섭, 김능용, 최병예, 김창욱, 박의흠, 전태영,
　　　　　　　　　　최병훈, 강두희, 이용희, 김병일, 안영애, 이기풍,
　　　　　　　　　　이현속
　　　　나. 감리교 : 이영한, 최인규, 박연세, 김창옥
　　　　다. 성결교 : 김 연, 박봉진, 손갑종, 강종근
　　　　라. 침례교 : 전치규
　5) 성격
　　① 우상숭배를 거부함으로 신앙의 순수성을 지킴
　　② 민족 말살 정책에 대한 저항
　　③ 일본적 체제의 조직적인 부정

## 9. 1930년대 특징적 신앙 인물

| 이 름 | 생　　애 | 주 요 사 상 |
|---|---|---|
| 이용도<br>(李龍道) | • 1901. 4. 6 황해도 김천 시변리 출생<br>• 1925년 겨울 협성신학교 재학 중 각혈을 하고 강동에서 요양<br>• 1928년 목사 안수<br>• 1933. 10. 33세의 나이로 요절 | • 자신의 병을 민족의 고난으로 일치시켜 고난의 신학을 강조하면서 무언방식을 사용<br>• 제도화된 기성교회를 공박하며 신비주의적 성향으로 계시된 말씀보다는 체험을 강조<br>• 지지기반을 하층민을 대상으로 함<br>• 집에다 장애자 신학생 20명 데려다 공부시킴<br>• 원산의 접신과 한준명을 옹호함으로 이단으로 정죄, 한준명등은 이용도를 이용하여 "예수교회"를 설립 |
| 김교신<br>(金敎臣) | • 동경고등사범학교유학<br>(영문과에서 박물관과로 전과)<br>• 귀국 후 양정보고에서 교사 | • 우찌무라 간조 밑에서 함석헌과 함께 배우고 최태용과 함께 무교회주의 운동 시작<br>• 무교회주의자의 대표자, 그러나 그는 교회를 없애자는 것이 아니라 교회지상주의를 배격하고 참된 조선인다운 교회를 세우자는 것이었음 |

| 이 름 | 생 애 | 주 요 사 상 |
|---|---|---|
| | | • 신앙의 직업화를 반대하고 반성직적인 태도<br>• 1927년 "성서조선"을 창간하고 "무교회주의 성서연구회"를 설립, 지지기반을 식자층과 중산층에 둠<br>• 1938년 창씨개명과 신사참배 반대로 강한 부활신앙을 가짐<br>• 신비적인 태도로서 엄격한 생활을 강조(성수주일, 삶의 엄격성과 진지성) |
| 김인서<br>(金麟瑞) | • 1894. 4 자작농의 아들로 출생<br>• 상해임시정부 함북연통제 책임비서<br>• 1920년 투옥, 출감후 1926년 평양신학교 입학 | • 1932년 신앙생활의 편집인<br>• 당시교회의 분열로 인하여 법보다 사랑을 강조하여 교회일치를 주장<br>• 1934년 이용도가 원산 접신파와 연계했다는 이유로 정죄함 |

### 10. 한국교회의 성경번역의 역사

(1) 로스 번역 성서
  1) 1882-1887까지 예수교 '누가복음전서'에서 '예수성교전서' 까지
  2) 발행처 : 만주 심양의 문광서원
  3) 번역자 : 로스 및 맥킨타이어와 한국인 다수
      (이응찬, 백홍준, 김진기, 이성하, 이익세, 최성규, 서상륜 등)
  4) 경과
    ① 1882. 3. 24. '예수성교 누가복음전서' 3,000부 1,000부는 일본 스코틀랜드 선교부에 보내짐
    ② 1882. 5. 12. '예수성교 요안네복음전서'
    ③ 1883. '예수성교 마르코복음' : 마태, 마가복음
    ⑤ 1885. '예수성교 요안나복음 이빗쇼셔신' : 요한복음, 에베소서
    ⑥ 1887. '예수성교전서' : 신약 전체 번역 완료
(2) 이수정 번역 성경
  1) 이수정 : 1882. 9. 19 박영효 수신사의 일행이 되어 인천을 출발 10일 후 요코하마 도착

① 12.25 성탄 축하 예배 참석 후
② 1883. 4. 29 쯔다 센(津田仙)에게 세례를 받음
③ 1883. 5. 11자 서한에서 성경 번역을 최초로 공개
2) 성경의 번역
① 최초의 번역서인 '현토한한신약성서'는 신약 전체의 번역
② 1883. 7. 30에 요한복음 일부를 미국에 보냄
③ 1884년에 번역성경들이 나오기 시작
④ 1885년초 '신약마가전복음서언해'
⑤ 이 성경을 아펜젤러와 언더우드가 가지고 한국에 입국
(3) 국내에서의 성경 번역
1) 1887 아펜젤러와 언더우드가 번역한 '마가의 전한 복음셔언해'
2) 1890 아펜젤러역 '보라달로마인서'
3) 1892 '마태복음전' 게일의 사도행전
4) 1887 성서위원회 조직
5) 1893 - 1896 번역위원회가 31회나 회동
6) 개역성경 1911년 구약개역성경이 번역 완료
                1926년 조직하여 1937년 완료
7) 1937 한글개역
8) 1952 개역한글판 성경
9) 1956 개역성경
10) 1964 국한문 성경
11) 1977 공동번역성서
12) 1985 현대인의 성경
13) 1988 현대어성경
14) 1993 표준새번역성경

## 11. 한국교회의 이단운동

(1) 김장호(金庄鎬) 목사의 조선기독교회
    1) 생애
        ① 1902부터 황해도 홍수원 교회 담임
        ② 1914년 평양신학교 제7회 졸업

③ 황해노회에서 목사안수 후 노회 부서기, 서기 등 역임
④ 1916년 노회 총대권 박탈후 1918. 7. 7. 신원교회(황해도 봉산군 신수면)로 옮김
⑤ 거기서 그는 '조선 기독교회'를 창립
2) 그의 주장
① 자유주의적 교회론을 주장 : 의회적인 정체를 불복하고 평민적 민주정체 주장
② 성경의 자유주의적 해석 : 출애굽, 오병이어, 예수의 물 위로 걸으심 등 기적을 부인
3) 처리
① 1916. 6. 30. 제10회 황해노회(황해도 재령 남산현교회)는 홍수원교회 담임목사 김장호의 노회 총대권을 박탈하고 자유주의적 신앙적 이단행위 회개 촉구
② 이에 불복하자 1918. 12. 6. 제15회 황해노회시에 이단자로 제명
4) 평가 : 한국교회 최초의 교리적 이단
(2) 이용도(李龍道) 목사의 광적 신비주의
1) 생애
① 1901년 황해도 금천 출생
② 1928년 협성신학교 14회 졸업(1928) 후 목사 안수(1928. 9.)
③ 1930년대 민족감정 고조와 그리스도에 대한 에로스적 사랑을 고취시키는 부흥사경회로 전국교회에 명성을 날림
④ 1933. 10. 2. 원산 신학산(神學山)에서 신병으로 사망
2) 광적 신비주의 운동
① 원산의 백남주(白南柱), 한준명(韓俊明)과 강신극(接神劇)을 벌임
② 원산의 접신녀 유명화(劉明花)의 신언(神言)으로 듣고 교파 창설
③ 신학사상은 스웨덴버그(Swedenborg)적 신비주의이며 무교회주의적이다.
3) 조치
① 1931년 황해노회에서 금족령
② 평양노회(1932), 안주노회(1933), 제22회 총회(1933. 9.)가 정죄
③ 1933년 감리교 중부연회가 목사 휴직 처분
(3) 황국주(黃國柱)의 목가름

1) 생애
   ① 황해도 출신으로 간도 용정으로 이민
2) 목가름 주장
   ① 간도 용정에서 유별난 신앙생활
   ② 신비 중에 자기의 목이 떨어지고 예수의 목이 붙었다고 하며 자신을 신성화, 머리도 예수의 머리, 피도 예수의 피, 마음도 예수의 마음이라고 하면서 전부 예수로 변했다고 주장
   ③ 새 예루살렘에 입성한다고 평양에 나타났으며 각지에서 집회 인도
   ④ 이 '현대판 예수'를 구경하러 나왔던 부녀자들이 가정을 버리고 황국주를 따라 나섬
   ⑤ 1935. 7월경 함남 삼호교회 부근에 와보니 남녀가 60-70명이었는데 혼숙하면서 자신은 그리스도라고 자처하면서 죄를 범할 수 없는 완전주의를 표방하고 혼음
   ⑥ 이들과 함께 삼각산에서 목가름과 피가름의 원리를 가르침
   ⑦ 곧 자신은 예수의 목과 피를 가졌으므로 자신과 육적으로 접촉하면 그에게 예수의 피가 생기고 영적으로 합일되면 예수의 영이 있게 되어 죄사함과 구원을 얻는다고 주장
3) 조치
   ① 1933년 안주노회가 황국주와 유명화를 이단으로 정죄, 동년 가을 총회에서도 이 사실을 확인
4) 영향
   ① 이 '피가름'의 원리는 '혼음' 사건으로 변천
   ② 문선명-정득은-이수완-박태선의 계보로 이어지면서 한국교회의 이단의 온상이 됨
(4) 김백문(金百文)의 이스라엘 수도원
  1) 대구출생으로 30세때에 예수께서 자신에게 임하였다고 주장
  2) 「성신신학」(1954)과 「기독교 근본원리」(1958)
  3) 그의 사상은 통일교와 박태선에게 전수됨
  4) 한국교회의 이단운동의 사상적인 배경을 제공
(5) 정득은(鄭得恩)의 영체교환(靈體交換)
  1) 삼각산에서 황국주에와 영체교환 원리를 포교
  2) 문선명으로부터 영체교환을 받고 몇 계대를 거쳐 박태선에게 물려줌

3) 「생의 원리」라는 책을 통해 창조론, 복귀역사, 재림론 등 이단원리 주장
(6) 박태선(朴泰善)의 전도관
　1) 생애
　　① 1915년 평북 출생으로 이성봉 목사 집회에서 은혜를 받음
　　② 남대문 교회 집사, 창동교회 피택장로
　　③ 1946년 정득은과 영체교환
　　④ 1990. 2. 7. 사망
　2) 이단 주장
　　① 6.25 때 피난생활중 생수를 마시는 경험과 그리스도의 보혈을 마시는 경험을 했다고 주장
　　③ 1955. 3. 남산집회를 시발로 전국에서 대중집회를 통해 선풍을 일으킴
　　④ 1957년 '감람나무'와 '동방의 의인'이라고 자처하며 전도관만이 유일한 구원의 방주라 주장
　　⑤ 오묘원리가 그들의 교리체계(성경의 아전인수격 해석)
　　　가. 박태선을 중심한 천년성의 복귀론
　　　나. 박태선이 "감람나무"이며 "동방의 의인", "영문", "보혜사"라고 주장
　　　다. 박태선을 통해서만 성신을 받고, 구원을 받고, 불사할 수 있고, 부활할 수 있다
　　　라. 기성교회는 마귀의 소굴이며 전도관만이 유일한 구원의 방주
　3) 전도관의 조직
　　① 정식명칭 : 한국 예수교 전도관 부흥협회
　　② 1955. 12. 중앙 전도관을 개관
　　③ 1957. 12. 소사 제1신앙촌 건립
　　④ 1962. 1. 덕소 제2신앙촌 건립
　　⑤ 1971. 8. 제3신앙촌 건립
　　⑥ 1980년 전도관을 '천부교'라고 개칭하고 자신을 천부로 자처
　　⑦ 행정조직 : 이장, 반장
　　⑧ 신앙조직 : 천부장, 백부장
　4) 조치

① 1956. 2. 15. 경기노회로부터 이단으로 정죄당함
　5) 교훈
　　① 기성교회의 영적 쇠잔과 성도들의 갈급한 상태는 이단을 불러온다는 교훈
　　② 열광적인 집회와 이적기사의 조작에도 성도들은 쉬 넘어간다는 교훈
(7) 문선명(文鮮明)의 통일교
　1) 문선명의 생애
　　① 1920년 평북 정주 출생
　　② 7-13세까지 서당에서 한문공부
　　③ 1934. 평북 정주 오산보통학교 3년 편입 1년간 다니다가 1935. 4. 정주 공립심상소학교 4학년으로 전학 1938년 졸업
　　④ 1941. 3. 24. 도일하여 와세다대학 전기공학과에 적을 두고 가와사끼 조선소에서 중노동
　　⑤ 1944. 10. 동경 유학시절 지하운동 혐의로 경기도 경찰부에 체포, 구금(4개월간 고문)
　　⑥ 1945. 4. 28. 최선길과 결혼했으나 1957. 1. 8. 이혼당함
　　⑦ 1960. 3. 1.(41세) '어린양 혼인잔치'를 하고 18세의 한학자와 네번째 결혼
　　⑧ 1973. 미국으로 이민
　2) 통일교 이단운동
　　① 16세(소학교 2학년) 때 계시를 받았다고 주장
　　② 이용도, 황국주의 후예인 정득은에게 영체교환을 전파
　　③ 김백문의 가르침을 받고 그의 「기독교 근본원리」로 「원리강론」의 근본골격으로 삼음
　　④ 1946년 평양에 광해교회를 세우고 자신의 원리를 포교하기 시작
　　⑤ 1949년 북한 내무서에서 혼음죄로 수감되었다가 50. 10. 14. 미군의 진주로 흥남형무소에서 석방
　　⑥ 1950. 12. 4. 수제자 김원필, 형무소 동기 박정화와 평양을 출발, 해주-용매도-임진강-서울-문경새재-낙동강-영천-경주-울산-부산으로 피난하여 부산에서 포교활동 시작
　　⑦ 1954. 5. 통일교를 창설 : 세계 기독교 통일 신령협회(세계의 모

든 주의, 사상, 정치, 종교를 하나로 통일시킨다는 의미)
⑧ 1973. 미국으로 이민하여 경제적 기반을 닦고 주요도시를 돌며 '희망의 날' 집회
⑨ 1984. 5. 15. 미국에서 탈세혐의로 투옥
3) 통일교의 주요 주장
　① 원리강론
　　가. 새 계시, 성약서라고 하여 성경보다 우위에 있음
　　나. 창조원리, 타락론, 인류역사, 종말론, 메시야 재림론, 부활론, 예정론, 기독론으로 구성
　② 통일교의 신조
　　가. 유일신이신 창조주 하나님을 인간의 아버지로 믿으며 신구약 성서를 경전으로 받든다
　　나. 하나님의 독생자이신 예수님을 인간의 구주인 동시에 복귀된 선의 조상으로 믿으며 예수님께서는 한국에 재림하실 것으로 믿는다
　　다. 인류세계는 재림하시는 예수님을 중심삼고 하나의 대가족사회가 될 것을 믿는다.
　　라. 하나님의 구원섭리의 최종 목표는 지상과 천상에서 악과 지옥을 없애고 선과 천국을 세우는데 있는 것을 믿는다
　③ 창조원리
　　가. 신관 : 하나님은 양성(陽性)과 음성(陰性)의 중화적 주체로 존재
　　나. 창조론 : 남성적 신과 여성적 피조세계, 그리고 합성체인 문선명을 중심한 창조 목적
　④ 타락론 : 인간은 천사의 꾀임에 빠져 음행함으로 타락
　⑤ 기독론
　　가. 인간이 음행으로 타락하였기 때문에 인간은 혈통적으로 더러워져 있다.
　　나. 예수는 이러한 더러워진 인간을 창조 이상으로 복귀시키기 위하여 왔다.
　　다. 예수가 창조 이상을 완성한 남성(후 아담)과 창조목적을 완성할 참아버지로서의 선의 자녀를 낳기 위해 왔다.
　　라. 타락한 인간들은 선의 자녀로 다시 낳아 주기 위하여 참어머

니도 있어야 하며 그가 바로 성신이다.
마. 십자가를 통한 예수님의 구원은 단지 영적구원만 이룩하였고, 육적 구원은 실패하였다.
바. 따라서 재림주가 다시 와서 영육의 구원을 완성하고 인간을 완전히 복귀시켜야 하는데 그가 바로 문선명이다.
⑥ 복귀원리 : 구원론
가. 타락된 인간으로 하여금 창조목적을 완성케하기 위하여 창조 본래의 인간으로 복귀시킨다는 구원론
나. 복귀는 탕감을 통해 되는데 하나님이 탕감조건으로 세우신 예수께서 유대인의 모략으로 십자가에서 죽음으로 완전한 탕감을 이루지 못했다.
다. 최후적이며 완전한 탕감은 참부모로 온 재림주(문선명)에 의해 성취된다.
⑦ 재림론
가. 탕감복귀의 원리를 완성하기 위해 재림주가 오시는데 그 시기는 현세이다.
나. 재림시기인 말세는 대환란과 천지개벽이 일어나는 때가 아니라 창세 이후 인류가 유일한 소망으로 바라던 기쁨의 날이 실현되는 때이다.
다. 현세가 곧 재림의 시기로 그 재림의 주는 이미 재림했으며 그 재림주는 자신이다.
4) 비판
① 성경을 근거로 한 이단이 아니라 원리강론에 입각한 새로운 이교적 존재(異敎的 存在)이다.
② 사상과 정치 및 체계가 모두 혼합주의이다.
③ 원리강론에 입각하여 주장하는 혼음종교이다.
(8) 용문산 애향숙(愛鄕塾)
1) 나운몽(羅雲夢)의 생애
① 1940. 6.(27세 때) 나운몽이 경북 금릉군 용문산 일대에 설립
② 1946년 서울 수표교 감리교회 장로
③ 해방 이후 인쇄업을 하며 농민성보(農民聲報)를 발행
④ 1947년 애향숙 재건

2) 주요 사상
   ① 광적인 신비적 신앙운동과 성령론
   ② 동양철학적 사상으로 혼합된 사상과 동방의 한나라 사상
   ③ 토착화 복음화론
   ④ 타계주의적 천국론
   ⑤ 고신측 제38회 경남노회(1968. 7.)의 정죄 내용
      가. 공자, 석가도 하나님께서 보내신 동방의 선지자로서 하나님의 뜻을 나타내셨다.
      나. 기독교의 부활체, 불교의 불타, 유교의 신선 등은 표현만 다를 뿐 구원받은 자들의 동의어다.
      다. 복음이 전파되기 전 시대에는 유교와 불교를 통해서 구원받은 사람이 있다.
      라. 유교, 불교가 기독교의 복음 안에서 조화되는 것이 천국이다.
      마. 진리는 형(型)에 있지 않고 질(質)에 있으니 진리이면 유교나 불교나 기독교나 하나가 된다.
(9) 이유성(李流性)의 여호와 새일교
   1) 교주 이뢰자(李雷子)는 이유성으로 개명하고 자신을 메시야로 자처
   2) 여호와 새일교는 사42:9과 43:19에 근거하여 지은 이름
   3) 자신이 신적계시를 받아 만들었다는 12신조와 7원리를 여호와의 책이라고 경전 취급
   4) 계룡산에 거점을 두고 활동했으나 그의 익사로 세력이 약화
(10) 양도천의 세계일가공회
   1) 양도천이 신적계시를 받아 만들었다는 영약(求約)을 경전으로 삼음
   2) 1965년 세계일가공회(世界一家公會)를 조직
   3) 자신이 정도령의 사명을 받았다고 주장
   4) 기독교, 유교, 불교, 동학의 사상을 혼합하여 만든 혼합주의
   5) 자신의 속한 교단이 성결교단으로부터 제명처분을 받음
 * 한국교회의 이단운동 정리

| 구 분 | 주 요 주 장 | 주요활동단체 |
|---|---|---|
| 김장호 | 교회론부정, 성경의 이적을 부인 | 조선기독교회 |
| 이용도 | 광적 신비주의, 접신녀와 함께 교단 창설 | 예수교회 |
| 황국주 | 피가름과 목가름의 원리, 혼음과 여러 이단의 발생온상이 됨 | |

| 구 분 | 주 요 주 장 | 주요활동단체 |
|---|---|---|
| 김백문 | 성신신학, 기독교근본원리를 통해 한국교회 이단사상의 원리 제공 | 이스라엘 수도원 |
| 정득은 | 생의 원리에서 이단사상의 원리 제공 | |
| 박태선 문선명 | 자신을 감람나무, 동방의 의인, 영문, 보혜사, 천부로 자처 자신을 재림주로 자처 | 전도관(천부교) 통일교 |
| 용문산 | 불교와 유교로도 구원의 길이 있음, 기독교의 유일성 부인 | 애향숙 |
| 이유성 | 12신조와 7원리로 경전을 삼아 자신을 메시야로 자칭 | 여화와새일교 |
| 양도천 | 정도령직을 사명을 주장, 기독교, 유,불,동학의 혼합주의 | 세계일가공회 |

## 12. 한국교회의 부흥요인

(1) 외적인 요인들
　　1) 전통종교의 타락
　　　　① 유교와 불교의 타락
　　　　② 전통종교들의 시대적인 사명에 무력
　　　　　　† 기독교 복음에 대한 수용적 태도가 됨
　　2) 시대적인 상황
　　　　① 일제의 침략과 국권의 상실
　　　　② 북한의 위협으로 불안한 국민
　　　　　　† 기독교의 내세 소망을 무리없이 받아들이게 됨
　　3) 여성의 역할의 증대
　　　　① 교회가 여성을 깨치게 하고 이들을 교회의 지도자와 일꾼으로 활용
　　　　② 많은 여성들이 교회로 대거 몰려나오고 활발한 활동
　　　　　　† 부흥의 결정적인 계기를 제공
　　4) 서구교육에 대한 강렬한 열망
　　　　① 많은 지도급의 인사들이 서양 교육을 미리 받아 지도자가 되어 개종
　　　　② 이러한 선각자들이 되기 위하여 서양 교육을 받기 위한 기회를 얻기 위하여 기독교학교에 진학
　　5) 고상한 도덕과 윤리

① 제사 및 미신으로 인한 가정의 경제의 어려움
② 음주 및 축첩으로 인한 가계의 막대한 타격
③ 새 출발의 계기로서 삼음
† 기독교는 이를 철저하게 금지함으로 많은 사람이 기독교를 선호
6) 70년대의 경제성장
① 보릿고개 및 오랜 가난에서 벗어나고자하는 소망이 강렬함
② 70년대의 경제성장
(2) 교회의 진취적인 정신
1) 대부흥운동이 일어났기 때문이다.
① 1903년 원산에서 모인 선교사들의 기도와 성경 사경회의 지도자는 R.A.하디였다.
② 1907년 평양에서 대군중집회에서의 부흥운동은 영적인 재생의 날들이었다.
2) 전도집회들이 성과를 거두었기 때문이다.
① 백만인 구령운동
② 백년 전진과 주일학교 운동
3) 네비우스 선교방법이 성공을 거두었기 때문이다.
① 일단 믿기로한 사람은 끝까지 신앙을 지키도록 하고 그로 하여금 그리스도의 일꾼이 되어서 전도하도록 하였다.
② 교회의 처리방법이나 처리기구는 본토인 교회가 능히 감당할 수 있도록 운영할 수 있는 범위 내에서 발전시킬 것
③ 전도할 자격자를 택하여 전도케 할 것
④ 교회 건물은 스스로 짓도록 하여 그 양식은 지방에 맞도록 할 것.
⑤ 자전, 자립, 자치의 독립정신을 심어줌
4) 군복음화 운동의 성공
① 전군 신자화 운동, 신앙확립운동
② 많은 젊은이들이 교회로 돌아오게 되는 계기가 됨
5) 목회자들의 열성적인 헌신
① 탁월한 부흥사들의 활동
② 정통 보수 신학을 근거한 목회활동
③ 교회부흥을 위한 목회자들의 열성적인 헌신이 있었음
(3) 성령의 강한 역사

① 기도와 부흥회의 강렬한 활동
② 일부 부작용이 있지만 기도원 운동의 기여

## 13. 한국교회가 한국사회에 끼친 공헌

(1) 의료사업
1) 광혜원(제중원 ; 1885년 설립)을 비롯한 수많은 병원을 세움
2) 병원은 당시의 정부의 선교 억제정책으로 인하여 전도하지 못하는 상황에서 유일한 접촉점이었음
3) 병원은 단순히 육신의 병을 고친 것이 아니라 기독교 진리를 전파하는 주요한 수단이 됨
4) 이러한 의료행위는 전근대적인 방법으로 치병하려던 한국사회를 깨우치는데 중요한 역할

(2) 교육사업
1) 배제학당(1885)을 비롯한 수많은 학교들이 선교사들에 의해서 세워짐
2) 학교는 문맹퇴치를 비롯하여 기독교적 학문을 수학하는데 주요한 역할
3) 서양문물을 접하는 통로로서 활용
4) 민족정신을 일깨운 사업
5) 학자들을 배출하여 민족정신을 일깨우게 함

(3) 문화사업
1) 인쇄소의 설치와 출판사업은 기독교 확장에 많은 도움
2) 신문의 발행을 통하여 언로를 활성화 함으로 백성을 계몽하고 일깨움

(4) 한글보급
1) 사대주의로 한자를 선호함으로 국민의 절대다수의 문맹을 퇴치
2) 한글이 비로서 제자리로 매김을 할 수 있게 되었음
3) 성경을 한글로 반포함으로 한글의 대중화
4) 성경을 정확히 번역하기 위하여 한글 문법을 연구함으로 한글 보존에 결정적인 역할
5) 언문일치(言文一致)에 기여

6) 한국 문학의 서구화, 근대화에 커다란 영향
　　7) 기독교인 학자를 다수 배출함
(5) 사회개혁
　　1) 술, 아편, 담배, 오락 등의 생활을 개혁
　　2) 미신을 금지하고 과학적인 삶을 살도록 함
　　3) 관혼상제의 개혁으로 경제적인 활성화
　　4) 여권신장으로 여성의 사회적 지위의 확대
　　5) 인권의 중요성을 일깨우고 이를 옹호
　　6) 부정과 부패와 사치와 향락에 맞서서 싸움

## 14. 21세기의 한국교회의 과제

(1) 바른 성경적 신학의 확립
(2) 한국적인 신앙고백의 수립
(3) 기독교 문화의 건설과 교회의 사회적 책임 감당
(4) 세계선교를 향한 사명
(5) 교파합동을 위한 노력
(6) 신학교 교육의 정상화와 목회자의 자질 향상을 위한 노력
(7) 개방화 국제화 시대에 따른 교회의 역할과 위상 제고
(8) 과학과 합리주의와 실용주의시대에 교회의 활로 모색
(9) 조국 통일에 대비한 교회적 역할 모색
(10) 사회개혁과 변화에 주도적인 역할
(11) 제2의 종교개혁의 각오를 가진 교회의 체질개선

## 제 3 장
# 한국 장로교회사

### 1. 한국장로교회의 초기의 선교사들

(1) 1884. 9. 2. 알렌(Allen) 의료 선교사 부부(미북장로회)
(2) 1885. 4. 5. 언더우드(H.G.Underwood) 선교사 부부(미북장로회)
(3) 호주장로교회(1889) : 데이비스(J. H. Davis)목사와 그 누이
(4) 미국 남장로회(1892) : 이눌서(Reynolds), 전위렴(Jun Kin) 등
(5) 카나다 장로회(1894) : 맥켄지(McKenzie)

### 2. 한국에 세워진 각지역의 장로교회들

| 지 역 | 교 회 이 름 | 년 도 | 설 립 자 |
|---|---|---|---|
| 황해도 | 소래교회 | 1884 | 서상륜, 서경조 형제 |
| 서울 | 새문안교회 | 1887 | 언더우드 |
| 평양 | 장대현교회 | 1893 | 마펫 |
| 부산 | 초량교회 | 1893 | 배위량 |
| 원산 | 명석동교회 | 1893 | 소알론 |
| 군산 | 구암교회 | 1895 | 전위렴 |
| 대구 | 대구제일교회 | 1896. 1 | 배위량 |
| 전주 | 서문교회 | 1906 | 최의덕 |
| 광주 | 양림교회 | 1904. 12 | 벨 |

### 3. 초기 한국장로교회의 직분

(1) 목사
(2) 장로
(3) 영수 : 선교지에서 교회를 치리하거나 선교사나 조사의 위임사항을 수행
(4) 집사 : 안수 집사 및 남녀 서리집사

### 4. 한국장로교회의 조직역사

(1)장로교단의 조직 전의 조직
    1) 북장로교 선교사회 : 1885년 알렌 의사 부부, 언더우드 선교사, 헤론 의사 부부 등 5명이 조직
    2) 연합 공의회(聯合公議會)
      ① 1889년 북장로교 선교사회와 호주 선교사 데이비스 목사가 연합 공의회 설립
      ② 이듬해 데이비스 선교사의 사망으로 폐지
    3) 선교부 공의회(宣敎部公議會)
      ① 1893년 남장로교 선교사(이눌서 부부, 전위렴 부부, 최의덕 남매)들의 내한(1892)으로 남북장로교 간에 조직
      ② 1898년에 카나다 장로교, 호주 장로교 선교사들의 내한으로 가입
    4) 조선 예수교 장로회 공의회(朝鮮倻蘇敎長老會公議會)
      ① 1901년 선교사와 한국인 총대가 참여하여 공의회 설립
      ② 회원(총 34명)
         가 장로3인(서경조, 방기창, 김종섭)
         나 조사 6인(양전백, 송순명, 최홍서, 천광실, 고찬익, 유재영)
         다 선교사 25인(미국 남,북 장로회, 호주, 카나다장로회)
      ③ 결의
         가 평양에 대한 예수교 장로회 신학교 설립
         나 한국 자유 장로회 설립을 위한 위원 선출
         다 미국 장로회 헌법 번역위원 채택
         라 「그리스도신문」을 공의회 발행물로 정함
      ④ 1904년 결의 : 감사절을 11월로 통일 결정
      ⑤ 1905년 결의 : 장로회와 감리회 합동 공의회 조직

⑥ 성격 : 관할권이 없고 상호 친선을 목적으로 세운 것임
(2) 독노회(獨老會)
　　1) 연대 : 1907.9.17
　　2) 장소 : 평양 장대현교회
　　3) 명칭 : 대한국 예수교 장로회 노회(독노회)
　　4) 회원(81명)
　　　　① 선교사 38명
　　　　② 장로 40명
　　　　③ 내빈 3명
　　5) 임원 선출
　　　　① 회장 : 마펫(S.A.Moffett) 선교사
　　　　② 부회장 : 방기창(邦基昌) 목사
　　　　③ 서기 : 한석진(韓錫晋) 목사
　　　　④ 회계 : 이길함(G.Lee) 선교사
　　6) 결의
　　　　① 목사 장립 : 평양신학교 제1회 졸업생 7명에 대한 목사 임직(서경조, 한석진, 양전백, 송인서, 방기창, 길선주, 이기풍) : 장로교 최초의 목사
　　　　② 이기풍 목사를 제주도 선교사로 파송 : 독노회 조직 기념
　　　　③ 평양신학교 직영 결의
　　　　④ 의사봉 제정
　　　　⑤ 장로회 12신조와 장로회 정치 채택
　　　　　　† 장로회 12신조
　　　　　　가. 성경무오설　　나. 하나님의 절대성　다. 삼위일체설
　　　　　　라. 하나님의 창조　마. 인간의 창조　　바. 인간의 타락
　　　　　　사. 그리스도의 속죄　아. 성경의 말씀　　자. 예정론
　　　　　　차. 성례　　　　　카. 신자의 본분　　타. 부활과 심판
　　7) 당시 장로교의 교세
　　　　① 교역자 및 지도자
　　　　　　가. 선교사 및 목사 : 47명
　　　　　　나. 장로 : 53명
　　　　　　다. 조사 : 131명

② 교인
　　가. 원입인 : 21,482명
　　나. 세례교인 : 17,890명
　　다. 합계 : 69,098명
③ 예배처소 : 984개소
(3) 노회의 조직
　1) 독노회 조직 이후 교세 확장으로 인해 다음 같이 노회가 조직되었다.
　2) 노회의 숫자의 증가는 총회 조직을 위한 전초작업이었다.

| 노 회 명 | | 설립년월일 | 설립장소 | 회 원 | |
|---|---|---|---|---|---|
| | | | | 목사 | 장로 |
| 전라노회 | 全羅老會 | 1911. 10. 15 | 전주 서문밖교회 | 20 | 25 |
| 경충노회 | 京忠老會 | 1911. 12. 4 | 서울 새문안교회 | 12 | 21 |
| 황해노회 | 黃海老會 | 1911. 12. 8 | 봉산 영천 모동교회 | 10 | 34 |
| 경상노회 | 慶尙老會 | 1912. 1. 6 | 부산 부산진교회 | 18 | 18 |
| 남평안노회 | 南平安老會 | 1912. 1. 28 | 평양 평양신학교 | 28 | 96 |
| 북평안노회 | 北平安老會 | 1912. 2. 15 | 선천 선천북교회 | 26 | 15 |
| 함경노회 | 咸鏡老會 | 1912. 2. 20 | 원산 상리교회 | 14 | 16 |

(4) 최초의 총회
　1) 일자 : 1912. 9. 1
　2) 장소 : 평양신학교(개회예배: 9. 1 평양여자성경학원/회의장: 9. 2 평양신학교 강당)
　3) 회장 : 언더우드(H.G.Underwood) 목사, 부회장: 길선주 목사
　4) 회원 : 7개 노회 목사 52명, 장로 125명, 선교사 44명(계221명)
　5) 1907년 독노회 조직 이후 교회가 계속하여 발전하여 7개 노회로 분할 조직하여 총회를 조직
　6) 결의 : 총회 조직 기념으로 중국 산동성에 박태로, 사병순, 김영훈 등 3명을 선교사로 파송하기로 결의
　7) 당시교세 : 목사 128명, 장로 225명, 세례교인 53,008명, 교인총수 127,228명
　　✝ 산동성에 선교사를 파송한 이유 : 산동성은 공자의 고향으로 기독교가 유교보다 우월한 종교라는 사실을 입증하기 위해서이다.

## 5. 한국의 장로교 신학교들

(1) 평양신학교
   1) 최초의 상황
      ① 설립배경 : 1901년 조선 예수교 장로회 공의회의 결정
      ② 설립년도 : 1901년
      ③ 명칭 : 대한 예수교 장로회 신학교(일명 평양신학교)
      ④ 장소 : 마포삼열 교장의 자택
      ⑤ 성격 : 4개 장로교가 운영하는 연합신학교(미남.북, 호주, 카나다)
      ⑥ 설립당시 교수 : 교장 마포삼열(S. A. Moffet), 교수 이길함(Graham Lee)
      ⑦ 설립당시 교과목 : 성경, 교회사, 조직신학, 실천신학
      ⑧ 최초의 신학생 : 김종섭, 방기창 장로(2명)
   2) 제1회 졸업생(7명) : 길선주, 방기창, 서경조, 송인서, 양전백, 이기풍, 한석진
   3) 학교의 발전
      ① 미국 시카고의 맥코믹 여사의 기부로 한국식 교사 건립(1908)
      ② 1913년 6동의 기숙사 건립(남.북장로회, 호주장로회 지원)
      ③ 서양식 교사로 개축(1922)
   4) 폐교
      ① 1938년 제27회 총회에서 신사참배 결의를 함으로 선교회에서는 폐쇄를 결의
      ② 1939년까지 34회 799명의 졸업생을 배출
(2) 채필근(蔡弼根)신학교 : 총회의 결의로 평양신학교 복교
(3) 조선신학교 : 한국신학대학의 전신
   1) 제28회 총회의 인준으로 1940년 4월 서울 승동교회에 설립
   2) 해방 후 재출발(교장 : 김재준 박사)
   3) 1950년 한국신학대학으로 승격
   4) 1953. 6. 한국 기독교 장로회의 모태가 됨
(4) 만주신학교 : 동북신학교
   1) 1941년 만주 한인교회들이 총회를 결성하고 만주신학교를 설립

2) 평양신학교 폐교로 박형용이 교장으로 취임
 (5) 고려신학교 : 현 고신대학
   1) 1946년 부산에서 개교
   2) 박형용, 박윤선 등이 교장
   3) 1960년 예장 승동측과 합동총회
   4) 1962년 구 고려측 일부가 환원하여 고려신학교를 중심으로 고려측 총회 결성
 (6) 장로회신학교 : 현 장로회신학대학
   분리 전 통합신학교로 1948년 봄 서울 남산에서 개교
   (교장 : 박형룡 박사)
 (7) 총회신학교 : 현 총신대학
   1) 1951년 총회가 조선신학교와 장로회 신학교의 합동을 결의
   2) 1951. 9. 18 총회의 결의에 따라 대구에서 "대한예수교 장로회총회 신학교" 개교
   3) 1959년 장로교 3차 분열시"장로회신학교"와 "총회신학교"로 분리

## 6. 장로교의 선교사 파송일지

(1) 1912년 총회기념 선교사
   1) 선교사 : 방지일(方之日)
   2) 선교지 : 중국 산동성(공자의 고향)
(2) 1913년 : 김영훈, 박태로, 사병순 - 산동성 래양현 오지로 파송
(3) 1917년 : 방효원, 홍승한
(4) 1918년 : 박상순
(5) 1923년 : 이대영
(6) 1931년 : 김순효(여)
(7) 1937년 : 방지일

## 7. 1938년 제27회 총회

(1) 일시 : 1938. 9. 9
(2) 회장 : 홍택기, 부회장 : 김길창
(3) 결의내용

1) 회장 홍택기가 불법으로 가결
　　　　① 신사참배는 종교의식이 아니고 국가의식이므로 받아들인다.
　　　　② 총회장이 가편만 묻고 부편은 묻지 않은 불법적인 회의 진행
　　　2) 한부선, 배위량 선교사는 불법을 선언 : 잠입한 경찰에 의해서 저
　　　　지됨
　　　3) 9월 10일에 회장 홍택기, 부회장 김길창의 안내로 평양 신사를 참배
　　(4) 결과
　　　　① 1943년 총회는 해산되고 일본 기독교 조선교단으로 대체됨
　　　　② 해방시까지 일본 기독교단에 예속
　　(5) 평가
　　　1) 한국기독교를 말살하고자 하는 일본의 최후의 발악이었음
　　　2) 한국 교회 역사상 가장 큰 오점
　　(6) 취소 : 1954년 제39회 총회(안동)에서 이를 취소 결의

## 8. 주기철(朱基徹) 목사

(1) 생애
　　1) 경남 창원 출신
　　2) 오산학교에서 이승훈, 조만식 장로로부터 민족주의 교육을 받음
　　3) 연희 전문학교 상과 중퇴(안질로)
　　4) 김익두(金益斗) 목사의 집회에서 큰 은혜를 받음
(2) 교역
　　1) 1921년 평양신학교 입학하여 1926년 졸업
　　2) 목사 안수 후 마산 문창교회에서 시무
　　3) 1936년 평양 산정현 교회 부임
(3) 신사참배 반대운동
　　1) 신사참배에 반대한 대표적인 인물
　　2) 투옥되어 온갖 회유와 모진 고문에도 굴복치 않음
　　3) 옥중에서 순교(1944. 4.)

## 9. 한국 장로교회의 신학사상

(1) 초기 선교사들의 신앙

1) 초기의 선교사들의 신앙은 철저한 청교도적인 신앙의 사람들이었다.
    ① 1세기 전 미국의 청교도들이 지키던 대로 신앙을 고수함
    ② 주일 엄수
    ③ 춤이나 주초를 금지하고 죄악시
2) 1930년까지 선교사들의 신앙은 대체로 보수적인 신앙을 소유하고 있었음
    ① 1934년 마포삼열(S.A.Moffett, 馬布三悅 ; 평양신학교 교장)의 희년사에서 회고
    ② 신학은 보수적이었으며 성경에 대한 고등비평이나 자유주의 신학을 이단시
    ③ 신학의 다양성 소개를 억제하고 오직 구원의 복음만 전하고자 함
3) 청교도 신학의 특징
    ① 성경의 권위를 강조
    ② 보수주의적 신학
    ③ 복음전파에 주력
    ④ 건실하고 덕된 신앙생활 강조
    ⑤ 주일 성수 강조
4) 지금까지 이러한 초기 선교사들의 청교도적인 신앙전통이 한국교회를 지배하고 있음
(2) 자유주의 신학사상의 침투
    1) 자유주의 신학사상의 유입
        ① 초기의 청교도적인 선교사들 사이에 일부 자유주의적인 선교사가 섞여 있었음
        ② 일본과 미국, 유럽에서 유학하고 돌아온 한국인 목사들이 세계 신학의 조류를 소개
        ③ 이들의 이러한 소개로 진보적인 신학이 서서히 유입되기 시작함
    2) 최초의 자유주의 신학으로 인한 사건 : 김장호 사건
        ① 1914년 평양신학교 졸업생 김장호는 공위렴 선교사의 비서로 있으면서 자유주의 신학에 영향을 받음
        ② 황해도 사리원에서 목회하면서 성경에 대한 고등비평적인 해석
        ③ 황해노회로부터 6개월간 정직 처분
        ④ 총회에 상소했으나 총회는 황해노회가 옳음을 선언

(3) 카나다 연합교회와의 유대
  1) 1925년 카나다 교회의 연합
    ① 장로교회와 감리교회와 회중교회와 합동하여 연합교회를 이룸
    ② 따라서 장로교 교리와 신조에 충실할 수 없게 되었다.
    ③ 이미 한국에 나와있던 카나다 장로교 선교사 영재형, 업아력 선교사는 장로교 신조를 고수하기 위하여 선교회를 탈퇴
  2) 1926년 한국 장로교 총회는 새로운 연합교회와 유대를 결의
    ① 탈퇴한 선교사와 관계를 단절
    ② 카나다 장로교회의 선교구역이던 함경도를 새로운 선교부에 맡김
    ③ 카나다 장로교회 선교사들은 재일교포 선교를 위해 한국을 떠남
  3) 서고도(Scott) 목사의 연합회장 취임
    ① 간도에서 선교하던 서고도 목사가 연합회 선교사회장으로 취임
    ② 미국 유학을 마치고 귀국한 김관식(金觀植), 조희염(曺喜炎) 목사의 협력으로 함경도 지방은 자유주의 신학의 온상이 됨
    ③ 젊은 인재들을 카나다와 미국으로 유학시켜 포섭
    ④ 이 때에 포섭된 대표적인 인물이 송창근(宋昌根)과 김재준
    † 결국 이 1926년 결의는 한국장로교회의 분열을 잉태한 것

## 10. 1930년대의 한국 장로교회의 신학논쟁

(1) 1930년대 교회의 파벌들
  1) 서북지역 대 비서북지역
  2) 메이첸 계열(박형용, 박윤선) 대 프린스톤파(한경직, 송창근)
  3) 경중노회 대 경성노회
(2) 신학논쟁
  1) 숭인상업학교 김재준의 자유주의 주장
    ① 한국의 신학교육을 비난 : 단일하고 고루한 정통신학과 사문(死文)의 교리항목을 주입식으로 가르친다고 공격
    ② 성경의 축자영감설을 반박
    ③ 선교사들을 한국교회의 주체의식을 방해하는 자로 공격
  2) 기타의 신학적 이슈
    ① 1934년 김영주 목사의 모세오경의 저작권 부인과 김춘배 목사의

"여권설" 주장
② 1935년 김재준 목사의 아빙돈 단권주석(the Abingdon Bible Commentary, 1930) 공역으로 1935년 총회에서 문제가 제기
③ 김재준은 계속하여 진보주의적 입장에서 성경의 고등비평을 주장
(3) 평양신학교 박형룡 교수의 반박
  1) 김재준의 자유주의적인 발언에 대한 반박
    ① 한국교회의 신학적 전통을 밝힘 : 한국교회는 사도적인 전통의 바른 신앙을 보수하는 신학임을 천명
    ② 성경무오설과 축자영감설에 굳게 서서 성경의 비판적 해석을 단호히 단죄
    ③ 김재준 목사의 글을「신학지남」에 더 이상 싣지 못하도록 조치
  2) 기타의 사건들
    ① 김영주(金英珠)와 김춘배(金春培)에 대하여 축자영감설과 성경무오설에 입각하여 크게 반박
    ② 박형룡 박사는 1935년「기독교 근대 신학 선평」을 저술하여 성경의 고등비판을 공격
(4) 결과
  1) 조선신학교 설립까지 몰고 가게 됨
  2) 결국은 교단의 분열이라는 쓰라림을 맛보게 됨
  3) 현재까지도 이러한 신학적 전통이 한국교회에 이어져 내려오고 있음

## 11. 한국의 대표적인 신학자

(1) 박형룡(朴亨龍) 박사
  1) 생애
    ① 1897년 평북 벽동군 출생
    ② 신천중학교(1916), 평양 숭실대학(1920), 중국 남경 금릉대학(1923) 졸업
    ③ 미국 프린스톤 신학교 입학, 신학사(B.D), 신학석사(Th.M)
    ④ 켄터키 루이스빌 남침례교 신학교에서 철학박사(Ph.D) : 기독교 변증학 전공
    ⑤ 귀국하여 평양 산정현 교회 전도사, 평양신학교 강사, 임시교수,

정교수(1931)
⑥ 평양신학교 폐교후 1942년 만주 동북신학교 교장
⑦ 1947년 귀국하여 고려신학교 교장
⑧ 장로회 신학교 교장 역임
⑨ 1951년 총회신학교 개교시부터 교수와 교장
⑩ 1972년 은퇴
2) 신학적 경향
① 보수주의적 성향 : 프린스톤 신학교에서 메이첸박사에게서 결정적인 영향을 받음
② 변증적인 성향 : 루이스빌 남침례교 신학교에서 기독교 변증학 전공
3) 업적
① 1935년 첫 저서인 「기독교 근대신학 난제 선평」에서 축자영감설, 성경무오설을 주장하며 당시 만연되려던 자유주의적 사상을 방어
② 한국기독교의 신학적인 기본 틀을 세움
③ 보수적인 신학으로 40여년간 교역자 양성에 힘을 씀
④ 청교도적 개혁주의 정통신학을 세움
4) 저서 : 12권의 저서와 100여편의 논문 발표
① 기독교 근대 신학 난제 선평(1935)
② 박형룡 저작선집 전 17권(1977)
5) 평가 : 보수주의의 대표자
(2) 김재준(金在俊) 박사
1) 생애
① 함경북도 경흥 출생
② 송창근 전도사의 전도로 입신
③ 1928년 일본 아오야마 학원 신학부 졸업, 1932년 미국 프린스턴 신학교 졸업(Th.M) : 구약전공
④ 1933년 귀국하여 평양 숭인상업학교에 성경을 가르침
⑤ 「신학지남」에 6편의 논문을 발표하여 필화사건을 야기시킴 : 동정녀를 "방년의 젊은 여인"으로 해설
⑥ 1935년 아빙돈 주석 공역
⑦ 1936년 만주 간도 용정 은진중학교 교편 생활

⑧ 1937년 만주 간도에서 목사 안수받음
⑨ 1945년 해방으로 조선신학교 재출범시 교장에 취임
⑩ 1947년 구약성경의 역사적 비평과 문서비평을 강의, 모세오경의 저작문제와 십계명의 배경에 관한 새로운 학설을 주장
⑪ 1952년 총회에서 51:46으로 제명 처분
⑫ 1953. 6. 제명에 반발하여 기독교 장로회로 분열
⑬ 1961년 정년퇴임
⑭ 1965년 기독교 장로회 총회장
⑮ 1969년 한국신학대학 이사장
  2) 저서 : 1971년 「장공 김재준 박사 저작전집」 전5권 출간 (한국신학대학 출판부)
  3) 평가 : 자유주의의 대표자

## 12. 한국 장로교회의 분열

(1) 한국 장로교회의 분열 약사
  1) 1952. 고신측 분열, 1956. 4. 고신 총회 구성
  2) 1953. 6. 기독교 장로회 분열
  3) 1959. 9. 합동과 통합으로 분열
  4) 1960. 2. 통합총회 창립
  5) 1960. 12. 합동총회 창립(승동측과 고신측의 합동)
  6) 1963. 9. 고신측의 환원
  7) 1968. 합동측과 통합측의 합병 실패
  8) 1979. 9. 합동과 합동 보수의 분열
  9) 1981. 9. 합동과 합동개혁파의 분열
(2) 출옥성도들의 분파와 분열
  1) 복귀파 : 이기선(李基善) 목사의 주장을 따르는 파
    ① 신사참배한 교역자와 제직들은 3-6개월간 자숙한 뒤 복직하게 하자
    ② 노회와 총회의 분립을 원치 않고 단지 교회가 회개하고 정화되기를 바람
    ③ 교권주의자들(신사참배자, 친일파, 자유주의 신학자 등)이 받아들이지 않음

2) 재건파 : 김린희, 최덕지를 따르는 극단주의자들
    ① 현존 예배당을 파괴하고 새 예배당을 세워야 한다.
    ② 현실교회 교인들과 사귀면 동참죄를 범한다.
    ③ 이를 위해서는 이혼도 불사한다.
3) 고신파 : 한상동(韓尙東), 주남선(朱南善), 이약신 등을 따르는 파
    ① 출옥성도인 한상동, 주남선 목사와 실패자인 이약신 목사등이 교계 정화를 목표로 삼음
    ② 1946년 부산에 고려신학교를 설립하고 교역자를 양성하기 시작
    ③ 경남노회에서 기성세력이 주동이 되어 1946. 12. 고려신학교 인정취소론을 일으키고 1948년 재확인
(3) 기독교 장로회(基督敎 長老會)의 분열
    1) 발단
        ① 숭인상업학교 김재준의 자유주의 주장
            가. 한국의 신학교육을 비난 : 단일하고 고루한 정통신학과 사문(死文)의 교리항목을 주입식으로 가르친다고 공격
            나. 성경의 축자영감설을 반박
            다. 선교사들을 한국교회의 주체의식을 방해하는 자로 공격
            라. 김재준은 계속하여 진보주의적 입장에서 성경의 고등비평을 주장
        ② 분열경과
            가. 1947. 4. 제33회 총회에 김재준 교수의 자유주의 신학사상에 반대하는 조선신학생 51명이 진정서 제출
            나. 1950. 4. 제36회 총회(대구)에서 성경오류설의 주장 및 옹호자들을 권징조례에 의해 엄중 처리할 것을 결의
            다. 1952. 4. 제37회 총회(대구)에서 '성경오류를 지적한 김재준씨를 경기노회를 명하여 면직케 할 것'과 '서고도(Scott) 선교사의 본국 소환을 요청'키로 결의
            라. 1953. 4. 제38회 총회(대구)에서 경기노회가 김재준씨에 대한 목사면직을 이행치 않음을 총회 장소에서 결행해야 한다는 정치부 보고를 채택.
            마. 1953. 6. 조선신학교 동문을 중심으로 김재준씨 지지자들이 한국신학대학 강당에서 제38회 법통총회를 결행

③ 기독교 장로회의 결성
　가. 1954년 제39회 총회에서 "대한 기독교 장로회"로 개칭
　나. 출범 당시 교회 546개소, 교인 95,220명
　다. 1961년 "한국 기독교 장로회"로 개칭
(4) 장로교 제44회 총회와 합동(合同)과 통합(統合)의 분열
　1) 제44회 총회
　　① 일시 및 장소 : 1959. 9. 24 대전 중앙교회에서 모임
　　② 경과
　　　가. 1948년 W.C.C가 조직되어 총회가 가입
　　　나. 1956년 총회부터 탈퇴를 논의하기 시작 : 지지파와 반대파로 양분됨
　　　다. 1957년 제42회 총회에 에큐메니칼 연구위원회가 구성
　　　라. 1959년 제44회 총회에서는 경기노회 총대문제로 논의되지 못함
　　　마. 총회는 일주일간 아무런 진전이 없이 합일점을 찾지 못하고 1959. 9. 29총회장 노진현에 의해 11월에 회집하는 경기노회에서 총대문제를 스스로 해결해 올 때까지 11월 24일 까지 정회를 선포
　　③ 연동파의 총회 결행
　　　가. 이 결의에 반대하는 회원들이 밤차로 상경하여 9월 30일 연동교회에서 전필순(全弼淳) 목사의 사회로 총회 속회 강행
　　　나. 표면적으로는 경기노회 총대문제였으나 총회의 결의를 참으며 기다리지 못하고 총회 속회한 것은 W.C.C의 신앙노선의 대립때문이었다.
　　　다. W.C.C 탈퇴를 결의(1969년 다시 복귀를 결의)
　　　라. 1969. 2. 새문안교회에서 통합 총회
　　　마. 연동측 총회의 총대 전원과 승동측 총회에서 이탈한 임원 몇 사람이 중립에 속하던 인사들이 통합하여 총회를 조직함으로 "통합총회"라고 부름
　　④ 승동파의 계속 총회
　　　가. 총회 결의에 순응하는 총대들은 총회 결의대로 11월 24일 총회 속개
　　　나. 장소 : 서울 승동교회(본래 계속 총회 장소는 새문안교회)에서

회집
다. 총회장 노진현 목사의 사회로 계속 총회 속개
라. W.C.C 탈퇴를 결의
(5) 고신측과 합동측의 합동과 환원
　1) 합동측과 고신측의 합동 결의
　　① 1960. 9. 승동측과 고신총회는 각각 합동위원회를 선출하고 정회
　　② 1960. 10. 대전중앙교회에서 쌍방위원들이 무조건 1:1 합동을 합의
　　③ 1960. 12. 12. 승동교회에서 합동총회를 조직함으로 합동총회"라고 부름
　　④ W.C.C 운동 반대 결의를 재확인하고 신학교 일원화와 기념사업으로서 "새찬송가"편찬 결의
　2) 고신측(高神測)의 환원
　　① 합동 총회
　　　가. 1961년 46회 총회에서 국제 기독교 연합회(I.C.C.C)와 우호 단결을 결의
　　　나. 총회신학교와 고려신학교의 단일화 결의
　　④ 고신측의 환원
　　　가. 1962년 총회 이후 한상동 목사가 고려신학교 복교를 선언
　　　나. 1963. 9. 고려파의 제13회 환원 총회가 부산에서 목사32명, 장로 9명으로 회집
　　　다. 승동측과 합동했던 고려파 교회 중 200여개 교회가 잔류하고 468개 교회가 환원
　3) 평가
　　① 한국 보수교단의 대동단결이라는 측면에서 큰 의의
　　② 고려파의 환원은 교단분열의 관행이 장로교단에 일반화되는 계기가 됨
(6) 합동측과 통합측의 합동 모색과 결렬
　1) 합동 모색
　　① 1967. 9. 합동측과 통합측에서 각각 합동위원 선출하고 정회
　　② 쌍방 합동위원들이 수차 회합 뒤 "합동원칙"과 "합동절차 및 세칙"을 작성
　　③ 1968. 2. 14. 양측 합동위원들이 회합하여 3. 1. 대전에서 양

총회가 속개하여 합동안을 받아들이도록 합의
    2) 통합측의 반대
        ① 합동이 발표되자 통합측에서 합동안에 반발
            가. W.C.C.를 "양측이 다같이 탈퇴현상을 재확인하고 합동과 동시에 탈퇴 통고를 보낸다"는 데에는 동의
            나. W.C.C.의 "직속기관에도 대표를 파송을 중지한다"는데 이견
            다. K.N.C.C.를 "개편(교회수에 비례)하여 복음적이며, 자주적이며, 자립적으로 노력하고 그것이 실현되지 못할 때에는 2년 후에 탈퇴한다"는데 반발
            라. 이에 대해 합동측에서는 W.C.C.를 탈퇴하고 K.N.C.C.에 잔류하는 것은 모순이라고 반발
        ② 통합측 총회장 김윤식(金允植) 목사는 합동위원들이 합의에, 이의를 제시하고 속개 총회를 소집하지 않음
        ③ 통합측은 그해 9월 제 53회 총회를 부산으로 결정
    3) 합동측의 합동 노력
        ① 합동측은 예정된 일자(3월1일)와 장소(대전중앙교회)에서 회집하여 "합동원칙"과 "합동절차 및 세칙"을 만장일치로 가결
        ② 그해 총회 장소를 통합측이 부산으로 결정하자 이미 서울로 결정했던 합동측은 합동에 적극적이어서 회의 장소를 부산으로 긴급히 옮김
        ③ 합동총회에서는 통합측 총회에 합동에 관한 공문을 가결하고 총회 합동에 대한 결의를 표명
    4) 합동 결렬
        ① 통합 총회에서는 합동위원들의 보고를 듣고 "합동위원"을 "합동연구위원"으로 격하시킴
        ② 1969년 총회에서는 W.C.C.복귀를 가결
        ③ 합동과 통합의 합동은 종결되고 현재까지 분열상태 유지
(7) 한국 장로교회의 분열의 대표적인 원인
    1) 자유주의(自由主義) 문제 : 1953. 6. 10 기장(基督敎長老會) 분열
        ① 1926년 카나다 연합교회와 유대를 맺은 결과 그들의 선교지인 함경도 지방에 자유주의 신학이 침투 만연함
        ② 연합교회의 진보적 성향의 선교사들이 인재들을 유학시켜 자유주

의 사상을 배우게 함
   ③ 대표자로서는 김재준, 송창근, 김관식, 김영주, 김춘배 등으로 이들에게 교육받은 자들이 강원용, 김정준, 문익환, 문동환 등임
   ④ 1953. 6. 10 "한국 기독교 장로회"로 분열
  2) 신학교 문제
   ① 1938년 신사참배 문제로 평양신학교의 폐교
   ② 1940년 신사참배를 하면서 황민화(皇民化) 지도자 양성을 위하여 조선신학교 설립 : 대부분 기장으로 분열
   ③ 1940년 교권주의자들이 변칙 복교시킨 평양신학교(채필근 신학교)는 교회사(敎誨師)를 양성 : 오늘날 예장 합동과 통합의 교권다툼의 기수들
  3) W.C.C. 문제 : 1959 합동과 통합으로 분열
   ① 1948년 W.C.C.가 조직되자 장로회 총회가 가입
   ② 1956년 총회 때부터 탈퇴 문제의 본격적인 거론
   ③ 1959년 대전 총회에서 경기노회의 총대문제로 회의가 결렬되어 장로교가 분열됨
  4) 새 신앙고백 문제 : 1967합동과 통합이 합병에 실패
  5) 신사참배 문제 : 1960년 고신과 합병했지만 1964년에 분열됨
   ① 일제의 신사참배 강요로 굴복한 교회와 지도자들의 처리문제로 대립
   ② 출옥 성도들은 모교회나 동역자들에 대한 심판자로 군림
   ③ 교권주의자들, 자유주의자들, 친일파들은 그 주장을 전면 거부하고 독선주의자로 몰아부침
   ④ 결국은 고신측 총회로 분열(1952. 9.)
  6) I.C.C. 문제
   ① 김치선을 주축으로 성경 장로회로 분열(현 대신(大神)측)
   ② 박병훈 목사를 중심으로 호헌총회로 분열
(8) 한국 장로교회의 사상적 분파
  1) 자유주의 문제 : 1953. 6. 10 기장 분열
   ① 1946년 조선신학교 인준 때부터 일기 시작
   ② 1952. 37회 총회에서 축출
  2) W.C.C. 문제 : 1959합동과 통합으로 분열

3) 새 신앙고백 문제 : 1968합동과 통합이 합병에 실패
4) 신사참배 문제 : 1960년 고신과 합병했지만 1964년에 분열됨
5) I.C.C. 문제 : 대신측을 주축으로 성경 장로회, 박병훈 목사를 중심으로 호헌총회로 분열

(9) 대한예수교 장로회 총회의 역사
  1) 예장 총회가 되기까지의 경로
    ① 1884년 황해도 장연군 대구면 솔내에 한국 최초의 교회 설립(松川敎會, 혹 소래교회)
    ② 1885년 언더우드 목사의 입국
    ③ 1887년 서울의 최초 장로교회(조직교회)설립 : 새문안교회, 정동 감리교회 설립, 성경 번역위원회 조직
    ④ 1889년 연합 공의회 조직(선교사)
    ⑤ 1901년 조선예수교 장로교 공의회 조직(4개 장로교 선교사와 한국인 총대)
    ⑥ 1904년 미 장로회에서 한국 자유 장로교회의 독립을 반대:평양에 예수교 서원 설립
    ⑦ 1907. 9. 17. 평양에서 독노회 조직
    ⑧ 1912. 9. 1. 평양 장대현 교회에서 예장 총회
    ⑨ 1917. 9. 1. 제6차 총회에서 웨스트민스터 표준문서를 수정 채용
  2) 해방까지
    ① 1914. 감사절 결정(11월 3째 주일 후 수요일)
    ② 1915. 장감 연합회보 발간
    ③ 1917. 총회 회칙제정 정기총회는 10월 첫주일로
    ④ 1919. 만국장로회 총회에 임종순(林鍾純) 목사 파견
    ⑤ 1920. 총회부서 고등교육 장려부 설치(외국유학 장려)
    ⑥ 1922. 교회와 관계없는 강연회는 교회에서 금지
    ⑦ 1923. 교회 내 금연 결의
    ⑧ 1927. 금강산 수양관 건축시작
    ⑨ 1932. 토마스 목사 기념 예배당 헌당
    ⑩ 1934. 선교 50주년 기념 행사
    ⑪ 1935. 신편찬송가 발간
    ⑫ 1936. 장로교, 감리교의 교구 경계선 철폐

⑬ 1937. 표준 주석 편찬위원 선정
⑭ 1938. 신사참배 결의, 평양신학교 무기 방학
⑮ 1939. 조선신학교 설립
⑯ 1942. 조선총독부 지령으로 찬송가 가사 일부 변경 및 구약과 계시록 설교 금지령
⑰ 1944. 일본이 한국 교회 전멸운동 추진
⑱ 1945. 7. 20. 총독부의 강제 통합으로 한국의 각교파가 "일본 기독교단 조선교단"으로 통합

3) 해방 이후 현재까지
① 1945. 8. 15 해방으로 교회 재건 운동
② 1946. 고려신학교 설립
③ 1948. 한국 장로교 W.C.C.가입
④ 1949. 장로회 신학교 설립 및 출옥성도 문제로 경남노회의 분열
⑤ 1950. 6.25사변으로 교회의 막대한 피해
⑥ 1951. 총회로부터 경남노회가 단절(고신측 설립), 총회신학교 설립
⑦ 1952. 장로회 고신측 총노회 조직
⑧ 1953. 한국 N.A.E. 발족
⑨ 1954. 대한 기독교 장로회 총회 조직
⑩ 1959. 통합측의 분립
⑪ 1960. 합동측과 고신측의 합동
⑫ 1963. 고신측의 환원
⑬ 1968. 합동측과 통합측의 합병 실패
⑭ 1979. 9. 합동과 합동 비수의 분열
⑮ 1981. 9. 합동과 합동개혁파의 분열

4) 현재의 현황(합동측의 경우)
① 총회
② 대회 : 미국대회
③ 노회 : 102개
④ 신학교
　가. 총신대학 및 신학대학원, 대학원
　나. 7개 지방신학교(서울, 칼빈, 수원, 중부, 전북, 광주, 부산장

로회신학교)
† 현재 대한예수교 장로회로 등록된 교단이 140여개에 이름
(10) 8. 15 해방 후 한국 장로교회 사상 및 역사적 분파
  1) 역사적 분파
    ① 1940. 4.      조선 신학교 설립(채필근 목사 교장으로)
    ② 1946.         조선 신학교 총회 직영 인준
    ③ 1947. 7.      고려 신학교 설립(박형용 교장)
    ④ 1948.         장로회 신학교 설립(박형용 중심으로 서울에서)
    ⑤ 1949. 4.      35회 총회에서 장신 총회 직영 인준
    ⑥ 1951. 5.      36회 계속 총회에서 양 신학교 직영 취소
    ⑦ 1951. 9.      36회 결의로 총회 신학교 대구에서 설립
                    (감부열 교장)
    ⑧ 1952. 4.      37회 총회에서 자유주의자 김재준 숙청 단행
    ⑨ 1952. 9.      장로회 호헌대회를 열어 항의(대구 남산교회)
    ⑩ 1952.         총노회 발족, 고신측 분열
    ⑪ 1953. 6. 10   기장의 분열(한국신학교 강당에서 법통의 이름으로
                    38회 총회)
    ⑫ 1956. 4.      고신 총회 개편
    ⑬ 1959. 9.      44회 총회에서 승동, 연동 측으로 분열(W.C.C.
                    문제)
    ⑭ 1960. 12. 13. 승동 측과 고려 측 합동
    ⑮ 1963.         고신측파의 환원
    ⑯ 1968.         새 신앙고백 문제로 합동에 거의 이르다가 실패
    ⑰ 1979. 9.      합동과 합동 보수의 분열(이영수의 독주, 김윤식
                    의 문서설 주장) 64회 총회
    ⑱ 1981. 9.      합동과 합동 개혁파의 분열(66차)

## 제 4 장
## 한국 감리교회사

### 1. 미국 북감리회의 선교

(1) 미 북감리회의 선교
  1) 미감리회의 선교결정
    ① 한미간의 외교관계 수립으로 1883. 5. 미국의 초대 전권공사 푸우트(L. H. Foote;福德)가 부임
    ② 이에 대한 답례로 1883. 7. 방미사절단장 민영익(閔泳翊;1860-1911)이 워싱톤에 가는 파견
    ③ 로중에 기차 안에서 대학총장인 가우처(Rev. J. f. Goucher ; 1945-1922)를 만나 한국사정을 알게 됨
    ④ 가우처목사는 1883. 11. 미국 감리회 총회 해외 선교위원회에 선교사 파송을 제의
    ⑤ 기금은 헌금하여 2천 달러, 소녀가 9달러, 그후 5천 달러 추가
    ⑥ 일본 주재 선교사 맥클레이(R. S. McClay)가 1884. 6. 24. 한국을 탐사하고 가우처목사도 외지 전도국을 대표하여 방한
    ⑦ 맥클레이는 일본에서 친교를 맺은바 있는 김옥균(金玉均;1851-1894)을 통하여 선교외교에 성공
    ⑧ 1884. 7. 3. 고종황제로부터 의료 및 교육사업 (전도는 불가)의 윤허를 받음
    ⑨ 아펜젤러 부부와 스크랜톤 의사와 그 모친을 보내기로 결정

2) 최초의 선교사 / 아펜젤러 부부(언더우드와 함께 1885. 4. 5. 내한)
   ① 1885. 2. 3. 일행 5명과 함께 미국을 떠나 2. 27. 일본 요꼬하마에 도착
   ② 1885. 4. 부부가 입국하려다가 국내 사정으로 거부되어 일본으로 돌아감
   ③ 1886. 6. 허가를 얻어 재입국
   ④ 이후 뻥커, 홀법, 길모어 등 3인이 내한
3) 최초의 교회 정동제일교회의 설립
   ① 1887. 10. 11. 아펜젤러 설립
   ② 배재학당에서 4명으로 최초로 예배
4) 한국 최초의 집사 목사 장립
   ① 집사 목사란 설교권이 없고 집례만 행하는 목사
   ② 1901년 북감리회 선교회에서 주관하여 상동교회에서 장립
   ③ 신학교육을 받지 않은 김창식. 김기범 등 2명을 세움
(2) 선교사역
   1) 1884년 고종의 의료및 교육사업 윤허
      ① 근대식 학교와 병원을 통한 선교를 할 수 밖에 없었음
      ② 감리교는 장로교보다 교육및 의료 선교에 더 열성적
   2) 교육선교
      ① 배재학당 / 1885. 8. 3. 아펜젤러 설립
      ② 이화학당 / 1886. 5. 31 스크랜톤 목사의 모친(Mrs. Mary F. Scranton ; 당시 53세)이 설립
      ③ 영화학당 / 1892. 4. 30. 제물포에서 존스 부인(Mrs. Magaret Bengel Jones)이 설립
      ④ 광성학당 / 1894. 봄, 평양에서 의료선교사 홀(Rev. William James Hall, M. D. 笏賀樂)이 설립
      ⑤ 영명학교 / 1905. 가을. 공주에 샤프 목사의 부인(Mrs. Alice H. Sharp)이 설립
      ⑥ 정의여학교 / 1899. 5. 12. 제15회 한국선교회의 건의를 받아들여 1899. 9. 4. 평양에서 노불부인과 폴웰부인(Mrs. Follwell)에 의하여 설립
      ⑦ 삼일학교 및 삼일 여학교 / 1903. 5. 7. 수원 북문안 보시동 감

리교회에서 시작
      ⑧ 양정여학교 / 1910. 이천군 읍내면에 설립
   3) 의료선교 / 스크랜톤은 전문적인 의료선교인으로 내한하여 본격적인 의료선교실시
   4) 교회시작
      ① 1887. 10. 8. 베델교회 설립-배재학당에서 기도회 시간을 가지다가 발전(현재의 정동교회)
      ② 상동교회 / 1885. 9. 10. 상동병원에서 기도회로 시작
      ③ 동대문교회 / 1892. 12. 25. 볼드윈 기념예배당(Baldwin Memorial Chaple)로 시작
      ④ 제물포 웨슬레 교회 / 1886. 4. 25. 아펜젤러에 의해서 설립
      ⑤ 평양교회 / 1893. 4. 1. 홀(Rev. William James Hall, M.D. 笏賀樂)이 설립
   5) 선교사의 파송
      ① 1908. 9. 이화춘(李和春)목사를 간도 용정촌에 선교사로 파송
      ② 1910. 배형식(裵亨湜), 손정도(孫貞道)목사를 남북만주에 파송
(3) 교회의 조직
   1) 1897. 최초의 구역회인 서울 구역회 조직
   2) 1901. 5. 9. 상동교회에서 7차 선교대회 개최
      ① 3명의 목사 안수 청원
         가. 평양 구역회에서 김창식
         나. 제물포 구역회에서 김기범
         다. 서울 구역회에서 최병헌
      ② 1901. 5. 14. 한국인 최초의 목사 안수-2명(최병헌은 상을 당하여 1902년에 받음)
      ③ 한국에 연회가 없으므로 중국 북부연회 소속이 됨
   3) 제17차 대회의 결정
      ① 전국을 세 지방으로 분할토록 결정
      ② 세 장로사(현 감리사)를 임명
         가. 남지방 장로사-스크랜톤(W. B. Scranton ; 施蘭敦)
         나. 북지방 장로사-노불(W. A. Noble ; 魯普乙)
         다. 서지방 장로사-존스(G. H. Jones ; 趙元時)

4) 한국의 최초의 지방회 개최
① 1901. 11. 1. 제물포에서 제1회 한국 서지방회
② 1901. 12. 1. 평양에서 제1회 한국 북지방회
③ 1902. 5. 1. 서울에서 제1회 한국 남지방회
5) 1904. 5. 9. 감리교의 사회적인 선언
① 안식일 준수
② 한국의 결혼문제에 대한 답변
③ 노예 등 인신매매 금지
④ 세례문답 채택
6) 제1회 한국 선교연회
① 1905. 6. 21 - 27. 서울에서
② 감리회와 장로회 합동위원회 결성
③ 중앙 신학교 설립 의결
5) 한국의 독립연회 - 제1회 조선연회(The First Session Korea Annual Conference)
① 1908. 3. 11. 정동교회에서 개최
② 일본주재 해리스 감독의 내한으로 개회
③ 다섯지방으로 확장

## 2. 미국 남감리회의 선교

(1) 미남감리회의 선교
1) 미남감리회의 선교결정/ 윤치호(尹致昊:1865-1946)의 선교노력
① 미국 유학 후 초대 미국공사 푸우트의 통역관으로 귀국
② 갑신정변(1884. 12. 4)의 실패로 일본을 거쳐 상해로 망명
③ 상해에서 중서대학(Anglo-Chiness) 졸업
④ 1887. 4. 3. 지도교수인 본넬(Rev. W. B. Bonnell) 목사에게서 세례를 받고 최초의 남감리교인이 됨
⑤ 중서대학 졸업 후 도미하여 밴더빌트 대학과 에모리대학에서 공부
⑥ 귀국치 못하고 상해로 돌아가면서 남감리회 전도국에 선교사 파송 요청

2) 선교사의 입국
  ① 1895. 2. 헨드릭스, 李德(C. F. Reid) 목사 내한
  ② 甘夫悅(Campbell), 河鯉泳(R. A. Hardie), 高永福(C. D. Coler) 등이 계속 입국
3) 최초의 교회 / 1897년 고양읍교회
4) 최초의 수세자 / 윤치호(1887. 2. 3. 중국에서)
5) 목사장립 / 최초의 매서인(1896년 임명)인 김흥순을 안수(1911)

(2) 선교사역
  1) 교육선교
    ① 배화학당 / 1898. 10. 2. 남감리회 여선교회의 최초의 파송선교사인 캠벨 부인(Mrs. J. P. Campbell; 당시 40세)에 의해 서울에 설립
    ② 루씨학당(Lucy Cuninggim School ; 樓氏學堂) / 1903. 11. 19. 여선교사 캐롤(Miss Arrena Caroll ; 曷月)과 놀스(Miss Mary Knowles)가 원산에 설립
    ③ 호수돈 여숙 / 1904. 12. 4. 여선교사 캐롤(Miss Arrena Caroll ; 曷月)과 왜그너(Miss Ellasue Wagner ; 王來)가 송도에 설립
    ④ 한영서원 / 1906. 1906. 10. 3. 윤치호를 교장으로 개성에 설립- 송도고등학교 전신
    ⑤ 미리흠 여학교(Mary Helm School ; 美理欽) / 1906. 4. 기의남 박사(Rev. W. G. Cram ; 奇義男) 부인(Mrs. W. C. Cram)에 의해 개성에 설립
  2) 의료선교 / 개성 남성병원(1898)
  3) 교회의 시작 / 1900. 4. 15. 배화학당 기도실에서 부활절 기념예배로 시작(현재의 종교교회)
  4) 선교사의 파송
    ① 1920. 9. 19. 동만주와 시베리아 교포를 위하여 기의남(W. G. Cram ; 奇義男) 목사를 관리자로 임명하고 정재덕 목사를 선교사로 파송
      가. 길림성 신안촌 액목현(吉林省新安村額穆縣)등지에 개척교회 설립

나. 러시아 시베리아 선교로 해삼위 등지에 한인교회 설립
② 1926. 11. 11. 남감리회 북간도 지방회를 양주삼 목사가 간도 두도구(頭道溝)에서 처음으로 조직
(3) 남감리교회의 조직
   1) 1896. 8. 중국연회 한국 지방으로 독립 발족
   2) 1897. 9. 10. 남감리회 한국 지방회를 서울에서 개최-서울 구역과 개성 구역으로 분할
   3) 1897. 12. 8. 남감리회 제1회 한국 선교회
   4) 1898. 1. 16. 제1회 서울 구역회를 고양읍교회에서 개최하고 첫 성찬식
   5) 1898. 1. 18. 제1회 개성 구역회를 문산에서 개최하고 장년 13명, 유아 3명에게 첫 세례식
   6) 1900. 2. 15 - 3. 1. 제1회 교회임원 연수회를 서울에서 개최
   7) 1900. 9. 21. 제4회 남감리회 선교회 및 제3회 지방회 개최
      ① 서울 구역장-무즈(J. R. Moose ; 茂雅谷)
      ② 개성 구역장-콜러(C. T. Collyer ; 高永福)
      ③ 원산 구역장-하디(R. A. Hardie ; 河鯉泳)
   8) 1904. 9. 17. 한국 선교 지방회 개최 - 최초의 성직자의 직첩으로 김흥순(金興順, 당시44세)에게 전도사 인허장 수여
   9) 1908. 9. 16. 제12회 연회 모임
   10) 1910. 9. 7 지방으로 확산
   11) 1910. 9. 16-21. 제14회 선교회가 개성에서 개최
   12) 1911. 10. 1. 서울 종교교회에서 제15회 선교대회 - 김흥순, 정춘수, 주한명에게 최초로 목사 안수
   13) 1914. 제1회 남감리회 한국선교연회가 원산에서 개최
   14) 1918. 10. 31. 개성에서 맥머리 감독의 내한으로 한국연회 탄생

## 3. 조선 기독교 감리회의 설립-감리교의 합동

(1) 미국 감리교의 분열
   1) 노예제도 폐지안이 1844. 6. 1 총회에서 통과
   2) 이에 남부지대의 감리교 연회대표들이 모여 1846. 5. 1 미국 남감리

회를 조직
(2) 1903. 8. 남감리회 원산의 하리영(Hardie ; 河裡泳) 목사의 성령체험과 부흥운동
　　1) 1907. 평양에서 장.감.성 선교사와 목사들의 신앙부흥운동 주도
　　2) 1909. 9. 남감리회 선교회에서 20만명의 심령을 그리스도에게 라는 표어 채택
　　3) 1909. 10. 복음주의 선교부 통합 공의회(The General Council of the Evangelical Missions)에서 범개신교의 표어로 백만명을 그리스도에게 (A Million Souls for Christ)가 채택
(3) 한국에서의 합동
　　1) 합동 전의 교회들의 활동
　　　① 1907. 6. 신학교의 합동설립안 가결
　　　　가. 북감리회 한국선교연회에서 합동신학교 설립안 가결
　　　　나. 남감리회도 제11회 선교회에서 합동신학교 설립안 가결
　　　② 합동신학교를 협성신학교 로 하여 1909년 개강
　　　③ 1911. 12. 20에 제1회 졸업생 배출-북감리회 39명, 남감리회 6명 등 45명
　　　④ 1917. 6. 15. 여자 협성신학교 개교(서대문)
　　　⑤ 1929년 최초로 남녀공학 실시(남15명, 여5명)
　　2) 합동작업
　　　① 1924. 3. 제2차 남북감리회 진흥방침 연구회
　　　　가. 우선 전도, 교육, 의료, 출판사업 등을 공동으로 할 것을 결의
　　　　나. 교회어 이시용 예문, 교회직분의 명칭 등을 공동으로 연구
　　　② 1925년 미국 남.북감리회에 한국감리교회 합동을 승인 요청하였으나 부결
　　　③ 1928. 5. 북감리회 총회, 1930년 남감리회 총회의 승인을 각각 얻어냄
　　　④ 1930. 11. 29일자로 합동에 대한 성명 발표
(4) 창립총회
　　1) 일시 / 1930. 12. 2
　　2) 장소 / 협성신학교

3) 대표 / 100여명
4) 임원 / 초대 총리사 양주사 목사(남감리회 출신)
5) 결의사항 / 기독교 조선 감리회의 교리적 선언 채택
   ① 내용/하나님, 그리스도, 성령, 은혜, 성경, 보편적교회, 천국과 지체, 영생 등 8개항
   ② 당시의 시대상황에 알맞은 선언으로 지금까지도 가장 훌륭한 교리적 선언으로 평가
6) 당시교세
   ① 연회 / 동,중,서부 연합회와 만주선교연회 등 4개
   ② 교회 / 900여개
   ③ 교역자 / 450명
   ④ 선교사 / 110명
   ⑤ 교인 / 60,000여명
(5) 합동의 결과
   1) 독립과 자립을 표방한 새로운 한국교회의 탄생
   2) 미국의 감독과 관리하에 있지 않고 한국 감리교회의 독자성을 확보
   3) 자립교회로서 강화
   4) 교회조직의 재편 및 전도활동에 박차를 가함
   5) 1940년 미국에서도 하나로 합동

### 4. 감리교 신학교의 역사

(1) 협성신학교 설립(1907년 ; 서울 냉동) / 현 감리교 신학대학
(2) 1911. 12. 제1회 졸업생 45명 배출
(3) 1940년 일제 탄압으로 신학교 폐교
(4) 1946년 대전신학원 설립 / 현 목원대학
(5) 1959년 협성신학교의 감리교 신학대학으로 승격

### 5. 한국 감리교의 약사(정리)

(1) 총회 조직까지
   1) 1885년 북감리회 선교사 내한(아펜젤러)

2) 1887년 최초의 감리교회 설립(정동제일교회)
　　3) 1896년 남감리회 선교사 내한(리드)
　　4) 1904년 한국선교연회 조직
　　5) 1907년 남북감리회 연합으로 협성신학교 설립
　　6) 1908년 감리교 한국 연회 조직
　　7) 1930년 감리교 총회 조직
(2) 해방까지
　　1) 1936년 총리원에서 신사참배 결정(한국교회 최초 공식결정)
　　2) 1938년 총리사를 감독으로 개칭
　　3) 1940년 일제 탄압으로 신학교 폐교
　　4) 1940년 미일관계 악화로 전 선교사의 귀국령
　　5) 1942년 조선총독부 지령으로 찬송가 가사 일부 변경 및 구약과 계시록 설교 금지령
　　6) 1943년 '기독교 조선 혁신 교단'으로 조직 변경그후 여러차례 회의 후에 '일본 기독교 조선 감리교단'으로 조직 변경
　　7) 1945. 7. 20. 총독부의 강제 통합으로 한국의 각교파가 '일본 기독교단 조선교단'으로 통합
(3) 해방 이후에서 현재까지
　　1) 1차 분열 및 합동
　　　① 1945. 9. 8 조선교단 고수를 반대하는 인사들이 동대문교회에서 감리교 재건 중앙위원회 조직
　　　② 1946년 부흥파와 재건파로 분열
　　　③ 1947년 두파의 합동 총회(기독교 조선 감리회 남조선 총회)
　　2) 2차 분열 및 합동
　　　① 1947년 '조선교단' 유지파 측에서 재건총회를 조직하여 1년여동안 남조선 총회파와 대립
　　　② 1949년 양파 통합 총회 '대한 기독교 감리회' 조직(정동교회)
　　3) 1951. 11. 부산중앙장로교회에서 특별총회
　　　① 납북된 김유순 감독 대신 유형기 감독 선출
　　　② 월남한 북한지역의 서부연회 회원들을 총회회원으로 수납
　　4) 3차 분열 및 합동
　　　① 1945년 총회에서 감독의 임기와 자격에 견해를 달리하는 호헌파

가 따로 모여 연회조직 및 감독 선출
② 1959. 2. 호헌측과 무조건 합동
5) 4차 분열 / 1962년 자유감리교회 분열
6) 5차 분열 / 예수교 감리교회가 분열
7) 1955년 최초로 여자목사 안수 결의 / 중부연회의 전밀라, 명화용
8) 6차 분열 및 합동
　① 발단
　　가. 1975년 봄 감독 선출에 대한 견해 차이
　　나. 교회의 혁신을 주장
　　다. 마경일을 총회장으로 분열
　② 1978. 10. 제13회 총회에서 합동
(4) 현재의 현황
　1) 총회
　2) 연회 / 서울, 동부, 경기, 중부, 남부, 서울남, 삼남연회 등 7개 연회

# 제 5 장
# 한국 성결교회사

## 1. 동양선교회(Oriental Missionary Society)의 조직

(1) 동양선교회의 조직/일본 도쿄
   1) 조직
      ① 교파나 정치제도의 형성목적이 아니라 순수한 전도기관으로 조직
      ② 1901. 카우만(C. E. Cawman)과 길보른(E. A. Kilbourne)이 동양선교회 성서학원을 설립
      ③ 동양선교회 활동 소개 목적의 기관지「하늘의 전보」를 발행
      ④ 1908. 16개소의 전도관이 설립
      ⑤ 1914. 4.부터 복음전도관은 '동양선교회지부'로 불리움
      ⑥ 1917. 전도관 46개소, 신자 2,000여명에 달함
   2) 정식교단으로 출범
      1917. 10. 도쿄성서학원을 현지인에게 양도하고 동양선교회 지부를 '동양선교회 성결교회'란 이름으로 조직하고 정식교단으로 출범
(2) 동양선교회의 신조와 사중복음
   1) 신조
      ① 성경의 영감설을 믿는다
      ② 삼위일체의 하나님을 믿는다
      ③ 인간의 타락에서 하나님의 은총으로 거듭남을 믿는다
      ④ 그리스도의 보혈로 속죄함을 믿는다
      ⑤ 믿음으로 의롭다함을 믿는다

⑥ 중생한 뒤에 믿음으로 순간적인 성결과 원죄가 씻어짐을 믿는다
　　⑦ 기독자의 신유의 특권을 믿는다
　　⑧ 몸의 부활을 믿는다
　　⑨ 천년전 재림을 믿는다
　　⑩ 구원 받은 자의 영생과 구원받지 못한 자의 영멸을 믿는다
　2) 사중복음
　　① 사중복음/중생,성결,신유,재림
　　② 한국 성결교회에 사중복음이란 말을 최초로 소개한 사람은 길보른
　　　가.「일본선교 이야기」(1907)
　　　나. 동양선교회가 가르치는 사중복음 ,「활천」(1929.5)
　　　다.「성결지침」(동양선교회,1925)

## 2. 한국 성결교회 창립기(1907-1921)
　　(동양선교회 복음전도관 시대)

(1) 동양선교회의 한국 전도
　1) 정빈(鄭彬), 김상준(金相濬)의 활약
　　① 1904. 동경 성서학원(柏木聖書學院) 입학, 1907년 졸업
　　② 1907. 5. 2. 카우만(C. E. Cawman)과 길보른(E. A. Kilbourne)과 함께 귀국
　　③ 1907. 5. 30. 종로 염곡(혹염동/현종로1가)으로 이전하여 '동양선교회 예수교 복음전도관'으로 시작
　　④ 무교동에서 신 성결 장막(New Holiness Tabernacle)이라 부르는 경성중앙 복음전도관 설립
　　⑤ 전도활동 방침
　　　가. 교회와 교파를 만들 생각을 하지 않고 불신자들에게 어느 교회든지 나가도록 전도
　　　나. 간접적인 전도보다 직접적인 전도 방법
　2) 1909년 동경성서학원 졸업 강태온(姜泰溫)에 의해 개성교회가 설립
　3) 1910.12.10. 만국성결연합 소속의 영국인 토마스(John Thomas)선교사 부부가 조선감독으로 부임

(2) 동양선교회의 선교 전략
    1) 네비우스(Nevius) 선교정책 사용
    2) 동양선교회의 선교 전략
        ① 선교회 조직
        ② 피선교지에 적합한 선교 방법
        ③ 복음주의 선교사 파송
        ④ 토착인 교역자 양성을 위해서 성서학원 설립
        ⑤ 설립된 교회는 자립하도록 종용함
        ⑥ 선교회원의 자신 선교비 납부
    3) 이러한 동양선교회의 선교전략은 크게 성공한 것으로 보임
    4) 그러나 간접적인 전도방법(병원, 학교 등의 사역)이 없이 직접적인 전도방법으로 인하여 타 교단들보다는 성장속도가 대단히 느렸다.

## 3. 한국 성결교회 구성기(1921-1943)
   (조선 예수교 동양선교회 성결교회 시대)

(1) 성결교회의 조직
    1) 성결교회의 조직 약사
        ① 1917. 10. 일본에서 동양선교회 성결교회란 이름으로 조직하고 정식교단으로 출범
        ② 1921. 9. 조선 예수교 동양 선교회 성결교회(한국성결교회) 조직
        ③ 1921. 길보른 총리가 감독이 됨
        ④ 1921. 이명직 목사가 주동이 되어 고문제를 채택
        ⑤ 1922. 예수교 동양 선교회 성결교회라고 개칭하고 안전히 조직
    2) 지방조직
        ① 1920. 6. 전국을 4지방으로 분할 목사 파송
        ② 1923년 지방목사를 폐지하고 감리목사 제도 도입
    3) 유지재단의 설립 / 1924년 재단법인 동양선교회 유지재단(현 재단법인 기독교 대한 성결교회 유지재단) 설립(1924.6.16일 등록)
(2) 연회의 조직
    1) 연회 조직 전의 교단운영
        ① 교단운영을 위한 법규와 정치제도가 없었음

② 이사회와 선교사의 지도를 받음
③ 1921. 4. 교역자 간담회 조직/「활천」발간 결정
④ 1922. 봄 제2차 간담회/은퇴 교역자를 위한 후생안 입안
⑤ 1922. 11. 25. 「활천」 창간호 발간
⑥ 1924. 간담회를 교역자회 로 개칭
⑦ 1925. 제2차 교역자회 / 용정에 교회 설립 결정
⑧ 1928. 제5회 교역자회 / 평신도 간담회 조직
  2) 연회의 조직
    ① 제1회 연회
      가. 1929. 2. 26-3. 3. 심령수양회와 더불어 경성성서학원 대강당에서 개최
      나. 정회원(19명), 준회원(48명), 평신도 대표(58명)가 참가
      다. 1907년 무교동 복음전도관 이후 만 22년만에 연회 조직
    ② 제1회 연회시 주요사항
      가. 선교와 전도를 위한 3개항 결의
      나. 교회의 조직 보완
        1. 재단이사 가운데 한국 사람 이사를 세운다
        2. 중앙사무국을 설치한다
        3. 재판법을 제정 공포한다
      다. 9회 목사 안수식
      라. 평신도 대표자들로 전국 평신도회 조직
(3) 한국성결교회 창립
  1) 제1회 창립 총회 -1933. 4. 11-16 경성성서학원 대강당과 독립문교회
  2) 토의 및 결의 사항
    ① 총회 조직
    ② 임시약법의 제정 및 감독제도로의 복귀
    ③ 교리와 조례 등 성결교회 규칙 제정
    ④ 선교헌금 모금 및 선교결의
(4) 해외선교 사역
  1) 만주지방 선교
    ① 동만주 지방 선교

가. 1925. 3. 이정원전도사 동만주 용정에 파송, 1935년 연길교회 설립
나. 김인석목사의 부흥운동으로 명월구교회(1932)와 목단강교회(1935)을 설립
② 남만주 지방 선교
가. 1932. 1. 박문익, 신원식목사가 봉천교회 설립
③ 북만주 지방 선교
가. 1932. 3. 황성택목사 할빈교회, 장두원목사 무슨교회 설립
나. 1933. 김광준목사 안동교회 설립
2) 일본선교
① 윤낙영목사의 활약
가. 1927. 3. 동경성결교회 설립
나. 1930. 대판교회, 나고야교회 설립
② 1937. 12. 최익수목사 광도교회 설립
③ 일본의 박해와 파괴
가. 1937년 일지사변으로 교회 박해
나. 1943. 4. 7. 조선성결교회 해산 명령으로 재일 한인 성결교회도 파괴됨
3) 중국선교 / 1933. 이헌영 파송 상해교회 설립-만주사변과 중일전쟁으로 파괴
(5) 1935년 제3회 총회와 분열
1) 발단
① 지방회 대표인 젊은 청년인 변남성목사가 총회장에 당선
② 이에 중앙대의원들은 충격을 받고 총회를 무효로 선언
③ 총회대신 이사회를 집권기관으로 선언
2) 원인
① 자립운동과 급속한 교화운동으로 생활비 문제
② 이사회 내부의 지역적인 갈등으로 원만한 회무 처리가 안됨
③ 중앙과 지방의 대립
④ 젊은층과 노인층의 의견 대립
⑤ 교리의 경직성
3) 결과

① 총회의 불법에 항의하여 9개 교회가 이탈
② 1935. 11. 1. 평양 상수리 교회에서 '하나님의 교회'라는 새 교단 조직
(6) 일제의 탄압과 교단의 해산
　1) 일본에서의 박해
　　① 1942. 6. 26. 일본성결교회의 목사들이 예수의 재림을 믿는다는 이유로 투옥 및 징역형
　　② 1943. 4. 7. 일본의 모든 성결교회를 종교 결사 금지령(宗敎結社禁止令)으로 문을 닫게 함
　2) 한국에서의 박해
　　① 신사참배 강요와 선교사 추방
　　② 1942. 3. 모든 한국교단을 해산하고 일본기독교 조선 혁신 교단으로 통합
　　　가. 감리교회-일본의 감리교회와 통합할 것을 결의(1938. 10. 10)
　　　나. 장로교회-일본 기독교 조선 장로교단으로 개명(1943. 5. 5)
　　　다. 1943. 7. 19. 교파합동위원회가 정동교회에서 장로교,감리교,구세군이 참석(성결교회는 5. 24. 일제검속으로 투옥되어 불참)
　3) 성결교회에 대한 박해
　　① 1942. 12. 「활천」의 강제폐간(통권241호)
　　② 성결교의 사중복음에 대한 탄압/ 재림 교리는 일본천황의 존엄에 비례가 된다고 하여 1943. 5. 24. 전국의 성결교 교역자 검거
　　③ 1943. 경성신학교 폐쇄
　　④ 1943. 12. 29 교단 강제해산

## 4. 한국성결교회 성장기(1945-현)
　(기독교 대한 성결교회 시대)

(1) 교단 재건위원회의 활동
　1) 해방과 함께 투옥자들의 출옥-당시 20여명의 출옥
　2) 교단재건위원회(기독교 조선성결교회 再興總會) - 1945. 11. 9.

    3) 제1회 총회
        ① 1946. 4. 20.
        ② 교단이름의 변경/기독교 조선 성결교회
        ③ 경성신학교를 서울신학교로 개명 개교
        ④ 「활천」의 복간 결정
        ⑤ 신생부인회 조직(전국 부인 연합회 총회를 개편)
        ⑥ 헌법의 제정
    4) 제4회 총회 - 교단 이름을 '기독교 대한 성결교회'라고 개명
(2) 6.25사변과 교회의 피해
    1) 교단 중진인사들의 납북으로 교단적으로 심각한 타격을 받음
    2) 1951. 5. 부산에서 피난 총회를 개최
        ① 피난 교회와 교역자와 신학교 문제를 다룸
        ② 총회임시사무실을 부산 영주동교회로 정하여 교단 사무 및 구호사업
    3) 피난 신학교 - O.M.S의 지원으로 부산 온천동교회에서 개교(1951. 6., 14)4) 대구신학 중심의 분열 - 임마누엘교회 사건
        ① 대구 공평동교회 최정원 목사가 교회에 성경학교 설립, 대구신학으로 발전
        ② 대구 신학계열의 목사들이 총회에서 세력형성
        ③ 수습을 위해 최정원목사를 서울신학교 교수로 불렀으나 대구신학을 이끌고 탈퇴
        ④ 10여개 교회가 탈퇴하여 임마누엘교회 발족
        ⑤ 제7회 총회에서 파면
(3) 교회의 재건
    1) 한국교회 재건을 위한 노력들
        ① 한국기독교 연합회 재건연구위원회 조직(1952. 1. 14)
        ② 외국의 한국교회 재건 시찰단 방한(1952. 2. 29)
        ③ 1954년 정부가 서울로 환도
        ④ 환도기념총회(1954. 4. 20) - 교단 설립 50주년 기념사업 계획 결의
    2) 희년기념사업
        ① 희년기념 출판사업

② 희년기념관 건립
③ 희년 전도대 활동

### 5. 예수교 대한 성결교회의 분열

(1) 분열의 원인
　　1) 기독교 대한 성결교회의 N.C.C 가입
　　2) O.M.S를 통한 물질의 문제
　　　① 서로 부패했다고 비난
　　　② 학교와 성청장학회의 운영자금과 재원의 관할권 싸움
　　　③ I.C.C.C의 가입문제도 재정 후원 기대 때문으로 보임
　　3) 수구세력과 개방세력 간의 문제
　　4) 지방색 및 교권의 문제
(2) 분열의 과정
　　1) 복음진리 수호 동지회의 결성
　　　① 한보순 목사를 임시의장으로 결성(1961. 4. 14.)
　　　② 성명서와 결의문 발표(5.1)
　　　　1. 성결단체를 진리로 이끌고 나가겠다.
　　　　2. 자유주의 신앙노선인 N.C.C를 탈퇴하는 즉시로 기쁨으로 재결합하겠다.
　　2) 독립문 교회에서 보수 총회 개최(5.30)
　　　① 총회임원의 사퇴와 N.C.C산하단체에서의 완전탈퇴 주장
　　　② 김정호 기성총회장의 사퇴(10. 21)
　　3) 제16회 총회의 합법성 지지
　　　① O.M.S의 지지 선언
　　　② 서울 신학교 교수 학생의 지지
　　　③ 군목대표와 여전도회 연합회, 주교 연합회 등도 지지
　　4) 합동총회(12. 19)
　　　① 부산 동광교회에서 일방적인 합동총회 개최
　　　② 보수측만 참여하고 기성은 불참
　　　③ 보수측은 I.C.C.C에 가입하여 분열의 고착화

(3) 예수교 대한 성결교회의 결성
   1) 제41회 총회(1962. 4)
      ① 1921년 조직당시 사용하던 교단명인 '예수교 대한 성결교회'라고 이름
      ② 총회를 1921년으로 거슬러 올라가 41회 총회로 결정(기성은 17회)
(4) 합동운동과 합동총회
   1) 1965. 7. 10. 이명직 박사의 간절한 교단 합동 호소
   2) 합동총회
      ① 예성 44회 임원과 기성 20회 임원간의 합동 문제 진행
      ② 양측의 임시총회 및 합동 총회(1965. 7. 23)
         1. 기성 - 아현교회에서 기성의 발전적 해산 결의
         2. 예성 - 신촌교회에서 기성과의 합동과 예성의 해산 결의
      ③ 예성과 기성 교단은 합동을 위하여 발전적으로 해체하고 17회 총회로 결의
   3) 합동총회의 결의 내용
      ① 희년기념관에 대한 소송 취하
      ② 교단의 신앙노선 천명(W.C.C.와 I.C.C.C.에서 동시 탈퇴)
   4) 지방회의 합동
   5) 제2차 합동의 실시(1973)
      ① 경남지방회로 부터 시작하여 합동이 가속
      ② 전북, 강원, 대전, 충서, 서울동, 서울서 지방회의 합동
(5) 예수교 성결교회
   1) 예성의 잔류
      ① 예성대표들의 합동의 부당성을 지적하고 서울 지방회는 긴급 임시지방회 소집(7.15)
      ② 이대준 목사를 중심으로 합동운동 가담자에 대한 불신임안과 성명서 발표
      ③ 7.23의 합동총회는 불법이라고 선언
      ④ 126교회가 잔류
   2) 1973. 6. 제2차 합동으로 타격
      ① 예성의 많은 사람들이 기성으로 합동

② 혁신계로 30여교회, 오성계로 10여교회가 분열
③ 60여 교회가 잔류
3) 제53회 총회
① 비상조치법을 제정하고 교단의 부흥을 위하여 총 궐기
② 안양에 신학교를 세우고 신학교 중심의 부흥을 노력

## 6. 신학교의 설립

(1) 경성성서학원(京城聖書學院 ; 1911-1941)
   1) 1911년 3월 13일 경성 성서 학원 설립 - 10명의 학생으로 시작
   2) 1912년 3월 교사 준공 및 이사
     ① 남녀공학 실시
     ② 제1회 졸업생(이명헌 1명) 배출
   3) 1921년 아현동으로 이전
     ① 총회와 학교 교사로 사용
     ② 남녀 공학제 폐지
     ③ 30년 동안 211명 배출
(2) 경성신학교(京城神學校 ; 1940-1943)
   1) 1940. 5. 31 전문학교령에 의하여 4년제 전문학교로 인가
   2) 1943. 12. 재림교리 문제로 폐교
   3) 4년 동안 36명 배출
(3) 서울신학교(1945-1959)
   1) 1945. 9. 재흥예배
   2) 1945. 11. 20. 서울신학교라는 이름으로 개교
   3) 6.25로 인하여 민립대학 으로 운영
   4) 피난 신학교 - O.M.S의 지원으로 부산 온천동교회에서 개교(1951. 6., 14)
   5) 1954. 2. 환도
(4) 서울신학대학(1959-현)
   1) 1959. 2. 26. 서울신학대학으로 승격(정원200명)
   2) 1971. 3. 대학원인가
   3) 1973. 부천으로 이전

(5) 지방신학교
  1) 서울신학대학 부설 서울 야간신학교(1973)
  2) 부산신학교(1984. 3. 20)
  3) 호성신학교(1980. 4. 15)광주에 개교 1980년 전주로 이전
  4) 대전신학교(1957년 대전여자성서신학교가 1958년 대전성서신학교로 인준)
  5) 중앙신학교(1987. 3)-서울7개지방회가 운영
  6) 청주신학교(1987)

# 제 6 장
# 한국 침례교회사

## 1. 한국 침례교회의 시작

(1) 선교초기 - 선교사 펜윅(Malcolm C. Fenwick;片爲益,1863-1935)의
       내한
   1) 1889년(당시26세) 미국 보스톤으로부터 내한
   2) 처음 10개월동안은 정도에 거주하면서 서경조에게서 한국어 공부
   3) 1893년 요한복음 몇 구절을 번역 출판
   4) 1893년 귀국하여 3년간 선교 준비
   5) 1896년 공식 파송 선교사가 아닌 개인 자격으로 내한
       ① 원산에 선교기지를 정하고 선교활동 시작
       ② 한국 순회전도단 결성
   6) 1898년 성서번역위원회 부위원장으로 활동
   7) 1899년 요한복음과 빌립보서를 번역 출판
   8) 1900년 남감리회 여선교사 하인즈(Fanny Hinds)와 결혼
   9) 1917년 신약을 단권으로 출판
   10) 1935. 12. 6(72세)로 소천
   11) 저서
       ① 대한기독교회(The Church of Christ Corea,1911)
       ② 잔 속의 생명(Life in the Cup,1915)
(2) 1900년 4명의 선교사의 파송
   1) 보스턴 글러렌턴 침례교회 엘링딩 기념 선교회에서 파송-풀링목사와

스테드만 부부, 맥킬여사 등
3) 충청도 공주지방과 강원도 지방 중심 선교
4) 1900년 엘라 씽 기념 선교회(Ella Thing Memorial Mission) 철수로 1901년 이를 인수하여 한국 순회 선교회와 합병
5) 1905년 공주교회에 초가를 신축하고 성경학원을 개원

## 2. 대한 기독교(1906-1921) 시대

(1) 대화회(大和會)의 조직
   1) 1906년 제1회 대화회(총회)를 강경에서 소집
   2) 행정체제를 장로교회의 권위주의적 조직과 감리교의 감독제도의 절충적 조직체제로 결정
   3) 교단의 성격은 초교파적으로 개교회의 독립성과 자주성은 전혀 없었다.
   4) 각종 성직의 제정-9개의 위계직분으로 구성
      ① 임원 - 감목(鑑牧), 목사, 감노(鑑老;오늘날의 장로)직을 가진 안수 받은 자
      ② 당원 - 통장, 총장, 반장
      ③ 기타 - 교사, 총찰, 전도
   4) 당회(현재의 지방회에 해당)의 구성
   5) 구역의 설정 - 원산, 강경, 공주, 영동 등
   6) 1905년 신명균이 최초로 목사 안수를 받았음을 선포
   7) 만주에 4명의 선교사 파송
(2) 침례교회의 부흥
   1) 전도방법
      ① 전도표어 - 산골에나 빈들에나
      ② 구역설정으로 전도의 효율화
      ③ 자급전도
   2) 만주 및 간도 선교
      ① 정신적인 지주의 역할
      ② 항일운동의 한계를 느낀 자들의 망명으로 더욱 절실
      ③ 신성균은 간도와 시베리아에 전도

④ 1918년 러시아에 선교사 파송(박노기 목사, 김희서 교사, 전영태 총찰, 최응선 감로)하였으나 갑작스런 풍랑으로 순교
3) 원로교우회(元老敎友會)의 설치
① 1915년 제10회 대화회에서 설치키로 결의
② 자문기관으로서 목사이상의 지도자들로 구성하여 감목의 선출권을 행사
4) 포교계(布敎屆)제출 거부와 교회의 수난
① 1910년 한일합방후 일제는 종교법안을 만들어 포교계를 제출토록 지시
② 하나님의 일을 정부가 간섭할 권한이 없다는 이유로 이를 거부
③ 이에 집회를 금지하고 교단의 책임자를 구금
5) 신약성경의 출판
① 1915년 이미 신약성경의 번역이 완료되었으나 재정적 이유로 출판을 못함
② 1919년 자금이 마련되어 일본의 요꼬하마 인쇄소에서 출판
③ 1925년 개역판 출간
④ 1938년 3판 출판

## 3. 동아 기독교(1921-1932) 시대

(1) 교단명칭 변경
  1) 1920년 제15회 대화회에서 교단 명칭 변경안 상정 부결
    ① 조선총독부가 대한 이라는 말에 이의 제기
    ② 교회와 지도자들의 수난으로 인하여 대화회에서 명칭변경을 상정했으나 부결됨
  2) 1921년 제16회 대화회에서 명칭 변경 결의
    ① 대한기독교에서 동아기독교(The Church of Christ in East Asia)로 변경
    ② 펜윜의 정신에 따라 포교지역을 동북아시아로 삼아 아시아적인 교단이라는 의미
(2) 일본의 박해와 교회의 수난-1925년 만주 길림성으로 파견받은 6인의 전도의 순교

(3) 학교교육의 폐지
   1) 1926년 펜윅은 학교교육 폐지령을 내림
   2) 펜윅의 극단적인 종말론 으로 인하여

## 4. 동아 기독대(1932-1940) 시대

(1) 교세의 쇠퇴
   1) 1932. 3. 일본의 만주사변의 승리
   2) 관동군 사령관이 만주국 대사가 됨으로 무단정치 실시
   3) 무단정치하에서 교세 사실상 약화
(2) 교단명칭의 변경
   1) 1933년 제28회 대화회에서 결정
   2) 펜윅은 당시의 기독교의 세속화에 대한 교회의 성별 의식으로 인하여 결정
   3) 세속화되어 가는 교회라는 명칭을 버리고 양무리를 뜻하는 '대' 라는 명칭을 택함
   4) 교파운동이나 세속화되어 가는 교회와 교제를 끊으라고 요구
(3) 한국교회의 수난
   1) 1935년 황궁요배(皇宮遙拜)와 신사참배(神社參拜) 강요
   2) 동아기독대와 성결교는 끝까지 거부하다가 혹심한 탄압을 당함
   3) 교회 폐쇄 및 지도자에 대한 투옥

## 5. 동아 기독교로 환원(1940-1949) 시대

(1) 교단명칭의 환원
   1) 1940년 제35회 대화회에서 결정
   2) 일제의 대동아건설에 황군을 동원하자 교단의 명칭을 구실로 탄압을 가속
   3) 군대라는 용어자체가 일제를 자극할 위험이 있다고하여 환원키로 결정
(2) 교회의 박해와 수난
   1) 만주국 조선 기독교 연맹

① 1941. 11. 28 일본에 의해 강제로 통합
② 장로교, 감리교, 성결교, 안식교, 조선기독교, 동아기독교 등 6개 교단
③ '만주기독교회'라는 단일 교단으로 통합
2) 교단교규 제출령
① 교단해체를 위한 사전 작업으로 교구와 신조를 일어로 제출할 것을 명령
② 당시 교규가 없었으므로 제출치 않음
③ 집회의 자유를 박탈
④ 제36회 대화회도 소집치 못함
3) 우태호(禹泰浩:1903-1954) 사건
① 장로교인으로 미국에서 박사학위 취득후 벤몬트 하이츠 침례교회에서 안수받음
② 귀국하여 1941. 9. 원산 총부에 찾아가 동아기독교에서 일할 것을 제의하였으나 거절당함
③ 당시의 교단은 펜윅의 유산으로 인하여 날카롭게 대립하여 재산문제로 오해함
④ 우태호는 타교단 목사에게 중재를 요청-재산문제로 더욱 오해
⑤ 이에 친분이 있는 일본경찰에게 우태호를 조사토록 요청
⑥ 우태호는 자신을 밀고한 동아기독교를 의심하고 동아기독교가 이상한 단체라고 주장
⑦ 교단의 신약성경 6,500권과 복음찬미가, 교단문건이 압수당하여 소각됨
4) 원산사건(元山事件)
① 우태호 사건으로 인하여 동아기독교가 의심을 받게됨
② 천년왕국에 대한 설교와 동방요배 및 신사참배 거부로 인하여 교단 지도자들에 대한 6개 조항 심문
③ 32명을 구속하고 고문과 구타
④ 23명은 석방되었으나 9명은 후에 병보석으로 출옥
5) 교단 해체령
① 1944. 5. 10. 함흥재판소에서는 동아기독교의 교단해체 판결을 내림

② 전국교회의 예배 및 집회의 금지
③ 교회 건물의 폐쇄 및 교회종 강제 몰수
(3) 해방과 교단의 재건
1) 해방으로 인하여 교단의 예배와 집회가 부활됨
2) 남북의 분단으로 인하여 교단의 약화-원산을 중심으로 대부분 북한 지역에 있었음
3) 교단 재건 회의
① 1946. 2. 9. 충남 칠산교회에서 소집
② 남한의 교회를 중심으로 재건에 총력키로 결의
③ 총부 사무실을 강경교회로 정할 것 등 총 5개항을 결의
4) 제36회 대화회 개최
① 1946. 9. 9. 강경교회에서 소집
② 총 254개 교회 중 42개(남한교회)만 참여
③ 만 6년만에 개최
④ 감목제도가 회중체제로 변신
⑤ 임원의 명칭도 새 체제에 적합한 명칭으로 개칭
5) 총회의 조직
① 1948년 제38회 총회(점촌) 소집
② 교규제정
③ 성경학원 설립 가결 및 설립
④ 미국 남침례교회와 연락 모색
(4) 대한 기독교회의 분립
1) 분열원인
① 제36회 대화회에서 결정한 교단 체제 변경에 대한 반대
② 경북 예천구역은 제36회 대화회에 참석치 못하다가 그 결정에 반발
③ 제37회 총회에 정식으로 교단명칭 및 체제와 성직제도의 환원을 헌의
2) 대한기독교회의 분립
① 헌의가 부결되자 불복하고 교단을 분립하고 대한기독교회로 호칭
② 9. 14. 10명의 지도자로 헌평교회(憲平敎會)에서 별도의 대화회를 소집

③ 동아기독교의 모든 체제와 전통을 그대로 고수

## 6. 대한 기독교 침례회(1949-1952) 시대

(1) 교단명칭의 변경
　　1) 1949. 9. 제39회 총회(강경)에서 결정
　　2) 타교파에서 침례교회로 인정하고 있으며 외국과의 접촉을 위해서 변경
(2) 미국 남침례교와의 접촉
　　1) 1948. 8. 미국남침례회 외국선교부 동양 총무인 고딘(Gauthen)과 일본의 도조 내한
　　2) 1948. 9. 제39회 총회에서 교단의 발전과 활로를 위하여 외국과 접촉 시도 결의
　　3) 고딘의 내한 후 총회에서 교단의 명칭을 변경
　　4) 애버나티(John Arch Abernathy) 박사 부부 내한
　　　① 1950. 2. 27. 대한기독교침례회 최초의 선교사로 내한
　　　② 40여 침례교회를 방문하여 교회 정황을 살핌
　　　③ 1950. 4. 7-13 제 4회 총회에 소개
　　　④ 한국 총회의 요구에 따라 성경학교 개설과 총회가 필요로 하는 사업에 대한 전폭적인 지원
(3) 6.25 동란과 침례교
　　1) 교회의 파괴
　　2) 전후 구호사업
　　3) 교회조직의 정비-1951. 4. 제41회 총회에서 의결
　　　① 교회의 직분은 목사와 집사로 할 것
　　　② 한국 침례교회도 세계 침례교 대회에 가입한다.

## 7. 대한 기독교 침례회 연맹 총회(1952-현) 시대

(1) 1952년 제42회 총회의 중요한 결정 사항들
　　1) 종래의 총회를 대한 기독교 침례회 연맹총회로 결의
　　2) 총회사무소를 부산시 충무로 침례교회로 한다.

3) 대전에 성경학원을 설치한다.
4) 부녀회를 조직하고 부녀운동을 전개한다.
5) 성경과 유엔찬송가를 구입하여 보급하고 문서전도와 기관지를 발간한다.
6) 더 많은 선교사를 파송해 줄 것을 미남침례회에 요청한다.
(2) 총회의 분열(1959-1968)
  1) 안대벽과 선교회의 반목
    ① 1959. 3. 한미전도부 연석회의에서 선교회측이 총회 전도부장 안대벽에 대한 불신임안을 발표
    ② 안대벽과 애버나티의 재산권 문제로 인하여 불신임안이 상정
    ③ 이를 계기로 총회 주류와 선교회측과의 알력이 노골화
  2) 두개의 총회로 분립
    ① 대전총회
      가. 1959. 4. 25. 대전 대흥동 침례교회에서 개최
      나. 선교회의 지원을 받은 몇몇 교단의 지도자들과 전입교역자들이 주류
      다. 미남침례회의 지원으로 조직을 정비하고 침례교의 기초를 닦음
      라. 대전침례회 신학교를 통하여 교역자 양성
      마. 출판 등 다양한 전도활동
    ② 포항총회
      가. 1959. 5. 25. 포항침례교회에서 개최
      나. 총회를 주도해온 교단의 주류 지도자들
      다. 서울에 자체적인 신학교 운영
    ③ 기관의 운영권 및 소유권 문제로 계속하여 다툼
(3) 총회의 합동
  1) 총회의 합동의 노력
    ① 대전측
      가. 1961년 총회합동추진위원 선정
      나. 1962. 제52회 포항총회(종로침례교회)에 합동총회 선언을 요청했으나 거부당함
      다. 1963. 문교부의 중재로 기독교 한국 침례회가 정식명칭으로

됨
② 포항측
가. 1961년 총회 합동추진위원 선정
나. 1962. 6. 18. 대한침례회신학원 개원
다. 정식명칭을 한국 기독교 침례회로 정함
2) 합동을 위한 모임
① 부산 모임
가. 1961. 2. 부산 충무로 교회에서 교단합동을 위한 연석 실행 위원회를 합의
나. 포항측은 분열 이전으로 무조건 돌아가자는 합동안
다. 대전측은 별도의 합동데안을 제시
라. 피차 양보가 없이 합동원칙에 합의한 결의문 채택
② 천안 모임
가. 1961. 11. 천안에서 모임
나. 양측은 무조건 합동하기로 가결
다. 1962. 1. 15-18에 서울 충무로침례교회에서 합동총회 개회키로 결의
라. 안대벽의 부인 이순도는 12월에 합동반대를 선동하고 합동준비위원에게 책임 추궁
3) 1968년 합동 총회
① 1968. 3. 소장파 목사들에 의해 추진
② 3. 26. 양측 총회 실행위원회를 충무로침례교회에서 개최
③ 교단 명칭을 한국침례회 연맹으로 변경 합의
④ 1968. 4. 16. 역사적인 합동총회(서울침례교회)

# 제 7 장
# 기타 교단들의 역사

## 1. 성공회(聖公會)

(1) 1887년 일본에 있는 필컬스틱 감독과 중국에 있는 스캇 감독이 한국선교를 계획하고 동시에 탐사
(2) 초대 감독 : 해군 신부로 있는 고요한(John Corfe)을 1889년 안수하여 1890년 내한
(3) 켄터베리 대주교 관할하에 있음

## 2. 구세군(救世軍)

(1) 1908년 호갈드(Hoggard)씨가 창설하여 노방전도와 자선사업을 힘써 교회 조직
(2) 1910. 7. 2. 구세군 대한 본영을 건축 준공

## 한국교회사 연구를 위한 참고문헌 목록

Blair, W. N. *Gold in Korea*. Topeka Kansa : H. M. Ives & Sons, 1957.

Chappell, ed., *Korea, The Miracle of Modern Missions with the Modern Missionary Movement and it Methods in the Foreground*. Nashville, Tenn : Pub. House of the M. E. Church, South Smith & Lamar Agent, 1922.

Clark, Allen D. *The History of Church in Korea*. Seoul: The Korea Christian Literature Soiety of Korea, 1971.

------. *The History of Korea Church*. New York : Fleming H. Revell Co., 1921.

Clark, C. A. *The Korea Church and Nevius Methods*. New York : Fleming H. Revell Co., 1930.

------. *The Nevius Plan for Mission Work in Korea*. Seoul : YMCA Press, 1937.

Conn, Harvie M. 「한국 장로교 신학사상」. 서울 : 실로암, 1988.

Huntly, Martha. 「한국 개신교 초기의 선교와 교회 성장」. 차종순역. 서울 : 목양사, 1985.

Latoerett, K. S. *Christianity in a Revolutionary Age*. Vol.3. Grand Rapids : Zondervan, 1966.

Rhodes, H. A. *History of the Korea Mission : Presbyterian Church U. S. A*. Seoul : Chosen Mission Presbyterian Church, 1934., reprinted Seoul : The Presbyterian Church of Korea Department of Korea Church, 1984.

Shearer, Roy E. 「한국교회 성장사」. 이승익역. 서울 : 대한기독교서회, 1972.

Sung-Tae, Kim. *Contextualization and the Presbyterian Church in Korea*. Ph. D. Dissertation. Fuller Theological Seminary.

Underwood, Lilias H. Fifteen Years Among The Top-Knots. 「언더우드 부인의 조선생활」. 김 철역. 서울 : 뿌리깊은 나무, 1984.

간하배. 「한국 장로교 신학사상」. 서울 : 실로암, 1988.

기독교 대한성결교회 역사편찬위원회. 「한국성결교회사」. 서울 : 기성출판사,

1992.
------.「간추린 한국성결교회사」. 서울 : 기성출판사, 1994기독교문사편집부. 「기독교 연감」. 서울 : 기독교문사, 1986.
기독교 사상 편집부 편. 「기독교 사상 논문집. I-IV권」. 서울 : 대한기독교서회, 1973.
기독교 한국침례회 총회 역사편찬위원회. 「한국침례교회사」. 서울 : 침례회출판사, 1990.
길진경. 「靈溪 길선주」. 서울 : 종로서적, 1980.
길진경 편. 「靈溪 길 선주 목사 유고 선집」. 제1권. 서울 : 대한기독교서회, 1968.
김광수. 「韓國基督敎傳來史」. 서울 : 기독교문사, 1974.
김덕환. 「한국교회 교단형성사」. 상,하권. 서울 : 정원문화사, 1985.
김양선. 「韓國基督敎史硏究」. 서울 : 교문사, 1971.
김의환. 「기독교회사」. 서울 : 성광문화사, 1982.
김장배. 「한국침례교회의 산증인들」. 서울 : 침례회출판사, 1981.
민경배. 「한국민족교회 형성사론」. 서울 : 연세대학교출판부, 1974.
------.「한국기독교회사」. 서울 : 대한기독교출판사, 1984.
박광성. 「한국교회사 요약」. 부산 : 성문출판사, 1985.
박기민. 「한국 신흥종교 연구」. 부산 : 혜림사, 1986.
박상봉. 한국교회 부흥에 있어서 사경회의 역할과 기능 연구. 총신대학대학원 석사학위논문(Th.M), 1994.
박용규. 「한국장로교 사상사」. 서울 : 총신대학출판부, 1992.
박윤선. 「성경과 나의 생애 : 정암 박윤선 목사 자서전」. 서울 : 영음사, 1992.
백낙준. 「한국개신교사」. 서울 : 연세대학교출판부, 1973.
안수훈. 「한국 성결교회 성장」. Los Angeles : 기독교 미주 성결교회 출판부사, 1981.
오윤태. 「한국기독교사:한국경교사」. 서울 : 혜선문화사, 1973.
유동식. 「한국종교와 기독교」. 서울 : 대한기독교서회, 1965.
이광린. 「초대 언더우드 선교사의 생애」. 서울 : 연세대학교출판부, 1991.
이기백. 「한국사 신론」. 서울 : 일조각, 1976.
이만열. 「한국기독교사 특강」. 서울 : 성경읽기사, 1989.
------.「한국기독교 문화운동사」. 서울 : 대한기독교출판사, 1987.
이만열 외5인. 「한국기독교와 민족운동」. 서울 : 종로서적, 1986.
이성삼. 「한국감리교회사:조선감리회 개척기」. 서울 : 기독교대한감리회본부교육

국, 1975.
------. 「한국감리교회사:조선감리회 1930-1945」. 서울 : 기독교대한감리회본부 교육국, 1980.
------. 「요약 한국감리교회사」. 서울 : 기독교 대한 감리회 본부교육국, 1987.
이영헌. 「한국 기독교사」. 서울 : 컨콜디아사, 1980.
이장식. 「한국교회의 어제와 오늘」. 서울 : 대한기독교서회, 1977.
장성식. 「한국교회의 회고와 전망」. 서울 : 성광문화사, 1977.
전용복. 「한국장로교회사」. 서울 : 성광문화사, 1980.
정성구. 「韓國敎會 說敎史」. 서울 : 총신대학출판부, 1986.
정일웅 편. 「천년왕국과 종말」. 서울 : 한국교회문제연구소, 1993.
채기은. 「한국교회사」. 서울 : 예수교문서선교회, 1978.
최 훈. 「한국재건교회사:한국교회 박해사」. 서울 : 성광문화사, 1979.
탁명환. 「기독교 이단연구」. 서울 : 국제종교문제연구소, 1989.
한국교회 백주년기념 준비위원회 사료분과위원회 편. 「대한예수교장로회 백년사」. 서울 : 대한 예수교장로회총회, 1984.
한국기독교사 연구회. 「한국기독교의 역사. I, II」. 서울 : 기독교문사, 1989, 1990.
한국복음주의 신학회 편. 「성경과 신학 : 한국교회와 이단」. 제12권. 서울 : 기독지혜사, 1992.
한숭홍. "초기선교사들의 신학과 사상". 「한국기독교와 역사」. 창간호. 1991.7.
한영제 편. 「한국기독교 사진 100년」. 서울 : 기독교문사, 1987.
------. 「한국기독교 문서운동 100년」. 서울 : 기독교문사, 1987.
------. 「한국 성서, 찬송가 100년」. 서울 : 기독교문사, 1987.
------. 「한국 기독교 성장 100년」. 서울 : 기독교문사, 1986.
------. 「한국 기독교 인물 100년」. 서울 : 기독교문사, 1987.
홍치모. "장로교 신학의 역사적 계보". 「신학지남」. 1976.
------. "초기 미국선교사들의 신앙과 신학". 「신학지남」. 1984년. 여름.

⟨자료집⟩

Korea Mission Field(KMF) 영인본
「대한 예수교 장로회 독노회록」. 영인본. 서울 : 대한예수교장로회 총회, 1980.
「대한 예수교 장로회 총회록」. 영인본. 서울 : 대한예수교장로회 총회, 1980.

한국감리교회사학회. 「신학월보」. 영인본. 서울 : 한국감리교회사학회, 1988.
백주년기념사업위원회편. 「조선감리교연회록」. 영인본. 서울 : 대한기독교감리
　　　　회, 1984.
「대한 크리스도인 회보」. 영인본.
「그리스도 신문」 영인본.

■ … 저자약력

**심창섭**
고신대학(B.A)
Reformed Theological Seminary(M.Div)
Prinseton Theological Seminary(Th.M)
Potchedfstroom University for C.H.O(Th.D)
Reformed Bible College(BRE)
전, 총신대학교 신학대학원 교수(23년 재임, 정년퇴임)

**박상봉**
대신대학
총신대학 신학대학원
총신대학 대학원(Th.M)
Reformed Theological Seminary(D.Min)
대신대학 신학연구원 교수 역임
총신대학교 사목 역임
현, 평강교회 담임목사

판권
소유

## 핵심요해 교회사 가이드

1994. 9. 20 초판발행
2016. 3. 30 5판발행

지은이 심창섭 · 박상봉
발행인 김영무

발행처 도서출판 아가페문화사
０７０１０ 서울 동작구 사당4동 254-9
전화 3472-7252, 7253
등록 제3-133호(1987. 12. 11)
온라인 우체국 011791-02-004204(김영무)

값 20,000원

ISBN 978-89-8424-052-4 03230